KB140546

개정판

도시인류학

우리가 사는 세상을 해석하는 방법

일조각

개정판

도시인류학

우리가 사는 세상을 해석하는 방법

리브커 야퍼
아나욱 더코닝

지음

박지환
정헌목

옮김

일조각

머리말

우리는 여러 도시들을 알아 가는 데 관심이 있고, 도시가 제공하는 다양성, 창조성, 예상치 못한 만남을 경험하는 데서 흥분을 느끼는 도시광^{都市狂, city enthusiasts}이다. 또한 불평등, 치안 불안^{insecurity}, 오염같이 도시에서 발견되는 다양한 사회문제를 분석하는 데도 열성적이다. 우리는 도시 생활에 대한 우리의 열정과 도시 문제에 대한 비판적 개입이 이 개정판을 통해 분명하게 드러나길 희망한다.

어떤 책이나 마찬가지고, 특히 인류학 책은 더욱 그렇겠지만 우리의 개인적·학문적 궤적이 이 책의 내용에 영향을 미쳤다. 우리는 이 책에서 현재 도시인류학의 가장 중요한 주제들을 포괄하고자 노력했으며 지리적으로 다양한 도시들의 사례를 다루었다. 그럼에도 불구하고 우리가 강조하는 지점들에 우리의 궤적이 미친 영향이 드러날 것이다. 우리가 네덜란드에서 연구하고 있다는 사실 덕분에 이 책은 도시인류학과 세계의 도시들에 대해 만약 우리가 미국에서 활동했을 경우와는 다소 다른 관점을 독자에게 제시할 것이다. 우리의 학문적 궤적은 우리가 제시한 예들, 우리가 특정한 주제를 설명하기 위해 선택한 사례연구들, 우리가 도시인류학이란 더 넓은 분야에 제시한 특정한 통찰에도 영향을 미쳤다.

리브커는 대체로 카리브해에서, 특히 자메이카의 킹스턴시에서 연구를 수행해 왔다. 초기에는 (네덜란드 왕국 내 자치국가인) 퀴라소Curaçao와 자메이카의 도시 오염과 환경정의 문제에 집중했다. 그 후 자메이카에서 범죄집단 '두목들'이 수행하는 통치 역할에 관한 프로젝트와 킹스턴, 예루살렘, 마이애미, (케냐의 수도인) 나이로비, (브라질 동북부 페르남부쿠Pernambuco주의 주도인) 헤시피Recife에서 치안 서비스가 다원화, 민영화되는 현상에 관한 연구를 수행했다. 현재는 보안견security dogs부터 디지털 기술에 이르는 비인간 실체non-human entities가 도시의 불평등을 중재하는 데 수행하는 역할을 탐구하고 있다. 또한 사람들이 도시에서 배제와 연대를 경험하고 전달하는 과정에서 음악, 비디오 클립, 거리 댄스, 벽화, 그래피티 같은 대중문화가 담당하는 역할을 연구하고 있다.

아나욱은 신자유주의화되고 있는 이집트 카이로의 중산층 전문직 종사자에 대한 연구로 학문 경력을 시작했다. 후속 연구에서는 모엥고의 보크사이트 탄광촌에 초점을 맞춰 수리남의 사회사를 분석했다. 그다음 자신이 살고 있는 도시인 암스테르담으로 눈을 돌려 인종주의적racialized 공공담론이 후기식민주의postcolonial 도시의 일상생활과 정책에 미친 영향을 연구했다. 또한 암스테르담, 밀라노, 파리의 이민자 부모들과 양육 전문가들이 더 다양하지만 대단히 인종주의적인 유럽을 어떤 식으로 협상하는지 탐구했다. 현재는 유럽 전역에서 이뤄지는 복지 실험을 통해 어떤 새로운 정치적 지평이 모색되고 있는가를 탐색하고 있다.

이 책을 집필하고 개정판을 내는 일은 흥미진진한 여행과도 같았다. 우리는 집필 과정을 통해 이 분야의 현재 연구 상황을 더 폭넓게 이해하게 되었고, 전 세계에서 활동하는 동료 연구자들의 연구를 발견할 수 있었다. 상당수 동료 연구자들이 그들의 연구에 대한 우리의 논의를 예증해 주는 사진들을 기꺼이 제공해 주었다. 지금까지 도움을 준 많은 분들에게 감사의 말씀을 전한다. 초판과 개정판을 쓰고 고치는 데 건설적인 조언을 해 준 익명의 심사자들은 물론, 귀중한 피드백을 제공해 준 많은 도시 연구자 친구들과 동료들에게 감사드린다. 이 책은 루틀리지 출판사의 편집자인 캐서린 옹과 미건 심슨 그리고 그들을 옆에서 도운 롤라 하레와 제니 에클스가 없었더라면 나오지 못했을 것이다. 우리는 이 책이 강의실에서 사용되고, 도시인류학이 제공하는 도시 생활에 대한 고유한 접근법을 더 많이 배우고자 하는 독자들의 책장 한편에 놓이길 희망한다.

2022년 11월 암스테르담
리브커 야퍼, 아나욱 더코닝

차례

상자 차례

일러두기

제1장

서론

 현재 역사상 처음으로 세계 인구의 절반 이상이 도시에 살고 있다. 급격한 도시화에서 비롯된 이러한 인구학적 변화는 인류학이 도시에서 진행하는 연구로 이행해 간 현상과 동시에 이루어졌다. 그러므로 도시에서 이루어지는 인류학적 연구는 점점 흔해지고 있다. 그중 일부는 도시적인 것을 명시적 연구대상으로 삼고, 도시를 하나의 배경이라기보다 일련의 과정들로 이해하며, 나아가 도시의 물질적·공간적 형태를 명시적으로 고려한다 (Low 2014: 16-17). 도시인류학자들은 도시적 사회생활의 변화하는 성격, 도시 공간과 장소의 영향, 좀 더 광범위하게는 전 세계적 흐름과 연계라는 맥락에서 하나의 도시를 구성하는 것들을 이해하고자 노력한다.

 이 책은 인류학 내에서 점점 중요해지고 있는 분야인 도시인류학에 입문하는 데 필요한 지식을 제공한다. 인류학은 전통적으로 비도시환경의 소규모 공동체에 초점을 맞추었지만 도시는 점점 인류학적 연구의 주요한 배경context이 됐다. 그러나 우리의 관점에서 볼 때, 도시에서 행해지는 많은 인류학적 연구가 반드시 도시인류학에 해당되지는 않는다. 이런 점에서 우리는 도시에서 이루어진 모든 인류학적 연구를 도시인류학으로 간주하는 저자들과 구별된다(예를 들어 Sanjek 1990; Pardo and Prato 2012). 이 책은 광범위한 사회현상들이 일어나는 도시적 맥락의 의미를 명시적으로 고찰한 인류학적 연구가 도시인류학에 해당한다고 한정하는 데에서 논의를 시작한다.

서론에 해당하는 이 장에서는 도시인류학의 발전을 간략하게 훑어본다. 첫 번째 절에서는 20세기 도시인류학의 성장에 영향을 미친 배경 요인과 도시인류학, 인류학 일반, 도시 생활에 대한 다른 학문 분야의 접근법 사이에 존재하는 차이점을 검토한다. 두 번째 절에서는 이 분야의 역사적 발전을 개관하는데, 먼저 19세기에 이루어진 선구적 연구에서 시작해 20세기 도시인류학을 특징짓는 수많은 '학파들'과 경향이나 전환의 양상을 기술한다. 이 절에서는 21세기 도시에 대한 인류학적 연구에 특징적으로 나타나는 주제와 접근법도 간략하게 탐색해 본다. 세 번째 절에서는 도시환경에서 행하는 인류학적 연구와 도시환경에 대한 인류학적 연구의 독특성 specificities을 논의하고, 민족지적 연구의 관심 대상과 방법론이 도시적 맥락에 어떻게 적용되는가를 고찰한다. 여기에서는 '상층연구studying up'와 '통과연구studying through', 이동기법mobile method, 인지적·참여적 지도 그리기 등을 포함해 수많은 접근법과 방법을 다룬다. 끝으로 이 책의 전체 구성을 개관하며 이 장을 마무리한다.

왜 도시인류학인가?

도시인류학의 출현과 성장은 수많은 배경요인과 연관 지어 설명할 수 있다. 두 가지 중요한 요인으로 급격한 도시화가 전 세계적으로 이루어진 과정과 인류학 전체에 일어난 변화를 지적할 수 있다. 우선 도시인류학의 성장에 직접적으로 개입된 첫 번째 요인은 도시가 늘어났다는 것이다. 인류 역사의 대부분의 기간에 대다수 사람들은 도시에서 살지 않았다. 이것이 도시가 새로운 현상이라는 뜻은 아니다. 기원전 5000년경, '도시의 원형 proto-urban'이라 할 수 있는 집중된 정착지가 나일강과 메소포타미아 지역의 비옥한 범람원에 출현했다. 이곳에는 사원이나 왕족 주거지 인근에 거주하며 농사에 종사하지 않는 사람들이 살았다. 다른 초기 도시 지역은 교역 도시로서 발전했다. 이처럼 인구밀도가 높은 의례적·행정적·상업적 정착지의 수와 규모, 정치적 영향력은 서기 1000년경까지 점차 늘어났다. 그리고 마침내 '도시'라는 개념이 세계 대부분 지역에서 보편화되었다(도시의 유형에 대해서는 상자 1.1 참조).

19세기 유럽에서는 대규모의 도시화가 빠른 속도로 이루어졌다. 산업혁명으로 인해 공장 노동자들이 대거 과밀한 판자촌에 몰려들었기 때문이다. 20세기에 일어난 산업화와 도시화로 인해 전 세계적으로 각 국가에서 도시가 늘어났다. 이처럼 오랜 기간에 걸친 도시화에도 불구하고 농업은 오랫동안 대다수 세계 인구의 가장 중요한 생계자원으로 남았으며, 대부분의 사람은 계속해서 농촌 지역에 살았다. 21세기에 와서야 비로소 인류의 절반 이상이 도시 지역에 살게 됐다. 이처럼 거대한 인구학적 변화에 수반되는 사회적·문화적·정치적·경제적 변화는 인류학자들의 관심을 끌었다.

도시의 유형

울프 한네르스(Hannerz 1980)는 도시인류학의 고전적인 저작에서 행정 중심지로 발전하고 기능하는 도시와 상업적 기능에 의존한 도시, 산업의 집중에 의존한 도시를 구별해 각각 행정도시Courttown, 상업도시Commercetown, 산업도시Coketown라고 유형화했다. 첫 번째 유형은 의례적 도시에 해당한다. 이런 도시 지역은 정치적·의례적 권력이 집약되어 있다는 점에 기반을 두며, 법정과 기념비적인 정치적 건축물이 집중되어 있다. 두 번째 유형은 상업 네트워크가 성장한 결과로서 출현했다. 상업 네트워크에서 도시는 주요한 매개지점으로 발전했다. 상업도시에서 시장은 중요한 역할을 했으며 그 도시의 중요한 지점을 대표했다(제5장에서 논의하듯이 시장은 계속해서 그래 왔다). 마지막으로 산업도시는 19세기에 생겨난 새로운 유형의 도시를 일컫는다. 예를 들어 섬유 제조업을 경제적 기반으로 삼아 거대한 산업도시가 출현했다.

이러한 기능적 유형화는 도시 발전의 여러 궤적을 생각해 보는 데 유용하지만 도시의 다양성과 역동적 성격을 다소 애매모호하게 만든다. 당연하게도 많은 도시들은 여러 가지 기능을 복합적으로 갖고 있다. 또한 정치적 기능이나 경제적 활동의 변화는 도시경관을 급격하게 바꾸어 놓을 수 있으며, 이로 인해 도시 지역이 결국 쇠락하거나 심지어 버려질 수도 있다. 이것은 인류 역사 초기 메소포타미아 지역에서 생겨난 몇몇 도시들이 쇠락한 사례나 '자동차 도시'였던 디트로이트의 넓은 도시 공간이 최근 수십 년 사이에 버려진 데에서 잘 드러난다.

19세기 유럽과 북아메리카 도시의 성장이 하나의 학문 분과로서 사회학이 발전하는 데 중요한 요인이었던 반면, 도시인류학은 다양한 궤적을 따라 발전했다. 수많은 주요 초기 연구들은 북아메리카와 유럽의 도시에서 실시된 현장연구fieldwork에 근거했다. 또한 도시인류학은 글로벌 사우스Global South에 속한 곳에서도 발전했는데, 그곳에서 연구자들은 식민지, 탈식민지 상황의 도시화 과정을 주로 개발, 근대성, 탈식민지화에 대한 연구와 관련하여 탐구했다. 북미와 유럽에서 도시의 성장과 다양화 그리고 이러한 변화와 연관된 사회문제들(가령 인구 과잉, 환경오염, 범죄적 폭력criminal violence, 종족 갈등ethnic conflict)이 인류학적 관심을 불러일으킨 것도 사실이다. 20세기 후반 도시화 과정은 점점 흔히 전 지구화globalization라는 표제 아래에 속한 주된 사회적·문화적·경제적 변형과 연관되어 일어났다.

이런 광범위한 인구학적·사회적 변화 이외에 인류학이라는 학문 분과 내부의 변화도 도시인류학이 성장하는 데 영향을 미친 두 번째 중요한 요인이었다. 초기 인류학의 뿌리는 식민 지배의 역사와 긴밀하게 연결되어 있다. 인류학이 직접적으로 '식민지 통치 또는 식민주의의 하녀'는 아니었지만 '원주민 인구 집단'에 대한 지식 수요가 증가한 데 힘입었다는 의미에서 인류학이 식민 지배의 과학colonial science으로 발전한 것은 사실이다(Asad 1973). 유럽의 초기 인류학자들은 식민 지배 권력의 세력권에 종속된 사람들을 연구했다. 그중에는 피식민지민에 대한 통제를 촉진하고 유럽인의 지배를 정당화하는 연구도 있었다. 미국에서는 '구제인류학salvage anthropology'이라고 알려지게 된 전통 안에서, 사라질 위험에 직면해 있다고 간주된 아메리카 원주민의 문화적 관행을 기록하는 일에 연구가 집중되었다.

1970년대와 1980년대에는 인류학을 탈식민화하려는 움직임 속에 '타자the Other'에 대한 인류학적 초점을 비판하는 작업이 이루어졌다(Hymes 1972; Clifford and Marcus 1986). 비판적인 인류학자들은 인류학이 '낯선exotic' 차이들에 집착하고 연구자의 본국home에서 멀리 떨어진 곳에서 이루어진 현장 연구를 특권화하는 경향을 문제시했다(Gupta and Ferguson 1997). 이들은 '현대적인' 도시경제의 사회생활에 좀 더 관심을 기울임으로써 '전통적인' 수렵채집민 경제나 농민 경제에서 살아가는 사람들에 대한 오랜 관심을 넘어서고자 노력했다.

인류학 내의 탈식민화 운동은 '인류학을 자기 나라로 가져와' 서유럽이나 미국의 도시처럼 연구자가 살면서 일하고 있는 곳을 연구할 필요성을 강조했다. 또한 (서구의) '자기 나라'를 연구하는 움직임은 많은 경우에 도시인류학으로 귀결되었다. 1970년대 프랑스에서는 이 두 가지 변화—즉 현대적 대상을 다루는 쪽으로 옮겨 가는 인류학 연구 경향과 자국을 대상으로 한 인류학을 지향하는 움직임—를 구분하기가 어려웠다. 다시 말해 인류학의 전통적 주제와 지역에서 '현재에 대한 인류학anthropology of the present'으로의 변화는 프랑스 도시에 대한 연구가 쏟아져 나오는 계기가 되었다(Rogers 2001).

도시인류학을 맥락화하기

도시인류학은 매우 다양한 범위의 주제들을 연구하기 위해 대단히 학제적인 접근법을 사용하며 확장된 분야로 발전해 왔다. 그렇다면 우리는 인류학 일반, 나아가 도시 연구, 도시사회학, 도시지리학 같은 인접 학문 분야와 도시인류학을 어떻게 구별할 수 있을까? 이 책에서 우리는 '도시인류학'을 사회생활이 도시적 맥락에 따라 어떤 식으로 구조화되고 그러한 맥락에서 어떻게 경험되는가라는 질문을 명시적으로 다루는 인류학이라고 정의한다. 도시적 맥락은 가령 규모, 인구밀도, 이질성, 익명성, 불평등같이 구체적인 특징들에 의해 규정된다(도시의 정의에 관해서는 상자 1.2 참조).

도시환경에서 사람들은 매우 다양한 사회관계에 참여하는 경향이 있다. 사람들은 가구 구성원, 가까운 친구, 친지 사이의 친밀하고 개인적인 관계에서부터 명확하게 정해진 역할에 의해 규정되는 더욱 분절된 관계(가령 경제적 관계)는 물론, 예를 들어 도로에서 부딪치는 경우처럼 매우 유동적이며 익명적인 접촉까지 경험한다. 도시 인구가 이질적이고 도시에는 인도人道나 광장 같은 공공 공간public space이 많다는 점은 도시가 다양한 사회경제적·문화적 배경을 가진 사람들 사이의 예상치 못한 만남이 이루어지는 장소라는 것을 뜻한다.

도시란 무엇인가?

　도시인류학 그리고 좀 더 범위를 넓혀 도시 연구에서 오랜 논쟁 중 하나는 그 분야
의 핵심 개념인 **도시**city를 어떻게 정의할 것인가이다. 초기의 정의는 주변 '배후지'와
의 관계 면에서 도시의 기능을 강조하는 경향을 보였다. 이런 관점에서 도시는 권력의
지역적 중심지로서 정치적·경제적·문화적·종교적 활동이 수렴되고 집중된 곳이다.
또 다른 정의는 물리적 형태와 인구학적 특징을 강조하는데, 도시에서 흔히 볼 수 있
는 과밀한 건조환경built environment과 높은 인구밀도에 초점을 맞춘다. 도시의 의미를
정의하는 데 큰 영향을 미친 시카고학파 사회학자 루이스 워스(Wirth 1938: 8)는 도
시의 세 가지 주요 특징으로 규모, 밀도, 인구의 이질성을 꼽았다. "사회학적 목적상
도시는 사회적으로 이질적인 개인들이 모인, 상대적으로 크고 인구밀도가 높으며 영
속적인 정착지라고 정의될 수 있다."
　워스는 **생활양식으로서의 도시성**urbanism as a way of life을 정의하기 위해 상이한 유
형의 사회관계와 태도에 초점을 맞췄다. 워스는 농촌 지역의 특징이 가족, 친구, 공동
체 구성원 사이의 면대면의 친밀한 사회관계라고 본 반면, 도시를 규정하는 것은 주
민들 사이의 정감이 없고impersonal 형식적이며 사업지향적인 관계와 무관심한 태도라
고 주장했다. 익명성 및 이질성과 도시를 연결한 그의 주장은 영향력이 지대했다. 이
생각은 우리가 도시 공간을 공공 영역public realm—리처드 세넷(Sennett 2010: 261)
은 이것을 "낯선 사람들이 만나는 장소"라고 정의한다.—으로 이해하는 데 영향을
미쳤다.
　구성주의에 근거한 도시의 정의는 도시를 **사회적 구성물**social construct이라고 이해
한다. 도시는 사람들이 그것을 도시라고 믿는 한, 촌락village이나 읍내town이 아닌 도
시라는 것이다. 본질적으로 도시는 충분히 많은 사람들이 생각하기에 지도상의 어느
지점에 있다고 간주되는 하나의 선line일지도 모른다. 또한 도시의 사회적·구성적 성
격에 대한 이런 관점은 누가 도시를 도시라고 정의할 권력을 가지고 있는가를 연구한
다는 것을 뜻한다. 한 장소를 스스로 도시라고 명명하는 행위를 허용하는 정치적·행
정적 정의는 재정적·경제적·법적 의미를 담고 있다. 지자체는 중앙정부와 별개로 주
민과 기업에 세금을 부과할 수 있다. 반면 부동산 가격과 지구 지정 규칙은 어떤 지구
site가 그 도시의 구획 안에 있는가 밖에 있는가에 따라 극적으로 달라질 수 있다.
　최근에 학자들은 도시를 하나의 장소라기보다 **사회적-물질적-기술적 과정**social-

material-technological process 혹은 **배치**assemblage*라 보고 접근하기 시작했다(Brenner et al. 2011). 이런 관점에서 보면 도시는 사람, 동물, 돈, 사물, 관념ideas, 기술이 매우 역동적이고 불안정하게 흐르고 연결되면서 교차하는 곳이다. 도시 정치생태학자들은 도시와 자연의 상호 연결 관계를 강조하면서 도시를 자연의 도시화라는 과정으로 파악한다(Swyngedouw 1996).

더욱이 도시는 규모가 크고 다양한 요소를 포함하기 때문에 라이프스타일의 선택이나 대중문화의 선호에 근거한 특정한 신scene이나 하위문화가 출현하기 쉽다. 이로써 도시적 맥락과 문화적 창조성 및 미적 혁신이 연결될 수 있는 것이다. 인구가 밀집해 있다는 점도 군중crowd이라는 매우 도시적인 현상을 유발한다. 이 점은 강한 사회적·정치적 의미를 내포한다. 왜냐하면 군중은 익명성, 고독, 자유라는 느낌을 형성할 수 있지만 폭동이나 다른 형태의 집합적 폭력과 정치적 행동이 시작되는 지점일 수도 있기 때문이다. 좀 더 광범위하게 보자면 도시는 정치권력이 스스로를 휘황찬란하게 드러내는 곳이기도 하다. 공공건물은 국가권력과 사회의 특정한 비전을 구현하는 예이다. 상징적으로 중요한 공공 공간은 국가의 휘황찬란함과 정치적 논쟁 둘 다를 위한 근거가 된다.

이처럼 도시환경의 다양한 특징은 도시인류학자들이 제기하는 질문의

---

* 배치 혹은 어셈블리지assemblage는 철학자 질 들뢰즈Gilles Deleuze와 펠릭스 가타리Félix Guattari의 개념으로, 사회를 유기적 총체로 보는 기존의 입장과 달리 외재성의 관계들relations of exteriority을 통해 전체가 구성된다는 관점을 취한다(마누엘 데란다, 『새로운 사회철학: 배치 이론과 사회적 복합성』, 김영범 옮김, 그린비, 2019, 25~26쪽 참조). 배치 이론에 주목한 학술적 접근은 '사회적인 것'을 물질적·혼종적·창발적·과정적인 것으로 재고再考하는 것이 특징이다. 특히 도시 연구의 측면에서 배치는 인간뿐 아니라 인공물이나 자연, 기술, 제도 등을 포함한 혼종적 네트워크 전반을 가리키는 용도로 주로 활용된다.

유형에도 영향을 미친다. 주된 관심에는 다음과 같은 폭넓은 질문들이 포함된다. 도시는 정체성의 형태와 사회관계에 어떤 식으로 영향을 미치는가? 익명적이고 다양하며 불평등하기까지 한 도시환경에서는 어떤 문화적 현상과 상상이 출현하는가? 도시 공간은 집단이나 제도 사이의 권력관계를 어떻게 변형하는가? 역으로 권력관계는 도시 공간을 어떻게 바꿔 놓는가?

인류학은 도시사회학이나 도시지리학 같은 인접 분야에 비해 상대적으로 늦게 도시에 관심을 기울이기 시작했다. 도시인류학은 사회학과 인문지리학 분야에서 이루어진 연구에 영향을 받았고, 그런 연구와 대화하는 과정에서 종종 영감을 얻었다. 하지만 도시인류학은 중요한 측면에서 이런 인접 분야들과 달랐다. 이른 시기부터 도시인류학자들은 유럽이나 북미뿐 아니라 아프리카, 아시아, 라틴 아메리카의 도시들을 연구했다. 따라서 인류학적 도시 연구는 유럽과 북미의 도시에 배타적으로 초점을 맞추는 경향이 있는 좀 더 '주류적인' 도시 연구와 달리 세계적 특성을 지니고 있다.

도시인류학자는 연구방법을 통해서도 도시사회학자나 도시지리학자와 스스로를 구별했다. 도시인류학자도 설문조사, 인터뷰, 미디어 연구를 포함한 다양한 방법론적 도구에 의존하지만 주로 민족지와 그 핵심 구성요소인 참여관찰participant observation에 의존하는 경향이 있다. 참여관찰은 도시 생활의 숨겨진 측면이나 부분에 그리고 사적이고 비공식적이며 불법적인 과정에까지 접근할 수 있는 길을 열어 준다. 참여관찰을 통해 연구자는 쉽게 언어화될 수 없는 암묵적 지식을 구축할 수 있으며, 도시에서의 사회생활을 구조화하는 수많은 덜 가시적인 일상에 주목할 수 있다.

민족지적 방법ethnographic methods을 사용하면 도시에서의 일상생활에 대해 그리고 사람들이 자신을 둘러싼 도시환경을 이해하는 데 동원하는, 수량화할 수 없는 상상과 상징에 대해 인류학만의 독특한 관심을 투사할 수 있게 된다. 아마도 도시인류학이 기여한 바 중 가장 중요한 점은 학문 분과로서 인류학의 특징과 관련될 것이다. 즉 사람들과 사회관계를 맥락에서 떼어 놓고 본다거나 쉽게 일반화할 수 있는 것으로 보기보다는 그것들의 복잡성을 온전하게 이해하고자 노력한다는 점 말이다. 도시인류학은 사람들이 도시에서 전개하는 복합적인 사회적·문화적 생활을 포착하고자 애쓴다. 나아가 사람들이 이질적이고 불평등하며 끊임없이 변화하는 도시경관과 어떻게 협상하는가를 기록하고자 노력한다.

역사적 발전

도시인류학이 진정으로 독자성을 띤 하위 분야로 출현한 시기는 20세기 중반에 이르러서다. 그러나 도시인류학의 역사적 발전을 추적해 보면 19세기와 20세기 초에 중요한 선례를 많이 찾을 수 있다. 이 절은 이러한 초기의 선례를 논의하는 것으로 시작한다. 그다음 20세기와 21세기에 이 분야에서 이루어진 발전을 개관한다. 이 개관은 영어로 출판되었거나 번역된 인류학 문헌에 다소 치우쳐 있다. 따라서 가령 프랑스어, 독일어, 스페인어, 네덜란드어같이 다른 언어로 이루어진 도시인류학적 전통들을 온전히 다루지 못함을 미리 밝혀 둔다.

도시인류학의 선조들

19세기와 20세기 초의 연구에서 도시인류학의 민족지적·분석적 선조에 해당하는 것들을 많이 발견할 수 있다. 우리는 유럽과 북미의 도시에서 일어난 도시화와 산업화를 기술하고 분석한 영향력 있는 저자들을 크게 세 집단으로 구분할 수 있다고 생각한다. 문예적 언론인literary journalists, 학문적 의식을 갖춘 개혁가, 시카고를 연구하며 경험적 연구를 지향한 사회학자가 그들이다. 첫 번째는 탐사 기자와 소설가, 학계에 속하지 않은 작가들로 구성된 집단이다. 영국 작가이자 사회비평가 찰스 디킨스Charles Dickens(1812~1870), 영국 소설가 엘리자베스 개스켈Elizabeth Gaskell(1810~1865), 프랑스 작가이자 언론인 에밀 졸라Émile Zola(1840~1902)처럼 중산층이면서 교양 있는 작가들은 산업도시에서 살아가는 도시빈민을 연구하고자 애썼다.

공장에서 일하거나 슬럼에서 사는 생활은 어떤 것이었을까? 이 질문에 답하고자 언론인들은 도시빈민의 일상으로 뛰어들었다. 이들은 준準민족지적 기술을 통해 가난, 과밀, 불결, 질병을 때로는 선정적으로 묘사했다. 이런 저널리스트적이고 문예적인 글쓰기의 상당수는 분명한 정치적 목적을 가지고 있었다. 저자들은 도시빈민이 겪는 착취를 조명하고자 했으며, 자신들의 '연구'를 이용해 정부나 자선단체의 개입을 끌어내고자 했다.

사진 기술이 널리 보급되자 시각적 형식을 빌려 빈민을 설명할 수 있게 되었다. 사회개혁가이자 언론인 제이컵 리스Jacob Riis(1849~1914)는 보도사진 분야에서 유명한 저서인 『세상의 절반은 어떻게 사는가: 뉴욕 공동주택 주민 연구How the Other Half Lives: Studies among the Tenements of New York』(Riis 1890)에 뉴욕시 슬럼의 불결함을 기록함으로써 공중을 동원해 도시빈민의 비참한 생활조건을 개선하고자 했다(사진 1.1).

도시인류학의 선조 중 두 번째로 중요한 집단은 좀 더 학문적 지향이 강한 저자들로 구성되었다. 이들 중 일부는 준민족지적 기법에 덧붙여 당시

사진 1.1 〈노상강도 소굴, 멀베리 벤드Bandit's Roost, Mulberry Bend〉,
미국 뉴욕, 1888. (사진 촬영: Jacob Riis)

새로운 방법으로 등장한 통계학이나 지도 제작법을 활용했다. 저널리즘에
더 가까웠던 첫 번째 집단과 마찬가지로 이들 중 상당수는 빅토리아 시대
의 정치적 기획인 위생개혁과 연관되어 있었다(제8장 참조). 그러나 몇몇은
더 급진적이었다.

　독일 사회과학자이자 철학자 프리드리히 엥겔스Friedrich Engels(1820~1895)가
바로 그에 해당하는 중요한 저자로, 그는 카를 마르크스Karl Marx와 함께『공
산당 선언』을 썼다. 1844년 엥겔스는 잉글랜드 산업도시에 사는 노동자

계급의 참혹한 상태를 묘사한 책을 출판했다.* 이 책은 맨체스터와 샐퍼드에서 2년간 행한 관찰을 바탕으로 삼았다. 엥겔스의 노동계급 동료인 메리 번스가 그를 슬럼으로 안내했다. 19세기에 많은 도시를 엄습한 콜레라의 유행도 도시 연구에 영향을 미쳐 사회전염병학의 초기 형태가 나타나고 세세한 의료 지도가 제작되었다. 런던에서는 자선가이자 사회연구자 찰스 부스Charles Booth(1840~1916)가 수년에 걸쳐 통계자료를 수집하고 분석해서 『런던 인민의 삶과 노동Lives and Labour of the People in London』이라는 제목으로 런던에 사는 빈민의 삶을 다룬 책 열일곱 권을 편찬했다. 이 저작들은 도시빈민의 사망률과 발병률이 높다는 점에 주목했으며, 저임금과 과밀하고 비위생적인 생활 조건에서 그 원인을 찾았다.

20세기로 접어들어 도시 연구에서 중요한 일군의 작업이 미국에서 최초로 사회학과가 생긴 시카고 대학에서 이루어졌다(Hannerz 1980: 19-58 참고). 1910년대부터 1930년대까지 시카고를 연구하는 전문 사회학자들이 모인 영향력 있는 집단은 **시카고학파**Chicago School로 알려지게 되었다. 시카고학파는 윌리엄 I. 토머스William I. Thomas(1863~1947)와 전직 언론인이자 활동가인 로버트 E. 파크Robert E. Park(1864~1944)라는 두 명의 뛰어난 학자들이 만들었다. 토머스는 토머스의 정리Thomas theorem—'사람들이 어떤 상황을 실제라고 정의하면 그 상황은 결과적으로 진짜 존재하게 된다.'—로 잘 알려져 있다. 반면 파크는 좀 더 이른 시기의 시카고학파 연구에 영향을 미친 인간생태학적 모델human

---

* 엥겔스가 1845년에 독일어(*Die Lage der arbeitenden Klasse in England*)로 출판한 후 1885년에 영어(*The Condition of the Working Class in England*)로도 나온 책을 지칭하는 것으로 보인다. 한국어로는 『영국 노동자 계급의 상태』(박준식·전병유·조효래 옮김, 두리미디어, 1988)라는 제목으로 출판됐다.

ecology model*의 기초를 닦았다. 이 모델은 도시에서 인간의 행동이 도시환경과 그것의 경쟁적 성격에 의해 좌우된다고 이해했다.

시카고학파의 설립자들과 마찬가지로 루이스 워스, 넬스 앤더슨[Nels Anderson], 플로리안 즈나니에츠키[Florian Znaniecki], 세인트 클레어 드레이크[St. Clair Drake] 같은 다음 세대의 시카고학파 사회학자들도 경험적 자료, 특히 현장연구의 중요성을 강조했다. 이들은 학생들에게 도시를 실험실로 보라고 가르쳤으며, 책상과 도서관을 떠나 도시 사람들과 장소를 가까이에서 연구하라고 요구했다. 이들은 직접 관찰 이외에도 다양한 방법을 실험했는데, 도시 연구의 도구로서 인지지도 및 구술사 같은 방법의 적용을 탐색했다.

시카고학파는 도시 연구의 고전을 무수히 많이 산출했다. 이들이 20세기 초 수십 년간 수행한 연구 중 상당수는 신규 이민자 집단이나 소수인종 집단의 주거지 같은 소외된 집단이나 동네[neighborhoods]에 대한 사례연구로 구성되었다. 「생활양식으로서의 도시성」(상자 1.2 참조)이라는 영향력 있는 논문을 쓴 루이스 워스는 시카고시 유태인 게토의 조직 논리를 다룬 고전적 연구인 『빈민가[The Ghetto]』(1928)로도 유명해졌다. 이 책에서 그는 일부 인종집단이 모여 사는 주거지와 다수에 의한 차별 사이의 상호작용을 검토했다. 윌리엄 토머스와 플로리안 즈나니에츠키는 폴란드 이민자 가족에 대

---

* 인간생태학적 모델은 시카고학파의 구성원들이 "다윈의 영향을 받아 인간의 도시환경에 대한 사회적 적응을 동식물 종들의 자연 공간 적응과 유사한 방식으로" 설명한 접근법이다. "파크에 따르면 도시의 사회조직이란 이렇게 희소한 자원들을 놓고 벌이는 경쟁의 산물이었다. 이러한 경쟁의 과정에서 복잡한 노동 분업이 탄생하게 되는데, 이는 사람들이 자신의 '자연적' 능력에 기초하여 스스로에게 어울리는 방법들을 찾아냄으로써 생물학적 생존경쟁에 적응하기 때문이다." (마크 고트디너·레슬리 버드, 『도시연구의 주요개념』, 남영호·채윤하 옮김, 라움, 2013, 13~14쪽)

한 이정표적 연구인『유럽과 미국의 폴란드계 소작농*The Polish Peasant in Europe and America*』(1918~1920)에서 시카고시의 이민자 동네를 분석했다. 개인 문서에 근거한 다섯 권 분량의 이 연구는 초국가적 이주 연구의 뛰어난 선례로 간주된다. 1923년, 한때 그 자신이 노숙인으로 생활한 적도 있는 시카고학파 사회학자 넬스 앤더슨은 참여관찰 방법으로 노숙인을 민족지적으로 연구한 선구적 저서인『노숙인*The Hobo*』을 출판했다. 아프리카계 미국인 세인트 클레어 드레이크와 호러스 케이턴*Horace Cayton*이 쓴『검은 대도시: 한 북부 도시의 흑인 생활에 대한 연구*Black Metropolis: A Study of Negro Life in a Northern City*』(1945)는 시카고시 흑인 동네에 대한 고전적 연구이다. 시카고학파의 연구 대부분이 남성 연구자들의 저작이지만 여성들도 유사한 유형의 도시민족지*urban ethnography*에 참여했다. 예를 들어 제인 애덤스*Jane Addams*는 헐하우스*Hull House*라는 시설을 운영하며 시카고에서 활동한 개혁가였다. 애덤스는 대학에 근거를 둔 사회학자들과 긴밀하게 협력했고, [예를 들어『청년의 정신과 도시의 거리*The Spirit of Youth and the City Streets*』(1909)처럼] 본질적으로 민족지적 스타일로 도시 생활을 관찰한 결과를 출판하기도 했다.

언론인, 활동가, 연구자라는 세 집단 간의 경계가 여기에서 구분한 것처럼 명확하지는 않다. 예를 들어 프리드리히 엥겔스는 언론인이자 활동가였으며 사회과학자이자 정치이론가였다. 시카고학파의 리더인 로버트 파크는 학자로서 유명하지만 도시사회학자로서 대학에 몸담기 전에는 언론인으로 광범위하게 활동했다. 또한 독일의 사회학자이자 철학자이며 미국적 전통과 유럽적 전통의 연결고리 역할을 한 게오르그 짐멜*Georg Simmel*과 공동으로 작업하기도 했다.

초창기 도시인류학

20세기 중반에 들어서자 좀 더 분명하게 인류학 연구를 수행하는 전문가들이 도시에 대한 관점을 정련하기 시작했다. 1920년대와 1930년대에 시카고 대학에서 훈련받은 인류학자 로버트 레드필드Robert Redfield —그는 우연히도 로버트 파크의 사위였다.—는 '현대 도시modern city'에 대비해 '민속사회folk society'를 정의하는 작업을 수행했다. 그는 민속사회를 제한적인 노동 분업으로 인해 문화적으로 동질적이고 면대면 접촉이 이루어지는 공동체로 이해했다. 나중에 레드필드는 문화적 탈조직화, 세속화, 개인화의 진전 정도에 따라 민속사회를 민속-도시 연속체folk-urban continuum*라는 개념으로 정교화했다(예를 들어 Redfield 1941; Hannerz 1980: 59-61).

글로벌 사우스에서 발생한 이촌향도 현상을 계기로 인류학자들은 연구 대상인 소작농들을 따라 도시로 이동해 이들이 새로운 도시환경에 어떻게 대처하는가를 연구하기 시작했다. 초창기 도시인류학은 인류학자들이 연구하는 사회생활의 도시적 성격보다는 주로 도시화 과정에 관심이 있었다(Foster and Kemper 1974). 영국령 중앙아프리카 로즈-리빙스턴 연구소Rhodes-Livingstone Institute와 맨체스터 대학의 인류학자들은 현재 잠비아와 콩고민주공화국에 해당하는 아프리카의 구리 산출 지대African Copperbelt에 위치한 탄광촌mining towns의 생활을 연구했다.

---

* "고전적 진화론자들의 발전 단계와 달리 레드필드의 발전 도식은 단계 혹은 레벨이 아니라 변화의 연속체상의 수많은 여러 지점에 위치해 있는 이념형으로 구성되어 있었다. 촌락 혹은 민속이라는 연속체의 한쪽 끝은 소규모이고 고립적·동질적이며 강력한 종교적인 믿음과 친밀한 대면관계라는 특징을 가지고 있는 데 반하여 도시라는 다른 쪽 끝은 세속적·이질적이면서 비인격적이었다. 민속사회는 꽉 짜인 친족구조와 공통된 감정과 공유된 가치로 통합되어 있는 반면에 도시사회는 기능적인 상호 보완성으로 통합되어 있었다." (M. S. 가바리노, 『문화인류학의 역사』, 한경구·임봉길 옮김, 일조각, 2011, 151~152쪽)

로즈-리빙스턴 연구소는 1937년 북로디지아Northern Rhodesia의 총독이 설립했다. 연구소 초대 소장 고드프리 윌슨Godfrey Wilson은 아내 모니카 윌슨Monica Wilson과 함께 막 생겨나던 탄광촌 연구에 초점을 맞추기로 결정했다. 탄광촌의 생활은 철저하게 광산산업의 필요에 맞춰 규율되었으며, 〔채굴업체는〕 남성 광산 노동자에게 임시 주택을 제공했으나 가족생활을 위한 공간은 거의 제공하지 않았다(탄광촌에 관해서는 제5장 참조). 이른바 구리 산출지대에 대한 연구는 '자유주의적 식민주의colonial liberal' 관점에서 수행되었는데, 1940~1950년대에 발생한 농촌에서 도시로의 이주와 산업화와 연관된 사회 변형 양상을 추적했다. 호텐스 파우더메이커Hortense Powdermaker 같은 미국 인류학자뿐 아니라 맥스 글럭먼Max Gluckman, 앨버트 엡스타인Albert Epstein, 클라이드 미첼Clyde Mitchell 같은 영국 인류학자들은 이른바 '아프리카의 산업혁명African Industrial Revolution'을 분석했으며, '아프리카의 근대성African modernity'이라는 개념을 개발했다.

이런 연구는 도시 생활을 포착하기 위한 혁신적인 방법들을 발전시켰다. 사회구조에 초점을 맞춘 영국 인류학의 전통을 이은 이 연구들은 도시 사회생활의 역동적 성격과 복합성을 파악하기 위해서 특정한 사례나 상황에 초점을 맞추는 분석이 필요하다고 주장했다. 그 유명한 예가 클라이드 미첼의 『칼렐라 댄스The Kalela Dance』(1956)이다. 이 저서는 루안샤Luanshya라는 구리 산출 지대 도시에서 활동하는 댄스 공연단의 공연 활동을 분석한 민족지이다. 댄서들은 흰색 가운을 입은 의사와 간호사를 연기하며 세련된 도시 유행을 강조하는 행위로써 자신들의 도시 경험을 명확하게 이야기하는 공연을 개발했다. 이런 연구들은 아프리카 사람들이 변하지 않는 농촌 생활과 부족의 문화적 전통에 속박되어 있다는 생각을 타파하려고 노력했다. 반면 도시적 현대성urban modernity에 대한 아프리카 사람들의 관념은 서

구식의 진보라는 관점에서 정의되는 경향이 있었다(Ferguson 1999 참고).

얼마 지나지 않아 오스카 루이스Oscar Lewis나 울프 한네르스 같은 인류학자들이 아프리카, 라틴 아메리카, 카리브해, 북미의 도시들에서 연구하기 시작했다. 이들은 도시화와 새로운 도시 이주자들이 도시 생활에 적응하는 양상에 유사한 관심을 보였다. 1950년대부터 1970년대까지 지속된 초창기 도시인류학적 연구는 사회학자들의 민족지적 '공동체 연구community studies'에 의존했는데, 그중에서도 저명한 사회학자인 윌리엄 푸트 화이트William Foote Whyte의 고전적 민족지인 『길모퉁이 사회: 이탈리아계 슬럼의 사회구조Street Corner Society: The Social Structure of an Italian Slum』(1943)를 모범으로 삼았다. 화이트는 1930년대 후반 당시 이탈리아계 미국인이 주로 거주한 악명 높은 슬럼인 보스턴의 노스엔드North End에서 1년 이상을 보냈다. 인류학적 연구에 친숙했던 그는 민족지적 방법을 채택했고, 주로 참여관찰에 의존했다. 그는 거리의 갱들과 '길모퉁이 소년들corner boys'의 사회 세계를 생생하게 기록하고 지역에서의 삶이 어떻게 조직되는가를 설명했다. 이를 통해 그는 빈민 공동체의 사회 분열social disorganizaition에 대한 일반적 가정들이 잘못되었음을 보여 주었다.

이런 공동체 연구에 자극을 받은 인류학적 연구는 농촌의 촌락 환경에서 개발된 인류학적 방법들을 도시의 근린지역neighborhoods에 적용하는 작업을 더욱 명시적으로 추구했다. 종족적으로ethnically 동질적인 동네와 '빈민가ghettos'는 강한 지역적 유대라는 특징을 지닌, 긴밀하게 짜인 '도시 마을urban villages'로 이해되었다. 이러한 접근방법은 루이스 워스나 게오르그 짐멜 같은 사회학자들이 도시적 관계를 익명적인 것과 기업적인 것으로 본 초창기의 설명을 반박하는 데 기여했다. 그러나 근린지역을 다소 경계 지어지고 완결된 사회적 단위로 보는 입장은 '공동체'를 정체된 실체로 재현

요루바족 공동체의 라피도 추장과 인류학자 울프 한네르스,
나이지리아 카판찬, 1975. (사진 제공: Ulf Hannerz)

했으며, 근린지역이 더 넓은 범위의 도시에 뿌리내리고 있음을 간과했다.

한네르스와 루이스는 비서구 도시와 미국 도시에서 연구했다. 루이스는
'가난의 문화' 이론'culture of poverty' thesis을 멕시코시티와 뉴욕시에서 수행한
도시인류학적 연구를 통해 발전시켰다. 반면 한네르스는 1960년대에 워싱
턴의 '빈민가'를 연구했고, 1970년대에 나이지리아 카판찬Kafanchan의 도시
생활을 연구했다(사진 1.2, 1.3). 1980년 한네르스는 이제는 고전이 된『도시
를 탐색하기Exploring the City』를 출판했는데, 여기에서 그는 도시 생활에 대한
인류학적 접근법을 좀 더 이론적으로 전개했다.

작업실 앞에 선 '실버 40'의 디자이너이자 주요 정보제공자,
나이지리아 카판찬, 1975. (사진 제공: Ulf Hannerz)

루이스와 한네르스는 북미 도시에 대한 연구(Lewis 1966; Hannerz 1969)에
서 소외되고 가난에 찌든 동네에서 전개되는 사회문화적 생활을 논의했
다. 주된 논쟁점은 오스카 루이스의 **가난의 문화**라는 개념, 즉 문화와 가
난의 관계에 대한 것이었다. 이 개념에 따르면 도시 빈곤이라는 조건에 반
응하여 생겨난 문화는 가난한 동네 사람들의 소외가 재생산되는 현상을
조장한다는 것이다(상자 2.2 참조).

20세기 후반의 '전환^{turns}'

1970~1980년대에 도시를 연구한 인류학자들은 점점 **정치경제학적**
political economy 관점에 의존하게 되었다. 데이비드 하비^{David Harvey}나 마누엘 카

스텔Manuel Castells 같은 도시지리학자 및 도시사회학자와 보조를 맞추며 이다 수세르(Susser 1982)와 리스 멀링스(Mullings 1987) 같은 인류학자들은 마르크스주의 이론에 의거해 일상적인 도시 생활과 근린지역이 어떻게 자본주의 구조와 연관된 생산관계에 의해 좌우되는가를 이해하고자 했다. 뉴욕시립대학교CUNY는 학자들이 학제적 집단을 형성하는 데 중요한 집결점을 제공했다. 여기에 모인 학자들은 정치경제학과 인류학이 상호 교차하는 관점에 의거해 도시 생활을 연구했다.

인류학에서 정치경제학에 대한 관심은 아프리카, 라틴 아메리카, 카리브해 지역 도시 연구에서 도시의 **비공식 경제**informal economy에 초점을 맞추는 방식으로 구현되었다. 이 연구는 부분적으로 개발 연구에 인류학적으로 개입하는 방식을 통해 발전했다. 거리 행상이나 소규모 제조업처럼 국가에 의해 규제되지 않는 부문을 연구하는 인류학자들은 도시경제의 공식적 부문과 비교해서 이런 유형의 노동과 생산성을 이해하고자 시도했다(제5장 참조). 이 시기에 라틴 아메리카에서 연구한 인류학자들은 주로 비공식적이고 소외된 도시 지역, 가령 브라질의 파벨라favelas*나 페루의 바리오스 호베네스barrios jóvenes**를 연구했다. 아프리카에서는 영국 전통의 도시인류학과 발맞춰 인류학자들이 도시적 사회관계, 예를 들어 시장에서의 교환이나 정치적 연대에 주로 초점을 맞췄다(Low 1996: 386-387).

1990년대에는 이런 정치경제학적 접근법에 근거하면서도 이를 새롭게 후기구조주의적 방향으로 확장했는데, 도시인류학자들의 관심은 이른바 **공간적 전환**spatial turn의 영향을 반영했다. 여러 학문 분과의 사람들이 공

---

* 주로 브라질의 대도시 외곽의 경사진 산자락에 위치한 빈민가를 가리킨다.
** Barrios jóvenes 혹은 Pueblos jóvenes는 페루 대도시 외곽에 넓은 면적을 차지한 빈민가를 가리킨다.

간 구성configurations에 내재한 권력 문제에 초점을 맞추기 시작했다. 이러한 전환은 도시인류학을 재활성화하며 점점 많은 수의 인류학적 연구가 도시 공간과 도시에서의 사회·문화 생활의 관계에 명시적으로 초점을 맞추는 데 기여했다. 미셸 푸코Michel Foucault, 앙리 르페브르Henri Lefebvre, 미셸 드 세르토Michel de Certeau 같은 프랑스 사상가들이 공간적 전환에 강한 영감을 주었다. 푸코가 우리를 둘러싼 세상과 그것에 대한 우리의 이해를 좌우하는 진리 체계로 권력을 개념화한 것이 아마도 도시인류학에 가장 많이 영향을 미쳤을 것이다(상자 8.1 참조). 1989년에 출판된 두 편의 중요한 연구는 도시인류학의 새로운 방향성을 보여 준다. 폴 라비노Paul Rabinow의 『프랑스적 근대: 사회환경의 규범과 형태French Modern: Norms and Forms of the Social Environment』는 권력의 생산적 성격에 관한 푸코의 통찰에 의거해 북아프리카의 도시계획을 식민 지배의 기술로서 탐구한다. 마찬가지로 제임스 홀스턴James Holston의 『모더니스트 도시: 브라질리아에 대한 인류학적 비판The Modernist City: An Anthropological Critique of Brasília』은 브라질의 새 수도인 브라질리아의 디자인을 국가권력의 기술로서 분석했다(제8장 참조).

르페브르(Lefebvre 1991)는 공간이 사회적 산물이며, 흔히 권력을 가진 사람들의 이익을 재생산하는 데 기여한다고 주장했다. 그의 저작은 공간의 사회적 생산과 이렇게 생산된 공간이 다시 사람들의 생각과 행동에 영향을 미치는 방식에 주의를 기울일 것을 요구한다. 따라서 도시 공간의 변형에 관한 투쟁은 한 사람이 자신의 삶을 개조할 권리에 관한 투쟁이다. 르페브르는 이런 관점을 **도시에 대한 권리**right to the city라는 개념으로 정리했다(상자 9.1 참조).

푸코와 르페브르가 도시계획가와 도시 전문가의 중요성을 강조한 반면 드세르토는 사람들이 도시경관과 협상하는 일상적 방식에 좀 더 분명하게 관심을 기울였다. 드세르토는 권력자들이 **공간 전략**spatial strategies을 사용해 공간을 지배하고 자신들의 필요에 따라 공간을 정의할 수 있지만, 권력이 없는 사람들은 좀 더 일시적인 **공간 전술**spatial tactics에 의존한다고 보았다. 공간 전술은 그가 보행자의 발화 행위pedestrian speech acts라고 부르는 것을 통해서 일시적으로만 실현된다(de Certeau 1984: 37). 경찰이 거리 행상을 정기적으로 단속하는 공간에서 이루어지는 비공식적인 경제활동을 생각해 보자. 경찰은 특정한 공간에서 허용되고 금지되는 행위를 정하는 권력자의 전략을 거리 행상들에게 강제한다. 반면 행상은 유연한 전술에 따라 도시 공간을 점유하는데, 상품을 몰수당하는 상황을 피할 수만 있다면 순식간에 그 공간을 비워 버릴 수도 있다.

세타 로Setha Low는 이러한 공간적 전환을 1990년대 도시인류학에 도입하는 데 중요한 역할을 한 인물이었고, 코스타리카의 공공 공간에 대한 연구(Low 2000)뿐 아니라(사진 1.4) 많은 리뷰 논문과 편저(예를 들어 Low 1996, 1999 참고)를 통해 1990년대에 도시인류학이 공고한 기반을 다지는 데 핵심적인 역할을 했다. 도시인류학의 공간적 전환은 지리학에서 일어난 문화적 전환cultural turn과 궤를 같이했다. 지리학에서는 에드워드 소자Edward Soja, 마이크 데이비스Mike Davis같이 LA학파의 영향력 있는 도시지리학자들은 생산이 도시의 형태를 규정하며, 좀 더 통일되고 포괄적인 기획을 약속하는 근대 도시modern city와는 달리, 로스앤젤레스의 분절된 혹은 '다채로운kaleidoscopic' 소비자 지향적 경관을 토대로 탈근대적 도시의 성격postmodern urbanism을 그리고자 노력했다.

1990년대 내내, 여러 영역 중에서도 미디어와 교통transport이 새로운 디지털 기술에 의해 변형됨에 따라 인류학자들은 자신들이 활동하는 현장과 연구 주제에 영향을 미치는 초국가적·전 지구적 연결과 네트워크를 점차

사진 1.4 중앙공원Parque Central에서 인터뷰하는 세타 로,
코스타리카 산호세, 2014. (사진 제공: Joel Lefkowitz)

인식하게 됐다. 곧 **전 지구화**(상자 2.3 참조)가 핵심 개념이 됐다. '전 지구적
문화경제'(1990)에 관한 아르준 아파두라이Arjun Appadurai의 저술은 전 지구
적 연결의 다양한 차원들—에스노스케이프, 미디어스케이프, 테크노스케이프, 파
이낸스스케이프, 이데오스케이프—에 주목했으며, 전 지구적 과정을 바라보는
인류학적 시각을 제공했다.* 세계도시global city에 대한 사스키아 사센Saskia

---

* 이 논문은 아파두라이가 1996년에 출판하고 한국에서는 2004년에 출간된 『고삐 풀린 현대성
  Modernity at Large』에 제2장으로 수록되어 있다. 독자들의 이해를 돕고자 전 지구화의 다섯 가
  지 차원에 대한 한국어판의 미주를 인용해 둔다. "-scape가 풍경을 뜻하는 접미사이므로, 이

Sassen의 연구는, 전 지구적 조정 기능을 가진 중심상업지구가 이곳을 직접 에워싼 도시적 맥락과 점점 분리되면서 오히려 다른 중심상업지구들과 더욱 강하게 연결된다는 점을 보여 주었다. 이로써 도시인류학자들은 도시적 전경 속에서 점차 늘어나는 분절의 양상을 이해하기 위한 틀framework을 갖게 됐다. 1990년대에는 전 지구화가 인류학자들의 새로운 연구과제였다면, 이제 우리는 도시가 사람, 상품, 아이디어, 자금의 전 지구적 네트워크 및 흐름과 분리될 수 없으며, 나아가 이러한 네트워크와 흐름에 의해 구성된다고 생각한다.

인류학자들과 현대 도시

이 책은 최근 도시인류학에서 다루는 주제와 경향에 초점을 맞춘다. 다음에서 우리는 21세기 도시인류학의 모습을 간략하게 소개하면서, 우리가 본문에서 상세하게 검토한 주제 중 몇 가지를 강조하고자 한다. 지금까지 논의한 학파, 주제, '전환'은 현대 도시에서의 인류학과 현대 도시에 대한 도시인류학에 계속해서 영향을 미치고 있다. 현재 이 분야에서 중요한 주제는 **도시 공간**urban space, **장소**place, **건조환경**built environment 등이다(제1부 참조). 또한 **도시적 생산과 소비**의 패턴이 변형됨에 따라 도시인류학은 경제적 변화의 생생한 경험을 주의 깊게 추적해 왔다(제2부 참조). 그리고 대다

들은 대략 '인종적 풍경', '매체의 풍경', '기술의 풍경', '재정적 풍경', '이념의 풍경' 정도의 의미를 갖는다고 보면 무방할 것이나, 저자의 고유한 용어이므로 원어 그대로 쓰겠다. '풍경'은 저자가 즐겨 쓰는 용어인데, 이는 '인종', '매체', '기술', '재정', '이념'이 갖는 고정적이고 초시간적인 측면을 제거하고, 그것이 풍경처럼 세부 요소들의 집합으로 존재하는 일시적이며 유동적인 상태임을 표현하기 위한 것으로 보인다"(아르준 아파두라이, 『고삐 풀린 현대성』, 차원현·채호석·배개화 옮김, 현실문화연구, 2004, 348~349쪽). 다만 '인종적 풍경'은 '종족적 풍경'으로, '재정적 풍경'은 '금융적 풍경'으로 옮기는 것이 좀 더 적절해 보인다.

수의 도시인류학자들은 **도시 권력, 정치, 통치**의 작동에도 주의를 기울인다(제3부 참조). 도시에서의 사회적 차이urban social difference, 불평등, 연대는 이러한 주제를 가로지르면서 여전히 인류학적으로 중요한 관심사항이다. 인류학자들도 다른 학문 분야의 도시 연구자들과 마찬가지로 공간, 경제, 정치에 대한 관심을 공유하지만, 인류학자들이 그들과 구별되는 점은 일상적인 도시 생활과 여러 형태의 도시적 상상imagination 및 문화적 재현cultural representation에 더 초점을 맞춘다는 것이다.

〔도시인류학의〕 초기 몇십 년과 비교할 때, 계속 진행 중인 사회적·정치적·경제적·기술적 변형은 연구자들의 관심과 우선순위에 영향을 미쳐 왔다. 인류학자들은 계속해서 사람들이 정치적·경제적·종교적 **장소**와 건물에 부여하는 문화적 의미에 관심을 가지고 있다. 그러나 현재는 국제이주나 전 지구적으로 순환되는 대중문화가 사람들이 도시에서 느끼는 편안함을 좌지우지하는 데 어떤 역할을 하는지에 더 주목한다(제2장 참조). 인류학자들은 다양한 형태의 **이동**mobility에 더 큰 관심을 기울이며(제3장 참조), 사람들이 왜, 어떻게 특정한 방식으로 도시를 가로지르며 이동하는지, 이러한 이동의 양상이 도시에서의 불평등에 대해 우리에게 무엇을 알려 주는지를 연구한다. 예를 들어 교통에 대한 연구는 불평등이 일상적으로 협상되는 양상을 이해하는 데 훌륭한 참조점이 된다. 인류학자들은 거리, 공원, 광장과 같이 개방된 **공공 공간**에서 사회적 상호작용이 구조화되는 방식에 초점을 맞춘다. 그러나 시간이 갈수록 국가적 혹은 국제적 수준에서 발생하는 정치적 변형이 도시에서의 공적 생활에 미치는 영향을 탐구하는 경향이 높아지고 있다(제4장 참조).

도시경제를 연구할 때, 인류학자들은 여러 산업들이 특정한 도시와 도시 속 장소와 어떻게 연결되는가를 분석하면서도, 많은 도시들의 탈산업화deindustrialization를 강조했다(제5장 참조). 나아가 연구의 초점이 후기 현대 도시의 중요한 특징으로 경제적 **생산**뿐 아니라 **소비**를 이해하는 쪽으로 이동했다(제6장 참조). 이처럼 소비와 라이프스타일에 주목하는 것은 도시 중산층 연구에 대한 새로운 관심과 연동되어 있으며, 전통적으로 소외된 도시집단과 지역에 집중되었던 도시인류학의 지평을 확장하고 있다. 지난 몇십 년 동안은 시장에 기반한 해결책을 다양한 문제에 적용하여 국가, 시민, 민간 영역 간의 관계를 재구성하는 **신자유주의**neoliberalism라고 알려진 일련의 이론과 정책에 주의를 기울였다. 인류학자들은 신자유주의적 개혁이 도시경관 속에서 그리고 도시경관을 가로지르며 어떤 모습을 띠는가를 연구해 왔으며, 이러한 개혁이 초래한 새로운 불평등의 양상을 분석했다. 또한 신자유주의화에 대응해서 출현한 저항과 도시적 대안들의 다양한 형태를 탐구했다(제7장 참조).

도시 정치와 통치를 연구하는 인류학자들은 최근에 일어난 이러한 권력의 재구성에 직접적으로 주목해 온 반면, 도시계획학, 지리학, 정치학 등 인접 학문분과의 발전에서도 영감을 얻었다. **도시계획**urban planning을 권력의 장으로서 관심을 가지고 분석하는 인류학적 연구가 늘어나고 있다. 연구의 초점은 도시의 하부구조, 다시 말해 도시의 물질적 조직이 사회생활을 어떤 식으로 구조화하며, 결과적으로 도시의 하부구조가 정치의 주요한 장으로 이해될 수 있는가를 검토하는 데 있다(제8장 참조). 도시 정치에 대한 최근의 인류학적 연구는 국가와 도시 주민 사이의 관계를 이해하기 위해 **시민권**citizenship 개념에 천착하는 한편, **사회운동**social movements에도 큰 관심을 기울였다(제9장 참조). 도시 인류학자들은 대체로 도시에 기반한 근래의 민주화 운동에 대해 재빠르게 민족지적 연구를 수행하면서도, 극우 집단의 재출현도 이해하고자 노력했다. 그뿐 아니라 빈곤, 범죄, 사회적 다양성과 같은 도시인류학의 '전통적인' 관심사에 대해서도 새로운 관점이 제기되고 있다. 현재 많은 인류학자들은 **폭력과 보안**violence and security과 같은 도시 문제를 시민을 보호하는 데 있어서 국가의 역할 변화와 관련지어 연구하고, 나아가 새로운 디지털 기술이 시민을 보호하면서도 동시에 위험에 빠뜨리는 역할을 한다는 사실을 분석한다(제10장 참조).

도시인류학 하기

이 장에서 우리는 도시인류학 형성의 근저에 놓인 역사적 발전 과정과 도시인류학자들이 연구해 온 주제와 소재를 간략하게 논의했다. 그렇다면 도시인류학자들이 실제로 연구를 실천하는 방식은 어떠한가? 즉 연구자들은 도시인류학을 어떻게 '수행해' 나가는가?

민족지적 현장연구는 인류학의 핵심적 방법론이며 이 점은 도시인류학에서도 대체로 유효하다. 그러나 일반적으로 도시인류학은 인류학이라는 학문과 인류학적 연구방법이 발전해 온 조건과 다소 다른 조건에 직면해 있다. 도시에서 사람들은 직장, 여가, 가정이라는 상대적으로 접근하기 힘든 장소에서 상당한 시간을 보낸다. 동시에 사람들의 생활은 일반적으로 도시경관 전역에 퍼진 사회관계망에 연결되어 있다. 더구나 이런 도시경관은 사람들의 구체적 경험과 지평을 넘어서 확장되며, 국가나 지역 그리고 세계 차원에서 진행되는 경제적·정치적 과정에 영향을 받는다. 이런 특징들 때문에 한 지역 공동체의 사회문화적 생활에 장기간 참여하는 것을 기반으로 하는 전형적인 인류학적 현장연구 방법을 도시인류학적 연구에 적용하기는 어렵다.

도시인류학은 더 소외된 삶과 견해를 중시하고, 이러한 소외를 유발하고 유지하는 기제를 드러내려는 **참여 인류학**engaged anthropology의 특징을 분명하게 가지고 있다(Low 2011; Fassin 2017). 이런 사실은 인류학의 다른 분야에도 적용되지만, 도시는 사회적 불평등이 일상생활에서 매우 가시적으로 드러나는 장소이다. 따라서 도시인류학자들은 이런 불평등을 직접적으로 다루면서, 소외되고 특권이 없는 도시 주민과 더 강력하고 특권을 지닌 집단이나 개인 양쪽 모두를 포함하는 사회적 장에 뛰어드는 경우가 빈번하다. 이런 사회적 장과 그 속에서 상이한 자리를 차지하고 있는 도시 거주자들 사이의 관계를 연구할 때, 도시인류학자들은 주로 이런 불평등이 어떻게 생산되는가를 분석하는 경향이 있다. 또한 이러한 노력은 점점 협력적인 형태의 연구로 전개된다. 어떤 도시인류학자들은 소외된 공동체나 예술가 집단(Corsín Jiménez and Estella 2017) 또는 도시 사회운동(Wilde 2022)과 긴밀한 관계를 맺으며 작업한다. 또 다른 도시인류학자들은 더 힘이 세고 기득권을 가진 행위자들과 함께 연구를 진행하면서, 그들과 공유하는 민족지적 감수성과 호기심(Holms and Marcus 2008) 또는 그로부터 영향을 받는 사회생활을 개선하려는 욕구에서(Cooper 2017) 공통분모를 발견함으로써 더 나은 통치 장치를 고안하는 데 도움을 주고자 한다.

다음에서 우리는 도시인류학적 연구를 수행하는 동안 연구자나 학생이 직면할 수 있는 수많은 방법론적 딜레마와 고려사항을 다룰 것이다. 첫 번째 부류의 문제는 현장의 구획과 접근이라는 문제와 연관된다. 두 번째 부류의 문제는 도시 사회생활의 연계적 성격과 관련이 있으며, 특히 도시 지역의 규모와 도시 거주민들의 삶에 나타나는 높은 정도의 이동성과 관련이 있다. 이런 특징들로 인해 별도의 도시적 방법론이 필요한가? 이것은 지역 차원local-level의 도시 활동 및 과정과 또 다른 차원에서 일어나는 도시

활동과 과정 사이의 밀접한 관련성과 연관된 논점이다. 이런 다양한 문제들, 즉 현장을 정의하기 어렵다는 점, 사회생활은 다층적으로 연결되어 있고 이동을 수반하며 다차원적 성격을 띤다는 점이 온전히 도시에 고유한 문제는 아니지만, 우리가 아래에서 살펴보듯이 이런 문제들은 분명히 도시인류학적 방법에 영향을 미쳐 왔다.

당신이 흔히 접하는 현장이 아니라면?

도시인류학자들이 직면하는 명백한 문제들 중 하나는 **현장**field을 어떻게 정의하고 구획할 것인가이다. 일반적으로 도시인류학은 명확하게 구획된 현장연구 지역field site, 즉 인류학적 연구의 핵심이었던 긴밀하고 경계 지어진 사회생활이 이루어지는 곳에 의존할 수 없다(Gupta and Ferguson 1997). 공동체를 명확하게 구획된 실체로서 연구할 수 있다는 생각은 더 넓은 네트워크와 관계의 중요성을 무시한다는 점, 농촌의 현장을 단순하고 정체된 방식으로 기술한다는 점에서 비판받아 왔다. 경계가 뚜렷한 공동체라는 관념은 도시적 맥락에서는 훨씬 더 문제가 많아 보인다.

도시적 맥락에서는 공간적으로 구획된 하나의 공동체에서 일어나는 사회생활을 강도 높게 참여관찰한다는 '전통적인' 인류학적 조건을 그대로 실현하기가 대단히 어렵다. 사회관계는 공간으로 뻗어 나가며, 계급적 지위와 개인의 환경 및 선호도가 반영된 독특한 방식으로 사람들을 도시의 여러 부분과 연결한다. 어떤 노동계급 동네에는 인류학자들이 전통적으로 연구했던 집중화되고 지역화된 사회생활의 면모가 있을 수 있다. 그러나 사람들의 생활은 흔히 도시경관을 가로지르거나 넘어가며 확장된다. 도시 거주민들은 인류학자들이 쉽게 접근할 수 없는 주거 공간, 직장, 여가 공간을 돌아다닌다. 게다가 사람은 점점 더 오프라인 세계와 온라인 세계의 교차 지점에서 살아간다. 따라서 사람들의 삶은 수많은 디지털상의 장소, 네트워크, 미디어를 포함한다. 디지털 기술의 중요성과 디지털 기술이 가능하게 하는 온라인상의 연결은 코로나19 팬데믹Covid-19 pandemic 기간 동안에 더욱 두드러졌다.

현장이 어디이고 현장이 정확하게 무엇인가라는 질문에 정답은 없다. 간단한 대답은 다음과 같다. 상황에 달려 있다고. 무엇이 연구자의 현장을 결정하는가는 연구자가 분석하고자 하는 주제나 현상에 달려 있다. 또한 연구자가 분석하려는 주제나 현상에 따라 가장 적합한 방법이 결정된다. 예를 들어 카이로에 사는 중산층의 생활을 연구하기 위해 아나욱 더코닝은 중산층 전문직 종사자를 따라 그들이 도시경관을 가로지르며 일상적으로 다니는 곳들을 다녀 보는 방법이 유용하다는 사실을 발견했다. 이를 통해 더코닝은 도시경관에 대한 그들의 인지지도를 탐색해 볼 수 있었다. 도시 중산층의 인지지도에는 위험한 곳과 안전한 곳, 그들이 보여 주길 원하는 곳과 피하고 싶어 하는 곳이 포함되었다. 또한 더코닝은 중산층 전문직 종사자들과 함께 이동해 봄으로써 도시에서의 이동성에 영향을 미치는 암묵적 논리tacit logics에 다가갈 수 있었다(de Konning 2009).

리브커 야퍼는 자메이카 킹스턴에서 '두목들'이라고 알려진 범죄 집단 리더들이 행하는 통치 역할을 연구하면서 한 빈민가 동네에서 '깊이 어울리기|deep hanging out'에 치중하는 행동이 중요하다는 사실을 발견했다. 또한 이 연구를 통해 두목들과 관련된 대중의 문화적 표현, 예를 들어 벽화, 대중음악, 거리 댄스 등을 검토해 볼 수 있었다(Jaffe 2012). 야퍼는 자메이카 국가가 범죄 집단 두목들의 비공식적 통치와 얽힌 양상을 이해하기 위해 정치인, 관료, 공무원과 이야기하고자 킹스타운 시내를 벗어나야 했다(Jaffe 2013).

예를 들어 도시 정책 결정에 관한 경우에는 연구할 만큼 쉽게 인식할 수 있는 사회생활이 없거나, 있더라도 접근하기가 쉽지 않다. 정책 결정 시 실제로 정책을 결정하는 '행위action' 중 상당 부분은 직접 만나 본 적이 없는 여러 행위자들을 잇는 네트워크를 따라 일어난다(예를 들어 de Koning 2015 참고). 이로 인해 다른 연구 전략이 필요해지는데, 예를 들어 주로 도시 노동계급 동네에서 이루어지는 연구를 할 때와는 매우 다른 의미의 현장이 창조되기 때문이다.

도시적 방법들

도시인류학적 현장연구는 농촌 지역에서의 현장연구와 분명히 성격이 다르다. 도시인류학적 현장연구에서 연구자는 다양한 사회적 역할을 담당하는 폭넓은 범위의 사람들을 다루어야 할 가능성이 더 높다. 예를 들어 지역 정치인이나 부유한 상인, 자선 기관의 임원부터 동네의 실력자, 비공식적 행상, 보안대원까지 다양한 사람을 만나야 한다. 나아가 이런 현장연구 기간 동안 이루어지는 많은 만남은 유동적일 가능성이 높아 장기적 연계와 신뢰관계rapport를 형성하기가 더 어렵다. 마지막으로, 도시인류학자들은 자신들만큼이나 학력이 높고 소셜 미디어에 똑같이 익숙한 사람들을 연구할 가능성이 높다. 이것은 정보제공자들이 도시인류학자의 발견과 분석 내용에 개입하거나 반박할 가능성이 높다는 것을 뜻한다. 또한 이런 연구참여자들과의 관계는 소셜 미디어를 통해 현장연구 기간 이후에도 더 쉽게 지속될 수 있다. 이런 특징들은 모두 인류학적 연구를 풍부하게 만드는 한편, 높은 정도의 유연성과 감수성을 요구한다. 앞서 설명한 인류학 내의 큰 변화에 연동해 도시인류학자는 도시에서 그들의 위치, 경험, 상호작용이 분석에 미치는 영향을 상세하게 성찰하는 **자기-민족지적 방법**autoethnography을 사용하기도 한다(예를 들어 Ulysse 2008).

대부분의 도시인류학적 연구에서는 여러 가지 연구방법을 결합하고 다양한 종류의 데이터를 조합해야 한다. 기존의 통계자료를 이용하고, 설문조사를 통해 새로운 데이터를 생산하거나 다양한 종류의 문화적 '텍스트'를 분석한다. 이때 사용되는 텍스트에는 온라인 매체와 다양한 대중문화의 표현물은 물론 정치적 논쟁과 정책에 관련된 문서도 포함된다. 도시인류학적 현장연구는 농촌 연구보다 훨씬 더 유연성, 창의성, 우연한 만남이나 발견에 의존하는 셈이다. 도시인류학적 현장연구는 절충주의, 심지어 '실용적 아마추어주의pragmatic amateurism'라고 부를 수 있는 특징, 즉 도시환경에 잘 맞는 특성을 갖고 있다(Gusterson 1997: 116).

도시인류학적 연구는 종종 창의적인 방법과 연구 전략을 사용하도록 연구자들을 자극한다. 예를 들어 헤더 호스트와 대니얼 밀러(Horst and Miller 2005)는 휴대전화번호부를 사용해 자메이카 도시 지역 사람들의 사회적 네트워크를 파악했고, 카롤리나 프로사르(Frossard 2021)는 왓츠앱으로 헤시피Recife라는 브라질 도시의 자경그룹에 참여해서 동네 보안활동이 디지털 공간과 물리적 공간을 가로지르며 이뤄지는 양상을 이해했다. 제프리 주리스(Juris 2012)가 월스트리트 점거운동 연구에서 했던 것처럼(제9장 참조) 온라인 운동과 오프라인 운동의 상호작용을 파악하거나, 소셜 미디어의 네트워크가 도시경관과 어떤 식으로 상호작용해 오프라인/온라인 현실 및 환류 회로feedback loops를 창출하는가를 이해하는 데에 이런 디지털 방법을 고안하는 것이 도움이 된다.

도시인류학에 고유하다거나 도시인류학만이 사용하는 방법은 없다. 그러나 몇몇 방법론적 접근법은 도시에서 작업하는 연구자들이 특히 많이 사용한다. 도시의 하위문화나 사회운동에 대한 연구에서 음악, 댄스, 거리예술 같은 대중문화 표현물에 대한 분석은 도시적 정체성과 도시정치의 형태가 어떻게 경험되고 협상되는가를 이해하는 데 중요한 방법이 될 수 있다(Jaffe 2018). 예를 들어 로스앤젤레스에서 델리에 걸친 도시들에서 연구하는 인류학자들은 주민들이 계급적·성별적·인종적 정체성을 어떻게 협상하고 도시의 변화에 어떻게 대응하는가를 이해하기 위해 힙합 가사나 공연, 스타일을 분석했다(예를 들어 Peterson 2012; Dattatreyan 2020). 마찬가지 예로, 공동체 벽화의 이미지가 어떤 식으로 장소적 정체성, 지역적 유산, 대안적 역사를 구성하고 재현하는가를 이해하기 위해 시각적 분석visual analysis과 민족지적 연구를 결합하기도 한다(예를 들어 Sieber et al. 2012).

이런 유형의 연구는 도시의 소리, 이미지, 맛, 냄새, 움직임과 같은 일련의 체화된 감각에 집중하는 감각적 방법sensory methods을 개발하기도 한다. 지역 고유의 냄새를 따라가기smellscape walkalongs, 감각적 반응을 유도하는 인터뷰와 같은 감각적 방법론은 연구자가 이런 감각들이 공동체 형성이나 도시 정치에서 얼마나 핵심적인가를 이해하는 데 도움을 줄 수 있다. 예를 들어 함께 춤추고 함께 먹고 시위 군중의 일원으로 참여하는 행위는 몸으로 느끼는 강력한 소속감을 창출할 수 있다. 특히 참여를 수반한 시각적 방법participatory visual method은 도시에서의 장소 만들기를 이해하고 재현하며 참여하기 위한 새롭고 감각적으로 독특한 방식을 개발하는 일에 관심 있는 연구자들에게 유효하다는 점이 입증되었다(예를 들어 Pink 2015).

또한 주민들의 생활이 온라인과 오프라인 세계를 가로질러 전개되면서 디지털 기술, 네트워크, 세계가 도시 생활을 규정하는 방식을 이해하기 위한 새로운 디지털 민족지적 방법이 출현했다(예를 들어 Hine 2015; Miller 2018). 2020년대 초반에 도시인류학자들은 점차 디지털 민족지적 연구를 수행하며, 도시생활의 디지털 하부구조와 온라인상의 차원을 연구의 주된 부분에 포함하고 있다(Pype 2021). 이런 방법을 사용해서 연구자들은 디지털상의 실천이 도시 공간을 어떤 식으로 규정하는지 그리고 도시 공간에 의해 어떻게 규정되는가를 탐색했다(Uitermark and Boy 2023). 예를 들어 제프리 레인(Lane 2019)은 거리 생활이 면대면으로 그리고 SNS를 통해 전개되는 양상을 다뤘다. 그는 뉴욕시의 10대들이 할렘가와 일련의 SNS — 이들이 사용하는 SNS는 트위터에서 페이스북, 나중에는 인스타그램으로 바뀌었다.—가 결합된 사회적 세계에서 어떻게 연결하고, 장난치며, 이성을 꼬시고, 존경을 얻기 위해 경쟁하는가를 분석했다. 사회운동도 디지털 환경에 크게 의존하게 되어, 정치적 저항은 온라인과 도시의 공공 공간에서 동시에 발생하게 됐다. 이러한 사건과 운동은 온·오프라인 현실의 접점을 통해 연구할 필요가 있다. 따라서 사회운동의 강력한 미디어화mediatization로 인해 '원거리'at a distance 민족지적 연구가 가능할 뿐 아니라, 때로는 그것이 더 나은 방법이 되기도 한다(Gray 2016).

다음에서 우리는 도시인류학적 연구와 관련 있는 두 종류의 방법론을 논의한다. 하나는 '상층연구'와 '통과연구'이고, 다른 하나는 이동기법과 인지지도 그리기를 포함한 공간적 방법이다.

상층연구와 통과연구

인류학적 연구는 도시로 들어오면서 지금까지 거의 연구되지 않았던 집단들에 초점을 맞추게 되었다. 로라 네이더(Nader 1972)가 역설한 **상층연구**studying up는 상대적으로 힘 있는 행위자를 연구할 필요가 있다는 고전적 선언으로서 여전히 유효하다. 네이더는 지배 과정을 이해하려면 인류학자들이 약자나 소외된 집단에만 초점을 맞추기보다는 미국 사회에서 권력을 가진 사람과 기관을 연구해야 한다고 주장했다. 점점 더 많은 [서구의]

인류학자들이 미국이나 유럽의 특권 집단이나 인류학자들이 전통적으로 현장연구를 수행해 온 국가에서 식민지 독립 이후 권력을 차지한 엘리트 postcolonial elites를 연구하고 있다. 셰리 오트너(Ortner 2010)는 많은 '상층연구' 가 사실은 (인류학자와) 비슷한 지위에 있는 사람들을 연구studying sideways한다 고 지적했다. 상대적으로 힘 있는 행위자에 대한 인류학적 연구의 참여자 들interlocutors은 변호사, 정치인, 증권 중개인, 정책 입안자, 과학자같이 학 계에 속한 연구자의 지위와 별반 다르지 않은 계급적 지위에 있는 사람들 이다.

상층연구는 인류학자들에게 많은 방법론적 문제를 야기한다. 상층연구 를 하려는 인류학자는 대개 현장연구 지역과 인터뷰가 가능한 정보제공자 에게 접근하는 데에 어려움을 겪는다. 권력이 있는 사람은 낯선 사람을 자 신의 삶에서 떼어 놓을 능력이 있을 뿐 아니라 그런 성향이 좀 더 강하다 (Gusterson 1997). 그들은 사생활뿐 아니라 시간에 대해서도 방어적이기 때 문에 인류학자가 인터뷰 일정을 잡기 어려운 대상이다. 예를 들어 미첼 Y. 아볼라피아(Abolafia 2002)는 오랜 대학 친구들을 통해서 겨우 월스트리트 에 진입할 수 있었고, 그 후에는 그가 경영대학원에서 가르친 학생들의 소 개에 의존해야 했다.

정책인류학anthropology of policy 분야도 도시인류학적 연구와 관련성이 높다 (Shore et al. 2011). 도시적 맥락에서는 정책 입안자와 정치인의 영향이 분명 하게 느껴지므로 인류학자들은 도시의 사회적 공간이나 현상이 정책에 의 해 어떻게 좌우되는가를 이해하고 싶어 한다. 정책인류학은 정책이 도시 의 다양한 장소 및 네트워크—예를 들어 정책이 고안되고 실행되는 관공서라든가 정책 대상인 거리, 광장, 병원 진료소, 커뮤니티센터, 개별 가정 등—와 연결되는 방식 을 연구하는 것이 중요하다는 점을 지적해 왔다.

재닌 베들, 크리스 쇼어, 그레고리 펠드먼, 스테이시 라스롭(Wedel, Shore, Feldman, and Lathrop 2005)은 한 정책 연망policy chain의 여러 층위를 가로지르며 특정 정책 주제를 추적하는 작업을 **통과연구**studying through라고 불렀다. 그들은 통과연구를 "한 정책의 원천—정책적 담론, 조항, 프로그램—을 가로지르면서 정책에 영향을 받는 사람들까지 추적하는 것"이라고 정의한다(Wedel et al. 2005: 39-40). 통과연구식 접근법은 초창기 도시인류학적 연구의 상징과도 같았던 사회연망 분석analysis of social networks과 확대 사례연구 extended case studies*를 연상시킨다(Hannerz 1980 참고). 또한 통과연구식 접근법은 정책 입안으로 촉발된 네트워크나 관계와는 다른 유형의 네트워크와 관계를 연구하는 데 적합할 수 있으므로 복합적이고 다차원적인 도시현상을 연구하는 데 잘 맞을 수 있다.

이동기법과 인지지도 그리기

이동은 사회생활의 중요한 부분을 차지하며, 사회적 위계를 표현할 뿐 아니라 공고화하기도 한다(제3장 참조). 앞에서 언급한 것처럼 많은 도시 거주자들의 일상적 활동은 좀처럼 하나의 장소에 국한되지 않고 도시경관을 가로질러 퍼져 있다. 그러므로 도시에서의 삶을 연구하는 데에는 정보제공자들을 쫓아다니면서 그들의 이동 패턴과 그들이 도시에서 다니는 곳을

---

* 확대 사례연구는 맨체스터 대학교 인류학과를 설립한 맥스 글럭먼이 개발한 민족지적 연구 방법이다. 기존의 구조기능주의적 방법이 사회구조를 규명하는 데 초점을 맞춘 데 비해, 이 방법은 사례연구를 연구자의 주장을 입증하기 위한 일례로 제시하는 것이 아니라 역사적 맥락 속에서 개인들이 전개하는 행동, 선택과 사회구조 사이의 관계 및 그 관계의 변화를 다루는 것으로 파악했다. 이후 마이클 뷰러웨이 같은 사회학자들이 이 방법을 더욱 정교화했다. "Case Method, Extended." International Encyclopedia of the Social Sciences. 2008. Encyclopedia.com. (September 6, 2016). www.encyclopedia.com/social-sciences/applied-and-social-sciences-magazines/case-method-extended

이해하도록 도와주는 **이동기법**mobile methods이 유용하다.

이동기법은 사람들과 재화, 생각의 이동을 추적하는 데 도움을 줄 뿐 아니라 이러한 움직임을 조직하는 더 큰 구조를 이해할 수 있게 해준다 (Büscher et al. 2011). 가장 분명한 이동기법은 사람들이 도시를 가로질러 이동할 때 그들을 따라다니며 관찰하는 것이다. 좀 더 참여적인 '함께 걷기'나 '함께 자전거 타기' 같은 방법은 관찰자로 하여금 이동의 경험과 논리를 이해하도록 해줄 뿐 아니라 이런 이동이 전제하는 도시경관에 대한 암묵적 지식을 파악할 수 있도록 도와준다(Kusenbach 2003; Jirón 2011). 좀 더 일반적인 참여관찰법과 마찬가지로 '함께 걷기'라는 실천은 도시 생활의 체화된 감각적 측면, 예를 들어 도시에 대한 경험에서 중요한 비중을 차지하는 냄새, 소리, 감정에 대한 통찰력을 제공한다(제2장 참조). 또 다른 이동기법은 정보제공자에게 하루 동안 이동한 내용을 일기처럼 기록해 달라고 요구한 후 이 기록을 가지고 민족지학자가 정보제공자와 논의하는 것이다(Haldrup 2011). 이런 논의를 통해 정보제공자는 도움이 없다면 명확하게 언어화할 수 없는 일상생활과 움직임의 다양한 면을 드러낼 수 있다. 이로써 우리는 "이동이 어떻게 연출되고, 느껴지며, 이해되는가를 밝힐 수" 있다(Haldrup 2011: 69).

사람들이 도시경관과 관계 맺는 방식을 이해하기 위해 연구자들은 지도 제작을 포함해 다양한 방법을 사용할 수 있다. 그중 한 가지가 **인지지도 그리기**mental mapping or cognitive mapping이다. 이것은 사람들에게 특정 지역, 예를 들어 한 동네나 한 도시의 지도를 그려 달라고 부탁하는 것을 말한다. 연구자들은 종종 연구 참여자들에게 특징을 강조해 달라고 요청한다. 예를 들어 특정 시설이나 집단 그리고 좀 더 일반적으로 연구 참여자들이 중요하다고 여기는 이정표landmarks나 특징의 존재를 알려 달라고 요청하는 것이다(예를 들어 Ben-Ze'ev 2012).

비에른 슬레토(Sletto 2009: 445)가 주장하듯이 "지도는 장소 만들기라는 기획과 밀접하게 연관된 재현적representational 사물이므로 권력의 도구이다." 지도 제작 활동은 도시경관에 대한 다양한 경험과 비전을 끌어내는 방법이 되는 한편, 이른바 대안적 지도 제작이라는 공간의 재현 방식을 통해 목소리를 내기 힘들거나 억압받는 이들에게 힘을 실어 주는 도구가 될 수도 있다. 후자의 방법은 "국가가 생산하고 승인한 지배적인 지도"와 경합하는 데 도움이 되며, 소외된 공동체를 위해 다양한 목적에도 사용할 수 있는 급진적인 지도를 제작radical cartographies하는 데 효과적이다. 예를 들어, 급진적인 지도 만들기를 소외된 공동체의 자기 결정과 지역 통치를 강화하고, 시간, 장소, 공간에 대한 공동체의 개념을 기록·재현하며, 국가와 기업의 행위를 점검하고 감시하는 데 사용할 수 있다(Sletto 2020: 1-2; Cohen and Duggan 2021 참고).

어떤 재현의 방법이 도시생활의 이동적이고, 다감각적multisensorial이며, 네트워크화된 특성에 잘 맞을까? 벨기에의 도시 안트베르펜Antwerpen에서의 공생conviviality의 일상 정치에 관한 연구에서 아닉 폴러베르흐(Vollebergh 2022)는 '이동 독백법mobile monologue'을 통해 일상적인 도시생활의 여러 측면을 포착하는 방법을 탐색한다. 한 명의 연구참여자와 걸어가며 여러 번 인터뷰를 하거나 연구 목적으로 여러 차례 만남으로써 "마치 인터뷰 대상자들이 자신들의 동네를 돌아다니면서 이야기한 것처럼 써진, 1인칭 시점의, 인상주의적이고, 구성적인 서사first-person, impressionistic, composite narrative(s)"를 풀어낸다(Vollebergh 2022: 7). 이런 방법 덕분에 폴러베르흐는 안트베르펜의 저소득층 주거지 두 곳에 사는 나이든 백인 노동계급 주민부터 모로코 출신 벨기에인 청년과 정통파 유대교도에 이르는 다양한 주민들이 그들의

사진 1.5 안트베르펜의 동네 축제. (사진 제공: Lieve Willekens)

동네와 그곳에 있는 장소들을 어떻게 경험하는가를 재현할 수 있었다(사진 1.5 참조).

이 책의 구성

이 책은 현대 도시인류학적 연구의 중요한 영역에 초점을 맞춘 세 개 부로 구성되고, 각 부는 그 영역의 세부 하위 주제에 초점을 맞춘 세 개 장으로 구성된다. 각 장에서는 다양한 범위의 도시환경에서 이루어진 사례연구들을 동원해 세부 주제를 설명한 후, 더 생각해 볼 질문과 참고할 만한 글과 영상의 목록을 제시하며 마무리한다.

제1부 '도시에서 편안함을 느끼기?'는 장소 만들기와 장소에 속하기라는 주제에 초점을 맞춘 부분으로서 도시적 장소, 이동, 공공 공간을 이해하는 인류학적 방식을 소개한다. 제2부 '도시 생활과 도시적 라이프스타일 만들기'는 (도시에서 이루어지는) 생산과 소비를 검토하는 부분으로, 도시 경제, 소비·여가·라이프스타일, 신자유주의와 이에 대한 대안을 다룬다. 제3부 '도시에서의 정치, 도시의 정치'에서는 정치와 통치governance의 문제를 논의한다. 여기에서는 도시계획, 도시·시민권·정치, 폭력·보안·사회통제 문제에 초점을 맞춘다. 결론에서는 도시인류학에 새롭게 등장한 주제와 미래의 방향을 탐색한다.

인류학은 도시 생활을 일반화하는 이론을 생산하기보다는 깊이 있는 사례연구에 의거해 특정 맥락에 놓인 도시들의 사회적 복합성을 이해하고자 노력한다. 사례연구에서 도출한 이론적 통찰은 명료한 일반 모델을 제공하기보다는 다양한 도시의 사례를 이해할 때 자극과 영감을 불어넣어 준다. 이런 접근법에 따라 이 책은 전 세계에서 도시를 연구하는 인류학자들이 수행한 민족지적 사례연구에 크게 기대고 있다.

토론거리

1. 도시를 무엇이라고 정의하겠는가? 도시의 가장 중요한 특징이 무엇이라고 생각하는가?
2. 인류학의 하위 분과로서 도시인류학의 등장을 어떤 주요 배경 요인에 의거해 설명할 수 있는가?
3. 도시인류학과 도시사회학, 도시지리학 같은 관련 분야들 간의 가장 중요한 차이점은 무엇인가?
4. 도시인류학적 연구를 수행할 때 직면할 수 있는 방법론적 딜레마는 무엇인가?
5. 도시인류학적 연구에 특히 생산적인 방법은 무엇인가?

더 읽을거리

Büscher, Monika, John Urry and Katian Witchger, eds. (2011) *Mobile Methods*. London: Routledge.

Gmelch, George and Petra Kuppinger (2018) *Urban Life: Readings in Urban Anthropology*, Sixth edition. Long Grover, IL: Waveland Press.

Low, Setha M., ed. (2019) *The Routledge Handbook of Anthropology and the City*. New York: Routledge.

Nonini, Donald M., ed. (2014) *A Companion to Urban Anthropology*. Oxford: Wiley-Blackwell.

도시에서
편안함을 느끼기?

제2장

도시적 장소

이 장에서는 도시적 장소^{urban places}가 도시에 대한 소속감과 일상적 경험을 구조화하는 데 수행하는 역할에 관한 여러 가지 사고방식을 검토한다. 특히 물리적 건설 과정과 의미 만들기의 관계에 초점을 맞춰 사람들이 도시에서 어떤 식으로 하나의 안식처^{home}를 만드는가를 이해하고자 한다. 추상적 공간을 구체적 의미가 담긴 장소로 변형하는 과정은 종종 **장소 만들기**^{place-making}라고 불린다(**공간**과 **장소**의 관계에 대해서는 상자 2.1 참조).

이 장의 첫 번째 절에서는 장소 만들기, 안식처, 소속감에 대한 이론적 논의를 소개한다. 특히 장소 만들기의 담론적·감각적·감정적^{affective} 형태에 초점을 맞추며, 신성한 장소 만들기를 중요한 예로 다룬다. 두 번째 절에서는 도시적 장소로서의 건물의 역할을 검토하는데, 특히 건축물과 가내 공간^{domestic space}에 관심을 둔다. 건축된 구조물은 물리적 형태와 의식적·일상적 사용과의 결합을 통해 특정한 의미를 획득한다. 우리는 종교적 구조물과 식민지 시대의 구조물을 포함해 여러 유형의 건축물을 검토하

도시인류학은 20세기 후반부터 공간과 장소라는 개념에 의해 영감을 받고 변형되어 왔다. 이를 통해 도시인류학 역시 사회과학과 인문학에서 일어난 넓은 의미의 '공간적 전환spatial turn'에 동참해 왔다. 인류학은 사회학, 정치학, 역사학, 문화연구cultural studies, 문예비평 등의 분야와 마찬가지로 지리학의 이론과 개념에 의존하기 시작했다. 이 점에 관한 중요한 논의 중 하나가 공간과 장소의 구별이다.

공간space은 일반적으로 좀 더 추상적인 현상으로 간주된다. 반면 **장소**place는 구체적인 물리적 특징을 갖고 있으며 인간의 경험에 의해 변형되고 의미로 가득 차 있는 공간의 경계 지어진 형태bounded form of space라고 흔히 이해된다. 장소는 지도상이든 지리학적 좌표를 사용하든 보통은 공간에 위치를 표시할 수 있다는 의미에서 경계가 설정된 개념이다. 장소는 구체적인 물질적 특성을 띠는 경향이 있는데, 예를 들어 건축물이나 자연의 요소가 이에 해당한다. 또한 공간이 생활의 장으로 사용될 때 그 공간은 장소가 된다. 공간은 다양한 방식으로 의미를 갖게 된다. 첫째로 우리가 일상에서 체화한 경험이나 우리가 장소에 대해 형성하는 애착 및 연계를 통해서, 둘째로 한 장소의 의미를 결정하는 종종 정치화된 담론들을 통해서 공간은 의미를 획득한다(Cresswell 2015).

장소는 종종 뿌리내림, 진정성, '지역적인 것the local'과 연관된다. 20세기 후반의 연구가 전 지구화에 초점을 맞추자 장소에 대한 이해도 변화되었다. 도시사회학자 마누엘 카스텔(Castells 1996)은 유명한 저작인 『정보시대The Information Age』에서 새로운 정보 및 커뮤니케이션 기술이 '흐름의 공간space of flows'과 '장소의 공간space of places'을 구별 지었다고 주장했다. 흐름의 공간은 "직접 대면하지 않더라도 무언가를 동시적으로 실행할 수 있는 기술적·조직적 가능성"을 지칭한다(Castells 2013: 34). 이것은 좀 더 추상적이고 부분적으로는 디지털상의 공간이다. 여기에서는 하부구조적·사회적 네트워크 및 연결고리가 돈, 재화, 정보의 전 세계적 이동을 촉진한다.

흐름의 공간이라는 개념은 프랑스 인류학자 마르크 오제(Augé 1995)가 '비장소non-places'라고 명명한 개념과 연결된다. 비장소는 뿌리내림과 고유한 특징보다 일시성과 획일성에 의해 특징지어진 장소를 말한다. 오제는 공항, 호텔, 쇼핑몰같이 순환, 소비, 커뮤니케이션이 이루어지는 공간에 초점을 맞춘다. 그러나 이런 공간을 무채색의 표준화된 비장소라고 규정한 오제의 주장은 비판받을 여지가 있다. 왜냐하면 여권이 있더라도 쉽게 여행할 수 없는 사람들에게 공항은 대단한 열망의 장소일 수 있기 때문이다. 게다가 공항, 호텔, 쇼핑몰은 익명적이고 동질적인 장소가 아니라 각 장소의 특징을 부각하기 위해 고안된 디자인적 요소를 점점 더 갖추어 가고 있다.

　도시적 장소에 대해 제기된 또 다른 관점은 배치 이론assemblage theory과 행위자－네트워크 이론actor-network theory에서 도출되었다(Farías and Bender 2012; Dovey 2020). 이런 관점에 의존하는 인류학자, 사회학자, 지리학자는 도시적 장소를 내적으로 역동적이며 이질적인 것으로 간주한다. 이들은 인간적 요소와 비인간적 요소—가령 건물, 물, 나무, 쓰레기—의 끊임없이 변화하는 네트워크에 의해 장소가 생산된다고 이해한다.

고, 가내 공간의 디자인과 가구 배치 연구가 변화하는 가족 관계와 가족 이데올로기를 이해하는 데 어떤 식으로 도움을 줄 수 있는지를 논의한다. 세 번째 절에서는 근린지역에 초점을 맞춘다. 근린 공간neighborhood spaces은 오랫동안 도시인류학적 연구에서 인기 있는 장소였다. 이런 연구는 많은 경우에 소외되고 비공식적인 주거지, 예를 들어 북미의 게토ghetto*에서부터 브라질의 파벨라와 튀르키예의 게제콘두gecekondu**에 이르는 빈민가에 집중되었다. 최근에는 엘리트의 게이티드 커뮤니티gated communities와 요새화된 주거지fortified enclaves에 대한 연구처럼 부유한 도시 거주자들과 이들이 도시 공간에서 거주하는 방식을 탐구하는 연구가 늘어나고 있다. 점점 더 인류학자들은 이처럼 다른 유형의 도시적 장소와 장소 만들기를 서로 관련지어 연구하면서, 이런 장소들을 분리 및 차별 과정의 중심적 요소로 이해

---

* 본래는 중세 이후 유럽에서 유대인을 강제 격리한 거주지를 가리키는 말이었으나 근래에는 좀 더 일반적으로 소수자 집단의 거주지를 뜻하는 표현으로 많이 사용된다.
** 튀르키예에서 불법 점거자 등이 살아가는 무허가 주거지를 뜻한다.

하고 있다. 네 번째 절에서는 도시적 장소가 세계 속 다른 장소와의 연계를 통해서, 예를 들어 초국가적 이주와 교역과 연관된 사람과 상품의 이동을 통해서 형성되는 과정을 다룬다.

장소 만들기, 장소에 대한 애착 그리고 소속감의 정치

공간을 장소로 바꾼다는 것은 무엇을 의미하는가? 도시에서의 장소 만들기는 개인적으로 또는 집단적으로 실행하는 영토적 의미 만들기를 뜻한다. 이 과정은 종종 물리적으로든 담론적으로든 공간적 경계를 표시하는 것에서 시작된다. 이러한 경계 만들기는 '아나욱의 연구실'같이 사무실 건물에 있는 방 하나에 대해 이야기하는 것이나 우리가 '우리의' 주거 공동체로 간주하는 곳 주위에 담장을 치는 것, 혹은 정부가 발행한 지도에 동네의 경계를 표시하는 것처럼 단순한 행위일 수도 있다. 이처럼 경계 지어진 공간은 물리적 특징을 통해 인식된다. 예를 들어 우리는 대문에 붙은 번지수, 벽에 있는 그림, 뜰에 있는 나무, 교차로의 표지판 등을 사용해 공간의 경계를 인식한다.

우리는 경계 지어진 장소에 이름을 부여하고 이곳을 생활하거나 일하고 공부하고 소비하는 데 사용한다. 이를 통해 이런 장소들은 긍정적인 또는 부정적인 감정적 연상, 기억, 열망이 가득 찬 곳이 된다. 지리학자 이-푸 투안(Tuan 1974)은 토포필리아topophilia—문자 그대로의 의미는 장소애場所愛—라는 용어를 고안해 이런 유형의 긍정적인 감정적 결합을 표현하고자 했다. 이처럼 사람과 장소 사이에 이루어지는 감정적 유형의 결합은 장소 정체성place identity과 관련된다. 장소 정체성은 자신이 누구인가에 관한 사람들의 이해방식 그리고 장소에 뿌리내린 정도로 드러나는 공동체에 대한 소속감을 설명하는 개념이다. 장소에 기반을 둔 정체성, 예를 들어 동네나 거리 혹은 학교와 관련해서 형성된 정체성은 연령, 성별, 종교에 근거한 정체성 같은 다른 형태의 소속감을 보충하거나 그것들과 겹칠 수 있다. 또한 사람들은 장소와 기능적 관계를 맺는데, 예를 들어 사회적·경제적·정치적 지원을 받기 위해 특정한 장소에 의존한다.

담론적 형태의 장소 만들기

장소 만들기 과정은 언제나 물리적 환경과의 관계 속에서 의미를 구성하는 과정을 포함한다. 이 과정은 담론적 형태와 감각적 형태 둘 다를 취할 수 있다. 도시, 동네 혹은 거리에 이름을 붙이는 행위는 장소를 만들고 권력과 협상할 때 중요한 담론이다. 유명한 예로, 고대 그리스의 도시인 비잔티움은 로마인이 지배할 때는 콘스탄티노플로, 오스만 제국이 통치할 때는 이스탄불이라고 불렸다. 유럽인도 이러한 이름 붙이기 관행을 통해 식민지에 대한 지배권을 주장했다. 예를 들어 인도네시아의 거대도시로서 현재 자카르타라고 불리는 곳은 바타비아로, 아프리카에서 세 번째로 큰 도시로서 현재 킨샤사라고 알려진 곳은 레오폴드빌로 불렸다. 오늘날 자카르타로 알려진 도시의 기원은 서기 4세기까지 거슬러 올라간다. 네덜란드 정복자들은 17세기에 이 도시를 파괴한 후 새로운 요새를 짓고 이곳을 네덜란드인의 신화적 조상인 게르만계 부족 바타비의 이름을 따서 바타비아Batavia라고 불렀다. 독립 이후에 이 도시는 자카르타Djakarta로, 나중에는 자카르타Jakarta로 명명되었다. 이것은 식민지가 되기 전에 이 도시의 이름인 자야카르타Jayakarta를 조합해 새롭게 만든 이름이다. 레오폴드빌Léopoldville은 콩고를 개인 소유물로 여긴 벨기에 국왕 레오폴드 2세의 후원을 받은 웨일스 출신 탐험가 헨리 모턴 스탠리에 의해 어촌이 자리하던 곳에 교역 거점으로 설립되었다. 식민 지배에서 벗어난 후 독립한 자이레의 지도자 모부투는 아프리카화 프로그램을 추진하며 수도의 이름을 원래 있던 어촌의 이름을 따 킨샤사Kinshasa라고 명명했다. 이런 이름들은 상이한 장소들을 문화적·정치적으로 규정하기 위해 의도된, 귀속감과 권위를 내세운 더 큰 내러티브와 연결되었다.

이처럼 명시적인 정치행위 이외에 보다 일상적인 형태의 담론도 장소에 의미를 불어넣는다. "이 동네는 지루하다" "저 거리는 위험하다" "이 클럽이 요새 뜨고 있다" 등과 같이 우리가 서로에게 특정 장소에 대해 하는 이야기들은 우리가 이런 장소들을 어떻게 경험하는가에 영향을 미친다. 우리는 친구와 가족 간의 가벼운 일대일 대화에서 이와 같은 담론적 형태의 장소 만들기를 인식할 수 있다. 그러나 SNS나 온라인상에서 이뤄지는 '다대다many-to-many' 형태의 의사소통도 도시의 여러 부분에 의미를 부여하는 중요한 장이다.

이레너 브론스보르트와 위스튀스 아위테르마르크(Bronsvoort and Uitermark 2022)는 인스타그램 게시물에 초점을 맞춰서, 이처럼 시각지향적인 SNS가 도시 공간의 경험과 의미를 규정하는 데 수행하는 역할을 분석하고, 나아가 디지털 장소 만들기 과정에서 발생하는 불평등에도 주목했다. 이들은 암스테르담에서 종족적으로 다양한 동네의 상점가를 사례로 들어, 인스타그램 게시물의 대다수가 중산층 백인 뉴커머에 의해 그리고 이들을 위해 생산된다는 사실을 지적했다. 힙한 가게와 카페를 담은 게시물을 과다 재현함으로써 이 동네의 종족적·경제적 다양성을 가린다는 것이다. 결과적으로 이 동네에 새로 들어온 잘사는 주민 그리고 소비 열망과 연관된 행위를 과장하는 불균등한 형태의 장소 만들기가 발생한다.

감각적·감정적 형태의 장소 만들기

사람들은 명명하기와 서사 이외에도 여러 가지 실천을 통해 장소를 만든다. 장소의 경험은 여러 가지 감각으로 구성된다. 장소는 이야기를 통해서만이 아니라 도시적 감각, 즉 도시 경험의 신체적·감각적 차원을 통해서도 의미를 획득한다. 시각뿐 아니라 후각, 청각, 촉각, 미각 그리고 기온에 대한 인식도 이런 경험을 구성한다(Feld and Basso 1996). 우리는 이러한 신체적 감각을 통해 도시를 알게 되며, 이것은 우리가 한 장소를 감정적으로 경험하는 방법에도 직접적으로 영향을 미친다. 도시 속 장소에 대한 우리의 인식은 이런 감각적 자극에 대한 우리 신체의 정동적affective 반응을 통해 형성된다. 어떤 장소가 밝은지 어두운지, 시끄러운지 조용한지, 더운지 추운지는 공포감, 혐오감, 불편함, 또는 즐거움과 같은 강한 감정을 유발한다. 정부와 기업은 어떤 장소가 어떻게 느껴지는가에 영향을 미치고자 그들이 보기에 '비현대적'이거나 '안전하지 않은' 광경과 소리를 규제하며, 대신 소비를 조장하는 감각을 자극한다. 그러나 도시 거주자들도 일상생활에서 감각적 장소 만들기에 개입하는데, 예를 들어 시각적·청각적 실천을 통해 자신들의 주변 환경을 만들어 나간다.

장소 만들기를 위한 실천은 종종 한 개인이나 한 집단의 존재를 드러내기 위해 공간에 시각적 표시를 남긴다. 그래피티 아티스트의 경우나 역으로 공공 공간에서 사적인 시각적 표현을 통제하려는 국가의 노력을 생각해 보면 이해할 수 있을 것이다. 또한 시각기호visual sign는 한 장소가 특정한 유형의 행동에는 적합하지만 다른 행동에는 그렇지 않음을 나타내는 데 도움을 준다. 시각기호는 정체성의 선언으로도 쓰일 수 있다. 예를 들어 카이로의 어떤 재봉사가 가게에 성모 마리아의 포스터를 붙이는가, 아니면 아름답게 장식된 성전 코란의 포스터 혹은 이집트의 팝스타 암르 디아브

Amr Diab의 포스터를 붙이는가에 따라 그 가게의 장소감sense of place이 변한다. 이런 표시는 이 공간에서 어떤 사람들이 환영받고 어떤 사람들이 그렇지 못한지를 알려 주는 단서로도 활용된다.

도시 연구에서는 시각적인 것이 흔히 특권화되곤 하지만 인류학자들은 점점 더 다른 감각에도 주의를 기울이고 있다. 예를 들어 음악, 좀 더 일반적으로 소리는 장소 만들기의 또 다른 강력한 형식이다. 마르테인 오스테르반(Oosterbaan 2017)은 브라질 리우데자네이루 빈민가의 사운드스케이프 soundscape에 대한 연구에서 음악이 파벨라처럼 과밀한 사회 공간에서 어떻게 집단 정체성을 소통시키며 사회적 경계를 재생산하는가를 보여 준다. 오스테르반이 연구한 리우의 파벨라에서는 누가 지역의 사운드스케이프를 지배할 것인가를 두고 경쟁이 펼쳐진다. 이곳에서는 삼바와 펑크 음악을 즐기며 삼바 연습에 참여하거나 공개 댄스파티인 바일리baile에 참석하는 사람들과 이런 '세속적' 형태의 음악과 춤을 비도덕적인 일이라고 보는 오순절교회 교도들이 대립하고 있다. 오순절교회의 신도들과 음악가들은 음악을 둘러싼 투쟁에 참여해, "신성한 소리"인 가스펠 음악뿐 아니라 목사의 크고 우렁찬 목소리와 신도들의 함성과 기도소리에 의지한다. 이를 통해 이 동네에서 자신들의 존재를 알리고 다른 주민들에게 성령Holy Spirit을 전하고자 애쓴다. 이 사례는 장소 만들기가 종종 수반하는 경합의 양상을 보여 준다.

구조적 힘과 권력을 가진 행위자들은 장소 만들기 과정에 영향을 미치며, 특정 장소에 부여할 수 있는 의미의 범위를 제한한다. 소비를 위한 장소로만 규정되도록 디자인되고 관리되는policed 쇼핑몰을 생각해 보라. 이런 소비 지향적 장소 만들기는 감각적 통제를 포함하는데, 냉난방 설비가 갖추어진 장소에 배경음악을 내보냄으로써 '주위를 산만하게 하는' 소리와 냄새가 소거된 분위기를 조성한다. 장소에 대한 귀속감이 특정 집단에게 만 부여될 때 장소 만들기는 배제적 형식을 취할 수 있다. 예를 들어 계급, 종족성ethnicity, 종교에 의해 분리된 근린지역에서 이런 식의 배제를 찾아 볼 수 있다. 여기서도 특정한 액센트의 소리, 특정 스타일의 옷을 입은 사 람들의 광경, 어떤 요리 전통과 연관된 냄새 등과 같이 어떤 감각들이 이 장소에 친근하고 정상적인 것으로 분류되는 반면, 다른 감각들은 낯설거 나 부적절한 것으로 간주된다. 특정 장소의 의미와 활용은 '내부자'와 '외 부자' 사이에서뿐 아니라 '내부자들' 사이에서도 종종 경합의 대상이 된다. 이런 분쟁은 도시적 장소가 도시의 정치를 연구하는 데 중요한 지점일 수 있음을 의미한다. 따라서 도시적 장소에 초점을 맞추는 연구는 편안함과 귀속감을 규명할 뿐 아니라 불평등과 배제의 사회공간적 구조에 그리고 도시적 공간을 둘러싼 의미 규정에 대한 경합에도 주목할 것을 촉구한다.

신성한 장소 만들기

도시는 종종 근대성과 연관되어 암묵적으로 세속적 공간이라고 묘사되 지만, 앞서 살펴본 브라질의 빈민가인 파벨라의 사운드스케이프 사례가 암시하듯 종교는 장소 만들기에서 중요한 역할을 한다. 인류학자들은 종 교적 혁신과 종교 공동체의 도시적 형태뿐 아니라 종교가 도시 공간을 구 성하고 도시 생활에 영향을 미치는 방식을 점점 더 많이 연구하고 있다 (Becci et al. 2013; Kuppinger 2019). 종교적 장소 만들기는 담론적·감각적·감 정적 차원에서 이루어지며, 건조환경 중에서 기념물이나 숭배 장소 같은 중요한 표지marker에 흔히 의존한다. 순례지를 포함해 많은 도시들이 종교 적 장소로 알려져 있다. 신성한 장소에서 기원한 도시의 경우 이런 장소가 도시화의 촉매로 작용했다. 반면 시간이 흐르면서 도시가 종교적 성지로서 의미화된 경우도 있다. 예언자 무함마드의 출생지이자 무슬림에게 가장 성스러운 이슬람 성지인 카바 신전Kaaba이 위치한 메카Mecca가 그런 예다. 메카에서의 생활은 종교력religious calendar과 해마다 하지hajj*를 실천하기 위해 오는 수백만 순례자들의 유입에 의해 지배된다.

그러나 많은 도시들에는 종교적 장소에 의해 강하게 정의되지 않더라도 덜 눈에 띄는 방식으로 성스러운 장소가 여전히 많다. 종교적 건축물은 가장 명백한 형태의 성스러운 장소 만들기의 예이다. 모스크, 교회, 유대교 회당인 시너고그synagogue는 특정 동네 또는 좀 더 작은 공간을 신성한 땅으로 표시함으로써 종교 공동체를 구획하고 참여자들에게 영적 경험을 제공한다. 이보다 일시적인 성지도 종교적 감성을 도시경관에 부여할 수 있다. "시장통에 있는 성소, 길가에 있는 사찰, 새로운 신과 오래된 신을 위한 장소는 믿음을 가진 사람들의 감수성이 정박하는 장소이며, 헌신적 감정을 정해진 방식대로 혹은 예상치 못한 방식으로 표현함으로써 공간이 침범된infringement 상황을 나타낸다"(Hancock and Srinivas 2008: 624)(사진 2.1).

공공 공간에서 종교가 드러나는 상황은 격렬한 논쟁의 주제가 될 수 있다. 예를 들어 많은 유럽 도시에서 이슬람식 건물과 소리, 복장은 심각한 논쟁을 야기하고 있다(Arab 2017). 반면 전 세계에 걸쳐 여러 도시에 속속 생겨나고 있는 오순절교회같이 더 작고 덜 눈에 띄는 숭배 장소들은 별로 검토 대상에 오르지 않는다. 그러나 이런 교회들은 이산민 집단diasporic groups의 종족적-종교적 장소 만들기에서 중요한 역할을 한다. 이들은 (세속적인) 도시환경을 '종교화하는missionizing' 일에 참여하면서 〔도시 공간의〕 사회적·인종적 위계를 탐색한다(Fesenmyer 2019).

---

* 메카의 성지를 순례하며 종교적 의례에 참가하는 일.

사진 2.1 멕시코시티 길가의 성지. (사진 제공: Eileen Moyer)

건물

건물은 도시적 장소에 대한 인류학적 연구에서 중요한 관심 대상이다. 정부 건물, 사무실, 상점, 가정집은 모두 경험과 의미 만들기의 장소이다. 건물 디자인은 적절한 사회관계에 대한 지배적 생각을 반영한다. 많은 경우에 조정 기관, 건축가, 디자이너는 어떤 건물이 전달하길 원하는 의미에 대해 명확한 생각을 가지고 있다. 그러나 건축이 끝나자마자 이런 의미들은 이동하기 시작한다. 건축물은 사람들이 그것을 사용하고, 그것에 대해 의견을 나누며, 그것을 감각적으로 경험하고, 그것에 감정적 애착을 만들어 가기 시작할 때에야 비로소 진정한 장소가 된다. 도시 건물 연구에서 인류학적 관심을 받게 된 두 분야는 건축물과 가내 공간이다.

건축물

건축물이 도시적 장소를 만드는 데 어떤 역할을 수행하는가를 살펴보는
한 가지 방법은 건축물의 인류학이라는 렌즈를 통해 보는 것이다. 건물은
분명한 기능적 차원을 갖고 있다. 건물은 악천후로부터 거주자를 보호하
며 열, 추위, 비를 막아 준다. 건물의 외부와 내부 디자인은 건물 안에서
일어나는 활동을 제어해 거주자나 사용자의 감각적 경험과 행동에 영향
을 미친다. 또한 건물에는 중요한 상징적 특징이 있다. 의도적으로든 우연
히든 건물의 특정한 형태와 디자인은 연상작용이나 감정을 불러일으킨다.
오스카르 페르카이크(Verkaaik 2013: 13)는 다음과 같이 설명한다.

건물은 움직임을 제한하거나 유도하며, 방문객에게 인상을 남기고, 감각에 영
향을 미치며, 함축적 의미를 불러일으킨다. 건물은 아무런 본질적 의미도 없는 공
허한 암호가 아니며, 그렇다고 권위적인 텍스트도 아니다. 오히려 건물은 특정한
사회적 맥락 내에서 자기 규정identification의 과정을 경험할 수 있는 기회를 제공한
다. 우리는 건물을 어떤 식으로 해석하고 경험하도록 훈련받고 있다. 그렇다고 해
서 건물이 긍정적으로든 부정적으로든 우리를 압도해서 우리 자신과 우리 공동체
를 새롭고 다른 방식으로 볼 수 있는 가능성을 완전히 차단하지도 않는다.

상이한 유형의 정치적·종교적·사회적 기관들은 종종 건축물을 사용해
자신들의 권력을 내세운다. 그러나 만들어진 구조물은 정부기관의 전략과
상관없는 의미를 획득하기도 한다. 사실 일상적인 장소 만들기는 공식적
목표와 충돌할 수 있다.

장관을 이루는 스카이라인이나 건물, 기념물은 도시 브랜딩의 의식적 과정에서 도시의 정체성을 표현하는 데 점점 더 중요한 역할을 담당하게 되었다(제7장 참조). 자유의 여신상과 엠파이어스테이트 빌딩이 있는 뉴욕시의 유명한 스카이라인이나 파리의 에펠탑, 쿠알라룸푸르의 페트로나스 타워, 시드니의 유명한 오페라 하우스를 생각해 보라. 프랭크 게리, 자하 하디드, 다니엘 리베스킨트 같은 '스타 건축가'가 디자인한 건축 구조물은 도시로 관광객과 투자자를 끌어들이는 명성을 도시에 부여할 수 있다. 이런 경제적 고려 이외에도 정부는 건축 구조물을 이용해 과거를 표현하거나 도시경관에 사회적 기억을 기입하고자 한다. 미국 뉴욕시의 9/11 메모리얼, 쿠바 아바나의 혁명박물관, 인도네시아 반다아체의 쓰나미 박물관 등이 그 예다.

기념물처럼 종교적 건축물은 권력이 건물을 통해서 표현되는 양상을 보여 주는 좋은 예다. 모스크, 사찰, 시너고그, 성상은 단지 종교적 예배와 의식을 위한 중립적인 '건축물'이 아니다. 앞에서 살펴본 것처럼 이런 건축물들은 도시경관을 특정한 방식으로 드러내기 위해 고안되었지만 종교적 정체성이나 권력을 외부세계에 드러내는 것 이상의 일을 한다. 이 건물들은 신자들의 경험과 자기 규정에 핵심적인 역할을 한다. 건물의 물질성은 사람들이 건물을 사용하는 상이한 방식들—예를 들어 의례와 의식에 사용하기—과 결합해 종교적 주체가 형성되는 데 기여한다. 이슬람 사원의 뾰족탑 minarets부터 (성당의) 스테인드글라스까지 특정한 건축형태와 건축양식은 감정적 힘을 갖고 있다. 다른 건물들과 마찬가지로 종교적 건축물은 사람을 **감동**시키는 감정적 장소로 이해될 수 있다.

식민지 시기의 건축물은 또 다른 범주의 '힘이 있는 건물'에 해당한다. 식민지 시기 도시에서 기념비적 구조물은 식민지 지배층colonizers의 문화적 우위와 그들이 피식민지민들에게 부과할 수 있었던 정치적·종교적 명령을 전달하는 역할을 했다. 이런 건물은 (식민지적) 근대성과 진보를 물질적으로 재현한 것이었다. 이것은 단지 경외감을 불러일으키기 위해서 고안된 것이 아니었으며, 주변의 '원주민' 도시와는 다른, 새롭고 근대적인 생활방식을 도입하고 촉진하기 위해 만들어졌다. 매우 낙관적인 시각에서 이런 건물은 새롭고 근대적인 유형의 주체를 탄생시킬 것이라고 간주되었다.

어마어마한 정부 건물과 거대한 엘리트 거주지를 세우는 것 말고도 식민정부는 '원주민의' 건축 관행과 건축양식을 바꾸기 위한 규정을 도입했다. 식민지 시기 자메이카의 킹스턴시에서는 집과 오두막에 대문을 하나만 설치하도록 강요됐다. 이것은 식민정부의 수색활동을 원활히 하고자 만들어진 법이었다. 식민지 시기 가나 아크라와 인도 봄베이[현재는 뭄바이]에서는 영국 식민통치자들이 '비위생적인' 가옥을 철거하고 유행병 예방이 목적인 건축법규를 도입했다(Pellow and Lawrence-Zúñiga 2014). 이 정책에는 공중보건에 대한 관심뿐 아니라 도시의 노동력을 건강하게 하려는 식민통치자들의 요구가 반영되었다.

식민지 시기 건축물은 통제를 가능하게 하는 것 이상의 역할을 한다. 애비딘 쿠스노(Kusno 2010)는 식민지 시기와 그 이후 시기 인도네시아에 대한 연구에서 건조환경과 정치의식 간의 관계를 논의한다. 그는 건축물을 의사소통과 변형의 방식으로 간주한다. 건물은 도시의 변화를 자극하고, 정의하며, 표현한다. 건물은 새로운 시대의 도래를 알리고 촉진하기 위해 창조된다. 20세기 초 자바의 도시^{towns}에 있던 모더니스트 양식의 식민지 건축물에 초점을 맞춘 쿠스노는 새로운 건조환경이 식민 지배의 기술 그 이상을 의미했다고 주장한다. 또한 그것은 새로운 사회적·정치적 정체성의 형성을 가능하게 했다. 수라카르타와 욕야카르타 같은 궁정도

사진 2.2 인도네시아에서 볼 수 있는 네덜란드 식민지적 현대성의 예.
(사진 촬영: AsiaTravel, Shutterstock)

시^{royal towns}에서 네덜란드 식민통치자들은 자바의 전통적인 궁정 건축양식을 무시한 근대주의적 도시성^{modernist urbanism}을 발전시켰다(사진 2.2). 새로운 기념비적 건물들이 전통적인 지배계급의 권력에 상징적으로 도전하는 과정에서 새로운 유형의 도시적 주체가 나타나기 시작했다. 교육받은 청년 세대는 스스로를 '도시적'이고 '근대적'이라고 생각하게 되었다. 이러한 새로운 자기 인식은 민중적 급진주의 운동과 반식민주의적 민족주의의 탄생으로 나타났다.

가내 공간^{domestic space}

많은 도시인류학자들은 사람들이 자신의 집을 조직하고 꾸미고 사용하면서 어떤 식으로 '장소를 만드는지'를 이해하기 위해 가내 공간에 주목해 왔다. 우리는 종종 가내 공간을 개인적 취향과 연관 짓는다. 인류학적 관점에서 보면 우리가 주거 공간을 사용하고 장식하는 방식은 개인적 호불호의 문제만은 아니다. 우리는 이런 결정과 선호도가 여러 시기와 여러 장소에 걸쳐 사회적·문화적으로 어떻게 형성되는가에도 관심이 있다. 내부 디자인은 우리에게 사람들의 정체성과 관련해 중요한 무언가를 말해 주며, 사람들이 스스로를 어떻게 보는지, 그들이 방문객에게 어떻게 보이고 싶어 하는지를 알려 준다. 또한 가내 공간은 더 큰 범위의 국가적·기업적 과정에 영향을 받는다. 예를 들어 시의 주택 정책, 상업적 부동산 개발, 이케아 같은 대형 가구매장의 전 세계적 증가 등에 영향을 받는다. 집은 장소 중에서도 매우 지역적인 유형이지만 초국가적 연계와 전 지구적 힘의 영향이 가시화되는 장소이기도 하다.

인류학자들은 집의 실내 디자인과 구조가 종종 매우 상징적이며, 지배 이데올로기와 사회관계를 표현한다는 점을 지적해 왔다. 피에르 부르디외(Bourdieu 1973)가 베르베르인 집에 대한 고전적 논의에서 보여 주었듯이, 집의 구조는 사회조직의 중요한 측면을 반영한다. 부르디외는 일련의 대립 쌍—남/녀, 밤/낮, 문화/자연 등등—에 따라 집의 디자인이 사회구조와 이데올로기를 암묵적으로 환기하는 장치로 기능한다고 주장했다. 집을 가로질러 이동하면서 사람들은 근본적인 문화 체계를 배우게 된다. 집과 그 안에 있는 사물의 공간 배분—가구와 벽 장식물에서부터 장난감과 기술적 장치에 이르기까지—은 우리에게 그 집household 내외의 사람들 사이에 존재하는 사회관계에 대해 중요한 것을 말해 준다.

인지 대니얼스(Daniels 2010)는 20세기에 국가 근대화 프로젝트의 일환으로 일본의 주택이 어떻게 침실을 포함한 사적 공간과 거실 및 부엌 같은 가족 공간을 구분하는 방식을 도입해 재구성되었는가를 보여 준다. (일본) 국가는 서양식의 가정성domesticity을 촉진하기 위해 다다미 대신 소파와 의자에 기반을 둔 생활방식으로 전환하려 했다. 그러나 가족 관계가 완전히 뒤바뀌지는 않았고, 서양식 가구 배치와 일본식 가구 배치가 혼재했다. 잠을 자는 방식도 반드시 '부부용 침실master bedroom' 모델을 따르지 않았다. 부부는 흔히 따로 잤고, 부모와 자식이 함께 자는 습관도 일반적으로 유지되었다. 다다미가 깔린 방과 집 안에 놓인 불단은 여전히 일본 도시 가정의 중요한 특징이었다. 물론 세대 간 관계와 성별 간 관계가 변함에 따라 이런 장소들을 어떤 식으로 사용하고 유지하는가는 지속적인 재협상의 대상이 되었다.

대니얼스의 연구는 가내 공간의 디자인, 장식 및 사용과 가족생활, 사생활, 여가와 관련된 중요한 사회문화적 관념의 관계를 보여 준다. 일본의 주택 디자인에는 사회적 상호작용을 '근대화modernize'하기 위한 더 거시적인 국가 프로젝트가 반영되었다. 그러나 이런 디자인은 '아래에서부터' 바뀌기도 했다. 게다가 디자인은 개인적 표현방식 및 의사소통 방식에 의해서도 변형된다. 즉 주택 디자인은 사람들이 주택을 통해 자신의 사회적 위치를 드러내는 사회적 구별 짓기 전략의 일부이다.

다른 장소들과 마찬가지로 가내 공간은 성별화되어 있다. 가정은 대개 '여성의' 영역, 즉 돌봄, 육아, 친밀성의 공간으로 간주된다. 그러나 여성을 사적 가내 공간과 연관 짓는 가정 이데올로기domestic ideology는 결코 보편적이지 않다. 남성의 공공 공간과 여성의 사적 공간이라는 성별화된 구분은 19세기에 출현한 유럽과 북미 부르주아의 이상과 밀접하게 연관된다. 여기에는 '좋은 가정good home'에 관한 중산층적 규범을 노동계급 가구에 부과하는 것도 포함되었다. 도시빈민들은 종종 이런 과정에 저항했다(Löfgren 1984).

가정에서 그리고 가정을 통한 성별관계를 둘러싼 협상은 여전히 경합 상태에 놓여 있다. 2012년 암스테르담에서 작은 스캔들이 발생했는데, 아파트 단지를 재건축하는 사회적 기업이 아파트 실내 구조를 무슬림 임차인들이 선호하는 방식으로 바꾸려고 했던 것이다. 거주자와 방문객이 들어갈 때 신발을 벗어 둘 수 있도록 복도에 여분의 수납공간을 만들고, 무슬림식 기도를 하기 전에 손을 씻을 수 있도록 화장실에 여분의 수도꼭지를 설치하는 구조로 설계했다. 또한 훤히 들여다보이는 부엌을 가리는 방법도 마련되었는데, 여성이 남성과 분리된 공간에서 사교하거나 요리하도록 하기 위해서였다. 언론은 외국인 혐오 정서를 이용해 이 아파트를 '할랄' 주택halal house이라고 불렀고, 이 아파트를 반대하는 사람들은 건물 구조가 '네덜란드인답지 못한' 남녀관계를 조장할 것이라고 비난했다. 이런 담론들은 몇 가지 '이슬람적' 특징을 도입하려는 계획을 원치 않았고, 심지어 이 계획을 '후진적'이기까지 한 성별 규범을 따르도록 조장하는 비뚤어진 다문화주의적 타협이라고 보았다. 이 사례는 가내 공간이 성별과 관련된 규범 같은 사회적 규범을 변화시키거나 영속화하는 역할을 한다는 가정assumptions이 일반적으로 존재한다는 점을 보여 준다.

동네neighborhoods

우리는 도시인류학에서나 도시에 관한 일상적 대화에서나 늘 '동네'라는 단어를 사용한다. 동네는 우리가 도시의 장소에 대해 떠올리는 규범적·감정적 반응을 보여 주는 핵심 장소이다. 또한 넓게 보면 장소 만들기를 생각하는 주된 장소이기도 하다. 그러나 이 당연시되는 용어의 정확한 의미는 무엇인가? ('공동체'라는 용어와 마찬가지로) 동네는 매우 경합적인 표현이다. '지역성의 생산production of locality'에 관한 연구에서 아르준 아파두라이(Appadurai 1996: 183)는 우리가 결코 동네를 다른 장소들과 분리되어 존재하는 것으로 이해할 수 없다고 주장한다. "동네는 그 밖의 것과 대립되기 때문에 그리고 이미 만들어진 다른 동네와 구분되기 때문에 본질적으로 동네일 수 있다." 우리는 '좋은' 동네를 알고 있다. 왜냐하면 그곳은 '나쁜' 동네가 아니기 때문이다. 우리는 힌두교도가 사는 동네임을 인식한다. 왜냐하면 그곳은 무슬림이 사는 동네가 아니기 때문이다.

여러 가지 면에서 동네는 세속적인 동시에 매우 정치적인 관행과 서사를 통해 형성되는 '상상된 공동체imagined community'의 축소판처럼 작동한다. 한 가지 관점에서 동네는 이웃과 어떤 종류의 공통의식을 느끼는, 한 도시 지역 거주자들에 의해 사회적으로 구성된다. 주민들은 집단의 문제를 해결하기 위해 어울리고 함께 일하면서 장소에 근거한 공유된 정체성, 공통의 규범과 열망을 발전시킬 수 있다. 디지털 플랫폼도 이런 장소에 대한 우리의 이해에 영향을 미친다. 동네에 기반한 왓츠앱이나 페이스북의 그룹 내에서 이뤄지는 의사소통은 공동체 의식을 부여하며 지역 내 규범을 확립하는 데 영향을 끼칠 수 있다. 동네를 정의하는 또 다른 방식은 도시 관리를 촉진하기 위해 시정부에 의해 결정된 이름과 경계를 가진 행정 단위로서 동네를 이해하는 것이다. 정부와 기업은 각 장소에 적합한 조치—'우범지역 관리hotspot policing', 주민 수요에 맞춘 서비스 제공 등—를 전개하기 위해 근린지역을 지도에 표시하고, 정보를 수집하며, 통계 분석을 실시함으로써 동네에 윤곽을 부여한다.

주민과 행정가 이외에 미디어와 '외부인' 또한 동네를 정의하는 데 역할을 한다. 신문과 텔레비전에서부터 영화와 힙합 앨범까지 여러 가지 유형의 미디어는 우리가 다른 유형의 동네를 어떻게 '인식하는가'에 영향을 미친다. 인류학자를 포함한 연구자들 또한 동네에 대한 정부의 지식과 일상적 지식에 기여한다. 우리가 장소를 묘사하기 위해 사용하는 여러 가지 용어를 포함한 언어뿐 아니라 시각적 재현도 이 같은 다양한 중개 과정의 중요한 측면이다.

저소득, 소외계층 주거지

근린지역에 기반을 둔 연구를 수행하는 도시인류학자는 종종 저소득층이 거주하는 사회적으로 소외된 지역에 집중해 왔다. 글로벌 노스와 글로벌 사우스 양쪽 모두에서 이런 연구는 게토, 슬럼, 파벨라, 방리유banlieues, 비돈빌bidonvilles, 바리오 브라보barrio bravos 등으로 알려진 세계 각지의 소외계층 주거지를 조사 또는 분석했다. 소외계층 주거지에 대한 연구는 1960년대의 민족지적 '공동체 연구'에 강하게 뿌리내렸으나, 연구의 초점이 빈곤에서 불평등으로 바뀌는 중요한 발전이 이루어졌다. 또한 이 변화는 (소외계층 주거지에 대한 연구가) 이런 지역들 내부의 문화적 역학을 다루던 데에서 근린지역의 생활을 규정하는 더 커다란 정치적·경제적 구조를 고려하게 되었음을 반영한다.

저소득층 동네를 연구한 학자들 중 가장 잘 알려진 사람은 도시인류학의 개척자 오스카 루이스이다. 그는 이런 장소들이 특정한 문화적 속성이 생겨나는 데 핵심적이라고 보았다. 1960년대에 오스카 루이스는 뉴욕시의 푸에르토리코인 빈민가에서 연구를 실시했다. 도시 민족지의 고전인 『인생: 가난의 문화 속 푸에르토리코인 가족La Vida: A Puerto Rican Family in the Culture of Poverty』(1966)은 한 푸에르토리코인 확대가족의 개인 생애사를 다룬다. 이 가족 중 여러 세대의 여성들이 성 노동에 종사했다. 이 연구와 멕시코시티의 빈민촌(바리오 브라보) 중 하나인 테피토^{Tepito}에서 행한 연구에 근거해 루이스는 '가난의 문화' 이론을 개발했다. 이 이론에 따르면 장기간의 빈곤이라는 구조적 조건 아래 사는 사람들은 낮은 지위를 영속화하는 특정한 체계의 문화적 태도, 믿음, 관행을 발전시킨다. 심지어 구조적 조건이 변한 경우에도 이런 태도, 믿음, 관행을 유지한다. 그는 가난의 문화가 세대 간에 전해지기 때문에 가족들을 빈곤에 가두어 놓는다고 주장했다. 『인생』은 미 노동부 차관인 패트릭 모이니핸이 1965년에 '깜둥이 가족$^{Negro\ family}$'에 대해 쓴 악명 높은 보고서와 거의 같은 시기에 출판됐다. 이 보고서는 아프리카계 미국인 가족의 생활에 노예제의 역사와 구조적 빈곤에 의해 생산된 '병리'가 만연해 있다고 진단했다.

가난의 문화 이론과 모이니핸의 보고서는 많은 비판에 부딪혔다. 특히 실업과 차별이라는 구조적 요인에 대한 이해는 차치한 채 문화적 요소를 강조했다는 점이 비판받았다. 문화적 습관 때문에 사람들이 빈곤에 갇히게 되었다는 이론은 빈곤이 나쁜 습관의 결과라는 대중적 이해에 잘 부합했고, 쉽게 희생자 비난 담론$^{blaming-the-victim\ discourses}$으로 귀결되었다(Bourgois 2015). 울프 한네르스가 쓴 초기 도시 민족지인 『소울사이드^{Soulside}』(1969)는 빈민가의 하위문화를 좀 더 섬세하게 읽고자 했다. 워싱턴 D.C.의 한 '게토'에서 실시한 장기간의 현장연구를 기반으로, 한네르스는 이런 근린지역 내에 존재하는 내적 차이를 강조하고, 빈민가의 독특한$^{ghetto-specific}$ 문화 양식과 주류적^{mainstream} 문화 양식 사이를 넘나드는 codeswitch 주민들의 능력에 주목했다. 이러한 '빈민가^{ghetto}' 민족지들은 도시의 가난한 동네를 재현하는 작업에 담긴 정치적 의미에 대한 논쟁에 영향을 미쳤다(상자 2.2 참조).

소외 지역 연구에서 또 다른 영향력 있는 학자는 재니스 펄먼이다. 펄먼

재현이라는 문제는 인류학이 연구대상을 구성하는 방식에 대해 비판적 질문을 제기한 인류학자들에 의해 1970~1980년대에 열띤 논쟁 대상이 되었다. 미국의 도심지역inner cities에서 연구한 도시인류학자들은 일찍부터 이 문제에 부딪혔다. 1960년대 오스카 루이스의 '가난의 문화' 이론에 관한 논쟁은 가난한 동네를 재현하는 일에 관한 정치적·윤리적 문제를 다루는 데 있어서 획기적인 사건이었다. 뉴욕과 멕시코시티에서 이루어진 루이스의 연구처럼 구체적인 재현은 가난한 사람을 비난하는 정책을 포함해 특정 유형의 정책에 영향을 미치거나 그것을 정당화할 수 있다.

필립 부르고스는 루이스가 "연구대상자들을 폭력, 성, 감정적 잔혹함으로 얼룩진 탈맥락화된 포르노그래피로 재현했다"라고 비판한다. 그러나 부르고스는 루이스의 민족지적 묘사에 대해 정치적으로 반응하다 보면 루이스가 기술한 불행이 엄연히 존재한다는 현실을 부정할 수도 있다고 주장한다(Bourgois 2015: 720). 그는 루이스가 연구를 수행한 지역인 뉴욕시 이스트할렘의 마약 거래상들의 생활을 묘사하면서, 자신이 겪은 딜레마에 대해 논의한다(제5장 참조). 가난하고 범죄가 만연한 지역의 연구는 한 사람이 직면한 불행을 어떻게 재현할 것인가라는 어려운 질문을 제기한다. 희생자를 비난하지 않으면서도 자기 파괴적 행동에 참여하는 사람들을 재현하는 방법은 무엇일까? 역으로 억압의 구조적 힘을 강조하면서도 한편으로 가난한 사람들의 행위자성을 인정하는 방식으로 그들을 재현하는 방법은 무엇일까? 부르고스는 그가 "인종주의적 고정관념을 강화하는 폭력의 포르노그래피"라고 부른 것의 위험성을 강조한다. 그러나 "가난한 사람들에게 나쁜 이미지를 주는 데 대한 '정의로운' 두려움 혹은 '정치적으로 감수성이 높은' 두려움" 때문에 자신이 목격한 사회적 불행을 검열한다면 이 또한 억압과 공모하는 셈이라고 주장한다(Bourgois 2003: 15, 12).

부르고스 같은 저자는 도시의 빈곤과 일탈을 재현하는 **방법**에 초점을 맞춰 왔다. 또 몇몇 저자들은 도시 연구가 **왜** 사회에서 가장 소외된 부분과 빈곤을 대단히 극적으로 재현하는 데 압도적으로 많은 관심을 기울여 왔는가를 문제시한다. 스티븐 그레고리(Gregory 1998: 8)에 따르면 이런 연구의 상당수는 흑인 빈민가의 독특한 문화에 초점을 맞추며, 여기에서 이 문화는 단지 규범으로부터 병적으로 일탈한 것이 아니라 억압적인 사회에 창의적이고 적응적으로 대응한 문화로 재현된다. 그러나 이런 연구는 주류문화에서 가장 거리가 멀고 가장 많이 달라 보이는 것에 초점을 맞춤으로써 주류의 보수적 재현에 흔히 나타나는 고립된 빈민가의 흑인문화에 대한 가정 assumptions과 고정관념을 재생산할 위험에 빠진다. 반면 그레고리(Gregory 1998)는 뉴욕시의 아프리카계 미국인 동네에 대한 연구에서 정치문화와 사회운동activism에 초점을 맞춘다.

미국 도심지역의 가난한 생활을 어떻게 재현할 것인가라는 논쟁은 이 지역에 국한된 문제가 아니다. 그것은 우리에게 낙인찍힌 집단 혹은 소외된 집단에 대한 민족지적 묘사가 어떤 딜레마에 주목해야 하는가를 보여 준다. 가난한 동네의 생활에 난무하는 폭력과 빈번한 학대를 기록하는 일은 기존의 고정관념과 희생자를 비난하는 담론에 놀아나는 것인가? 역으로 생활의 이러한 측면을 모른 체하는 태도가 실재하는 고통을 부인하는 결과를 초래하지는 않는가? 혹은 아마도 가장 비난받을 일이겠으나, 인류학자가 비참한 모습을 어마어마하게 묘사하는 것은 책 판매와 학계의 명성을 높이려는 술책인가? 이런 질문들에는 인류학자가 연구참여자에게 갖는 의무라는 관점에서 본 윤리적 성찰이 포함되어 있으며, 동시에 이 연구가 어떤 종류의 정치를 초래할 것인가라는 점에서 정치적 성찰도 포함되어 있다.

은 1960년대 후반에 리우데자네이루의 비공식적 빈민촌favela neighborhoods에서 연구를 시작했다(리우데자네이루 빈민촌의 최근 모습을 보려면 사진 2.3 참조). 처음에 펄먼은 '소외 모델marginality model'에 반대했다. 소외 모델은 빈민촌 주민을 문화적으로 일탈한 존재이자 그 도시와 사회의 주변적 존재로 기술했다는 점에서 루이스의 '가난의 문화' 이론과 유사했다. 리우데자네이루의 가난한 사람들은 사회적 배제로 고통받았지만 펄먼은 그들이 비대칭적일지라도 큰 범주 내에서 도시경제에 통합되어 있으며, 자신들의 사회경제적 지위를 향상하고자 시도하면서 상당한 창의성과 인내심을 보여 준다고 주장했다(Perlman 1976). 이후 40년에 걸쳐 연구하면서 펄먼(Perlman 2010)은 첫 조사지에서 보건, 학업 성취도, 주택, 기반시설, 소비재에 대한 접근성 면에서 굉장한 물질적 개선이 이루어졌음을 발견했다. 그럼에도 불구하고

사진 2.3 브라질 리우데자네이루 파방-파방지뉴Pavão-Pavãozinho의 파벨라에 있는 광장.
(사진 제공: Martijn Oosterbaan)

펄먼은 장기 조사를 통해 절대적 박탈은 감소했지만 상대적 박탈, 다시 말해 불평등이 증가했고 마약과 관련된 폭력 범죄 및 지속적인 사회적 편견으로 인해 불평등이 더욱 굳건해지고 악화되었다는 사실을 발견했다. 따라서 빈민촌에 산다는 것은 물질적 재화와 서비스에 접근할 수 있느냐의 차원이라기보다 사람과 장소의 도시적 위계 내에서 주민들의 위치를 보여주는 것이라는 점을 의미한다.

　우리가 펄먼이 연구했던 곳처럼 궁핍한 동네를 묘사하는 데 사용하는 말들은 그들이 흔히 겪는 소외의 본질적인 부분이다. '게토', '슬럼', '파벨라' 같은 용어는 중립적이고 기술적인descriptive 이름표가 아니다. 앨런 길버트(Gilbert 2007)는 '슬럼'이란 용어의 사용이 재차 증가하는 현상을 포착하고, 이 용어가 선정적이며 낙인찍는 효과를 갖고 있음을 경고한다. 길버트는 일단 전 세계의 전혀 다른 유형의 근린지역이 '슬럼'이라고 뭉뚱그려 명명되는 순간 그 용어는 동질화와 과도한 단순화를 초래한다고 주장한다. '슬럼'은 사회적 범주, 즉 가난한 사람들을 공간적 영역에 표시하기 위해 사용되며, 기준에 미치지 못하는 주택이라는 물리적 문제와 그곳에 사는 사람들의 특성을 뒤섞어 버린다. 장소-사람을 이렇게 뒤섞는 데에는 중요한 정책적 의미가 있다. 예를 들어 슬럼을 철거하는 조치, 즉 장소에 근거한 개입이 도시 빈곤이라는 복잡한 사회문제에 대한 해결책으로 제시되곤 한다.

마찬가지로 '게토'도 논쟁적인 용어다. '게토'는 한 종족 집단이 도시의 특정한 지역에 분리되어 거주하는 현상을 기술할 때 사용된다. 중세 시대 이탈리아 도시나 제2차 세계대전 당시 바르샤바의 유태인 게토가 잘 알려진 예다. 21세기 미국에 존재하는 아프리카계 미국인의 게토도 같은 사례다. 이러한 역사적 사례들은 모두 강력한 강제 조치를 수반했다. 종족집단은 당국이나 다른 주민들에 의해 도시의 다른 지역에서 강제적으로 배제되곤 했다. 이런 식의 강압적인 분리 조치는 점차 사라졌지만, 많은 도시 주민들은 여전히 자신들의 동네를 게토라고 인식한다. 이런 의미에서 '게토'는 상상적 공간으로 이해될 수도 있다. 게토에 대한 이러한 상상은 펑크, 힙합, 댄스홀 음악과 영화 같은 대중문화를 통해 전 세계로 퍼져서 미국 뉴욕에서 자메이카 킹스턴, 방글라데시 다카에 이르는 소외된 동네들을 연결한다(Jaffe 2012b).

놀랍게도, 힙합이 중산층 젊은이에게 인기 있다는 사실이 보여 주듯이, 부유한 사람일수록 소외된 도시 지역과 그곳의 문화생활에 매력을 느낀다. 그곳의 주민들은 지역적 낙인으로 인해 고통받을지라도 저소득층 동네는 종종 어떤 문화적 매력을 갖고 있다. '장소의 상품화^{commodification} of place'라는 더 커다란 과정의 일부로서 이 지역은 '게토식으로 멋진^{ghetto} fabulous' 혹은 '파벨라식으로 멋 내는^{favela chic}' 유행의 근원이 된다. 마찬가지로 리우, 뭄바이, 요하네스버그 같은 도시의 저소득층 동네를 방문하는 슬럼 관광이 세계 여행의 중요한 트렌드가 되었다. 여기에서 장소 만들기는 장소 마케팅으로 변할 수 있다.

분리^{segregation}와 쫓겨남^{displacement}

빈곤에서 불평등으로 연구의 관심이 옮아간 것의 일환으로 도시인류학자들은 도시의 고소득층 지역으로 연구 방향을 전환해 갔다. 이 현상에는 인류학 분야의 '상층연구'—인류학자들이 전통적으로 연구했던 사람들보다 더 힘 있는 행위자나 제도를 연구하는 것(제1장 참조)—라는 큰 흐름이 반영되어 있다. 엘리트의 '배타성'은 말 그대로 배제에 의존한다. 그리고 이런 동네 중 상당수는 덜 부유한 도시 거주자들을 쫓아내는 데 목표를 둔 물리적 특징을 갖고 있다. 테레사 칼데이라(Caldeira 2000)와 세타 로(Low 2003)는 게이티드 커뮤니티와 콘도미니엄에서 민족지적 연구를 수행했다. 이들은 고소득층 도시 거주자들이 범죄를 얼마나 두려워하는가를 보여 준다. 고소득층 주민들은 범죄를 흔히 저소득층인 다른 종족 사람들과 연관 지으며, 안전과 지위를 모두 제공하는 방어적 공간을 구축하고자 애쓴다(제10장 참조).

엘리트가 도시 중심부에서 빠져나가는 현상은 계급 분리의 확연한 예이다. 그러나 비록 벽과 대문이 없더라도, 상이한 도시 집단들은 대개 다른 동네에 산다. 대부분의 도시에서 인구는 계급, 종족, 직업에 따라 여러 동네에 걸쳐 불균등하게 분포한다. 공동체가 이런 식으로 무리 짓는 현상을 모든 이가 문제라고 보는 건 아니다. 예를 들어 시카고의 보이스타운

Boystown이나 샌프란시스코의 카스트로 지구Castro district 같은 '성소수자 동네 gayborhoods'는 성소수자들이 공동체를 만들 수 있는 성적 자유와 친밀성의 장소가 됐다(Orne 2017). '소수민족 거주지ethnic enclave'는 최근에 이민 온 사람들이 새로운 집에서 살아가는 데 필요한 네트워크와 자원에 접근하는 기회를 제공할 수 있다.

그러나 주거상의 분리는 식민지 시기 도시나 아파르트헤이트 시기의 남아프리카 도시에서 매우 명확하게 드러난 것처럼 대개 배제와 차별에 의해 야기된다. 이런 경우에 정부는 사회적으로 혼합된 주거지역을 적극적으로 막는다. 또한 분리는 시장의 행위자들에 의해서도 이루어진다. 예를 들어 미국의 많은 도시에서 아프리카계 미국인은 백인 동네에 집을 살 수 없었다. 은행, 부동산 중개업자, 집주인에 의해 주택담보대출을 거부당하거나 집을 구경하는 것마저 금지당했기 때문이다. 계급, 인종, 종족에 따른 분리는 거주환경 악화, 건강상 위험 노출, 도시 편의시설 접근 제한 등을 수반해 도시적 박탈urban deprivation을 초래한다. 1930년대 남아프리카에서 연구를 수행한 맥스 글럭먼부터 21세기 미국에서 연구하는 세타 로까지 인류학자들은 분리와 그 근저에 놓인 배제의 구조를 비판해 왔다(Gluckman 1940; Low 2011).

인류학은 분리뿐 아니라 여러 종류의 쫓겨남도 많이 연구했다. 가장 자명한 형태의 도시적 축출은 주민들이 정치적 폭력 상황에서 물리적 폭력이나 비공식적 주거지의 철거를 통해 자기 집에서 쫓겨나는 경우이다. 이 외에도 쫓겨남은 부동산 시장을 통해서 물리적으로 덜 폭력적인 방식으로도 일어날 수 있다. 20세기 후반, 전 세계 도시에서 연구하는 학자들은 젠트리피케이션gentrification이라는 이름 아래 진행되는 이런 과정을 인식하기 시작했다.

영국 사회학자 루스 글래스Ruth Glass가 1960년대에 고안한 용어인 젠트리피케이션은 상대적으로 부유한 주민들이 도시의 저소득층 지역으로 이동하는 현상을 말한다. 팀 크레스웰(Cresswell 2015: 135)은 젠트리피케이션을 "중산층 소득자가 싼 가격에 허름한 주택을 구입하고, 이후 주택을 업그레이드해 부동산 가치가 엄청나게 오르는 것"이라고 정의한다. 이 과정에서 보통 저소득층 주민이 더 이상 임대료를 부담할 수 없어서 쫓겨나거나 집을 부동산 개발업자에게 팔고 나가는 상황이 발생한다. 많은 경우에 젠트리피케이션은 도시 재생이나 도시 재활성화 진행 과정에서 시정부에 의해 촉진된다(도시계획에 대해서는 제8장 참조).

브랜디 톰슨 서머스(Summers 2021)는 워싱턴 D.C.의 젠트리피케이션에 대한 연구에서 저소득 거주자를 점진적으로 몰아내는 급속한 부동산 가치 상승에 흑인 주민들이 어떻게 대응했는가를 다룬다. 풀뿌리 반-젠트리피케이션 운동은 이 지역의 사운드스케이프와 관련되고 워싱턴 D.C.에 사는 흑인의 정체성과도 관련 있는 장르인 고고 음악go-go music에 집중함으로써 이러한 쫓겨남에 저항하는 움직임을 조직했다. 이 운동은 "DC의 소리를 끄지 마라#DontMuteDC"라는 해시태그를 사용해 젠트리피케이션의 소리 정치sonic politics에 대한 관심을 불러일으켰다. 쇼Shaw 같은 동네가 젠트리피케이션으로 인해 변해 버리면서, 이곳에 새로 들어온 부유한 백인 주민들은 고고 음악을 문화유산이 아니라 환영받지 못하는 소음이자 무질서의 상징으로 분류했다. 이들은 시끄러운 고고 음악에 불만을 제기하여 이 지역의 소리적 특성을 관리하려고 했다. 서머스는 흑인 주민들의 풀뿌리 운동이, 백인 주민들의 침묵화 움직임에 저항하고 고고 공연과 집회를 조직하면서 어떻게 쫓겨남에 도전하고 이곳에 대한 흑인의 장소감을 드러내는 소리의 미학을 통해 도시 공간을 되찾으려고 했는가를 묘사한다. 서머스의 연구는 젠트리피케이션과 쫓겨남이라는 정치경제적 과정이 상징적·담론적 형태의 의미 만들기뿐 아니라, 미학적·감각적 경합을 수반하는 양상을 보여 준다.

도시의 초국가적 장소

20세기 중반의 공동체 연구가 도시적 장소 간에 마치 명확한 경계가 있는 것처럼 접근했다면 최근 수십 년 사이에 도시인류학자들은 집, 거리, 근린지역, 도시를 다른 장소 및 다른 척도^{scales}와 관련 지어 연구하기 시작했다. 부분적으로 이런 변화는 아르준 아파두라이(Appadurai 1996) 같은 저자들의 연구에 의존하고 있다. 아파두라이는 장소 만들기가 언제나 관계적임을 강조했다. '여기'에 대해 아는 것은 오직 '저기'와의 관계 덕분에 가능하다. 또한 초국가적 이주, 미디어의 흐름 그리고 새로운 디지털 기술은 사람들과 문화가 특정한 장소에 뿌리내리고 있다고 본 인류학의 전통적 접근방식에 이의를 제기했다(Gupta and Ferguson 1992). 20세기 후반의 인류학자들이 점점 전 지구화에 관심을 갖게 됨에 따라(상자 2.3), 이들은 사람들이 다양한 범위의 장소와 연결되며 동시에 장소는 사회적·문화적 다양성에 의해 특징지어진다는 사실을 보다 명확히 인식하게 됐다.

관계적 접근법에 의거해 인류학자들은 도시적 장소들이 전 세계적 흐름 및 가까운 곳이든 먼 곳이든 다른 장소들과의 관계를 통해 어떻게 생산되는가를 탐구하기 시작했다. 물론 이런 초지역적 연계관계와 이동성이 결코 새로운 현상은 아니지만, 20세기 후반에 더욱 강화되고 가속화된 것은 사실이다. 예를 들어 식민지 도시들은 언제나 전 세계와 연계해 특징

전 지구화

1990년대 이후 인기를 끈 '전 지구화globalization'라는 용어는 사회적·경제적·문화적 측면에서 상호 연계성이 증가하고 있다는 느낌을 포착하고, 국민/민족국가와 비교할 때 세계적 네트워크의 중요성이 커지고 있다는 점을 강조했다. 이 용어에는 많은 기대와 두려움, 과장이 뒤따랐다. 생활은 인터넷, 빠르게 이동하는 자본, 대규모 관광 등으로 인해 돌이킬 수 없을 만큼 변해 버린 것처럼 보였다. 어떤 관찰자들은 세계의 '맥도널드화McDonaldization', 즉 여러 사회에서 사회생활의 표준화와 문화의 동질화가 일어날 것이라고 예측했다. 인류학자들은 문화의 실질적 동질화가 우세하다는 조짐이 전혀 없다고 즉각 지적했다. 오히려 '세계문화'나 '세계적 제품'이라고 간주되는 것을 지역에서 매우 독특한 방식으로 전유하는 현상이 우세하다는 증거가 많았다.

전 지구화에 대한 낙관적 해석을 지지하는 몇몇 학자들은 정체성이나 문화가 본질주의적이고 폐쇄된 것이라는 가정에 작별을 고하고 혼성화creolization와 혼종성에 대해 개방적인 태도가 늘어날 것이라고 예상했다. 그러나 많은 인류학자들은 전 세계에서 발생하는 민족주의 운동과 종족 운동을 기록했다. 여러 가지 상황에서 국경이 낮아지고 사람과 생각이 전 세계적으로 활발히 이동하게 된 탓에 정체성, 공동체, 주권을 상실하게 되었다고 느꼈을 때 사람들은 이에 대해 저항하고 맞서 싸우기 위해 일어났다. 한편 특히 경제적 전 지구화의 관점에서 볼 때 사회적·정치적 삶을 조직하는 주체로서 국민/민족국가의 역할이 미미해졌다는 주장이 제기됐다. 그러나 국민/민족국가의 영향력이 줄어들고 있다는 생각에 비판적인 연구자들은 다른 무엇보다도 사람들이 전 세계를 가로질러 이동하는 것을 규제할 때 여전히 여권과 국경이 중요하다는 점을 지적했다.

새로운 전 지구화 시대의 광범위한 영향에 관해 논쟁하는 가운데 일부 학자들은 여전히 회의적 입장을 취했다. 이들은 오늘날 나타나는 연결관계의 새로움과 포괄성을 과장해서는 안 된다고 주장했다. 예를 들어 식민지 시기 역사를 연구하는 프레더릭 쿠퍼(Cooper 2005: 92)는 어떤 면에서 세계는 21세기가 시작된 시점보다 19세기에 더욱 전 지구화되어 있었다고 주장했다. 쿠퍼는 우리가 연결됨과 **동시에** 단절됨의 성격을 연구해야 한다고 주장한다. 예를 들어 탈규제로 인한 금융적 흐름이 야기하는 효과**뿐 아니라** 점점 엄격해지고 있는 국경 체제를 분석해야 한다는 것이다.

지어졌고, 많은 경우에 17세기 이후 진행된 '초기 형태의 전 지구화proto-globalization'에 따라 형성되었다. 도시에 대한 관계적 접근법은 이런 과정에 우리의 관심을 유도하며, 도시적 장소가 지역적·응집적·고정적rooted이라는 전통적 사고방식에 의문을 제기한다.

도시적 장소를 관계적·세계적 렌즈를 통해 연구하는 학자들은 예를 들어 이민자 동네를 집중적으로 연구함으로써 도시 주민들의 초국가적 연계에 주로 초점을 맞춘다. 이런 종족적 근린지역 이외에도 바, 가게, 식당, 공공 광장처럼 이민자들이 서로 만나고 고향이라는 느낌을 재현할 수 있는 '초국가적 장소'들이 있다. 이런 관점은 20세기 초에 토머스와 즈나니에츠키가 시카고에서 폴란드 출신 이민자를 연구했던 초기 시카고 학파의 연구로 거슬러 올라간다(제1장 참조). 1950년대 이후, 탈식민화된 세계에서 경제가 급속히 팽창하는 미국 및 과거 식민 본국이었던 유럽의 대도시로 대규모의 인구이동이 일어나 미국과 유럽의 도시 풍경이 크게 바뀌었다. 초국가적 이민자들이 주요 도시로만 이주한 것은 아니었지만, 대다수는 결국 도시에 정착했다.

많은 인류학적 연구가 상대적으로 가난한 나라에서 유럽과 북미의 도시로 이주한 경우에 집중하는데, 예를 들어 미국 도시의 푸에르토리코인 동네나 서유럽의 튀르키예인 거주지역을 연구하는 식이다. 그러나 글로벌 사우스 사이에 일어나는 이주도 똑같이 중요하며 아프리카, 아시아, 라틴 아메리카, 중동에 있는 많은 도시들은 꽤 큰 이민자 지구를 갖고 있다. 또한 전 세계의 도시에는 특권을 누리는 국외 거주 노동자의 공동체가 상당히 큰 규모로 존재한다.

이주자들은 경제적 동기 외에 정치적·이데올로기적 이유로도 이주한다. 1959년 쿠바혁명 이후 상당수의 부유한 쿠바인들이 미국으로 이주했으며, 그중에서도 마이애미로 몰려들었다. 이렇게 들어온 쿠바인들은 지난 반세기 동안 마이애미시의 공공 공간을 재구조화했으며, 나아가 자신들이 기억하고 싶은 방식대로 쿠바에 대한 향수를 불러일으키기 위해 자기 집의 형태를 변형했다. 제나 앤드루스-스완(Andrews-Swann 2011: 12)이 지적한 것처럼 "마이애미와 쿠바, 특히 아바나와의 역사적 관계는 플로리다 해협에 길게 이어진 장소명, 기업체, 사교클럽, 예술, 공연, 개별적/집합적 기억들에 나타난다." 이와 마찬가지로 나이로비의 이스트레이 지역과 런던의 타워 햄릿 근린지역은 정치적 폭력을 피해 모국을 탈출한 소말리아인들에게 초국가적인 문화·경제·정치 활동을 할 수 있는 거점이 되었다(Lindley 2010). 이곳 사람들은 초국가적 장transnational fields에서 살아간다. 여기에서 근린지역과 촌락은 물리적 거리와 국경을 초월해 연결되고, 경계를 넘나드는 사회구성체를 형성하고 살아간다(Levitt and Glick Schiller 2004).

초국가적 사회장transnational social fields이라는 개념은 이주가 '수용국receiving countries'의 도시경관만이 아니라 '본국home countries'의 도시경관에도 영향을 미치며, 이주의 궤적이 이런 장소들을 새로운 방식으로 연결한다는 사실을 분명하게 시사한다. 에콰도르의 쿠엥카Cuenca와 리오밤바Riobamba에 있는 대중적 건축물에 대한 연구에서 크리스틴 클라우퓌스(Klaufus 2012)는 저소득층 동네의 주민들이 해외에서 이주 노동자로 일하고 있는 가족 구성원들이 고향에 보내 주는 돈에 의지해서 새집을 짓거나 기존 주택을 개량하는 모습을 보여 준다. 이러한 초국가적 연결은 집을 짓는 데 필요한 해외 송금만 창출하지 않았다. 그다지 부유하지 않은 가구households도 사회적 위신을 얻고 빈곤이라는 낙인을 물리치기 위해 의식적으로 수입 자재를 사용하거나 세계적으로 유행하는 건축 양식을 참고했다. 이런 가구와 해외로 이주한 가족 구성원들은 도시경관의 물리적 측면을 전 세계의 여러 장소와 철저하고 긴밀하게 연결하는 초국가적 사회장 안에서 살아갔다.

　초국가적으로 연결된 동네에 관한 이와 같은 사례들은 도시에서의 장소 만들기가 언제나 지역의 역사와 구체적인 건조환경에 의존하는 동시에, 이런 장소들이 사람이나 재현, 상품, 화폐의 전 세계적 흐름에 영향을 받는다는 사실을 보여 준다(Appadurai 1996). 지역적 장소는 초국가적 연계를 통해 만들어진다. 전 세계의 장소 만들기는 건축 자재, 가정용 장식품, 식품 같이 손에 잡히는 재화의 흐름과 연관되며, 이미지와 아이디어로 구성된 덜 가시적인 문화적 흐름과도 관련된다. 예를 들어 앞서 다룬 게토의 대중적 문화 재현의 사례는 전 지구적으로 유통되는 음악과 영화가 주민들이 자기 동네를 이해하는 방식에 어떤 영향을 주는가를 보여 준다.

결론

　도시는 다양한 범위의 도시적 장소를 포함한다. 이 장에서는 여러 가지 유형의 도시적 장소들이 어떻게 만들어지는가, 이런 장소들이 자기규정, 의사소통, 통제의 형식으로서 어떻게 작동하는가를 다루었다. 도시에서 가장 사적이고 내밀한 공간으로 간주되는 집도 가정생활과 가족 관계에 대한 사회문화적 이해를 반영하며, 사회적 구별 짓기의 중요한 장소가 될 수 있다. 이를 통해 사람들은 종족적·종교적 귀속감을 표현하거나 더 높은 사회계급에 속하고자 하는 열망을 전달한다. 또한 대표적인 건물 signature buildings 은 예를 들어 도시 마케팅과 관련해서 도시와 도시가 꿈꾸는 야망에 관한 메시지를 드러낸다. 우리는 더 이상 동네를 경계 지어진 공동체로 보지 않지만, 동네는 여전히 사회적 조직화와 정부의 개입이 이루어지는 주된 장으로 남아 있다. 많은 사람들에게 동네는 여전히 사교와 정체성의 원천으로서 중요한 배경이다. 장소에 대한 관계적 접근은 장소 만들기와 귀속되기의 과정이 전 세계 흐름과 연계에 영향을 받는다는 점을 강조한다. 초국가적 장소 만들기는 도시의 경계를 넘어, 국경을 가로질러 사람, 건물, 음식, 패션, 음악, 화폐를 연결한다.

토론거리

1. 권력관계는 건물의 내·외부를 통해 어떤 식으로 표현되며 강화되는가? 당신이 규칙적으로 사용하는 건물에서 이런 점을 인식할 수 있는가?
2. 당신은 어떤 형태의 장소 만들기에 참여하고 있는가? 그리고 그 실천을 통해 주변 공간에 어떤 식으로 영향을 미치고 있는가?
3. 주변 도시환경에서 종교적 장소 만들기 형태를 찾아볼 수 있는가?
4. 근린지역 연구에 관계적 접근법을 적용한다는 것은 무엇을 의미하는가?
5. 초국가적 이주나 무역 이외에 어떤 다른 전 지구적 흐름들이 장소 만들기에 역할을 하는가?

더 읽을거리

Becci, Iren, Marian Burchardt and José Casanova, eds. (2013) *Topographies of Faith: Religion in Urban Spaces*. Leiden and Boston, MA: Brill.

Briganti, Chiara and Kathy Mezei, eds. (2012) *The Domestic Space Reader*. Toronto: University of Toronto Press.

Cresswell, Tim (2015) *Place: A Short Introduction*, second edition. Chichester: John Wiley & Sons.

Low, Setha M. (2017) *Spatializing Culture: The Ethnography of Space and Place*. London and New York: Routledge.

Rotenberg, Robert L. and Gary V. McDonogh (1993) *The Cultural Meaning of Urban Place*. Westport, CT: Greenwood.

더 볼거리

〈똑바로 살아라Do the Right Thing〉(1989). 스파이크 리Spike Lee 감독. 브루클린 베드퍼드 스타이베선트 지역의 근린관계를 다룬 장편 영화.

〈미완의 공간들Unfinished Spaces〉(2011). 벤저민 머레이Benjamin Murray, 앨리사 나흐미아스Alysa Nahmias 감독. 아바나의 건축물과 사회 변화에 관한 다큐멘터리.

〈푸시Push〉(2020). 프레드리크 게르튼Fredrik Gertten 감독. 젠트리피케이션의 유발 요인에 대한 다큐멘터리.

제3장

도시에서의 이동

도시에서 사람들의 생활은 정태적이지 않다. 우리가 도시에서 하는 일 중 많은 것이 이동^{movement}과 관련된다. 버스를 타고 출근하거나 차를 운전해 가게에 가고, 걸어서 친구의 집에 간다. 어떤 이동은 절망스러운 경험이 된다. 예를 들어 길이 막혀 여러 시간을 허비하거나 지옥철에 꽉 낀 채 매일 출근하는 상황을 생각해 보라. 반면 대로를 따라 여유롭게 산책하거나 친구들과 공원에서 스케이트보드를 타는 것 같은 방식의 이동 경험은 사람들에게 도시 생활을 즐길 만한 것으로 느끼게 해준다. 이 장은 도시에서 그리고 도시를 가로지르며 사람들이 이동하는 양상에 초점을 맞춘다. 우리가 A 지점에서 B 지점으로 어떻게 이동하는가라는 물리적 이동의 문제와 이런 이동을 재현하고 의미 있게 만드는 방식을 다룬다. 또한 이 장에서는 도시 주민 중 개인과 집단이 각기 다른 방식으로 이동하는 이유를 탐구한다. 사람들이 언제나 이동 여부를 자유롭게 선택할 수 있는 것은 아니다. 물리적 능력, 재정 자원, 기존의 운송 기반시설에 따라 상이한

90

유형의 물리적 이동방식이 정해진다. 또한 인류학적 연구는 도시를 가로지르는 이동이 우리의 사회적 네트워크, 우리가 구성하는 인지지도, 누가 어디로 어떻게 누구와 함께 이동해야 할 것인가에 관한 문화적으로 만들어진 믿음의 영향을 받는다는 점을 보여 준다. 도시 공간 중에서 직업, 교육, 여가와 관련된 공간에 접근하는 것을 차단함으로써 이동의 제한은 사회경제적 불평등을 강화할 수 있다.

인류학자는 오랫동안 다른 사회문화적 집단들이 환경을 어떻게 탐색하는지를 이해하는 데 관심이 있었지만, 원래 수렵채집민, 목축민, 어민, 기타 도시가 아닌 곳에서 생활하는 집단의 이동에 초점을 맞추는 경향이 있었다(Istomin and Dwyer 2009). 도시 거주자들이 도시환경에서 어떻게 이동하는가를 진지하게 다룬 연구는 케빈 린치Kevin Lynch의 『도시의 이미지The Image of the City』가 출판된 20세기 중반 이후에야 제대로 시작되었다(상자 3.1 참조). 예를 들어 제임스 홀스턴(Holston 1989)은 브라질리아라는 계획도시의 주민들이 도시 주변의 길을 어떻게 찾는가를 연구했다. 반면 앤드루 맥스웰(Maxwell 1998)은 탈산업시대의 미국 도시에서 오토바이 운전자들이 어떤 식으로 공동체를 형성하는가를 탐구했다.

2000년대 중반, 인류학 안팎의 많은 사회과학자들은 '이동으로의 전환mobilities turn' 또는 **새로운 이동 패러다임**new mobilities paradigm이라고 알려진 변화를 이해하는 데 기여했다(상자 3.2 참조). 이 장에서는 사람, 재화, 관념의 이동에 대한 관심이 늘어난 현상이 도시인류학에서 갖는 의미를 다룬다. 먼저 이동과 정체성에 관한 절로 시작한다. 사람들이 도시를 가로질러 이동하는 상이한 방식들을 살펴보고, 사회적 범주와 자기규정이 다양한 이동방식 내에서 어떤 식으로 형성되는가를 다룬다. 그다음 절에서는 장애와 교통 및 대중교통 수단에 초점을 맞춰 차등적 이동이 도시에서의 불평

사람들이 도시를 가로질러 어떻게 움직이는가를 탐구한 고전적 저작은 케빈 린치의 『도시의 이미지』(1960)이다. 린치는 도시에 대한 인식이 도시환경을 탐색하는 방식에 어떤 식으로 영향을 미치는가를 연구하는 데 관심을 둔 도시계획자였다. 『도시의 이미지』는 미국의 세 도시에 대한 연구를 바탕으로 사람들이 일상적인 '길 찾기way-finding'를 할 때 도시의 형태를 어떻게 해석하고 이용하는가를 이해하고자 했다. 린치(Lynch 1960: 4)는 길 찾기 과정에서 사람들이 '환경 이미지', 즉 외부의 물리적 세계에 대해 개인이 가진 일반화된 인지그림mental picture에 의존한다고 주장했다. 그가 '인지지도mental map'라고도 부른 도시에 대한 이미지는 주변 환경에 대한 사람들의 직접적이고 감각적인 경험에 의해 그리고 이른 시기 경험한 일에 대한 기억에 의해 만들어진다. 그리고 이 이미지는 실용적인 이유로서든 감정적인 이유로서든 중요하다.

린치는 인지지도에서 다섯 가지 요소—통로, 가장자리, 구역, 교점, 랜드마크—를 구별했다. 통로paths는 사람들이 도시를 통과해 지나갈 때 따라가는 다소 직선적인 경로로 도로, 인도, 강 등 여러 가지가 여기에 해당한다. 가장자리edges는 사람들이 이런 길을 따라 이동하면서 인식하기에 연속성이 끊어지는 곳 혹은 경계 지점으로, 벽이나 건물 같은 것을 말한다. 구역districts은 동네처럼 공통적인 특징을 가진 도시의 일부분을 뜻한다. 교점nodes은 광장이나 사거리 같은 초점focal point이나 교차점을 의미한다. 마지막으로 랜드마크landmarks는 빼어난 건물이나 기념물, 예술작품처럼 눈에 잘 띄고 쉽게 확인할 수 있는 참조대상을 말한다. 『도시의 이미지』에서 린치는 이 같은 상이한 요소들이 상호 간에 그리고 관찰자에게 어떤 식으로 연결되는가라는 문제와 이런 요소들의 실용적·감정적 의미가 무엇인가라는 문제를 구분했다. 이런 이미지나 인지지도는 개인적인 것이지만 공통된 이미지와 방향 체계는 특정한 사회집단이나 문화집단의 구성원들 사이에서 나타난다.

『도시의 이미지』는 [도시계획에 대한] 규범을 제시함으로써 영향력을 발휘했다. 린치는 도시계획가들에게 '가독성legibility'—쉽게 인식할 수 있는 도시 요소와 패턴—과 '환기성imageability'—강한 이미지를 연상시키는 요소—을 추구하라고 요구했다. 린치는 도시계획가들이 뚜렷하고 특징적인 이미지를 드러내는 도시를 창조해야 하며, 이로써 주민들이 길을 좀 더 쉽게 찾을 수 있도록 해야 한다고 느꼈다. 그는 가독성이 떨어지고 무질서한 환경은 두려움을 유발하는 반면 가독성이 높은 도시는 감정적 만족을 제공한다고 주장했다. 린치의 주장을 접한 도시계획가들은 도시의 미학과 주민의 인식을 진지하게 받아들이게 되었으며, 린치의 연구는 도시계획학 분야에 중요한 영향을 끼쳤다.

린치의 연구는 도시환경에 대한 사람들의 생생한 경험에 초점을 맞춘 주요한 텍스트로서 도시인류학자들에게 중요하게 간주되었다. 또한 그의 연구는 연구자들이 도시 생활을 분석하는 방법에도 영향을 미쳤다. 여러 도시인류학자들은 주민들이 주변 환경과 어떤 식으로 관계를 맺고 그것을 통과해서 움직이는가를 이해하기 위해 인지지도cognitive maps라고도 불리는 인지지도 그리기mental mapping를 연구방법으로 채택했다(제1장 참조). 린치의 연구는 인류학자들의 비판을 받기도 했는데, 도시의 상징을 연구하는 인류학자들은 린치가 도시 요소들의 의미에 충분히 관심을 기울이지 않았다고 주장했다(예를 들어 Nas and Sluis 2002). 가독성이 높은 계획을 만들어야 한다고 강조한 린치의 주장도 브라질리아라는 계획도시처럼 도시 형태가 과도하게 결정된 데에 주민들이 분개한다는 사실을 보여 준 인류학자들에게 비판받았다(예를 들어 Holston 1989; 제8장 참조). 이 외에도 연구자들은 린치가 도시의 길 찾기에서 시각적 요소를 강조함으로써 사람들이 도시환경을 탐색할 때 청각, 후각, 촉각 등 여러 감각에 의존하는 양상에 대한 관심이 모호해져 버렸다는 점을 지적했다.

상자 3.2 ## 새로운 이동 패러다임

사회학자 미미 셸러와 존 어리를 포함해 많은 영향력 있는 연구자들은 사회과학이 새로운 패러다임—한 연구 분야의 질문과 방법을 정의하는 실천 체계—에 의해 규정되게 되었다고 주장했다. 바로 새로운 **이동 패러다임**이 그것이다(Sheller and Urry 2006; Hannam et al. 2006). 20세기 사회과학자들의 대부분은 [사람과 사물이] 특정한 장소에 연결되어 있는 상태를 규범으로 간주하는 '정태적static' 혹은 '정주적sedentarist' 접근법을 취했다. 1990년대 이후로 사회학자, 지리학자, 인류학자들은 사회생활을 이해하기 위해 점점 이동의 상이한 측면들에 초점을 맞추기 시작했다. 이동 접근법에 따르면 사람, 사물, 생각이 특정한 장소에만 뿌리내리고 있다고 이해할 수는 없다. 우리는 사람들을 서로 연결하고 인간 이외의 것과도 관계를 맺도록 하는 움직임, 흐름, 네트워크에도 관심을 기울여야 한다. 그러나 세상에서 모든 사람과 모든 것이 끊임없이 이동하는 중이라는 '유목민적nomadist' 견해는 고정성과 뿌리내림의 지속적 중요성을 무시한다. 이동 패러다임은 이동과 흐름의 중요성을 강조하지만, 이동과 흐름이 언제나 비이동 및 고정성과의 관계 속에 존재한다고 본다.

새로운 이동 패러다임을 형성하는 데 두드러진 역할을 한 또 다른 연구자는 지리학자 팀 크레스웰이다. 그는 이동을 구성하는 세 가지 측면을 구분한다(Cresswell 2010: 19). 첫 번째 측면은 **물리적 이동**physical movement으로, 장소 A에서 장소 B로 이동하는 것을 의미한다. 이것은 이동이 생산되는 '원재료raw material'를 구성한다. 두 번째 측면은 **이동의 재현**representations of movement이다. 여기에는 '좋은' 이동방식과 '나쁜' 이동방식을 구분하는 공식적 재현이 포함될 수 있다. 예를 들어 자전거 친화적인 도시에 대한 정책 보고서나 노숙에 관한 정책 보고서가 이에 해당한다. 뉴스 미디어나 영화, 대중음악에서 묘사되는 것처럼 이동을 덜 공식적으로 재현하는 방식도 우리가 여러 가지 이동을 보는 시각에 영향을 미칠 수 있다. 크레스웰이 인식한 이동의 세 번째 측면은 **이동의 체화되고 경험된 성격**embodied and experienced nature of mobilities이다. 도시를 가로질러 걸어가든 세계를 가로질러 비행하든, 이동한다는 것은 보고 듣고 냄새 맡고 피부로 느끼는 감각적 경험을 포괄하는 체화된 실천이다.

특히 미미 셸러(Sheller 2018)의 연구는 이동의 정치를 강조한다. 이 연구는 이동이 어떻게 관리되고 통제되는지 그리고 이런 이동 체제가 어떤 식으로 불평등한 이동을 초래하는지에 관심을 기울인다. 예를 들어 물리적·금전적 장애물은 어떤 사람들이 대중교통 수단과 같은 이동의 하부구조에 접근할 수 없다는 것을 의미한다. 심지어 이들이 이런 하부구조에 접근할 수 있을지라도 모든 사람이 이런 시설을 안전하거나 편안하다고 경험하는 것은 아니다. 사람, 자원, 정보가 어떻게 도시와 다른 공간적 단위를 순환하는가는 공학자가 해결할 수 있는 단순한 기술적 문제가 아니다. 오히려 그것은 종종 성별화되고 인종화된 식민지 역사와 유산에 연유하는 윤리적·정치적 문제다. 이동(수단)에 대한 접근이 위태롭고 안전하지 못한 것은 사회 정의의 문제다. 정의롭지 못한 이동 체제가 '운동 엘리트kinetic elites'와 '이동 빈자mobility poor' 사이에 분단을 초래하지만, 셸러의 연구는 이러한 체제가 이동의 정의를 실현하는 것을 목표로 하는 전복적 형태의 운동과 집합적 행동의 도전을 받을 수 있다는 점도 보여 준다.

등과 어떻게 연결되는가를 살펴본다. 마지막 절에서는 이동의 문화 정치를 고찰하는데, 상이한 형태의 이동에 부여된 의미와 이런 이동과 연관된 미학 및 물질성에 주목한다. 여기에서는 어떤 이동이 어떻게 관습에 거스르는 것으로 혹은 해방적인 것으로 간주되는가를 다룬다. 이를 위해 미국 오스틴에서 멕시코계 미국인 사이에 유행하는 자동차 개조 문화low-rider car culture와 콜롬비아 보고타Bogotá의 자전거 타기를 사례로 다룬다.

이동과 정체성

사회집단은 여러 가지 방식으로 도시를 가로질러 이동한다. 개인으로 아니면 집단으로, 힘들이지 않고 혹은 어렵게, 걸어서, 차를 타고, 대중교통 수단을 이용해 이동한다. 이동은 정체성에 영향을 미치며 정체성에 의해 영향을 받는다. 한편으로 우리가 이동하는 방식은 우리의 정체성을 규정한다. 여러 가지 이동 형태는 도시 주민들이 다른 사람들에 의해 범주화되는 데에 영향을 준다. 우리가 주위를 돌아다니는 방식은 다른 사람들이 우리를 보는 관점에 영향을 미친다. 대부분의 사람들은 당나귀 수레를 타고 다니는 사람과 BMW를 운전하고 다니는 사람을 다른 범주로 분류한다. 마찬가지로 이동은 우리가 스스로를 어떻게 규정하는가, 즉 자신을 어느 집단에 속한다고 보는가라는 측면에서도 중요한 역할을 한다. 스케이트보더, 조깅하는 사람, 통근자, 폭주족, 사커 맘soccer moms은 특정 형태의 이동과 연관된 도시적 유형이자 우리가 이런 식의 이동과 연결하는 라이프스타일의 몇 가지 예일 뿐이다. 다른 한편으로 우리의 정체성도 우리의 이동방식에 영향을 미친다. 이미 존재하는 범주와 자기규정―예를 들어 성별, 계급, 종족, 연령—도 이동에 관한 우리의 선호도와 기회를 규정한다. 고령의 저소득 여성과 부유한 젊은 남성의 도시 공간 이동방식은 서로 다른 경향을 띤다. 다음에서 우리는 이동과 정체성의 관계를 검토하면서, 특히 도시와 관련해 연구되어 온 두 가지 유형의 이동에 초점을 맞출 것이다. 그것은 걷기와 운전하기다.

도시를 걷기

걷기는 언제나 사람들이 도시를 알게 되는 중요한 방식이었다. 프랑스 철학자 미셸 드세르토(de Certeau 1984)는 걷기라는 일상적 실천이 도시 공간을 구조화하는 강력한 정치적·상업적 힘과 더불어 도시의 생산에 기여한다고 주장한다. 그는 '도시를 걷는 행위'를 언어를 말하는 것에 비유한다. 도시를 걷는 행위는 무의식적으로 이루어지는 반복적이고 일상적인 실천이다. 또한 걷기는 생산적인 행위로, 어떤 규칙에 의해 제한되면서도 그것을 위반할 수도 있는 실천이다. 드세르토는 우리가 걷기를 표현적 형식, 즉 보행자가 도시에 대해 이야기하는 방식이라고 이해할 수 있다고 제안한다. 걷기—우회하기, 새로운 경로를 만들기, 여러 장소를 연결하기—는 도시체계와 그것의 의도된 사용방식을 전복하는 창조적인 방법일 수 있으며, 이렇게 함으로써 시간이 지남에 따라 도시의 질서urban order를 '다시 그릴remap' 수도 있다.

도시 연구에서 주목한 주된 이동자는 산책자flâneur*다. 산책자는 도시를

---

*"먼저 벤야민의 산책자는 19세기의 심미가를 뜻하며 동시에 그들이 도시를 탐구했던 방법을 상징한다. 그에게 대도시는 이전의 공간과는 구별되는 새로운 공간이었다. 벤야민은 대도시라는 공간에서 사람이 체험하는 주요 감각은 속도, 충격, 일시성 등이며, 이러한 공간이 산책자라는 새로운 주체를 낳았다고 말한다. 그는 산책자를 여행객과 대비하여 설명한다. 여행객

가로질러 걸어 다니며, 거리를 배회하고, 사람들을 구경하며 도시의 광경, 소리, 냄새를 즐기는 사람이다. 산책자는 일상적인 도시 생활의 감각으로부터 분리된 동시에 그것에 관심을 가진, 도시를 거니는 자urban stroller다. 역사적으로 산책자는 파리와 연관 지어 논의되었는데, 19세기 프랑스 시인 샤를 보들레르와 20세기 독일 철학자 발터 벤야민이 파리를 묘사할 때 등장한다. 보들레르는 산책자를 익명의 관중으로서 파리의 거리와 아케이드를 별 생각 없이 돌아다니는 사람이라고 묘사했다. 보들레르가 묘사한 산책자는 파리라는 현대 도시가 제공하는 다양한 장관으로부터 힘을 받는 이방인으로, 특별한 목적 없이 돌아다니면서 군중 속에서 넋을 잃고 시간 보내기를 즐기는 사람이다.

벤야민(Benjamin 1983)은 보들레르의 시를 분석해 파리의 건축물이 변형되고 소비 자본주의가 출현하기 시작함에 따라 극적으로 변화하는 근대성의 공간으로서 19세기 파리의 발전을 이해하고자 했다. 특히 벤야민은 보들레르의 작품에 의존해 파리에서 쇼핑 아케이드의 발전이 새로운 유형의 주체인 여유롭게 쇼핑을 즐기는 소비자와 어떻게 연결되는가를 이해하고자 노력했다. 그는 산책자를 근대 도시 생활의 장관spectacle이 인간의 정신에 어떤 영향을 미치는가를 조명해 줄 문예적 인물literary figure로 보았다. 그는 산책자에 대한 생각을 발전시켜 근대적 개인은 무수한 도시적 감각sensation의 충격에 적응한다는 이론을 전개했다. 20세기 초에 도시사회학자

___

은 거창한 추억이나 역사적 전율에 몰두하는 사람이지만 산책자는 현재를 걷는 자, 장소에 생기를 불어넣는 자, 소리 없이 공간과 소통하는 자, 도시를 탐구하는 자이다. 간단히 말해 산책자는 일상적이고 감각적인 접촉 속에서 도시 공간을 탐구하고 해석하는 자이다." 김영진, 「거리공간 연구를 위한 조사방법으로서의 걷기에 대한 고찰」, 『한국문화인류학』 제48집 2호, 2015, 130쪽.)

게오르그 짐멜이 이런 과도한 자극이 무감각이나 소외를 야기할 수 있다고 주장한 데 비해 벤야민은 산책자의 존재가 대도시 생활과 군중 속에 스며드는 데서 유래하는 쾌락과 흥분을 보여 준다는 견해를 피력했다.

산책자는 본질적으로 도시적 인물, 즉 근대성을 구현하는 존재로 칭송되었지만 이런 긍정적인 평가는 비판의 대상이 되기도 했다. 암묵적으로 산책자는 언제나 중산층 백인 남성이다. 도시 군중을 아무도 모르게 가로지르며 이동하는 능력 그리고 감시의 대상이기보다 관찰자로서의 역할은 그의 사회적 특권 덕분이다. 여성이 그와 마찬가지로 초연한 방식으로 도시의 즐거움을 맛볼 수 있을까? 아니면 여성은 도시에서 맛볼 수 있는 즐거움의 대상으로 간주될까?* 백인이 다수인 도시에서 인종적 소수자가 아무도 모르게 돌아다닐 수 있을까? 혹은 이들의 이동이 원치 않는 관심을 끌게 될까? (공간적 상황의 경험situated experiences에 관해서는 제4장 참조) 이런 질문들은 산책자를 비판적 관점에서 볼 것을 요구하는 반면, 보들레르와 벤야민의 작품은 도시 생활과 도시의 다양한 감각이 주는 흥분이나 매력에 관해 널리 공유된 평가를 보여 준다.

노숙인이 도시를 걸어서 이동하는 것은 산책자의 이동과 대조를 이루는데, 노숙인은 일반적으로 도시를 거니는 사람urban wanderer과 매우 다른 범주로 간주된다. 에마 잭슨(Jackson 2015)이 런던의 청년 노숙인들에 대한 민족지적 연구에서 발견한 것처럼 이들은 상당히 많이 이동하지만 반드시 자발적으로 그러는 것은 아니다. 이 젊은 노숙인들은 이동을 자유로서 경험하기보다는 오히려 이동에 '고정될fixed' 수 있다. 이들이 도시를 가로질러

---

* 남성들이 멋지게 차려입은 도시 여성들의 외모를 구경한다는 뜻이다. 즉 여성이 도시 경험의 주체가 아니라 객체로 대상화된다는 뜻이다.

이동하는 것은 대개 쫓겨남과 감시 때문이었다. 이들은 도시 주변을 걸어서 이동하거나 버스를 타고 이동하며 안전하고 비용을 감당할 만한 피난처를 발견하려고 노력하며 경찰, 지자체, 다른 노숙인의 시선을 피하고자 애쓴다. 이들의 끊임없는 이동은 안전하게 머물고 지식을 얻는 전술로서의 의미도 있다.

공산주의 체제 붕괴 이후 루마니아 부쿠레슈티의 노숙인 남성들에 대한 연구에서 브루스 오닐(O'Neill 2017)은 이동에 고정되었을 때* 느끼는 것과 비슷한 감각을 발견했다. 그는 거리의 노숙인들이 경험하는 깊은 권태감을 발견했다. 이들은 끊임없이 돌아다녀야 하는 상황과 공산주의 몰락 이후 출현한 소비의 도시경관에 접근할 수 없는 상황 때문에 권태감을 느끼게 된다고 말했다. 오닐(O'Neill 2017: 16)이 설명하듯이 "고양된 소비주의에 대한 약속이 일상생활의 실질적 조건으로부터 더욱 멀어져서 더 환상적인 일이자 더욱 선망하는 일이 되자, 사회적으로 하향 이동하는 남녀들은 노숙인 쉼터나 무단 점유자 캠프로 이동하게 되었을 뿐 아니라 심대한 권태감의 공간에 빠져 버렸다." 루마니아에 새롭게 생겨난 노숙인들에게 권태로움은 "이들이 일과 가정으로부터 유리되어 있다는 사실뿐 아니라, 소비의 실천을 통해 조직되는 도시 생활에서 배제되어 있다는 사실"을 의미했다. 이들이 도시적 소비와 맺는 관계는 산책자가 도시적 소비와 맺는 관계와 다시 한 번 구별된다. 19세기 산책자가 도시의 소비주의적 장관에서 자극을 발견했다면, 21세기 노숙인에게 그것은 배제와 수치스러움을 뜻한다.

여러 저자들이 도시 민족지학자urban ethnographers를 산책자와 비교했다. 민족지학자는 도시를 돌아다니며 도시 주민들을 산책자와 다소 유사한 방식

---

* 어쩔 수 없이 계속 이동할 수밖에 없는 상황에서

으로, 즉 낯선 이방인으로, 내부자이자 동시에 외부자로서 관찰하기 때문이다. 이런 비교가 어떤 도시인류학자들의 경험과 공명하는 부분이 있을 것이다. 그러나 이것은 산책자의 경우와 마찬가지로 분명히 비판받을 소지가 있다. 이런 유형의 민족지적 연구자가 드러내는 한 발짝 물러선 듯한 관심에는 특정 유형의 특권이 전제되어 있다. 그러나 도시에서의 걷기에 근거한 인류학적 연구는 좀 더 협력적인 기획이 될 수도 있다. 민족지와 걷기에 관한 편저에서 팀 잉골드와 조 리 버건스트(Ingold and Vergunst 2008)는 기존의 권력관계에 계속 신경 쓰면서도 연구참여자와 함께 걷는 행위가 인류학적 실천anthropological practice을 얼마나 풍부하게 만들어 주는가를 증명하는 본보기를 제공한다.

도시를 차로 이동하기urban automobility

자동차로 이동하기는 최근에 학술적 관심이 높아지고 있는 도시 이동의 또 다른 형태이다. 걷기는 도시가 생겨난 이후 줄곧 도시에서의 이동의 중요한 형태였다. 자동차는 도시환경에 불과 1세기 전에 출현했다. 그러나 현재 자동차가 없는 도시는 상상하기 힘들다. 미미 셸러와 존 어리(Sheller and Urry 2000: 738)가 지적한 것처럼 20세기에 자동차가 늘어난 현상은 사회생활, 특히 도시 생활에 엄청난 영향을 미쳤으며, "자동차에 의존하는 시공간에서 그리고 그런 시공간을 통과하며 거주하고, 이동하며, 사람들을 만나는 독특한 방식"이 나타났다. 셸러와 어리는 자동차로 이동하는 행위를 분석할 때 다양한 요소들, 즉 자동차라는 제조품, 개인 소비 대상으로서 자동차의 지위, 자동차가 정유와 도로 건설에서부터 도시 설계에 이르는 여러 산업과 연결된 기계적 복합을 구성한다는 사실을 고려해야 한다고 제안한다. 그 외에 다른 구성요소로 자동차로 이동하기가 좀 더 대중적인 이동을 배제한 사적 이동에 준하는 것 중 지배적 형태라는 점, 자동차를 높이 평가하는 지배 문화, 자동차가 환경자원의 사용에 미치는 영향 등이 있다(Sheller and Urry 2000: 738-739).

도시를 자동차로 돌아다니는 것은 단지 속도와 편안함의 문제만은 아니다. 많은 상황에서 그것은 사회적 구별 짓기의 형태와 연결되며, 스스로를 특정한 사회적 범주와 동일시하는 것과 관련된다. 세계 여러 도시에서 자동차 소유는 현대성 및 사회이동social mobility*과 동일시되었으며 여전히 그러하다. 자동차로 이동하기는 속도나 자유 같은 현대적 미덕과 연관된다. 자동차로 이동하는 사람은 도시를 개인화되고 고립된encapsulated 방식으로 경험한다. 즉 자동차로 이동하기는 도시의 공중urban public으로 참여하기보다는 개인적 체험privacy이라는 특징이 강하다(Lutz 2014). 도시와 사회가 자동차에 의존하게 되는 것은 개인의 욕망만큼이나 정치경제적 요소에 의해 발생하는 일이지만 '자동차로 이동할 수 있게 되는 것being automobile'은 많은 사람들에게 꼭 이루고 싶은 일로서 존재한다.

물론 자동차로 이동한다는 것은 단지 자동차를 운전한다는 것만을 의미하지 않는다. 어떤 종류의 차를 운전하는가가 매우 중요하다. 여러 가지 유형의 자동차는 계급적, 성별화된, 종족적-인종적 정체성과 연관된다. 많은 미국 도시에서 미니밴은 아이들을 태워 돌아다니는 데 많은 시간을 소비하는 부유한 교외 여성이라는 특정 유형을 연상시킨다. 이런 여성은 '사커 맘'이나 '하키 맘'이라고도 불린다. 스포츠카, 클래식 자동차, 운전대를 높인 오토바이는 남성성을 계급과 인종에 따라 다르게 드러낸다는

---

* 사회이동은 개인의 사회경제적 지위가 한 세대 내에서 혹은 여러 세대에 걸쳐 높아지거나 낮아지는 것을 의미한다.

점과 관련이 있다. 최근에 사회적 구별 짓기와 직접적으로 연결된 유형의 자동차는 '환경친화적'일 뿐 아니라 비싼 (하이브리드) 전기차다. 많은 도시에서 전기차를 모는 것은 차주가 환경의 지속가능성에 관심을 갖고 있음을 표현하는 것만이 아니다. 그것은 엘리트 지위를 나타내는 표시이다. 이처럼 자동차로 이동하기를 통해 사회경제적 지위가 드러나는 현실은 이동과 도시적 불평등의 관계가 더 폭넓음을 암시한다.

이동과 불평등

이동—그리고 비이동—은 도시적 불평등과 무수한 방식으로 연결된다. 신체적 능력이나 소득 측면에 존재하는 불평등은 도시 주민들이 원할 때 이동할 자유를 제한한다. 예를 들어 시각장애인이나 청각장애인은 도시의 교통수단을 이용하는 데 어려움을 겪는다. 마찬가지로 낮은 소득도 대중교통 수단이나 사적 교통수단에 대한 접근성을 제한함으로써 주민이 살고 있는 동네를 벗어나 이동할 능력을 제한한다. 도시에서의 이동에 관련된 이러한 제한 때문에 사회적·경제적 배제가 일어날 수도 있다. 이동에 어려움을 겪는 주민들은 흔히 교육, 일자리, 여가 기회에 접근하지 못하며, 나아가 정치적 참여 면에서도 소외되는 경향이 있다. 사람들이 도시를 어떻게 이동하는가라는 문제 이외에도 얼마나 빨리 이동할 수 있는가 또한 기저에 자리 잡은 불평등을 드러낸다. 속도—빠른 차를 모는 것, 현대 도시 생활의 페이스에 맞춰 살 만큼 유연하고 준비된 상태—는 대개 특권적인 사회적 지위와 연관된다. 그러나 서두르지 않을 자유, 도시 생활을 음미하는 여유로운 산책자가 될 자유 또한 특권의 표시다.

자유롭게 자신의 페이스에 맞춰 이동할 수 있는 능력은 대체로 성별화된 위계나 종족적-인종적 위계와 얽혀 있다. 여성이 특히 밤에 이동하는 것은 흔히 성폭력에 대한 두려움 때문에 제약을 받는다. 마찬가지로 많은 도시에서 종족적 혹은 인종적 소수집단의 구성원은 어떤 지역을 지나갈 때 환영받지 못하거나 안전하지 못하다고 느낀다. 예를 들어 경찰의 '검문검색권stop-and-frisk searches'이 포함된 뉴욕시 범죄통제책이 논쟁거리가 되었는데, 뉴욕시 경찰청 소속 경찰관들은 〔백인 보행자보다〕 백인이 아닌 보행자를 대상으로 무기나 불법적인 마약 소지 여부를 확인하는 경우가 월등히 많았다. 이와 비슷한 경우로 미국 전역에서 아프리카계 미국인 운전자, 특히 비싼 차를 운전하는 아프리카계 미국인은 경찰의 '불시' 검문을 받고 차를 길옆에 세워야 하는 일을 훨씬 많이 겪는다. 이런 식의 인종적 검문검색과 괴롭힘을 당하는 흑인 운전자들의 경험을 묘사하기 위해 '흑인이 운전하고 다니네driving while black'라는 표현이 대중 담론에 등장했다. 우리는 이 절에서 도시에서의 이동과 불평등 사이의 관계를 다루면서 신체적 장애physical disability와 교통traffic이라는 두 가지 주제에 주목할 것이다.

장애

청각장애, 시각장애, 지적장애, 지체장애 등 도시에서의 이동에 영향을 미치는 신체적 장애는 다양하다. 우리에게는 장애를 개인적 능력의 문제로 볼 뿐 아니라 이런 능력과 한 개인의 물리적·사회적 환경 사이의 상호작용으로 보는 관점이 필요하다. 많은 도시들은 '신체 건강한' 주류 공동체dominant able-bodied community의 우선순위에 따라 계획되고 조직된다. 특정한 종류의 '정상적normal' 신체를 위해 만들어진 도시는 종종 의도치 않게 이러한 규범에 맞지 않는 신체를 가진 사람들을 배제하게 된다. 장애가 있는 사람은 도시 생활에 완전하게 참여할 수 없다. 물리적 공간과 사회적 공간은 장애인의 교육, 보건, 노동시장, 정치 분야에 대한 접근을 제한하거나 가능하게 하는 일과 연동해서 움직인다. 이런 관점에서 우리는 '장애disability' 라기보다 '못하게 함disablement'에 대해 말해야 할지도 모른다. 우리는 도시와 도시 공간을 관찰하면서 도시와 도시 공간이 (어떤 활동을) 못 하게 만드는 환경disabling environment으로 구성되어 있지 않은지를 질문할 수 있다(Imrie 1996). 도시 공간의 어떤 유형이 장애가 있는 사람들을 제한하며, 어떤 유형이 그들의 일상적 이동에 더 많은 자유와 통제력을 부여하는가? 정부 계획자, 건축가, 도시 주민은 어떻게 하면 좀 더 보편적으로 접근 가능한 환경을 만들 수 있을까?

에콰도르 키토시와 쿠엥카시의 지체장애인과 시각장애인에 대한 연구에서 니컬러스 래트레이(Rattray 2013)는 이들의 일상적인 사회적·정치적·경제적 실천이 기반시설상의 장애물과 문화적 장애물에 직면해 형성되는 과정을 보여 준다. 장애가 있는 에콰도르인 중 상당수가 공간적·사회적 고립을 모두 경험했고, 건축상의 장애물과 교통수단상의 장벽에 직면함은 물론 낙인과 수치감까지 경험했다. 건물이 건축되고 교통체계가 조직되는 방식 때문에 이들은 많은 도시 공간에 접근할 수 없었다. 예를 들어 버스나 택시를 타고 이동하는 것은 움직이는 버스에 올라타려고 시도하는 것같이 어렵고 위험한 행동을 수반했다. 또한 버스나 택시를 이용하려 할 때 운전기사에게 승차를 거부당하거나 지나치게 배려하는 듯한 행동에 직면했다. 게다가 많은 에콰도르 사람들은 장애가 당사자뿐 아니라 그 가족에게도 수치를 가져다준다고 생각했다. 이런 낙인 때문에 가족들은 장애가 있는 아이들이 눈에 띄지 않도록 했고, 결국 장애가 있는 사람은 집 밖에서 자유롭게 돌아다니기가 불가능하게 되었다. 장애가 있는 사람이 이동할 수 없도록 만드는 도시 기반시설은 장애가 없는 다수의 에콰도르 사람들이 드러내는 두려움, 연민, 수치와 결합해 장애가 있는 사람에게 고립과 사회적 배제라는 경험을 부과하고 말았다.

래트레이는 쿠엥카시의 장애인 권리 옹호 단체가 사회적 인식을 고양하는 집회를 여는 등의 집단행동을 통해 장애가 있는 사람들의 도시 접근성을 개선하고자 애쓰는 양상을 다룬다. 이 단체는 집단행동을 통해 도시 설계를 비판하고 장애인도 포용적인 도시환경을 누릴 권리가 있다고 주장하는 동시에 장애에 대한 문화적 태도를 반박했다. 이 단체는 쿠엥카시의 거리를 행진하며 도시에 대한 권리^{right to the city}(제9장 참조)를 주장하는 공간적 전술을 활용했다. 이런 형태의 운동은 "장애가 없는 사람들을 위한 공간을 재차 강조하려는^{re-inscribe} 지배적 관행에 저항하고자 전략적 위반과 다른 기법"(Rattray 2013: 41)을 활용함으로써 장애가 있는 에콰도르인의 권리를 수치심 때문에 가리지 말고, 오히려 장애인들이 이동할 수 있어야 하며 나아가 가시화되어야 한다고 주장했다. 다른 도시적 맥락에서, 장애 정의 활동가들은 움직일 수 있는 신체라는 규범을 해체하고자 이와 비슷한 노력을 전개한다. 어떤 경우에, 이들은 장애를 의학적 상태라기보다 하나의 정치적 정체성으로 재의미화하며, 세상을 움직일 수 있는 사람들만의 공간으로 만드는 배타적인 사회적 실천과 물질적 형태를 가시화한다. 이들은 신체적·감각적·지적 장애가 치료될 필요가 있는 개인적·의학적 문제로 이해되어서는 안 된다고 주장한다. 오히려 이들은 차이를 병으로 이해하게 만드는 지배적 규범을 포착하고 이러한 규범에 도전한다(Block et al. 2016).

물론 장애가 있는 사람들이 좀 더 접근하기 수월하고 이들에게 포용적이며 힘을 실어 주는 도시들도 있다. 여러 정부가 도시 사람들과 그들이 가진 능력의 다양성을 고려한 이른바 '보편적 설계' 기준^{universal design}

standards —보편적 접근성을 염두에 두고 설계된 제품과 건조환경—을 채택하고 있다. 도로와 건물, 교통수단, 정보 통신수단에의 접근성을 향상하는 조치는 장애가 있는 사람도 이동할 수 있는 환경enabling environment을 만들어 가는 데 큰 차이를 가져올 수 있다. 예를 들어 1970년에 브라질의 쿠리치바시는 장애가 있는 사람도 완전하게 접근할 수 있도록 설계된 새로운 대중교통 수단 체계를 도입했다. 버스는 지체장애 승객이 쉽게 탈 수 있도록 설계되었고, 마을버스와 광역버스의 경로를 연계한 시스템은 이동경로의 연속성을 배가했다. 말레이시아에서는 새로운 건물을 지을 때 장애가 있는 사람도 이용할 수 있는가를 결정하는 '접근성 심사access audit'를 반드시 실시한다. 전 세계의 비판적인 학자들, 실무자들, 활동가들은 도시 계획과 디자인에 장애 정의라는 관심사가 포함될 수 있도록 계속 투쟁하고 있다(Stafford et al. 2022). 그러나 인류학적 연구가 보여 주듯, 장애와 불평등의 관계를 개선하려면 물리적 접근 가능성을 향상하기 위해 도시 공간을 다시 설계하는 일도 필요하지만, 장애가 있는 사람의 일상적 이동을 방해하는 사회적 낙인과 싸워 나가는 행동도 필요하다.

교통

자동차를 이용한 이동에 의존하게 된 일상생활은 도시에서의 이동, 이동 불가능, 사회 정의 사이의 연결고리를 연구하는 데 중요한 지점이다. 역사적으로 발전해 온 정치적·경제적 관계는 도로망과 대중교통 수단 시스템 같은 이동과 관련된 도시 기반시설에 영향을 미친다. 이 기반시설은 여러 집단에 속한 사람들의 도시적 이동 유형을 촉진하거나 제한하는데, 대중교통 수단 혹은 개인 이동수단의 이용을 늘리거나 이동과 이동 불가능 모두를 규정한다. 그러나 문화적 선호도와 편견 또한 우리의 일상적 교통

사진 3.1　이스탄불의 교통. (사진 촬영: adempercem, Shutterstock)

경험과 체험에 영향을 미치며, 종종 사회적 배제를 더욱 악화시킨다.

매일매일 일어나는 교통 체증은 많은 도시의 특징이며, 도시에서의 이동 불가능을 보여 주는 대표적인 예이다. 유럽횡단도로Trans-European Motorway, TEM의 이스탄불 연장선에서 아침 시간에 일어나는 교통 문제를 민족지적으로 연구한 베르나 야지지(Yazici 2013)는 교통을 도시 불평등이 생산되는 사회적 장소라고 분석했다. 이스탄불은 보스포루스 해협을 따라 아나톨리아 반도와 동트라키아 반도 양쪽에서 발전했다. 야지지가 연구할 당시 이스탄불에는 아시아 쪽과 유럽 쪽을 연결하는 두 개의 다리만 있었고 이후에 세 번째 다리가 건설됐다. 그 당시 이스탄불 인구의 10퍼센트에 해당하는 100만 명 이상의 통근자들이 매일 두 다리를 건너다녔다(사진 3.1).

이 도시의 교통 위계상에는 상이한 유형의 통근자가 존재했다. 막노동을 하는 사람들은 사람이라기보다 짐짝처럼 트럭 뒤에 실려 이동했고, 저임금

노동자는 콩나물시루 같은 버스를 타고 다녔으며, 부유한 직원은 좀 더 넓고 안락한 회사 셔틀버스를 타고 출근했다. 반면 자가용을 운전하고 출퇴근하는 사람도 있고, 부유한 사업가는 운전기사가 모는 고급 차의 뒷좌석에 앉아서 이동했다. 이 통근자들 모두가 교통체증이 유발하는 따분함과 시간 낭비에 직면했지만 위계상 낮은 쪽에 위치한 사람들은 불편함과 교통사고에 더 많이 노출되는 경향이 있었다. 계급적 격차는 성별과도 결합했는데, 성추행과 소매치기 위협은 여성 통근자들에게 더 심각한 걱정거리였기 때문이다. 고속도로는 통근자들 외에도 통행료 징수인, 음료, 스낵, 꽃 등을 파는 행상으로 붐볐다. 이들에게 고속도로는 직장에 가기 위해 이용하는 통로가 아니라 일터 그 자체였다. 이 노동자들은 대기오염과 사고 같은 건강상의 위험에 훨씬 더 취약했다. 이스탄불의 주거지 분리가 점점 더 심화됨에 따라 이 도시에서 매일 일어나는 교통체증의 경험은 잠깐이지만 여러 계급이 근접거리에서 만나는 지대^{zone}를 창출했다. 여기에서는 엘리트 주민들도 자신들보다 가난한 주민들의 존재를 피할 수가 없었다.

야지지가 이처럼 '교통인류학$^{anthropology\ of\ traffic}$'을 통해 보여 주듯이 교통체증이 유발하는 물리적 근접성은 오히려 여러 집단들 사이의 사회적 거리를 부각했다. 그러나 이스탄불의 계급 구분에서 극단에 위치한 사람들은 이런 경험을 면제받거나 이런 경험으로부터 배제되었다. 아주 부유한 사람들은 이 도시에서 매일 일어나는 교통체증을 피하기 위해 헬리콥터로 이동했다. 이런 배타적 형태의 교통수단은 교통 혼잡과 치안 불안을 겪는 도시들에서 점점 더 흔해지고 있다. 브라질의 상파울루 같은 거대도시$^{mega-city}$는 엘리트들이 헬리콥터를 이용해 교통 혼잡을 회피하고 자신들의 사회적 지위를 과시하는 곳으로 악명이 높다(Cwerner 2009). 이스탄불에서 '교통 혼잡에서 면제$^{congestion\ exemption}$'되는 또 다른 방식은 국가적 혹은 국제적 정치 지도자들이 이 도시를 빠르고 안전하게 이동할 수 있도록 고속도로를 텅 비우는 것이었다. 이것은 그들 외의 모든 사람에게 더 심한 교통체증을 부과하는 전략이었다. 교통체증에 갇히는 상황을 피하는 최후이자 불법적인 방법은 구급차 택시ambulance-taxis를 이용하는 것이다. 이것은 엘리트들이 개인 소유 구급차를 이용해 이동하는 방법이다. 계급 스펙트럼 상의 반대쪽 끝에는 아예 교통체증에 끼어들지 못하는 이스탄불 사람들이 있었다. 이들은 어떤 형태의 대중교통 수단이나 개인적 교통수단도 이용할 여유가 없었다. 저소득층 동네는 대개 직장에서 멀리 떨어져 있기 때문에 이스탄불의 극빈한 주민들은 종종 위험하기까지 한 먼 거리를 걸어서 출근했다. 세계 각지의 도시들에서처럼 저렴한 교통수단이 없다는 사실은 사회적 배제를 더욱 복잡하게 만들 수 있으며, 도시빈민들이 사회적 네트워크, 교육, 여가 기회에 접근하기 어렵게 만든다. 이처럼 교통수단에 관한 차별화된 경험에 내포된 불평등은 '이동 정의'mobility justice라는 관점을 통해서 명확하게 이해될 수 있다(Sheller 2018).

　도시 주민들은 소득 정도뿐 아니라 성별, 인종, 연령 등의 구분선을 따라 서로 다른 방식으로 교통체계를 경험한다. 폴 해기스 감독의 아카데미상 수상작인 〈크래쉬〉(2004)는 로스앤젤레스시에서 나타나는 도시적 불평등을 강조한 영화인데, 두 명의 아프리카계 미국인이 로스앤젤레스시 버스의 유리창이 큰 이유에 관해 대화하는 장면이 나온다. 그들이 내린 아이러니한 결론은 (흑인) 승객들의 가난한 모습을 훤히 노출해 이들에게 모욕감을 주려고 유리창을 그렇게 크게 만들었다는 것이다. 교통, 대중교통 수단, 불평등 사이의 연결고리는 길고 붐비는 통근 시간이 주는 불편함이나 건강상의 위험―로스앤젤레스에서는 암을 유발할 수 있는 디젤 엔진 배기가스 수치가 스쿨버스 밖보다 안에서 더 높게 나타났다.―이라는 문제에 국한되지 않는다. 미국의 많은 도시에서 대중교통 수단을 이용해 도시를 돌아다니는 일은 가난, 낙인, 수치를 연상시킨다. 반대로 사적 형태의 교통수단에 접근할 수 있다는 것은 효율적 이동이 가능하다는 차원을 넘어 자유와 사회이동을 상징한다. 그렇지만 사람들은 대중교통 수단을 이용할 때조차도 자신의 이동을 사유화할 방법을 찾아낸다. 휴대용 오디오 장치가 도시 공간과 문화에 미친 영향을 다룬 글에서 미셸 불(Bull 2014)은 아이팟과 워크맨the Walkman처럼 스마트폰 덕분에 사람들이 자신만의 소리 세계를 즐기며 이동할 수 있다고 지적한다. 도시라는 공공 공간을 가로질러 이동하고 있지만 휴대용 오디오 장치를 이용하는 통근자들은 헤드폰이나 이어폰을 끼고 개인화된 음향 거품 속으로 들어감으로써 주변 환경과 분리된다.

미국에서 역사적으로 형성된 인종, 계급, 자동차를 이용한 이동의 관계를 연구한 글에서 폴 길로이(Gilroy 2001)는 아프리카계 미국인들에게 자동차가 소비자주의적 지향으로서 갖는 중요성을 분석한다. 그는 자동차 소유권과 주문 제작한 자동차의 화려한 외관 장식은 인종적 편견과 모욕으로부터 벗어나고 이에 대한 보상적 위신을 확립하는 한 가지 방법이라고 주장한다. 개인 자가용으로 이동하는 것은 시민권을 주장하는 방법일 수도 있지만 동시에 미국 도시의 자동차 중심적 특성은 도시의 분리 현상을 더욱 악화해 왔다. 자동차를 통한 이동 덕분에 '백인들이 도심에서 빠져나가고white flight' 인종적으로 동질적인 교외 지역이 확산sprawl되는 현상이 가능했다. 교외화suburbanization 자체는 도시에서 세수 기반을 침식해 저소득층 주민, 주로 백인이 아닌 주민을 위한 서비스나 기반시설이 악화되는 결과를 초래했다. 좀 더 미시적 차원에서 보면 자동차 문화는 운전자가 다른 종족적-인종적 혹은 계급적 배경을 가진 사람들을 맞닥뜨리는 상황을 피할 수 있게 해준다. 따라서 우리가 매일 이용할 교통수단을 선택하는 행위가 도시의 불평등을 비판하거나 극복하는 데 도움을 줄 수도 있지만 반대로 상황을 악화할 수도 있다.

이동의 문화정치

인류학자들은 여러 유형의 도시적 이동에 담긴 의미를 탐구해 왔다. 우리는 자전거 타기 운동에서 '자동차 문화'에 이르기까지 광범위한 사회문화적 현상에서 보이는, 이동이 수반하는 강한 연관성을 연구함으로써 그 의미를 이해할 수 있다. 도시를 가로지르는 여러 가지 이동방식이 강하게 경합하는 상황에서 도시에서의 이동은 강한 정치적 차원의 현상이 된다. 도시에서의 이동의 여러 가지 형태는 스케이트보딩이나 [도심의 구조물을 오르내리고 뛰어다니는 스포츠인] 파쿠르parkour에서 보듯, 위반 행위로 혹은 해방 행위로 보일 수 있다. 이 절에서는 도시 이동의 문화정치에 초점을 맞추어 특정한 이동 그리고 이와 관련된 사물, 설계, 감각이 어떻게 의미를 갖게 되고 정치화되는가를 논의한다. 이를 위해 먼저 텍사스주 오스틴시의 새시chassis를 낮춘 자동차 개조 문화low-rider car culture에 대해 논의하고, 다음으로 콜롬비아 보고타시의 자전거 타기를 다룬다.

자동차 문화에 대한 인류학적 연구는 사람들이 차에 대해 갖는 감정적·표현적 관계를 강조한다(Miller 2001). 이런 민족지적 접근법은 자동차를 물질문화로 이해하고 자동차를 이용한 이동과 관련해 체화된 사회적 경험에 주의를 기울인다. 다른 형태의 전 지구화된 물질문화와 마찬가지로 자동차와 자동차 문화는 지역적 맥락에서 의미를 획득하기 때문에 다른 식으로 해석되고 전유되며 변형된다. 벤 채플(Chappell 2012)은 텍사스주 오스틴

사진 3.2 샌프란시스코의 거리에서 개조차를 뽐내고 있는 사람.
(사진 촬영: Michael Kaercher, Shutterstock)

시의 '섀시를 낮춘 차를 모는 사람들low-riders'의 미학과 정치에 관한 연구에서 '자동차 문화'의 이런 측면을 민족지적 방법으로 집중 분석한다. 이들은 주로 쉐보레 임팔라나 올즈모빌 커틀라스 같은 미국 자동차 회사의 모델을 자신의 취향에 맞게 개조한다. 이런 식의 차 개조는 1950년대 이후부터 발전해 왔으며, 멕시코계 미국인 노동계급이 사는 동네를 연상시키는 대중적 미학을 따른다. 차 소유주들은 차가 '방방 뛰도록bounce' 만드는 유압식 현가 시스템hydraulic suspension systems을 설치하며, 차를 정교한 디자인에 따라 색칠하고, 바퀴를 주문 제작한 모양으로 바꾸고, 자동차 내부를 눈에 띄는 덮개, 액세서리, 음향 시스템으로 개조한다(사진 3.2). 오스틴 같은 미국의 남서부 도시들에서 이렇게 자동차를 개조하는 사람들은 함께 다니면서 자신들의 차를 뽐내고 주차장에서 어울린다.

채플은 자동차 문화가 단지 표현적이거나 재현적인 것이 아니라는 점을 보여 준다. 자동차 개조는 물질적인 공간 만들기의 실천으로 이해되어야 한다. 그는 자동차가 어느 정도 사적이고 움직일 수 있는 소규모 공간이므로 소유자가 자신의 욕망에 맞춰 변형할 수 있는 물건이라는 점을 발견했다. 그러나 자동차는 더 넓은 도시 공간과 상호작용하면서 장소들에 특정한 계급, 종족, 인종의 정체성을 부여하기도 한다. 이런 식으로 개조한 자동차는 멕시코계 미국인의 도시 마을 공동체를 연상시키는 물질적 사물로서, 특정한 도시 공간에 영향을 미치고 다시 그 공간으로부터 영향을 받았다. 섀시를 낮춘 차를 모는 사람들이 개조한 자동차를 주말 동안 몰고 다니거나 일상적인 이동 수단으로 이용해 동네에서 늘 그런 자동차를 볼 수 있으므로, 그 근린지역은 멕시코계 미국인의 동네barrio로 (재차) 자리매김되었다. 채플(Chappell 2012: 33)이 설명하듯이 "이런 자동차의 존재는 멕시코계 미국인 동네로서 지역의 공간적 정체성을 강화하며, 이 경계 건너편에 존재하는 공공 영역에 대해 멕시코계 공동체로서의(barriological) 미학을 강하게 드러낼 수 있다." 또한 이런 자동차는 자기만의 공공 공간, 즉 대화가 일어나는 사회적 공간을 창조하는 데도 도움이 되었다. 주문 제작한 자동차는 다른 사람들에게 전시하기 위한 것이므로 소유자와 그런 차를 갖고 싶은 사람들이 모여서 이야기를 나누는 지점으로 기능했다. 이들은 단지 차에 대해서뿐 아니라 멕시코계 미국인에게 영향을 미치는 다양한 문제에 대해서도 이야기를 나눴다. 개조한 자동차를 모는 사람들은 멕시코계 미국인으로 이루어진 갱단을 연상시키므로 특히 이 동네에 살지 않는 사람들에게는 흔히 위반적인 존재로 간주되었지만, 동시에 이런 도시적 자동차 양식이 창조하는 공공 영역은 해방적 가능성을 보여 주었다.

자동차 문화만이 도시적 위반urban transgression과 연관된 이동 형태는 아니다. 맥락에 따라 도시적 이동 형태가 완전히 받아들여질 수도 있고 주류적 이동 형태와 '충돌할bump' 수도 있다. 스케이트보딩이나 이보다 더 새로운 현상인 파쿠르, 즉 도시에서 달리기urban running는 도시 공간을 이용하는 방법에 대한 우리의 생각에 도전하는 이동 형태다. 스케이트보딩과 파쿠르는 예술가적 기교, 기술, 신체적 훈련을 갖춰야 즐길 수 있는 연행performances에 해당한다. 그러나 도시 공간의 '정상적' 사용방식을 전복한 것이므로 이것은 배제적 형태의 도시정치, 계획과 소비주의에 대한 비판으로도 이해될 수 있다(Caldeira 2012; De Martini Ugolotti and Moyer 2016; Abulhawa 2020). 그러나 최근에는 스케이트보딩과 파쿠르가 이런 이동의 위반적 이미지를 활용해 자기 브랜드의 호소력을 높이려는 기업 후원자들에게 포섭되어 버리기도 했다.

오토바이의 경우에도 유사한 형태의 모호성을 찾아볼 수 있다. 여러 나라에서 오토바이는 시끄럽고 성가신 존재로 간주되며, 일탈적 행동과 '폭주족biker gangs'을 연상시킨다. 그러나 호치민시에서 오토바이는 자유화되고 있는 베트남에서 개인들의 자유, 자율, 중산층 지위를 상징한다(Truitt 2008; 사진 3.3). 오토바이 택시 운전수가 교통 흐름을 느리게 하거나 심지어 차단할 수도 있는 방콕에서는 이런 형태의 교통수단이 정치적 저항에서 중요한 역할을 했다(Sopranzetti 2018). 이런 예들은 같은 유형의 이동방식이 맥락 내에서 그리고 맥락을 가로지르며 얼마나 광범위한 문화적·정치적 의미를 띨 수 있는가를 보여 준다.

도시적 이동에서 자전거의 역할을 비교문화적 관점에서 분석한 루이스 비반코(Vivanco 2013)는 자전거의 다양한 의미와 이와 연관된 '자전거 문화'를 다룬다. 여러 장소에서 사람들은 자전거를 아이들의 장난감이나 스포츠와 연관 짓는 경향이 있다. 그러나 자전거 타기 사회운동은 이런 형태의 이동에 새로운 의미를 덧붙이고자 한다. 이 운동은 도시 주민과 지자체를

대상으로 자전거의 기존 이미지를 반박함으로써 자전거 타기가 도시 생활을 긍정적인 방향으로 바꿀 수 있다고 설득하고자 한다. 예를 들어 콜롬비아 보고타시는 자전거 타기를 사회적 포섭의 도구로 간주해 350킬로미터에 달하는 자전거 도로인 시클로루타^{Cicloruta}를 조성했다. 그러나 자동차에 의존하지 않는 교통수단을 위한 도시 기반시설에 투자하는 것이 반드시 즉각적으로 자동차 이동을 감소하는 결과를 가져오지는 않는다. 비반코는 '만들어 놓으면 사람들이 저절로 올 것이다'라는 논리, 다시 말해 자전거 도로와 관련된 기반시설을 건설하면 자동차 운전자들이 자동적으로 자동차에서 내려 자전거에 올라탈 것이라는 가정을 일종의 기술결정론이라고 지적한다. 자전거 친화적인 물질적 조건과 교통 정책도 중요하지만 자전거 타기에 대한 선호는 사회문화적으로 구성된다. 이런 유형의 기호는

대개 도시 기반시설보다 바꾸기 어렵다. 모든 도시적 이동방식과 마찬가지로 자전거로 이동하는 것의 의미는 문화적 맥락과 연관되며, 이동방식이 의미 있을 정도로 변하려면 의미의 정치에 개입해야 할 것이다.

결론

이동은 사회 세계의 중요한 특징이다. 그것은 도시 고유의 정체성과 불평등의 중요한 표현이자 구성요소이며, 문화 정치의 주된 지점이다. 도시인류학자들은 공유된 의미 만들기와 사회적 구별 짓기와 분화에 초점을 맞춤으로써 우리가 왜 이동하고 어떻게 이동하는가를 이해하고자 애써 왔다. 이들은 우리가 도심town을 이동하는 방식, 즉 혼란스러운 거리를 배회하거나 대중교통 체계를 이용하며 돌아다니기 위해 어떤 전략들을 사용하며 이동하는지를 연구했다. 또한 여러 가지 형태의 이동에 수반되는 물질적·미학적 특성을 분석했다. 예를 들어 자동차 디자인을 바꾸는 것에서부터 도시 기반시설에 대한 접근 가능성에 이르기까지 다양한 특성을 분석했다. 이처럼 물질성과 디자인에 초점을 맞춤으로써 우리의 신체—젊은 혹은 나이가 든, 건장한 혹은 장애가 있는—가 도시환경에 대한 우리의 경험을 좌우하는 데 수행하는 역할에도 주목했다. 도시인류학자들은 여러 가지 다른 이동방식이 다른 시대와 다른 문화적 맥락에서 여러 사람들에게 의미하는 바를 다루어 왔다. 이들은 이동이 사회생활과 사회적 정체성을 생산하며 연대를 구축하는 데 도움이 될 뿐 아니라 도시에서 일어나는 부정의urban injustice의 주된 장이라는 점을 분석해 왔다. 이동은 정치경제적 구조의 산물일 뿐 아니라 사회문화적 세계의 산물이므로 불평등이 복잡하고 생생하게 실현되는 것과 불평등을 협상하는 것을 검토하기 위해서도 이동을 연구할 수 있다. 이동은 문화적·정치적 환경과 건조환경이 교차되는 현상을 연구하는 데 있어 풍부한 가능성이 잠재된 새로운 분야다. 그리고 도시는 이런 종류의 연구를 하는 데 가장 흥미진진한 현장을 제공하는 곳이다.

토론거리

1. 도시에서 돌아다니기urban navigation에 대한 케빈 린치의 초기 연구와 도시적 이동에 대한 최근의 접근법 사이의 차이점과 공통점은 무엇인가?
2. 당신은 산책자라는 인물이 여전히 도시인류학자에게 가치 있는 존재라고 느끼는가? 아니면 이에 대한 비판에서 말하듯 산책자가 도시인류학적 연구에 별로 유용하지 않다고 생각하는가?
3. 당신이 잘 알고 있는 도시에서 어떤 유형의 이동 부정의를 발견할 수 있는가?
4. 자동차를 이용한 이동이 도시 생활에 미치는 긍정적 영향과 부정적 영향은 무엇인가?
5. 여러분 주변에서 위반적이라고 생각할 만한 이동 유형을 찾을 수 있는가?

더 읽을거리

Amit, Vered and Noel B. Salazar, eds. (2020) *Pacing Mobilities: Timing, Intensity, Tempo and Duration of Human Movements*. Oxford: Berghahn.

Cresswell, Tim (2006) *On the Move: Mobility in the Modern Western World*. New York and Oxford: Routledge.

Ingold, Tim and Jo Lee Vergunst, eds. (2008) *Ways of Walking: Ethnography and Practice on Foot*. Aldershot: Ashgate Publishing.

Klienman, Julie (2019) *Adventure Capital: Migration and the Making of an African*

Hub in Paris. Berkeley: University of California Press.

Sheller, Mimi (2018) *Mobility Justice: The Politics of Movement in an Agage of Extremes*. London: Verso.

더 볼거리

〈카이로 드라이브Cairo Drive〉(2013). 셰리프 엘카차Sherief Elkatsha 감독. 혁명 이전의 카이로에서 교통 문제를 통해 이 도시의 공적 생활을 탐색한 다큐멘터리.

〈크래쉬Crash〉(2004). 폴 해기스Paul Haggis 감독. 로스앤젤레스의 도시적 이동과 사회적·인종적 긴장을 다룬 영화.

〈크립 캠프: 장애는 없다Crip Camp: A Disability Revolution〉(2020). 니콜 뉴넘Nicole Newnham · 제임스 러브렉트James LeBrecht 감독. 장애인 권리 운동의 탄생에 관한 다큐멘터리.

〈크리스마스에 기적을 만날 확률東京ゴッドファ一ザ一ズ: Tokyo Godfathers〉(2003). 곤 사토시今敏 감독. 도쿄 노숙인들의 생활을 다룬 애니메이션.

제4장

공공 공간에서의 사회생활

개방된 도시 공간에서 사람들은 수많은 일시적인 만남을 가진다. 이런 덧없는 만남은 종종 도시 사회생활의 특징이라고 간주된다. 그렇다면 모르는 사람들 사이에서 이루어지는 사회생활은 어떻게 작동하는 것일까? 이 장은 도시인류학의 주요 주제인 **공공 공간**public space(상자 4.1 참조)이라는 개념에 대해 논의하고, 사람들이 이런 유형의 공간에서 서로 어떻게 관계를 맺는가를 탐구한다. 인류학자들은 공공 공간이 '작동하도록work' 만드는 물리적 특징, 공공 공간의 생산과 사용에 영향을 미치는 문화 정치 그리고 도시 주민들이 도시의 공공 공간에서 갖는 **장소화되고**emplaced **체화된**embodied 만남을 연구해 왔다.

도시의 공공 공간은 흔히 개인들이 스스로를 재발명하고 새로운 유형의 만남에 참여하며 새로운 형태의 사회성을 발전시킬 수 있는 자유와 익명성의 공간으로 간주된다. 도시인류학적 연구들은 도시가 이런 잠재력을 실현하기 위해 계속된 투쟁 과정을 거쳐 이 같은 특징을 획득한다는 점을

공공 공간

공공 공간이란 무엇인가? 이념형으로서 공공 공간은 누구나 접근할 수 있는 공유된 공통의 공간을 뜻하며, 모든 사람이 사회생활에 참여할 수 있는 곳을 말한다. 도시 연구자들은 열린 공통의 공간, 즉 낯선 사람들이 섞이고 만나는 장소를 도시의 본질 중 하나라고 간주하는 경향이 있다(Young 1990; Sennett 2010). 공공 공간에 대한 논의는 고대 그리스까지 거슬러 올라갈 정도로 도시적 정치생활의 이상과 연관된다. 많은 도시 연구자들은 공공 공간의 존재를 민주정치와 '공중commons'의 전제 조건이라고 본다(Mitchell 2003; Casas-Cortés et al. 2014; 제9장 참고).

실제로 존재하는 도시적 공공 공간은 종종 이런 이상과 대립되며 몇몇 특징이 결여되어 있다. 그러나 '공공성publicness'은 도시경관의 한 측면일 뿐이다. 개방된 도시 공간은 만남의 장소나 민주적 토대라는 이상적이고 전형적인 기능 이외에도 많은 기능을 갖고 있다. 대부분의 사람들에게 대부분의 시간 동안 이곳은 일상생활이 펼쳐지는 공간이자 이곳을 통해 일상생활이 전개된다. 또한 사람들은 개방된 도시 공간에서 관찰하거나 참여하는 사회생활에 다소간 주의를 기울이면서, 이곳을 재빠르게 지나치거나 여유롭게 이곳에 머무른다.

공공 공간은 관계적 개념으로, 사적 공간과 대비되는 가운데 정의된다. 두 유형의 경계가 언제나 명확하지는 않지만 '공공 공간'은 좀 더 열려 있고 접근 가능하며 집합적인 도시 공간을 지칭하는 반면 '사적 공간private space'은 좀 더 경계 지어지고 제한된 가내 공간을 뜻한다. 공과 사를 완전히 이분법적으로 나누기보다는 스펙트럼으로 이해하면 완전히 접근 가능하지는 않은 공동 공간common spaces이 공공 공간에 포함되는 맥락을 이해하는 데 도움이 된다. 예를 들어 카페나 쇼핑몰같이 상대적으로 열린 공간은 소비할 여력이 있는 사람이라면 누구나 명목상 접근 가능하며, 낯선 사람들 사이의 만남과 도시의 사회생활에 대한 참여를 촉진한다. 그러나 카페와 쇼핑몰은 사적 소유물이며, 명시적이든 암묵적이든 그곳에 들어가는 데 요구되는 조건을 많이 갖고 있다. 이런 의미에서 카페와 쇼핑몰은 거리나 공원 같은 개방된 공공 공간과 상당히 다르다.

강조해 왔다. 공공 공간은 긍정적인 경험과 만남을 가능하게 하는 장소다. 이런 공간은 사람들이 도시 생활을 즐기는 데에 기여한다. 그럼에도 불구하고 모르는 사람들 사이에서 느끼는 자유로움, 익명성, 편안함은 그냥 주어지지 않으며, 낯선 사람들과의 만남이 항상 유쾌하지만은 않다.

도시적 만남은 중립적 공간이나 중립적 위치에 있는 낯선 사람들 사이에 일어나지 않는다. 우리가 가진 정체성과 다른 사람들에 의해 우리에게 부과된 정체성은 우리가 도시경관에서 위치를 잡는 방법에 영향을 미친다. 도시경관에서 위치를 잡는 일은 신체를 통해 연행되고 신체를 통해 읽히는 성별, 연령, 종족성/인종, 계급, 능력과 같은 사회적 특성들의 교차에 근거한다. 머리색과 피부색, 의복, 이용하는 교통수단 유형에 이르기까지 정체성을 나타내는 다양한 지표들이 사회적 특성에 포함된다. 이처럼 상이한 위치 잡기가 도시적 만남에 영향을 미치기 때문에 사람들은 도시와 도시의 공공 공간을 각기 다르게 경험한다.

모든 도시에서 어떤 이용자와 어떤 행동유형은 합법적으로 보일 수 있는 반면 또 다른 사람과 행동유형은 의심의 대상이 될 수 있다. 이처럼 자기규정identification과 법적 규정prescription은 종종 국가 사회national society와 시민권의 도덕적 차원에 대한 공적 논의와 관련된다. 인류학자들은 민족적 귀속감과 '적절한 행동'에 대한 공적 논쟁이 상이한 위치에 있는 도시 거주자들 —예를 들어 남성과 여성 간 또는 노동계급 청년과 도시 엘리트 간— 의 일시적 만남에서 어떻게 펼쳐지는가를 탐색해 왔다.

이 장은 공공 공간의 문화적·역사적 다양성에 대한 절로 시작해, 이런 공간들을 규정하는 정치와 상상력을 맥락화하고자 한다. 다음으로 여러 사람들이 교차적 방식과 체화된 방식을 통해 어떻게 〔사회 내에서〕 위치를 정하는가를 검토하면서 사람과 장소의 정체성이 상호 구성되는 과정에 초점을 맞춘다. 또한 우리는 사회적 공간을 특정한 사람들과 활동에 적합한 것으로 분류함으로써 도시경관이 공공 공간에서의 사회생활을 규정하는 일상적 공간체계로 이해될 수 있는가를 다룬다. 우리는 사회생활을 구성하는 작은 만남들이 더 큰 사회적 위계와 정치적 논쟁을 어떻게 반영하고 재생산하거나 변형하는지를 다루면서 이 장을 마무리한다.

공공 공간을 맥락화하기

여러 분과 학문에서 많은 도시 연구자들은 우리가 공공 공간이라고 부르는 것의 독특한 성격을 이해하고자 애써 왔다. 인류학적 연구는 공공 공간이라는 추상적 개념이 문화적·역사적 맥락에 따라 매우 다른 특징을 취할 수 있다는 사실을 강조해 왔다. 19세기 파리에서 공공 공간의 의미는 현대 상파울루에서 그것이 갖는 의미와 상당히 달랐다. 또한 인류학자들은 공공 공간에서 일어나는 일상적 만남에 초점을 맞추고, 다른 위치에 있는 사람들이 일상적 만남을 협상하는 양상에 대해 연구했다. 인류학자들은 공공 공간의 이상이 개방성을 요구할 때조차도 실제로 어떤 범주의 도시 주민들은 접근을 거부당하는 경향이 있다는 점을 보여 준다. 민족지적 연구는 개방성이 주된 특징인 암묵적으로 보편적인 공공 공간의 존재를 가정하기보다는 어떤 종류의 공공 공간이 다양한 사회문화적 맥락에 존재하는가를 탐구해야 한다고 촉구한다. 공공 공간은 어떤 과정을 거쳐 사회적 공간으로 생산되는가? 그것은 어떤 사회적 규칙에 따라 작동하는가? 공공 공간에서는 어떤 종류의 사회생활이 펼쳐지는가? 공공 공간은 어떤 기준으로 어떤 사람에게는 (그곳을 이용할) 자격을 부여하고 다른 사람에게

고프먼의 상징적 상호작용론

사회학자 어빙 고프먼Erving Goffman(1922~1982)은 일상생활의 사회학에 대한 연구와 자아의 사회적 구성에 관한 연구로 유명한 학자로, 공적 사회생활의 분석에 중요한 영감을 제공한다. 『공공장소에서의 행동Behavior in Public Places』(1963)에서 고프먼은 공적 규범이 과시되고 위반되며 전복되는 공간인 정신병원에서 실시한 관찰을 바탕으로 논지를 전개했다. 또한 예의 지침서와 일화적 관찰을 이용해 공공 공간에서 이루어지는 행동의 지배적 규범을 밝혀냈다. 그는 눈에 띄지 않게 일상적인 상호작용을 달성하는 우리의 능력은 우리가 자아의식을 구성하는 데 중요한 요소라고 강조했다. [어떤 사람이] 버스를 타거나 거리를 걷는 것처럼 일상에서 기본적인 일을 수행하지 못하면 그 사람은 '미쳤거나crazy' '부적합하다unfit'고 규정된다.

고프먼의 연구는 자연스러워 보이지만 매우 사회적인 특성을 지닌 공공 생활에 대해 중요한 통찰을 제공한다. 그는 일상적 상호작용에 필요한 사소하고 암묵적인 규칙들을 분석했는데, 그는 이 규칙들이 질서 있는 공적 사회생활을 유지하는 데 필수적이라고 보았다. 공적 사회생활에 관한 기본 규칙 중에서 가장 유명한 것은 **시민적 무관심**civil inattention이라는 예의이다. 시민적 무관심은 다른 사람에게 그(녀)의 존재를 인식하고 있음을 알릴 정도로만 주의를 기울이지만, 그 사람을 불편하게 만들거나 어색하다고 느끼게 만들 정도로 친밀한 상호작용은 삼가는 태도를 뜻한다(Goffman 1963: 83-85). 린 H. 로플랜드(Lofland 1989: 462)에 따르면 시민적 무관심이란 "뒤섞이지 않고도 함께 있고, 몰두하지 않고도 인식하고, 대화하지 않으면서도 예의를 차릴 수 있는 태도이다. 이것은 도시 생활의 절대적인 필수 요소일 것이다."

서 [그렇게 할] 자격을 박탈하는가?

사회학자 어빙 고프먼(상자 4.2 참조)은 낯선 사람들 사이에서 이루어지는 사회생활의 기초를 깊이 있게 통찰했다. 윌리엄 H. 화이트는 고프먼의 상징적 상호작용론symbolic interactionism에 근거해 공적 사회성과 관련해 관찰한 결과를 도시의 물리적 환경에 직접적으로 연결하고자 했다. 화이트는 『작은 도시 공간의 사회생활The Social Life of Small Urban Spaces』(2001[1980])과 동명의 다큐멘터리(1988)에서 왜 어떤 도시 공간은 '성공적인' 공공 공간이 되지만 다른 곳은 그렇지 못한가를 분석한다. 왜 어떤 공공 공간은 사람들을 끌어당기고 사람들이 그곳을 적극적으로 찾아 나서지만, 어떤 공공 공간은 사람들이 회피하는 텅 빈 곳으로 남을까?

뉴욕시의 공원, 놀이터, 광장, 거리에서의 사회생활에 대해 장기간 세밀한 민족지적 연구를 수행하고 오랜 기간에 걸쳐 실시한 촬영을 바탕으로, 화이트와 거리생활 프로젝트Street Life Project의 동료 연구자들은 어떤 공공 공간들이 다른 공간들보다 더 잘 '작동'하는 이유를 이해하고자 노력했다. 이들은 공공 공간에서 일어나는 미시적 상호작용과 만남 외에 건조환경과 도시 설계가 도시에서의 사회성에 어떤 식으로 영향을 미치는가를 분석했다. 이 연구 프로젝트는 성공적인 공공 공간을 만들고자 하는 계획 당국을 위해 일련의 구체적인 지구 설정 지침과 설계 지침을 제시했다. 또한 조명, 좌석, 접근성, 식물, 나무 유형, 나아가 물리적 비율, 방향, 위치 등에 대한 세세한 추천사항도 함께 제시했다. 거리생활 프로젝트는 공공 공간 프로젝트Project for Public Space로 발전했는데, 이것은 공공 공간이 공동체의 공간으로 기능하도록 보장하는 것을 목적으로 삼은 조직이었다.

공적 사회생활을 맥락 속에서 바라보기

고프먼과 화이트는 공공 공간의 보편적 작동 방식을 주장하는 경향이 있다. 따라서 인류학자들이 중요하다고 생각하는, 도시 생활의 사회적-역사적 특수성과 다층성을 제한적으로 다룬다. 인류학적 연구는 도시에서의 사회생활을 시간과 공간에 위치시킬 필요성을 강조한다. 또한 공공 공간이 어떻게 창조되고 사용되는가와 관련한 정치에 좀 더 주의를 기울인다. 그중 일부는 공공 공간의 구체적·물질적 차원을 명시적으로 강조한다는 점에서 화이트를 계승하고 있지만 많은 인류학적 연구들은 공공 공간에서 일어나는 사회생활의 상징적 측면에 좀 더 초점을 맞추는 경향이 있다.

에이제이 간디(Gandhi 2015)는 공공 공간과 도시에서의 사회생활에 대한 역사적·맥락적 분석의 필요성을 웅변적으로 보여 준다. 공공 공간과 그 사용 양상은 특정한 도시나 역사적 시대에 따라 다를 뿐 아니라 심지어 같은 도시 내에서도 상당히 다양할 수 있다. 예를 들어 '구시가지'와 '신시가지', 부유한 지역과 가난한 지역 사이에 차이가 나타날 수 있다. 후기식민 도시postcolonial cities에서는 이런 차이가 식민 지배 이전부터 존재한 구도심과 식민 지배 시대에 조성된 근대주의적인 신도심 사이에 존재하는 식민지적 구분을 반영하기도 한다(제8장 참조).

간디는 델리 구도심의 거리를 파리 시민 중 산책자(제3장 참조)가 대표하는 공공 공간에 대한 전형적인 경험과 대조한다. 유럽과 북미의 도시에서는 보행자를 위한 인도나 상업지역, 주거 공간 같은 공간이 대개 명확하게 구분된다. 이런 분리와 구별의 논리가 도시 생활을 관리하려는 인도식Indian 시도에서도 일부 드러나지만 델리의 구도시는 질서라는 근대주의적 이상을 따르지 않았다. 거리는 울퉁불퉁하고 망가져 있으며, 상인들이 도로의 상당 부분을 점유했다. 혼란스러운 외관 때문에 상대적으로 유동적인 내적 논리가 보이지 않게 되었다. 그러나 거리의 공간은 담배 장수, 공중전화 대여업자public phone vendors, 그 외의 자영업자들같이 여러 점유자들에게 할당되는 등 내적 논리를 갖추고 있었다(사진 4.1).

벽과 경찰의 감시에 의해 분리가 강요되는 뉴델리라는 근대주의적 도시와 대조적으로 올드델리는 부유한 사람과 가난한 사람을 모두 환영하는 매우 민주적인 공간이었다. 그러나 이 거리는 발터 벤야민의 산책자가 그

사진 4.1 인도 올드델리 카리바올리의 상인. (사진 제공: Ajay Gandhi)

랫듯이 누구나 도시 생활이 제공하는 풍경을 즐기며 방해받지 않고 돌아다닐 수 있는 장소는 아니었다.

구델리의 거리는 종종 비자발적으로 무한히 반복되는 협상의 장이었다. 다랄Dalals이라고 불리는 중개인들은 연석에 앉아서 거래를 성사시키고, 기차표와 정부 인증서를 얻기 위한 서류 작업을 하느라 바빴다. 호객꾼은 지나가는 사람을 붙잡고 아마도 필요로 하지 않을 것들, 예를 들어 성sex, 건과류, 속옷 네 장짜리 한 묶음 등을 구입하라고 권했다. 특히 여성들에게 이 거리는 남성들의 시선으로 가득한 곳이었고, 때로는 원치 않는 접근을 경험하는 곳이기도 했다. 여성들은 노골적으로 버터를 듬뿍 바른 간식이나 튀김 과자, 즉 미각적·관능적 즐거움에 비유됐다. (Gandhi 2015: 270)

그러므로 간디(Gandhi 2015: 270)는 "이 거리에는 비자발적인 친밀성과 거래, 끊임없는 혼잡함이 가득해서, 여기서 산책자처럼 〔도시의 장관을 보며〕 무아지경에 빠지는 것은 불가능했다"라고 결론 내렸다.

세타 로(Low 2000)는 이제 고전이 된 『광장에서*On the Plaza*』라는 민족지에서 코스타리카의 수도인 산호세에 있는 두 개의 광장에 담긴 물질적·상징적 차원을 분석함으로써 시간의 경과에 따른 공공 공간의 성격 변화를 구체적으로 다루었다. 로는 프랑스 사회이론가 앙리 르페브르(상자 9.1 참조)를 따라 계획, 설계 그리고 그 물질적 결과를 규정하는 역사와 정치경제적 조건을 **공간의 사회적 생산**social production of space이라고 개념화한다. 로는 이것을 **공간의 사회적 구성**social construction of space이라고 부른 것, 즉 공간에 대한 체화된 경험과 상징적 경험을 포착한 개념과 대조한다.

광장은 남미의 도시에서 공적 사회성을 구성하는 표준적 요소다. 그러나 광장은 세계 전역에 있는 공공 공간들처럼 상당히 논쟁적인 장소이기도 하다. 로가 산호세에서 연구한 광장은 식민지 시기에 건설된 공원인 중앙공원Parque Central과 20세기 근대성의 상징으로 기획된 창조물인 문화광장Plaza de la Cultura이다. 로는 광장 같은 공공 공간이 생겨나게 된 정치적 과정에 주목한다. 광장은 중립적 공간이 아니라 지배와 저항의 역사를 운반하는 매체다. 그리고 다양한 사람들이 광장을 전혀 다른 방식으로 사용하며 이해한다. 일상적 이용자, 광장 재건축에 관여하는 도시 계획 전문가, 이 재건축 계획을 옹호하는 정치인들은 모두 자신들의 다양한 이해관계, 상상, 기억에 따라 두 광장에 대해 상이한 관점을 견지했다. 그들의 다양한 입장은 때로는 성별, 연령, 소득과 관련이 있어서, 특정한 디자인 방식에 대한 선호도에 영향을 미쳤으며, 그들이 적절하다고 생각하는 공원의 이용 방식—공원에서 여성을 향해 휘파람 불기, 구두닦이, 쇼핑, 마약 거래 등을 해도 되는가—

을 규정했다. 공원 디자인을 둘러싼 일상적인 사회적 상호작용과 경합은 기존의 광장을 고치는 데 영향을 미쳤고, 결과적으로 광장은 계속해서 변형됐다.

이와 유사하게 수딥타 카비라지(Kaviraj 1997)는 콜카타의 한 도시공원의 예를 들어 공공 공간이라는 개념의 특정한 계보와 사회문화적 특이성을 보여 준다. 그는 18세기에 서구에서 출현한 '공통성commonness'이란 생각에까지 거슬러 올라가 '공공public'을 둘러싼 이해를 검토한다. '공통성'이란 생각은 보편적 접근을 강조했고 시민들 사이에 이루어지는 교환의 공공 영역public sphere에 초점을 맞췄다(Kaviraj 1997: 86). 카비라지는 공원 자체가 공유공간에 특정한 생각을 도입한 식민지적 발명품이라고 주장한다. 이 새로운 공유된 공공 공간은 식민지 부르주아가 계급적 지위를 과시하는 장소로 사용되었다. 반면 '원주민'은 공원에서 전적으로 배제되었다. 식민지 유럽인들은 공공 공간, 즉 근대적 부르주아의 자기표현 공간은 가정이라는 친숙하고 보호된 사생활의 공간과 대조적이라고 생각했다. 이 같은 공과 사의 구별은 힌두교도들이 위협적일 정도로 무질서한 '외부'와 가정이라는 정화되고 통제된 '내부'를 구분하는 것과 전적으로 달랐다(Kaviraj 1997: 99).

인도가 독립한 이후에도 공원은 오랫동안 중산층이 자신의 근대성과 품위를 상연할 수 있는 공간으로 남았다. 예를 들어 중산층은 매일 '산책'— 이른 아침에 공원 주위를 잘 차려입고 거니는 것—을 통해 이를 실현했다. 카비라지(Kaviraj 1997: 101)는 "하층계급 이용자는 그곳에 머물 권리도 어떤 독점적인 입장을 내세울 권리도 없는 침입자에 불과했다"라고 주장한다. 결국 심각한 도시 위기를 배경으로, 공공 공간에 대한 중산층의 인식이나 공적 장소에서 중산층의 품위를 드러내는 행위는 콜카타의 가난한 사람들, 노숙인들, 비참한 사람들 사이에 형성된 공적인 것에 대한 생각에 자리를 내주고 말았다. "공적인 것은 사적이지 않은 것을 의미하게 되었으며, 가난한 사람이라고 해서 누군가의 재산권에 의해 배제될 수 없는 공간을 뜻하게 되었다"(Kaviraj 1997: 104-105). 또한 "그 공간은 공적으로 소유된 재산이므로 가난한 사람도 어느 정도 그곳에 대한 권리를 갖고 있다고 느끼게 되었다." 결국 공원은 그곳에서 살고 일하며 축구하고 사람들을 만나는 장소로 이용하기 시작한 도시의 가난한 사람들이 차지했다.

올드델리, 산호세, 콜카타의 사례가 보여 주듯이 공공 공간의 개념뿐 아니라 그와 연관된 물질적 결과 및 행동규범은 특정 시대 및 장소와 밀접하게 연결되어 있다. 힘 있는 행위자들은 특정한 공중의 사용을 장려하고 타자의 존재를 억제하기 위해 공공 공간을 구조화한다. 어떤 형태의 자기재현은 허용하면서 온갖 종류의 다른 행동, 특히 친밀한 행동intimate behaviors —가령 폐쇄된 공간에서 은밀하게 하는 것이 좀 더 적절하다고 간주되는 성행위나 배설행위— 은 금지하는 식이다.

교차하는 위치 잡기Intersectional positioning

도시 공간은 명백히 고도로 분화되어 있다. 그곳에 일반적인 공공 공간 같은 것은 없다. 특정 거리, 특정 광장, 특정 주거지와 쇼핑 구역, 특정 카페와 여러 종류의 공개된 만남의 장소가 있을 뿐이다. 공공 공간은 질서정연한 환경일 수도 있다. 그곳에서 사람들은 대외적으로 존경받을 만한 모습을 보이고자 애쓴다. 다른 사람들이 보는 곳에서 어떻게 행동해야 하는지를 알고 있음을 보여 주려는 것이다. 그러나 많은 경우에 사람들은 공공 공간을 잘 짜인 각본이 없는 사회적 영역, 즉 규칙이 불확실하며 상호작용이 위험할 수도 있는 곳임을 경험한다. 바로 이런 이유 때문에 도시는 오랫동안 사람들을 끌어들였다. 많은 사람들은 도시 생활이 제공하는 자유, 익명성, 이질성, 예상치 못한 만남을 찾아 도시로 온다. 특히 여성에게 거리는 위협과 오염원으로 가득 찬 예측할 수 없는 정글이라는 느낌을 불러일으킨다(예를 들어 Phadke 2013). 도시인류학자는 도시 공간과 그와 연관된 공간적 규칙, 규범, 사회적 정체성을 사람들이 어떻게 인식하고 어떤 식으로 그리는지mapping를 이해하는 데 관심이 있다.

우리는 사회문화적 관습과 정치경제적 이해관계에 영향을 받아 한 공간이 특정 시기에 특정 공중에게 적합한 곳이라고 생각하게 된다. 성별은 이런 구분을 이해하는 데 중요한 관점이다. 2장에서 논의한 바와 같이 공공 공간은 흔히 남성의 영역으로 간주되어 왔으며, 가정은 압도적으로 여성의 공간으로 여겨졌다. 많은 장소에서 여성이 공적 자리에 모습을 드러내는 행동은 여전히 성노동sex work을 연상시켰다. 19세기 유럽 도시의 '매춘부public woman'를 다룬 엘리자베스 윌슨(Wilson 2001: 74)의 연구는 품위에 관한 성별화된 개념이 공적 장소의 일상적 사회생활에 어떤 식으로 스며들어 있는가를 잘 보여 준다.

매춘부는 '공적 여성public woman'이었으나 19세기 도시 생활에서 문제는 도시라는 새롭고 무질서한 세계에 있는 모든 여성이, 즉 인도, 카페, 극장 같은 공공 영역에 있는 여성이 단지 공공장소에 나온 여성이냐 아니면 매춘부냐라는 것이었다. 지켜보는 사람이 없는, 즉 누군가에게 소유되지 않은 여성의 존재는 남성의 권력에 대한 위협이자 남성적 '취약함'에의 유혹을 의미했다.

이런 애매모호함은 여성이 여러 맥락에서 공공 공간의 의미를 협상할 때 동원할 수 있는 중요한 배경이 된다. 공적 가시성은 (비도덕적인) 이용 가능성을 암시하는 것으로 이해될 수 있으므로 주의 깊게 관리되어야 한다.

그러나 성별에 따른 제한에 관한 논쟁은 역사가 오래되었으며, 공공 공간에 대한 여성의 권리 주장은 전 세계에서 지속적으로 열띤 논쟁을 야기하고 있다. 유럽과 북미의 도시에서 여성주의 운동가들은 (여성이 야간에도 안전하게 귀가할 수 있어야 한다는 요구에서 시작된) '밤을 되찾자 행진'take-back-the-night marches'이나 다른 사람이 있는 곳에서도 모유 수유를 할 권리를 요구하는 '모유 수유' 시위lactivist demonstrations 같은 운동을 통해 공공 공간에 대한 여성의 권리를 의제로 올려놓는다. 브라질, 인도, 싱가포르의 활동가들은 (여성의 야한 복장이 성폭력을 유발한다는 생각에 항의하는) '잡년 행진slut walks'을 조직하기도 했다. 이런 운동에서 드러나는 공통된 흐름에도 불구하고 사회적 공간에 대한 성별화된 정의는 도시경관에 따라 크게 다르다.

여성주의 학자들은 성별화된 정체성과 불평등의 공간적 구성과 표현에 관한 우리의 이해도를 높이는 데 기여했다. 지리학자 리즈 본디와 모나 도모시가 설명하듯, 19세기 뉴욕시에 여성화된 소비자 공간이 출현하면서 뉴욕시의 어떤 부분은 여성성에 대한 부르주아적 정의와 얽히게 되었다. '존경할 만한' 여성은 출입할 수 없었던 도시의 공공 공간들이 소비의 공간으로 전환됨에 따라 그런 여성을 받아들이고 환영할 만한 공간이 되었다. 이런 공간들은 여성 구매자의 부르주아적 정체성을 강화했으며, 결과적으로 이들의 존재는 이 공간이 부르주아적 세계의 일부임을 확인해 주었다. 공간은 사회적 정체성을 구성하는 데 도움을 주며, 결국 특정한 사람들의 존재는 특정 공간의 사회적 의미를 규정하는 데 기여한다.

19세기 뉴욕의 사례는 특정 공간의 사회적 의미가 만들어지는 데 성별과 계급이 뒤얽히는 양상을 보여 주며, 도시 공간의 성별화된 표기^{gendered} ^{marking}를 이해하려면 남성/여성의 단순한 이분법을 지양해야 한다는 점을 알려준다. 퍼트리샤 힐 콜린스와 플로야 앤시아스 같은 여성주의 학자들이 지적하듯이 계급, 인종, 연령, 성별 같은 정체성과 불평등의 표시는 서로 교차해서^{intersect}, 사람들을 매우 특정한 방식으로 사회 내에 위치 짓는다(교차성^{intersectionality}에 대해서는 상자 4.3 참조). (공공) 공간이 어떤 집단의 사람들에게는 적합하지만 다른 집단의 사람들에게는 부적합하다고 간주되는 상황이 사회적으로 구성되는 과정을 분석하고자 할 때 교차적 관점은 필수 불가결하다.

도시 공간에서 사람들이 점유하는 위치는 도시에 대한 신체적^{embodied} 경험에 영향을 미친다. 지리학자 질리언 로즈는 '남성적 시선$^{male\ gaze}$'에 대한 연구에서 공간에 대한 경험이 성별에 따라 다르다$^{gender-specific}$는 점을 강조한다. 여성은 명시적으로 신체와 특정 장소에 속박된 주체로 간주되는 반면, 대부분의 남성은 신체와 그 신체가 불가피하게 발을 디딘 장소로부터 자유롭다는 남성주의적 환상을 누린다. 로즈(Rose 1993: 145-146)는 다음과 같이 주장한다.

여성으로 하여금 남에게 비치는 모습과 공간 점유 방식을 스스로 강하게 의식하게 함으로써, 위협적인 남성주의적 시선의 권력이 여성의 신체에 물리적으로 기입된다. …… 남성주의적 시선은 여성을 관찰대상으로서의 신체로 구성하는 공간이다.

로즈는 이 중요한 초기 연구를 통해 특정한 사람들이 도시경관 내에 위치하는 방식과 도시경관을 경험하는 방식이 크게 다르다는 점에 주의를

교차성intersectionality이란 개념은 여러 가지 형태의 억압, 특히 인종, 계급, 성별로 인한 억압이 어떻게 상호작용하는가에 주목한다. 이 용어는 킴벌리 크렌쇼(Crenshaw 1991)가 모든 여성은 공통적인 경험을 한다는 백인 여성주의자들의 가정을 흑인 여성주의자들이 비판한 데에서 영감을 얻어 처음 소개했다. 저명한 흑인 여성주의 사회학자 퍼트리샤 힐 콜린스(Collins 1993)는 교차적 분석틀intersectional framework을 정교하게 가다듬는 데 핵심적인 역할을 했다. 교차적 분석은 한 사람이 단순히 여성 혹은 남성일 수 없으며, 자신의 성별에 대한 설명만으로 사회적으로 위치 지어지지 않는다는 점을 강조한다. 사회에서 한 사람의 위치는 정체성의 표시와 사회적 위계 체계 사이의 상호작용에 의해 정해지며, 여기에 인종, 종족, 계급, 종교, 성적 정체성이 깊이 관련된다.

　교차성 분석틀에 비판적인 사람들은 이런 관점이 매우 다른 형태의 불평등에 대한 덧붙이기식 이해 혹은 개인의 위치 잡기에 관한 나열식matrix 이해를 초래하기 쉽다고 주장했다. 예를 들어 흑인이면서 이성애자이고 중산층인 무슬림 여성이라거나, 백인이면서 노동계급에 속한 양성애자이자 무신론자인 남성이라고 설명하는 식이다. 비판자들은 이런 식의 설명은 사회를 분절적으로 보는 시각을 초래하며 위치와 귀속 집단에 관해 잠재적으로 무한한 목록을 열거하는 결과를 초래한다고 주장한다(Anthias 2013). 플로야 앤시아스(Anthias 2013)는 교차성에 관한 과정적 이해를 주장하는데, 이런 관점은 교차를 여러 선들의 교차로서 접근하지 않고, 사회생활에서 나타나는 다양한 차원의 불평등의 조합이 변해 가는 것shifting articulation으로 이해한다.

　도시인류학에서 이런 통찰력은 중요하다. 교차적 위치 잡기는 사람들이 도시에서 어떤 장소에 접근할 수 있는지, 여러 도시 장소에서 어떤 모습으로—합법적인 존재로 아니면 어색한 존재로, 잠재적 희생자로 아니면 잠재적 범법자로— 보이는지에 영향을 미친다.

기울인다. 그러나 이 연구는 계급, 인종, 연령, 성적 정체성, 종교 같은 사회적 표시와 성별의 복합적·교차적 결합을 고려하지 않았다(Hooks 2003 참고). 로즈가 논의한 자유라는 환상은 흔히 사회적 위계상 지배적 위치를 차지한 사람들에게 한정된다. 유럽에서 이런 지위는 30~60대 백인 중산층 남성에게나 해당하고 그들의 특권에 아무도 문제를 제기하지 않는 공간에서만 가능할 것이다. 이런 특권은 예를 들어 변두리 파리 시민에게는 논쟁적일 수 있다. 변두리에서 중산층 백인 남성은 신체적 불편함을 경험한다. 그는 자신의 신체를 불편할 정도로 의식하게 된다. 결국 그는 어색함을 느낄 것이고, 다른 사람들은 아마도 그를 지배질서의 환영받지 못하는 대표자로 간주할 것이다.

세실리아 매칼럼(McCallum 2005)은 브라질 살바도르에서 인종과 계급의 신체화embodiment와 장소화emplacement를 검토한다. 살바도르의 도시경관은 계급적·성별적·인종적 의미로 가득 차 있다. 이런 의미들 중 상당수의 기원은 식민주의와 노예제의 역사로까지 거슬러 올라갈 수 있다. 브라질 전역에서와 마찬가지로 살바도르에서도 유럽계 사람들이 아프리카계 사람이나 원주민보다 더 특권적인 계급적 지위를 차지하는 경우가 흔하다. 또한 일반적으로 하얀 피부색은 상층 엘리트의 사회적 지위를 나타내는 것으로 해석된다. 매칼럼(McCallum 2005: 107)은 특정 유형의 공공 공간이 특정 유형의 신체를 연상시키며, 그 역도 마찬가지라고 주장한다.

유럽계 브라질인의 백인다움whiteness은 잘사는 사람들이 거주하고 일하는 도시 구역에서 시각적으로 우위를 점한다. 흑인다움blackness과 혼혈brownness은 확실히 그 밖의 구역에서 정상적인 것으로 간주되어 두드러져 보이지 않는다unmarked. 이 것은 다양한 신체multiplication of bodies가 공공 공간에서 보일 때 나타나는 시각적 효과이다. 군중은 뚜렷하게 유색인이며, 따라서 이들이 거주하는 공간은 이들만의 색조를 획득한다. …… 그러나 …… 장소에 부착되는 의미는 거주자들이 이런 공간을 가로질러 이동함에 따라 거주자에게도 영향을 준다. 따라서 모든 종류의 신체가 유럽계 브라질인의 지배적인 백인다움과의 관계 속에서 그들이 점유한 공간을 가로질러 움직일 때 그곳을 통과하는 사람들은 그 공간을 의미화하는 힘에 포위된다. …… 하얗다고 간주된 사람은 사회적 위계상 더 높은 곳에 자리매김될 수도, 타자로서 사회적 위계의 외부에 서게 될 수도 있다.

매칼럼은 공간과 신체의 상호 구성의 역동적 성격을 강조한다. 그녀는 이것을 버스에 빗대어 설명한다. 매칼럼은 일반적으로 살바도르에서 버스를 타는 행위는 승객을 '검게 만든다darkened'는 사실을 발견했다. 반면 살바도르 중심지에 있는 버스 정류장 그리고 학생과 사무직 노동자로 하루 중 가장 북적거릴 때 버스를 타는 행위는 백인다움을 의미했다. 하루 중 이른 아침이나 늦은 시각에는 버스 정류장이 출퇴근하는 가난하고 피부색이 짙은 사람들로 가득 찼다. '커피빛 피부의coffee-colored' 여성이 이른 아침 도시 중심부에서 버스로 이동한다면 그녀는 가난한 흑인 노동계급에 속하며, 아마도 가사도우미라고 간주될 것이다. 그러나 같은 여성이 다른 시간대에 버스를 타면 그녀는 '하얘질lighten' 것이며, 결과적으로 중산층 사무직 노동자로 인식될 것이다.

도시인류학자들은 성별, 계급, 인종이 도시 속에 어떤 사람들을 말 그대로 장소화하는 방식을 분석했다. 그들은 아주 최근에야 신체화된 특징 중에서 중요한 또 다른 요인인 비장애/장애가 미치는 영향을 탐구하기 시작했다. 도시경관은 신체적으로 '잘 맞는' 사람들에게는 보이지 않는 규범에 따라 디자인된다. 반면 도시경관은 이런 규범과 치수measurements에 부합하지 않는 신체를 가진 사람들을 배제하고 모욕한다. 3장에서 논의한 바와 같이, 장애가 있는 사람들은 하부구조상의 장애물 때문에 도시를 가로질러 이동하는 데서 배제당한다. 그뿐 아니라 도시경관을 마찰 없이 이동할 수 없다는 사실은 이들에게 낙인과 수치를 유발한다. 알렉산드라 브루이스, 세라 트레이너, 승용 한, 앰버 우티치(Brewis, Trainer, Han, and Wutich 2017)는 미국에서 과체중extreme weight인 사람들이 겪는 불편함과 사회적 수치심도 이와 비슷하다고 주장한다. 의자의 크기처럼 공공 공간의 물리적 특징은 이런 사람들이 이곳에 적합하지 않음을 명시적으로 드러낸다. 따라서 이들은 과체중인 사람들이 "공공 공간에서 (자신들을) 낙인찍는 환경적 단서에 만성적으로 노출"되어 있으며, 이런 상황은 다른 사람과의 일상적인 상호작용 속에서 끊임없이 강화된다고 주장했다.

일상적 공간체계

도시의 사회생활은 여러 공공 공간에서의 적절한 존재와 적합한 행동에 관한 일련의 다소 암묵적이며 체화된 사회적 규범과 규칙을 통해 구조화된다. 이런 규범과 규칙은 도시경관에 따라 다를 뿐 아니라 다양한 방식으로 상이한 사람들에게 적용된다. 공공 공간에서의 사회생활이 조정되는 사회공간적으로 분화된 방식들은 **일상적 공간체계**everyday spatial regimes라는 개념을 통해 이해할 수 있다(de Koning 2009). 이 체계는 공공 공간의 사회생활을 규정하는 다양한 규범, 규칙, 사회적 정체성의 집합이다. 도시경관은 수많은 일상적 공간체계로 구성되며, 이 체계는 행동거지, 그런 행동의 적절성, 누가 어디에 속하는가라는 문제에 대한 우리의 생각과 규범에 영향을 미친다.

일상적 공간체계는 도시경관에 따라, 하루 중의 시간대에 따라 다양하며, 도시 거주자들이 사람들과 행동을 어떤 식으로 해석하며 그들에게 어떤 사회적 정체성을 부과하는가를 좌우한다. 예를 들어 공간적 맥락과 하루 중의 시간대에 따라, 동반자 없이 혼자 다니는 젊은 여성을 성노동자라고 여겨야 할지 아니면 중산층 전문직 여성이라고 이해해야 할지가 결정된다. 또한 일상적 공간체계는 공공 공간에서의 사회적 상호작용에 대한 기대를 특정한 방향으로 유도한다. 우리가 사회적 정체성을 어떻게 인식하고 어떤 식으로 할당하는가에 관한 공간적으로 분화된 질서 때문에 우리는 어떤 상호작용은 허용하고 다른 상호작용은 금지할 수 있다.

거리를 지나가는 사람들이 세상 물정에 밝은, 소수집단 출신의 저소득층 청년이라고 생각할 만한 옷을 입고 브뤼셀 같은 도시의 길모퉁이에서 놀고 있는 한 무리의 젊은 남성들을 생각해 보라. 많은 것이 이 길모퉁이가 도시의 중심부에 있는지 아니면 주변부에 있는지, 즉 '백인' 동네에 있는지 '흑인' 동네에 있는지에 달려 있다. 어떤 사람들은 이 청년들을 피해 다른 길로 돌아갈지도 모른다. 이들의 존재는 경찰의 주의를 끌 수도 있다. 이 청년들에게 자신들의 존재는 적어도 부분적으로는 이 공간이 자신들의 것이라는 사실을 드러낸다. 똑같은 젊은 남성들이 인근에 있는 카페 테라스로 자리를 옮긴다면 이들의 존재는 길모퉁이에서와는 다른 식으로 해석되고 다른 사회적 상호작용을 유발할 것이다. 왜냐하면 어울려 놀기만 하는 게 아니라 소비활동이라는 행위로 장소를 점유함으로써 그들의 존재를 정당화하기 때문이다.

또 다른 예로 여성의 베일 착용이 있다. 안나 세조르(Secor 2002)는 이스탄불에서 연구를 수행할 때 도시경관이 서로 대립적인 '베일 쓰기 체계'와 긴밀하게 연동된다는 사실을 발견했다. 즉 여성의 베일 쓰기에 관해 공간별로 특정한 체계의 지배적 규칙과 규범이 존재한다는 것을 밝혀냈다. 튀르키예에서 베일을 쓰는 것 혹은 쓰지 않는 것은 사회에서 세속 영역과 좀 더 이슬람적이며 독실한 영역 사이의 중요한 구분선을 드러낸다. 또한 이런 구분은 다른 형태의 사회적 분화—예를 들어 농촌 대 도시, 편협한 대 세계적인, 노동계급 대 엘리트—에 조응한다.

세조르는 이스탄불의 도시경관 전역에서 베일을 쓴 여성의 존재가 다양한 방식으로 이해된다는 점을 밝혀냈다. 특정한 맥락—도시 중심부 혹은 교외, 엘리트 거주지역 또는 노동계급 거주지역, 기존의 도시구역 또는 새로 생긴 이민자 구역—에 따라 여성이 베일을 쓸지 말지를 선택하는 것은 전적으로 다른 의미를 나타냈다. 도심에서 베일을 쓴 여성은 이주자들의 생활방식이 도시로 침투했음을 암시한다고 읽힐 가능성이 매우 높지만, 베일을 쓰지 않은 여성은 대다수의 여성들이 머리를 가린 동네를 지나갈 때 불편함을 느낄 것이다. 베일을 쓴 여성의 존재는 더 큰 사회 과정societal process을 암시하는 것으로 읽혔다. 세속주의자들에게 베일을 쓴 여성의 존재는 후진적인 이농자들이 세계적인 도시 공간으로 유입되는 현상, 또는 이와 관련되어 [초대 대통령인] 아타튀르크 대통령이 만든 세속적인 튀르키예 국가를 위협하는 이슬람교도가 늘어나는 현상의 증거로 이해된다. 역으로 이슬람주의자의 담론에서는 베일을 쓴 여성이 비도덕적인 도시에 대한 [이슬람의] 재정복이 이루어지고 있음을 의미할 것이다. 이처럼 베일 쓰기 체계veiling regimes가 여성들이 여러 공간을 자유롭고 편하게 이동하고 그곳에 머물 수 있는 기회에 영향을 미친다는 것은 명백한 사실이다(사진 4.2).

최근 몇 년 동안 신자유주의적 도시성(제7장 참조)의 맥락에서 활동하는 도시계획가들은 도시를 소비자에게 안전하고 매력적인 곳으로 만들고자 노력했다. 이것은 소비자처럼 '보일 수' 있고 소비자처럼 행동하는 사람들이 도시 속 공공 공간의 합법적 사용자로 간주될 것이며, 이런 사람들이

사진 4.2 이스탄불의 젊은 여성들. (사진 촬영: Paul Prescott, Shutterstock)

공공 공간에서 편안함을 느낄 가능성이 더 높다는 것을 뜻한다. 반면 소비자의 역할을 자처할 수 없는 사람들은 자신들이 머물 수 있는 공공 공간의 범위가 줄어들고 있으며, 그곳에서 자신들이 의심스러운 눈길을 받는다고 느낀다.

뉴욕시의 흑인 거주지역에 관한 경험이 많은 민족지학자 스티븐 그레고리(Gregory 2022)가 사후에 출판한 연구는 컬럼비아 대학 인근의 맨해튼 거리의 특징이 코로나19 팬데믹 이후 크게 변했음을 보여 준다. 이전에 이거리는 주로 백인 중산층 주민이 거주하는 곳이었고, 인근의 임대주택 구역에 사는 흑인과 아시아인이 이곳의 상점과 식당을 찾는 일은 거의 없었다. 그레고리(Gregory 2022: 165)에 따르면, 이것은 가격과는 별로 상관이 없으며, 오히려 "중산층적인 소비와 소속이라는 규범적이고 인종화된 모델"과 관련된다. 이곳에는 유색인종이 운영하거나 일하는 사업체가 드물었다. 이 거리의 상점은 노동계급 가족의 필요에 부응하지 못했다. 대신 "이탈리아, 중동, 보헤미안풍 장식, 음식, 음악을 통한 세련된 상징적 코드는, 이곳의 장기 거주자들이 환영받지 못하는 것은 아닐지라도, 이들에게 소외감을 느낄 수밖에 없는 생활방식과 미적 감각을 요구했다"(Gregory 2022: 165-166).

　이러한 상황은 특히 2020년 뉴욕시에 코로나19 유행병이 크게 퍼졌을 때 달라졌다. 코로나19의 첫 번째 대유행이 지나가고 봉쇄[lockdowns]가 해제되자 식당과 카페는 완전히 사적이지도 공적이지도 않은, 사실상 이러한 구분이 모호한 야외 공간에 손님이 앉을 자리를 만들었다. 예전에는 환영받지 못한다고 느꼈던 사람들이 이런 혼성적 공간을 찾기 시작했고, 얼마 지나지 않아 자신들의 동네에도 야외 취식 공간을 만들었다. 이 거리는 "사람들이 방문하고, 머무르며, 인종적·종족적·계급적 차이를 뛰어넘어 상호작용하는, 다기능적 공공 공간"으로 변모했다(Gregory 2022: 166). 이제 노동계급의 엄마들도 아이들과 이곳으로 외식하러 나올 수 있게 됐다. 또한 새로 고용된 유색인종 직원은 힙합이나 바차타[bachata] 같은 라틴 계열의 대중음악이나 흑인 대중음악을 손님들 사이에서 연주했다. 이런 음악을 통해 전에는 환영받지 못한다고 느꼈던 사람들을 이 거리의 가게로 초대했다.

공중 속 사회생활의 미시 정치

　튀르키예의 베일 쓰기 체계에 대한 세조르의 논의는 공공 공간에서의 사회생활을 구조화하는 공간 체계가 더 큰 정치적 경합과 어떻게 연동되는가를 잘 보여 준다. 베일 쓰기 체계는 대다수 거주자가 무슬림인 도시에만 적용되는 것은 아니다. 존 보웬(Bowen 2007)이 머리 스카프에 대한 프랑스의 정책과 태도를 분석한 글에서 보여 주듯이, 베일 쓰기 체계는 유럽의 도시에도 마찬가지로 적용된다. 세속성laïcité, secularity이라는 프랑스의 '국민적' 가치는 프랑스 국가가 이슬람식의 머리 가리기에 대응해 온 방식에서 중요한 역할을 한다. 보웬은 프랑스어의 '공공'에 세 가지 의미가 있다는 점을 지적한다. 그것은 국가와 국가기관에 관련된 것이기도 하고, 공유된 사회적 공간이나 추상적인 일반이익을 뜻하기도 한다. 정치인들은 공공 공간이 중립적이고 세속적인 장소라는 생각을 강조하며, 이런 장소 덕분에 사람들은 동등한 입장에서 만날 수 있다고 주장한다. 이러한 견해는 머리 스카프에 대한 열띤 대중적 논쟁의 성격과 공립학교에서 머리 스카프 착용을 금지하는 조치—이 조치는 2004년에 발효되었다.—에 대한 지지를 설명하는 데 도움이 된다. 많은 프랑스 사람들은 공립학교에서 베일을 쓰는 행위를 아이들이 분열되지 않은 세속적 공화국을 받아들이도록 교육해야 마땅한, 표면상으로 중립적인 제도에 종교가 침범한 것이라고 해석했다. 머리 스카프는 과격한 이슬람과 성별 폭력의 침입으로 간주되었다. 프랑스의 도시적 베일 쓰기 체계는 점차 이슬람 공포증의 양상을 띠게 되었으며, 여성의 종교적·사회적 자유를 억압하는 행위로 여겨지게 되었다.

그레그 노블Greg Noble은 특히 아랍과 무슬림 배경을 가진 호주인들이 소외를 겪는 호주의 정치 상황을 분석한다. 그는 아랍계 호주인들이 캐롤 가드너Carol Gardner가 '비시민적 관심uncivil attention'—고프먼의 '시민적 무관심'을 뒤집은 용어(상자 4.2 참조)—이라고 부른 것과 같은 경험을 한다고 주장한다. 이들이 정당한 공중으로 받아들여지지 않았음을 암시하는 시선, 욕설, 기타 사소한 행위들을 통해서 말이다. '비시민적 관심'이라는 개념은 공적 생활의 경험에 있어서 인정recognition의 중요성에 초점을 맞춘다. 이것은 "인정의 반대는 비가시화가 아니라 부적절한 타자의 존재를 적극적으로, 감정적으로 규정하는 것, 즉 끊임없이 부적절한 존재임을 환기하는 것"이라는 사실을 보여 준다. 노블이 인터뷰한 사람 중 한 명인 앨리아는 2001년 9월 11일 이전에는 별로 눈에 띄는 존재가 아니라고 느꼈으나 (이제는) "눈에 띄는noticeable" "낯선alien" 존재가 되었다고 느끼며, "사람들이 자신을 쳐다본다"라고 설명했다(Noble 2005: 115). 노블(Noble 2005: 114)은 "공개된 장소에서 편안하게 있을 수 있는 능력은 …… 그곳에 정당하게 존재한다고, 즉 거기에 속한다고 인정받을 수 있는 능력에 달려 있다"라고 결론 내린다.

어떤 범주의 도시인은 한 공공 공간을 자신의 것이라고 주장할 수 있다. 반면 어떤 사람은 그곳에 속하지 않는다고 느끼도록 강요당한다. 공공 공간에 특정 범주의 사람들이 있는 것 또는 특정한 행위가 이뤄지는 것은 더 큰 정치적 경합과 관계있는 미시 정치로 간주될 수 있다. 아나욱 더코닝과 아닉 폴러베르흐(de Koning and Vollebergh 2019)는 미디어와 정치에서 유통되는 '대표iconic' 동네 및 그곳 주민들에 대한 공적 담론과 이들의 일상생활 사이의 관계를 검토했다. 이 사람들이 암스테르담과 안트베르펜에서 일하던 동네는 네덜란드와 벨기에의 '다문화 사회' 문제에 대한 논쟁 그리고 '이주자라는 배경' 때문에 '타자'로 인종화된 사람들로 인해 발생한다고 간주되는 갈등에 대한 논쟁의 이정표가 됐다.

이런 공적 담론에 드러나는 인종화된 위계와 포함 및 배제의 형식이 도시경관에 바로 투영되지는 않지만, 이런 담론은 여러 주민들의 삶에 끈질기게 영향을 미친다. 더코닝과 폴러베르흐(de Koning and Vollebergh 2019: 391)는 "평범한 대표 인물ordinary iconic figures"이라는 개념이 "국민/민족the nation

과 일상생활에 관한 매우 정치화된 담론들 사이의 연계"를 이해하는 데 도움을 줄 수 있다고 주장한다. 배관공 조[Joe the Plumber], * 복지 여왕[the welfare queen], ** 평범한 네덜란드인, 모로코 출신 문제 청년 같은 평범한 대표 인물들은 사회 변화에 대한 서사에 반복해서 등장한다. 이들은 실재하는 사람을 뜻하기도 하지만 일반적인 유형을 드러내기도 한다. 이런 사람들이 있기 때문에 국민적/민족적[national] 담론은 실재하는 사람들 및 도시에서 이들과 실제로 맞부딪치는 현실과 연결된다. 이런 식으로 "소속과 낯섦에 관한 인종화되고 계급화된 서사 그리고 국민/민족에 따른 차등적 권리 및 국가의 보호에 관한 인종화되고 계급화된 서사는 주민들의 자아와 타자에 대한 인식에 때로는 보이지 않게 영향을 미친다(de Koning and Vollebergh 2019: 399).

안트베르펜에 사는 나이 든 백인 벨기에인들은 다른 사람들이 자신들을 쉽게 '인종주의자이자 꼴통 유권자인 벨기에인'이라고 간주하며, 이전까지 존경받을 만한 동네였던 곳이 쇠락해 버린 상황에 우려를 표명해도 같은 식으로 이해되어 버린다고 느꼈다. 암스테르담에 사는 모로코 출신 네덜란드인 부모들은 순종적인 아들이 거리를 어슬렁거리다 범죄 생활에 빠지는 '모로코 출신 문제 청년' 중 한 명이 되어 버리지 않을까 몹시 걱정했다.

이런 예들은 도시 공간에서의 일상적 상호작용이 더 큰 서사와 위계에 의해 규정되는 방식을 보여 준다. 이것은 한 사람이 도시에서 차지하는 물리적 위치와 한 사회의 국민적/민족적·사회정치적 위계 내에서 차지하는 상징적 위치 사이에 강한 관계가 존재한다는 점을 시사한다. 사회규범, 위

* 평범한 사람이라는 뜻.
** 복지제도에 의존해 살아가는 게으른 여성.

계, 공적 논쟁, 공공 공간에서의 사회생활 간의 관계는 누군가가 경계를 가로지르거나 겉으로 보기에는 튼튼했던 위계가 변화하기 시작할 때 가장 잘 드러난다. 또한 특정 범주의 사람들이나 대표 인물들에 대한 도덕적 공포가 근심, 감시, 억압을 초래할 때 이런 관계가 뚜렷하게 나타난다.

따라서 정치 담론은 공간, 사람들, 공적 장소에서의 상호작용을 독해하는 방식에 영향을 미친다. 정치 담론에 따라 낯선 사람과의 특정한 맞부딪침encounters이 편하게 느껴지기도 하고 경계해야 할 일이 되기도 한다. 사람들의 일상적 경험은 '사회'나 '국민/민족'의 운명에 관한 거대 서사와 분리될 수 없다. 이런 경험은 그런 거대 서사를 승인하는 것으로, 때로는 부정하는 것으로 해석된다. 그러나 도시적 맞부딪침에 대한 명시적 해석은 매우 선택적인 방식으로 이뤄진다. 단지 어떤 도시적 맞부딪침만 특별한 관심을 받고 상징적 의미를 부여받는다. 문제는 어떤 도시적 맞부딪침이, 거리에서의 어떤 순간이, 가게에서의 어떤 만남과 광장에서의 어떤 시선이 더 큰 무엇인가를 상징하게 되는가이다. 그리고 이러한 정치화가 사람들의 자아와 타자에 대한 인식 및 도시 생활에 대한 경험에 어떤 식으로 영향을 미치는가이다.

결론

이 장에서는 공공 공간에 대한 개념이 어떻게 특정한 시대와 공간에 연관되는가를 다루었다. 도시의 공공 공간은 특정한 관중과 특정한 행동유형에 적합한 곳으로 구성된다. 도시 생활은 얼핏 보기에 분절되어 있고 심지어 혼란스러워 보이지만, 여러 차원에서 이루어지는 사회적 조직화와 의미 만들기라는 구조적 과정의 결과이다. 가장 작고 가장 친밀한 수준에서 공적인 사회생활은 사회규범과 위계가 미시공간적 실천을 거쳐 신체적으로 재생산되거나 경합되는 양상을 수반한다.

공적 영역에서의 사회생활은 일상적 공간체계, 즉 도시경관에 기입된 정체성, 규범, 기대의 복합적 집합에 의해 구조화된다. 이런 체계는 특정한 사건과 특정한 장소에서 상이한 위치를 점한 도시민들에게 상이한 정체성, 행동의 규칙, 평가를 제시한다. 또한 공적인 사회생활은 더 큰 정치적 담론의 영향을 받는다. 특정한 도시적 장면은 정치화될 수 있으며 긴장된 상호작용이나 공공연한 분쟁의 지점이 될 수 있으므로 이런 장면은 경쟁적인 사회적 과정을 드러내는 예로 이해된다. 따라서 공적 영역에서의 사회생활은 개별적이고 신체를 통해 경험될 뿐 아니라 복합적 공간체계를 통해 구성되므로 일상적 형태와 극적 형태의 정치적 논쟁에 모두 열려 있다.

___

토론거리

1. 공공 공간이란 무엇인가? 공공 공간을 보편적 개념으로 간주하는 것이 더 유용하다고 생각하는가? 아니면 언제나 문화적으로 특수한 무엇인가로 보는 것이 더 유용하다고 생각하는가?
2. 당신이 잘 아는 도시 공공 공간의 물리적 특징에 영향을 끼친 역사적 조건과 정치 이데올로기에 대해 알고 있는가?
3. 교차적 분석틀이 도시인류학에서 중요한 이유는 무엇인가?
4. 어떤 사람의 존재가 장소에 따라 달리 해석되는 이유는 무엇인가?
5. 당신이 사는 사회의 공공 공간에서 이루어진 미시적 행동 중 최근 몇 년 사이에 정치적 논쟁 대상이 된 행동 유형이 생각나는가? 이런 미시적 행동의 정치

화를 설명할 수 있는 더 큰 범위의 사회적 갈등은 무엇인가?

더 읽을거리

Anthias, Floya (2013) Intersectional What? Social divisions, intersectionality and levels of analysis. *Ethnicities* 13(1): 3-19.
Goffman, Erving (1963) *Behavior in Public Places: Notes on the Social Organization of Gathering.* New York: The Free Press.
Low, Setha M. (2000) *On the Plaza: The Politics of Public Space and Culture.* Austin, TX: University of Texas Press.
Mitchell, Don (2003) *The Right to the City: Social Justice and the Fight for Public Space.* New York: Guilford Press.

더 볼거리

〈증오 La Haine〉(1995). 마티외 카소비츠 Mathieu Kassovitz 감독. 파리 변두리 출신의 세 젊은 남성이 특권적인 도시 중심부와 특권이 없는 도시 주변부에서 어떤 위치를 점하며 이 공간들을 어떻게 다른 방식으로 경험하는가를 보여 준다.
〈작은 도시 공간의 사회생활 Social Life of Small Urban Spaces〉(1980). 윌리엄 H. 화이트 William H. Whyte 가 감독하고 뉴욕시립예술협회가 제작한 다큐멘터리.

제2부

도시 생활과
도시적 라이프스타일 만들기

제5장

도시경제

 도시인류학자들은 도시경관의 맥락에서 경제적 생산과 소비, 문화적 의미 만들기, 사회적 분화 사이의 관계를 연구해 왔다. 이 장은 도시경제, 특히 생산에 초점을 맞춰 도시 생활에 접근한다. 이 장의 첫 번째 절은 제2차 세계대전 이후 전 세계에서 일어난 경제의 주요한 변화, 즉 국가 발전 모델에서 신자유주의적 개혁과 전 지구화로 그리고 포드주의에서 후기포드주의로의 변화에 대해 논의한다.

 다음 절에서 우리는 전 세계적 변화라는 맥락에서 특정 도시 산업이 우위를 차지했을 때 이 산업에 의해 도시 생활이 어떻게 변화하는가를 기술한다. 특정 산업의 우위는 도시 공간과 사회관계 속에서 가시화된다. 많이 연구된 유형의 도시로 **탄광촌**mining town과 **공장도시**factory town가 있다. 이런 도시에서 인류학자들은 지배적 유형의 산업과 특정 유형의 노동 및 사회 생활의 연관관계를 탐구해 왔다. 연구자들은 20세기 후반부터 **탈산업도시**post-industrial cities를 연구하기 시작했다. 탈산업화 이후에는 급격한 인구 감소나 도시농업urban agrarianism이 뒤따르거나 도시경제가 레저 및 연예 산업을 포함해 금융업과 서비스업을 중심으로 구조조정이 이루어졌다. 이런 도시 경제의 변화는 종종 전문직 신중산층의 등장을 수반한다. 디지털 플랫폼이 자영 노동자를 직접 고용하기보다는 이들과 소비자를 연결해 줌에 따라 최근에는 **플랫폼 도시주의**platform urbanism가 등장했다. 이러한 변화는 주로 **기그 경제**gig economy와 관련이 있다.

다음으로 우리는 **비공식 부문**informal sector이라는 논쟁적 개념을 다룬다. 이 개념은 오랫동안 도시경제에 대한 인류학적 연구에서 상당히 강조되어 왔다. 여기에서는 이에 관한 논쟁을 간략하게 개관하고, 규제받지 않는 경제활동이 제시하는 기회와 한계를 지적하며, 비공식 활동과 불법 활동의 차이에 주의를 기울일 것을 요구한다. 마지막 절에서는 인류학적 연구가 도시의 특정한 경제적 장소를 어떤 식으로 분석해 왔는가를 보여 준다. 공장과 시장에서부터 거리 그리고 종종 간과되는 가내 공간이 모두 경제적 장소에 포함된다. 또한 이런 경제활동과 장소를 통해 형성되는 여러 유형의 사회적 네트워크에 대해 논의하며, 이런 경제활동과 장소에 관련된 연대, 경쟁, 착취의 유형을 분석한다.

국가 발전에서 신자유주의적 구조조정으로

제2차 세계대전 이후 수십 년 동안 전 세계의 많은 국가들은 산업 발전을 촉진하고 교육시설, 보건시설, 사회보장급여를 인구의 상당 부분까지 확대하는 프로그램을 포함한 대규모 국가 프로젝트를 전개했다. 전 세계에 걸쳐 커다란 산업복합체가 개발되었다. 예를 들어 디트로이트에는 자

포드주의와 후기포드주의

자본주의 경제의 조직과 노동 분업과 관련된 중요한 변화는 종종 **포드주의**Fordism 와 **후기포드주의**post-Fordism라는 용어로 설명된다. 이런 형태의 자본주의 및 그와 연관된 노동체계는 특정한 형태의 도시성urbanism과 연결된다. 포드주의는 자신의 자동차 공장에 조립 라인을 도입함으로써 제조업을 혁명적으로 바꿔 놓은 미국 산업가 헨리 포드의 이름을 따 만들어진 용어이다. 조립 라인이란, 합리적 방식을 기준 삼아 복잡한 생산주기를 작고 단순한 작업으로 나눔으로써 각 작업에 특화된 기계와 도구만 있다면 저숙련 노동자도 일할 수 있을 정도로 분화된 생산방식을 말한다. 엔지니어와 경영자 같은 고숙련층은 이 과정을 설계하고 감독한다.

조립 라인의 논리와 그에 따른 공장노동 유형은 20세기 초~중반에 발전한 산업자본주의의 핵심이었다. 생산과 노동을 표준화되고 기계화된 절차와 구성요소로 효율적으로 조직화함으로써 공산품의 대량생산과 가격 인하가 가능해졌다. 또한 상대적으로 임금이 높은 노동계급은 동일한 제품의 소비시장이 확대되는 데 기여했다. 이러한 발전과 자동차 소유의 증가에 따라 도시 생활과 도시의 형태도 영향을 받았다. 이때 새로운 도시 노동자들은 대량소비와 나아가 교외화에 핵심적인 역할을 했다.

후기포드주의는 20세기 후반에 일어난 세계 경제의 구조조정, 즉 정보경제가 등장하고 북미와 유럽의 도시에서 탈산업화가 일어난 것과 관련된다. 1970년대쯤부터 제조회사가 육체노동 일자리를 개발도상국의 저임금 노동시장으로 이전함에 따라 북미와 유럽 도시에서 육체노동 일자리 수가 감소했다. 디트로이트에서 리즈에 이르기까지 경제적으로 공장에 의존해 온 도시들은 장기적 위기에 빠졌고, 실업이 확대되었으며, 급격한 소득세 감소로 인해 공적 기금이 부족해지는 사태가 발생했다. 이런 재정적·경제적 위기가 결합해 도시의 기반시설과 서비스가 악화되었으며, 이런 현상은 특히 노동계급이 살던 지역에서 두드러졌다.

몇몇 경우에 지자체와 투자자들이 새로운 경제 부문으로 레저, 관광, 이른바 창조산업—예를 들어 건축, 설계, 예능—에 눈을 돌림에 따라 후기포드주의 도시들의 경제가 되살아나기도 했다. 경제활동의 강조점이 변화되자 중산층과 엘리트층에 속한 도시 주민들의 특권화 경향이 나타나고 있으며, 때때로 노동계급 인구가 쫓겨나는 현상이 발생하고 있다. 그러나 후기포드주의 경제에서는 더 부유한 계급에게도 불리한 점이 있으며, 이 계급의 소득원이 더욱 불안정해지는 일도 벌어진다. 저숙련 노동과 고숙련 노동 모두 점점 '유연화flexibilized'되고 불안정해지면서impermanent 포드주의 의 특징이었던 안정된 평생직장이 사라져 가고 있다.

동차 제조 공장, 에인트호번에는 필립스 전자제품 공장, 이집트와 인도에 는 대규모 방직공장이 만들어졌다. 이런 공장들은 합리화되고 효율적인 조립 라인 생산이라는 포드주의 원리에 따라 조직되었다(상자 5.1 참조). 이 와 유사한 생산방식이 광산업 같은 대규모 채굴산업extractive industries에서도 구현되었다.

이런 산업에 종사하는 노동자들은 농업 노동자들에 비해 상대적으로 높은 임금을 받았고, 고용 상태도 상대적으로 안정적이었다. 특히 유럽과 북미에서는 상대적으로 풍요로운 노동계급이 새로운 대량생산 공산품의 주요 소비자가 되면서 경제성장을 더욱 촉진했다. 이런 산업에 종사한 많 은 노동자들은 건강보험이나 자녀 학자금 같은 부차적 혜택을 광범위하게 제공받았다. 더 일반적으로는 세계 각국에서 교육기관의 민주화가 이루어 져 노동계급의 아이들도 고등교육을 받을 가능성이 열렸다. 이것은 노동 자가 자기 자신은 아니더라도 자기 아이들이 중산층 직업을 갖는 일을 기 대할 수 있게 되었음을 의미했다.

1970년대부터 이러한 국가 프로젝트에 대한 광범위한 국가적 투자가 의 문시되기 시작했다. 신자유주의적 이데올로기는 1970년대 경제불황을 배 경으로 여러 맥락에서 영향력을 획득했다. 도시적 맥락에서는 이러한 변 화로 인해 **신자유주의 도시**neoliberal cities에 대한 이론화가 이뤄졌다. 7장에 서 상세하게 다루는 것처럼, 신자유주의는 국내적으로든 국제적으로든 국 가의 개입과 조정보다 시장이 가진 힘의 효율성을 높이 평가한다. 신자유주의는 광범위한 복지제도와 경제에 대한 강한 국가적 개입이 경제성장을 저해하는 원인이라고 본다. 신자유주의 지지자들은 국가의 주된 책임은 시민을 위해 완전고용과 복지를 확보하는 것이 아니라 건강한 기업 환경을 조성하는 것이라고 생각한다(Harvey 2005).

부채는 신자유주의적 개혁이 침투하는 핵심 기술이다. 1980년대에 아시아, 아프리카, 라틴 아메리카 국가들의 부채 증가가 신자유주의적 개혁의 주된 추동력이 되었기 때문이다. 많은 저소득 국가에서 가장 중요한 수출품인 원재료의 세계 시장 가격이 급격히 하락하고 이자율 상승과 경기 후퇴가 결합하면서 '제3세계 부채 위기Third World debt crisis'가 시작되었다. 부채의 늪에 빠진 국가의 정부들은 국제통화기금IMF과 세계은행이 구조조정 프로그램 형태로 부과한 엄격한 조건을 받아들일 수밖에 없었다. 이처럼 상당히 표준화된 구조조정 패키지는 일반적으로 사회복지 부문에서 국가 지출의 현격한 삭감, 경제 부문의 신자유주의적 규제 완화, 국내시장의 자유무역 개방을 처방했다.

1980년대와 1990년대에는 생산 과정의 여러 부분들이 전 세계로 확산되는 전 지구적 생산 시스템이 출현했다. 전 지구적 경제 시스템의 발전은 새로운 커뮤니케이션 기술, 국경을 넘나드는 경제 흐름의 장애물을 제거하는 신자유주의적 규제 완화, 금융산업이 세계 경제에서 차지하는 지배력의 증가 등으로 인해 더욱 촉진되었다. 사스키아 사센(Sassen 2001)에 따르면 이런 상황은 공간적 분산과 전 지구적 통합의 상황이라고 규정될 수 있다(세계도시에 대해서는 상자 7.2 참조). 포드주의적 양식의 산업조직은 인기가 떨어졌다. 후기포드주의 경제는 단기간 계약이나 유동적 계약을 맺은 노동자로 이루어지는 '유연한flexible' 방식으로 조직되었다. 이 새로운 노동체제 덕분에 생산은 전 세계 소비자들의 빠르게 변하는 수요와 욕망에 맞쳐 나갈 수 있게 되었다.

　이처럼 금융 요인에 지배당하는 전 세계에 분산된 생산 시스템 때문에 산업 생산은 유럽과 북미의 과거 중심지에서 임금이 낮고 노동법과 환경법이 엄격하지 않으며 외국 투자자에게 세제 혜택을 주는 국가로 이동했다. 이런 변화는 '오랫동안' 주요 산업도시였던 곳의 탈산업화 과정에 박차를 가했으며, 유럽과 북미의 경제가 서비스 부문과 지식경제로 크게 이동하는 상황을 초래했다. 대량생산은 점차 임금이 가장 낮고 규제가 제한적인, 주로 아시아 국가의 수출 가공 지대에서 일어나고 있다.

　이러한 정치경제적 변화는 전 세계에 걸쳐 도시경관의 변화를 야기했다 (제7장 참조). 점차 서비스 부문과 지식집약적 산업이 도시경제의 기반이 되고 있다. 이에 따라 새로운 계급구성체class formation가 등장했다. 고숙련 전문가는 자신의 노동에 대한 수요가 늘어나는 현실을 경험하는 반면, 육체노동자는 노동조건, 임금, 고용 안정성이 하락하는 상황에 직면해 있다. 그러나 우리가 아래에서 상세하게 논의하겠지만, 많은 중산층 노동자들도 직업적 불안정성이 만연한 상황에서 일하며 더 위태로운 조건에 직면해 있다.

도시산업, 노동, 계급구성체

　국가경제와 도시경제가 변함에 따라 어떤 경제 부문이 다른 부문보다 우위를 점하게 된다. 특정 부문의 대두는 도시경관에 그 흔적을 남긴다. 자동차 제조업에서부터 첨단기술 비즈니스와 도시관광업에 이르기까지 선도 산업은 다른 범주의 이민자를 끌어들이거나 도시 생활에서 일부 인구가 다른 사람들보다 더 중요한 역할을 하도록 함으로써 도시의 인구학적 구성을 변화시킬 수 있다. 예를 들어 제네바, 브뤼셀, 브라질리아 같은 몇 몇 도시의 생활이 정치적 기능에 의해 지배되듯이 어떤 도시는 특정 산업이나 특정 경제 부문의 지배를 받는다. 심지어 그중 일부는 특정 산업 때문에 설립된 도시이다. 19세기의 맨체스터처럼 방직공장이 있는 공장도시는 산업혁명이 새로운 도시 노동계급의 생활에 미친 영향을 이해하고자한 초창기 도시 민족지학자들의 관심대상이었다(제1장 참조). 20세기에 등장한 '자동차 도시'인 디트로이트와 이탈리아의 자동차 도시인 토리노, 21세기에 중국 선전의 수출 가공 지대 같은 제조업 도시도 사회경제적 질서의 변화를 이해하는 데 있어서 주요한 지점이 되었다. 마찬가지로 캘리포니아의 실리콘밸리나 인도의 벵갈루루 같은 첨단기술 도시 지역은 세계 노동체계의 현재적 변화를 예시하는 사례로 간주된다.

특정 산업과 그 부문에 종사하는 노동자 사이의 관계는 사택, 특정한 소비 시설이나 레저 시설 같은 건조환경을 통해 드러나기도 한다. 또한 관련 도시와 그곳의 주민들에 대해 품는 상상을 통해서도 드러난다. 다음에서 우리는 수십 년 동안 상당한 인류학적 관심을 받았고, 여러 가지 맥락에서 근대적 노동계급과 노동운동 형성과 관련된 도시 유형인 탄광촌에 초점을 맞출 것이다. 그다음으로 서비스 부문의 성장이 현재 탈산업도시에 미치는 사회공간적 영향과 이와 연관된 '신중산층new middle classes'의 형성을 다룬다.

탄광촌

한 가지 경제활동이 도시 생활을 지배하는 도시 유형 중 많이 연구된 것은 탄광촌이다. 초기 도시인류학자들은 현재 잠비아에 위치한 카브웨, 루안샤, 은돌라 같은 아프리카 구리 산출 지대의 도시들을 연구했다(제1장 참조). 아프리카 구리 산출 지대처럼 탄광촌은 도시 경제활동의 특정한 수요와 조직에 크게 영향을 받는 경향이 있다. 이런 도시들은 종종 노동자를 수용할 필요성 때문에 성장했다. 이 도시들의 인구학적 구성, 공간 배열, 사회적 위계에는 광산회사의 우선순위가 상당한 정도로 반영되었다. 탄광촌에 대한 도시적 상상에서는 종종 근대성과 사회이동이 강조되었다. 심지어 채굴산업의 노동 현실이 몹시 고되고 착취적일지라도 그러했다. 그러나 많은 경우에 이런 노동조건에 대한 집단적 경험과 반응은 노동운동의 성장과 자기의식적 노동계급이 형성되는 데 핵심 요소였다.

광산 노동력은 압도적으로 남성으로 구성되는 경향이 있었으며, 이러한 인구학적 구성은 구리 산출 지대의 도시경관에 그 흔적을 남겼다. 탄광촌은 소수의 여성이 요리와 청소에서부터 성매매에 이르는 다양한 서비스를 제공하도록 함으로써 독신 남성의 수요에 부응했다. 광산회사의 정책과 그 회사가 종종 긴밀하게 협력한 국가 정책은 탄광촌에서 두드러진 가족 관계 및 성관계 유형에 큰 영향을 미쳤다.

초창기 구리 산출 지대의 광산회사들은 노동자가 가족을 데려오지 못하게 함으로써 생계비용과 임금을 낮은 수준으로 유지했으며, 좀 더 광범위한 도시 시설을 조성하는 데 필요한 투자를 억제했다. 큰 파업 이후 회사들은 방향을 바꿔 보조금을 지원한 괜찮은 가족용 주택부터 스포츠클럽과 영화관에 이르는 많은 혜택을 노동자에게 제공하는 복지 정책을 채택했다(Mususa 2021). 많은 광산회사는 남성 주 소득자가 이끄는 핵가족의 형성을 촉진하고자 했다. 그러나 광산회사가 만든 지역에서 실제로 나타난 가족 관계는 상상했던 것과 달리 남성이 가장인 안정적인 핵가족 생활과 거의 일치하지 않았다. 예를 들어 구리 산출 지대의 도시에서는 확대가족 관계가 여전히 중요했으며, 상대적으로 부유한 광부들은 계속해서 혼외 성관계를 가졌고, 그들의 배우자들은 종종 상인traders으로서 중요한 경제적 역할을 수행했다(Ferguson 1999).

네덜란드의 카리브해 식민지였던 수리남의 탄광촌 모엥고Moengo는 경제 활동과 도시 개발의 긴밀한 관계를 보여 주는 훌륭한 사례이다(de Koning 2011a). 20세기 초 수리남에서 보크사이트 채굴산업은 농촌의 설탕 플랜테이션에 종사한 인구와 수도 파라마리보의 장인들을 끌어들였다. 이들은 수리남 내륙부의 고립된 지역에 위치한 거대하고 매우 조직적으로 관리된 회사 겸 사회공동체에서 일했다. 모엥고는 1910년대 후반에 세워져 거의 전적으로 남성 노동력이 고용 등급에 따라 서로 다른 동네에 사는 도시화된 지역으로서 번성하게 되었다. 높은 등급에 속한 사람은 가족용 주택에 살았고, 낮은 등급에 속한 노동자는 가족생활에 부적합한 군대용 막사 같은 주택에서 생활했다. 바로 옆에는 비공식적 주거 단지가 우후죽순처럼 생겨났다. 이곳에는 광산회사 노동자뿐 아니라 일용직 노동자들이 거주했으며, 회사의 도시구역 내에서 이용할 수 없는 서비스와 시설, 예를 들어 작은 식당과 바가 자리 잡았다. 모엥고는 수리남의 맥락에서 근대성이 집약된 곳이 되었다. 많은 모엥고 주민들은 수천 명의 주민이 살던 작은 도시가 수도 파라마리보에 비해 훨씬 더 선진적이었다고 기억했다(사진 5.1).

이런 근대적 분위기와 명성에도 불구하고 탄광촌은 개조된 식민지 질서의 특징을 많이 지니고 있었다. 노동은 종족성의 라인을 따라서 세분화되었다. 대체로 백인이며 간혹 외국인이 섞인 전문직 직원은 외부와 차단된 구역에서 살았다. 반면 수리남 노동자 중 아프리카계와 인도네시아계는 각각 숙련노동과 채굴노동의 대부분을 담당했다. 마찬가지로 주거도 분리되었다. 최하층 노동자들은 탄광촌 주변에 있는 비공식적 주거지로 밀려났

사진 5.1 수리남 모엥고의 보크사이트 회사 사무실, 1940.
(출처: Tropenmuseum, Amsterdam, Netherlands)

다. 레저에도 회사 내의 위계가 반영되었다. 모엥고의 직원 클럽에는 카사
블랑카라는 이름에서도 확연히 드러나듯이 백인 관리직원들만 출입할 수
있었다. 이 같은 인종적·계급적 위계에도 불구하고 일단 광산회사에 취업
하면 승진할 전망이 있었고, 피고용인들이 더 높은 등급으로 승진할 기회
가 늘어났다.

보크사이트 도시라는 통제된 장소는 카리브해 플랜테이션의 특징인 계
급과 인종의 식민지적 융합과 여기에서 비롯된 사회적 위계 및 권위 구조
를 오랜 기간 재생산하는 결과를 낳았다. 그러나 남성과 여성이 모두 농
사에 종사한 설탕 플랜테이션과는 대조적으로 광산회사는 거의 전적으로
남성만 고용했다. 광산회사의 고용조건과 시설은 남성이 주 소득원인 핵
가족에 맞춰 설계되었다. 탄광촌의 생활은 남성 주도적 핵가족을 창출하

는 데 기여했으며, 근대적이며 거의 전적으로 남성으로 이루어진 노동계급을 만들어 냈다. 이로써 탄광촌은 남성 노동자와 그 자녀들이 더 나은 삶을 살 수단을 제공해 주었다. 이처럼 자의식적인 노동력의 성장과 이 탄광촌에서 최초로 설립된 노동조합은 1975년 수리남이 정치적 독립을 이루는 데 중요한 한 걸음이었다고 평가할 수 있다(de Koning 2011b).

광산이 고갈되면 모엥고나 잠비아 구리 산출 지대에서 그랬듯이 탄광촌은 급격한 궁핍화와 인구 유출을 겪고, 심지어 내팽개쳐질 수도 있다. 예를 들어 잠비아 구리 산출 지대에서 광산업이 쇠퇴한 이후의 국면을 연구한 제임스 퍼거슨(Ferguson 1999)의 사례를 살펴보자. 이곳에서 태어나고 자란 도시인들은 먹고살려면 시골로 돌아갈 수밖에 없었다. 귀촌한 도시인들은 마을에서 자신들의 사회관계와 주장을 재협상해야 했고, 근대성에 대한 기대를 재고해야 하는 압력에 처했다. 심지어 광산이 계속 운영된 곳에서도 광산업은 종종 이전과 다른 방식으로 조직되었다. 즉 외부와 단절된 채 채굴 과정만을 위한 적소로 남게 되어 1980년대 구리 산출 지대를 특징지은 '두꺼운thick' 투자는 완전히 필요 없게 되었다(Ferguson 2005).

페이션스 무수사는 1990년대에 이루어진 신자유주의적 개혁과 광산 민영화 이후 잠비아 구리 산출 지대의 도시인 루안샤의 생활을 낙담이라는 표현으로 특징짓는다. 많은 주민들은 여전히 미래를 계획할 수 있었던 '황금시절'의 기억을 가지고 살았다. "구리 산출 지대 주민들은 도시의 쇠락한 기반시설의 잔여물 속에서, 마치 세련된 말씨에 좋은 기술을 갖춘 사람이 쇠약한 몸에 누더기 옷을 걸친 것 같은 현재의 모순을 접하며 과거를 생생히 떠올릴 수밖에 없었다"(Mususa 2021: 174-5). 사람들은 위태로운 상황에서 살아남기 위해 애써야 했다. 이들은 임금은 물론 광산회사가 한때 제공해 준 많은 여가시설과 보건시설을 그리워하며 살아갈 수밖에 없었다. 많은 도시 주민들은 소득원을 다각화하는 편을 택했다. 광부들이 정리해고 패키지의 일부로 받은 집과 마당은 이들이 부가 소득을 얻는 데 중요한 자산이 되었다. "예전에 최고의 정원 상best-garden award—광산이 동네 환경미화를 위해 인센티브로 실시했던 제도—을 받기 위해 경쟁했던 주민들은 마당에서 더 이상 포인세티아나무, 치자나무, 화단용 식물을 키우지 않았다"(Mususa 2021: 30). 많은 이들이 마당에서 도시농업을 했다. 채소를 재배하고, 닭과 돼지를 사육하고, 물고기를 양식했다. 그 결과 루안샤 같은 구리 산출 지대의 도시는 점점 농촌 분위기를 띠어 갔다.

탈산업적 경관

이처럼 극적으로 변화하는 도시경관은 과거에 탄광촌이었던 곳뿐 아니라 디트로이트같이 예전에 산업도시였던 곳에서도 발견된다. 디트로이트에서 자동차 산업의 붕괴는 막대한 인구 감소를 초래했다(사진 5.2). 한때 밝은 경제적 미래와 국가의 진보를 상징했던 도시들이 실패와 디스토피아의 상징으로 전락했다.

이처럼 달라진 도시의 운명은 일상생활에서 시간축의 중요성을 보여 준다. 이런 도시에는 이제는 깊은 향수를 불러일으키는, 더 나은 미래에 대한 약속으로 가득했던 과거에 얽매인 사람들과 쇠락, 재생, 쫓겨남이 뒤섞인 불안한 미래가 확정적인 사람들이 동시에 살고 있다. 펠릭스 링겔(Ringel 2018)은 "독일에서 가장 빠르게 축소되고 있는 도시"의 미래에 대한 상상을 분석했다. 이 도시의 인구는 10년 사이에 절반으로 줄어들었고 앞으로 더 줄어들 것으로 예상된다. 이 도시의 사운드스케이프는 주택을 철거하는 소리로 가득했다. 이전에는 사회주의 모범 도시였으나 이제는 탈산업도시가 된 곳의 주민들은 "자신들의 고향이 어떤 종류의 미래에 직면"

사진 5.2 디트로이트의 버려진 집.
(사진 촬영: Lester Graham, Shutterstock)

해 있으며, 이것이 자신들에게 무엇을 의미하는가를 자문하지 않을 수 없었다(Ringel 2018: 11). 미래에 대한 질문은 그들이 살아가는 현재에 어디에나 존재하고 피할 수도 없는 문제였다.

탈산업화는 세계 전역의 도시들에 이렇게 엄청나지는 않겠지만 똑같이 심대한 영향을 미치고 있다. 제조업 일자리가 사라짐에 따라 많은 노동계급 주민들은 생계임금, 즉 기본적 필요를 충족하기에 충분한 임금을 주는 안정적인 일자리를 찾기가 어렵다는 사실을 발견한다. 이런 도시경관에서는 여러 형태의 불안정한 노동과 더불어 공공 공간에서 이뤄지는 비공식적 경제활동이 늘어나는 모습을 볼 수 있다. 1980년대부터 쭉 인류학자들은 미국의 도시에서 탈산업화와 국가의 재정 긴축으로 인해 새로운 형태의 도시 빈곤이 늘어나는 현상을 기록해 왔다(Susser 1996; Morgen and Maskovsky 2003). 유명한 예인 뉴욕시 마약 거래상에 대한 필립 부르고스의 연구는 이 장의 후반부에서 다룰 것이다.

제조업에 의존하던 북미와 유럽의 많은 도시경제가 서비스 부문에 중점을 두는 방향으로 나아감에 따라 도시 인구의 구성과 특정 유형의 노동자에 대한 수요가 변하기 시작했다. 앞에서 논의한 바와 같이 이런 변화는 경제 자유화와 전 지구화를 배경으로 일어났다. 생산망은 점점 지구 전역으로 확대되었고, 노동집약적 제조업은 법 규정 면에서 그리고 저렴하면서 점점 여성화되고 있는 노동 공급 측면에서 이점을 약속하는 곳이나 특별 경제지구로 이전했다.

제조업 일자리가 임금 수준이 낮은 국가로 이동함에 따라 유럽과 북미의 탈산업도시들은 소득을 올리고 사무직 일자리를 창조하기 위해 점차 **상징경제**symbolic economy에 의존하게 되었다. 상징경제는 문화적 생산과 소비에 집중하는 경제활동으로서, 예를 들어 관광업, 미디어 산업, 연예 산업과 연관된 경제활동 등을 말한다(Zukin 1995). 이런 유형의 도시경제는 레저와 소비주의에 집중되며, 종종 문화유산 산업과 고품격 박물관의 활성화나 음악축제와 음식축제에서부터 올림픽 같은 거대 스포츠 행사에 이르는 이벤트의 조직에 의존한다. 상징경제를 활성화하기 위해 지자체는 고도의 기술을 갖추고 창의적이며 국제적인 노동력, 즉 리처드 플로리다(Florida 2002)가 '창조계급creative class'이라고 명명한, 경제적으로 생산적인 전문가 집단을 끌어들이고자 경쟁한다.

그러나 세계경제의 구조조정은 아시아, 아프리카, 라틴 아메리카에서도 숙련되고 교육받은 도시 노동자에 대한 수요를 증가시켰다. 경제의 자유화와 전 지구화로 인해 산업화가 진행되고 있는 지역, 특히 중국과 인도에서는 새로운 제조업 일자리가 창출되었을 뿐 아니라 '신중산층'의 중요성과 가시성이 더욱 커졌다(Heiman et al. 2012). 신중산층은 대체로 관리자, 행정가 등으로 활동하는 교육받은 전문가들로 구성되며, 전 세계적 전망이나 포부가 있는 회사나 부문에 종사하고 있다. 예를 들어 다국적 사무실, 컨설팅이나 회계같이 기업 생산자를 위한 서비스를 제공하는 회사, (국제적) 비정부 기구NGOs의 사무실 등이 있다. 아시아, 아프리카, 라틴 아메리카의 많은 나라들에서 국가는 지역과 세계 사이를 경제적 측면뿐 아니라 문화적 측면에서도 매개할 수 있는 존재로서 신중산층을 늘리고자 했다. 이로써 신중산층은 한 국가가 세계적 기준과 포부에 맞춰 나갈 만한 능력을 갖추었다는 증거가 된다.

인도의 신중산층에 대한 연구에서 릴라 페르난데스(Fernandes 2006: xxvii)는 젊은 전문직 종사자들이 인도의 새로운 국가적 이상을 무엇보다 소비 활동을 통해 구현한다는 점을 보여 준다. 이들의 소비활동은 이들보다 훨씬 특권이 없는 사람들에게도 기준이 된다. 신중산층을 적극적으로 늘리는 것은 예를 들어 고급 주택지 개발 같은 형태로 도시경관에도 영향을 미친다. 지자체는 종종 도시 소비 시설과 레저 시설—가령 고급 식당과 바—을 향상함으로써 인구 집단 중 특권층을 끌어들이고 이를 유지하기 위해 애쓴다. 페르난데스가 뭄바이에서 수행한 연구가 보여 주듯이 신중산층을 적극적으로 늘리는 것은 '공간 청소spatial cleansing'와 새로운 형태의 공간 분리를 야기할 수 있다. 시민조직들과 정부 측 행위자들은 거리에서 가난에 찌든 광경을 제거하기 위해 철거작업을 전개한다. 이런 식의 개발은 식민지 시기 도시를 '철거clean up'하기 위해 이루어졌던 비슷한 시도를 연상시킨다(제8장 참조).

그러나 페르난데스는 신중산층이 의존하고 있는 불안정한 경제적 기반도 지적한다. 경제 위기의 시기에 이들은 매우 불안정한 고용계약과 다른 중산층 전문직 종사자들—이들은 추가로 국제자격증을 획득함으로써 전문적 자격을 확대하고 상대적 우위를 유지하고자 발버둥 친다. ─과의 치열한 경쟁으로 고통 받고 있다.

기그 경제와 플랫폼 노동

직업적 불안정성은 아시아, 아프리카, 라틴 아메리카의 신중산층에 국한되지 않는다. 21세기의 첫 10년 동안 노동의 '유연화'가 주된 특징인 '기그 경제'가 출현했다. 착취적인 노동조건은 언제나 존재했지만, 20세기 동안 많은 도시에서 노동조합을 갖춘 공장노동은 생활임금과 건강보험이나 연금과 같은 상당한 복지 혜택을 제공하는 전일제 종신 계약을 수반했다. 현대 도시에서 이처럼 고용주와 피고용인 간의 안정적인 계약관계는 매우 드물다. 오히려 노동은 단발성 수요에 따른 '일^{gigs}'인 경우가 흔한데, 이때 '독립적인 계약자$^{independent\ contractors}$'로 분류되는 노동자는 자기 스스로를 회사에 내다 판다. 저학력자나 고학력자 모두 복지 혜택이나 유급휴가, 노동자를 조직한 노동운동 투쟁도 없는 상태에서 임시 파트타임 프리랜서로서 소득을 올린다. 스티븐 밸러스와 줄리엣 쇼어(Vallas and Schor 2020: 275)가 지적했듯이 "기그 노동자들은 운영비용과 위험에 대한 책임을 떠맡아야 하고 피고용자가 누리는 보호는 받지 못할 뿐 아니라, 그들의 자율성을 상당히 약화할 수 있는, 소비자의 수요라는 일시적인 리듬에 순응해야 한다." 이러한 불안정한 노동조건은 **프레카리아트**^{precariat}의 등장과 관련이 있다(상자 5.2 참조).

일라나 거숀(Gershon 2017)은 〔캘리포니아〕 베이 에어리어$^{Bay\ Area}$에서 실시한 현장연구에서 사람들이 일을 구하는 방식에 대해 분석했는데, 위와 같은 변화는 특정한 형태의 노동 주체성의 출현, 특히 기업가적 자아라는 관념과 관련되어 있다. 노동자들은 **자신들이** 상사나 회사를 위해서 일한다

프레카리아트

산업자본주의에 관한 19세기의 이론은 **프롤레타리아**proletariat의 존재를 강조했다. 프롤레타리아는 자본가들을 부유하게 만드는 노동을 하는, 공장 노동자로 구성된 노동계급을 뜻한다. 이런 정치경제에서 비롯된 착취를 다루기 위해 노동조합과 사회주의 성향의 정당은 노동자들을 동원했다. 투쟁을 통해 복지국가와 관련된 많은 사회경제적 성과—최저임금, 주 5일제, 실업급여, 장애급여 등—를 거뒀다.

21세기에는 프롤레타리아가 더 이상 이와 똑같은 방식으로 존재하지 않는다. 유럽과 북미에서 많은 공장들이 문을 닫았다. 이제 '노동계급'이라는 사회주의적 개념과 자신을 동일시하는 사람들은 별로 없다. 그러나 많은 맥락에서 고숙련 노동자든 저숙련 노동자든 노동자의 위치는 점점 위태로워졌다. 20세기 중반만 해도 정부와 기업이 노동자들이 직면한 위험과 비용 중 일정 몫을 떠맡았지만, 이제 이런 부담은 점점 더 노동자들에게 전가된다. 0시간 계약zero-hour contract, 파트타임 노동, 프리랜서, 자영 노동자, 기그 노동자와 같은 새로운 형태의 노동이 등장함에 따라 한 직장에서 평생 일하는 포드주의적 모델은 사라지고 있다. 우버 택시기사나 강의 건수에 따라 임금을 받고 연구실도 없는 겸임교수처럼 직업적 불안정함에 직면하는 노동자들이 점점 더 많아지고 있다.

경제학자인 가이 스탠딩(Standing 2021)은 새롭게 등장한 불안정 노동자들을 (위태로운precarious과 프롤레타리아proletariat의 합성어인) **프레카리아트**precariat라고 부른다. 19세기와 20세기 초의 프롤레타리아와 달리 프레카리아트는 동원하기가 어렵다. 이들은 공장과 같은 고정된 작업장을 공유하지 않는다. 이들의 곤경에 주목하는 노동조합이나 정당도 거의 없다. 종합해 보면, 프레카리아트는 스스로를 하나의 '계급'이라고 자동적으로 인식하지는 못한다. 겸임교수는 자신의 계급적 위치가 우버 택시기사의 계급적 위치와 같다고 생각하지 않는다. 프레카리아트라는 개념은 노동자가 새로운 형태의 경제적 불안정성을 포착하고, 다른 이들과 공유하는 노동조건을 인식하는 데 도움을 준다.

고 생각하기보다는 자기 자신이 기업^{businesses}이라고 생각한다. 몇십 년 전만 해도 고용은 '소유물로서의 자아^{self-as-property}'라는 관점에서 이해됐다. 이에 따르면 피고용인은 고용주에게 자신의 노동을 빌려주는 셈이었다. 이러한 관점은 '기업으로서의 자아^{self-as-business}'라는 패러다임에 의해 상당 부분 대체됐다. 여러 산업에서 많은 노동자들은 개인 브랜드화^{personal branding}, 네트워킹, 링크드인^{LinkedIN}이나 페이스북 같은 사이트에서 최신 디지털 프로필을 공개하거나 유지하여 스스로를 판매하고자 애쓴다.

기그 경제와 기업가적 노동 주체성은 디지털 **플랫폼**의 등장과 직접적으로 관련이 있다. 우버^{Uber}, 고젝^{GoJek}, 태스크래빗^{TaskRabbit} 같은 플랫폼 기업이 노동을 관리하는 데 점점 더 중요한 역할을 한다. 그러나 이런 기업은 전통적인 회사와는 근본적으로 다른 방식으로 움직인다. 무엇보다도 플랫폼 기업은 직접 고용을 하지 않고, 독립적인 계약자들을 주로 스마트폰을 기반으로 한 앱을 통해 고객과 온라인상에서 연결해 주는 '서비스 제공자^{service-providers}'로 작동한다. 하지만 이러한 방식이 기업들이 노동을 관리하는 데 아무런 역할을 하지 않는다는 것을 의미하지는 않는다. 주로 독점적 알고리즘과 방대한 양의 거래 자료에 대한 접근에 의존하는 디지털 플랫폼이 사실상 노동자가 어떻게 선택되고, 관리되며, 평가되는가를 결정한다. 밸러스와 쇼어(Vallas and Schor 2020: 282)는 이런 상황을 직접 통제로부터의 후퇴라고 설명한다.

플랫폼 기업은 업무 할당, 데이터 수집, 서비스 가격 책정 그리고 당연하게도 수수료 징수와 같은 중요한 기능에 대한 권한을 보유하고 있다. 그러나 플랫폼 기업은 작업 방식 지정, 작업 일정 관리, 성과 평가 업무 등과 같이 타자를 통제하는 작업은 〔개별 계약자에게〕 전가해 버린다.

이런 식의 **플랫폼 노동** 모델의 편재화 및 위태로움은 코로나19 팬데믹 기간에 더욱 가시화됐다. 전 세계 도시에서 많은 주민들은 봉쇄 기간에 스마트폰 앱에 기반한 음식 배달 서비스에 의존했다. '필수 노동자'로 간주되는 배달 라이더와 차량 호출 기사는 감염에 더 자주 노출됐지만, 배달 경제 부문을 관리하는 플랫폼 기업은 이들에게 건강보험이나 다른 식의 노동자 보호 조치를 좀처럼 제공하지 않았다.

인도네시아 반둥의 오토바이 택시인 오젝^{ojek}에 대한 브론윈 프라이(Frey 2020)의 연구는 노동자들이 플랫폼 노동의 불안정한 조건을 헤쳐 나갈 가능성에 주목한다. 프라이는 구식 택시 연합체인 오젝 팡칼란$^{ojek\ pangkalan}$의 전략과 이 지역의 지배적인 오토바이 택시 플랫폼인 고젝에서 일하는 운전기사들의 전략을 비교한다. 규제의 영향을 덜 받는 오토바이 택시 기사들이나 그보다 공식화된 고젝 운전기사들도 전통적 형태의 노동조합에 의지하지 않았다. 오히려 두 부류의 운전기사들 모두 노동의 불안정성에 집단적으로 대처하기 위해, 겉으로 보기에는 덜 정치적인 것 같은 책략을 고안했다. 예를 들어 경제적 텃세권을 강력하게 방어하거나, 비공식적인 보험 제도를 개발하고, 가짜 GPS 앱을 사용해서 플랫폼으로부터 배차를 더 많이 받는 방법을 공유하기도 했다. 프라이(Frey 2020: 45)에 따르면, 이러한 "점진주의적^{incrementalist}" 책략은 "자본주의적 실행 계획에 부합하면서도 이를 거스르면서 (운전기사들에게) 중요한 형태의 풀뿌리 사회보장을 제공"함으로써 운전기사들이 생존할 수 있도록 돕는 한편, 동시에 수요에 기반한 유연한 도시 노동의 시스템을 유지하는 데 기여한다.

플랫폼이 도시 생활에 미치는 분열 효과는 때때로 **플랫폼 도시주의**로 간주된다. 도시 연구자들은 도시 노동이 플랫폼 기업에 의해 재조직되는 양상을 분석할 뿐 아니라, 구글이나 아마존과 같은 플랫폼이 데이터를 동원해 제공하는 서비스가 도시 통치와 시민 참여를 포함한 도시 생활의 여러 영역에 얼마나 필수불가결해졌는가를 강조했다. 이런 연구들은 플랫폼이 초래하는 소외, 고립, 박탈의 도시적 패턴을 예측하지만, 스마트폰, 앱, 플랫폼을 일상적으로 사용하는 주민들을 연구한 민족지학자들은 도시에서의 만남에 신자유주의적 자본주의의 논리에서 벗어날 수 있는 잠재력이 있다는 점을 강조한다(Leszczynski 2020: 191). 브론윈 프라이의 연구처럼 플랫폼의 일상적 사용에 주목한다면, 아마도 점진적이겠지만 변화는 늘 가능하다는 사실을 알 수 있다.

도시경제의 비공식성과 공식성

플랫폼을 매개로 한 기그 경제의 출현과 불안정한 노동조건의 증가로 인해 도시경제에 대한 인류학적 연구에서 중요하게 다뤄 온 비공식성과 공식성의 구분이 복잡해졌다. 경제인류학자 키스 하트(Hart 2010)는 1970년대에 **비공식 경제**informal economy라는 용어는 국가의 규제를 그다지 받지 않고 관료나 규제 기관 담당자, 경제학자에게 잘 눈에 띄지 않는 경제활동을 지칭하고자 만들어졌다고 소개했다. 규제가 없다는 점은 사회적 연줄이 없어서 도시에서 일자리를 찾기 어렵고 사업을 하려고 해도 공식적인 관료주의적 절차를 헤쳐 나가기 어려운 신이민자나 여러 집단에게 기회를 제공한다. 그러나 이런 경제활동이 대개 등록되지 않고 무면허로 진행되며 세금도 부과되지 않는 활동이라는 사실은 이 부문의 노동이 〔법에 의해〕 보호받지 못하는 경우가 많으며 노동조건이 더욱 위태로운 경향이 있음을 의미한다. 역으로 '공식 부문formal sector'은 일반적으로 임금노동을 비롯해 좀 더 규제되고, 면허를 받아야 할 수 있으며, 세금도 부과될 뿐 아니라 법과 관료제적 절차를 통해 좀 더 보호되는 경제활동을 지칭한다.

많은 도시인류학자들이 거리 행상에서부터 소규모 가정 기반 사업에 이르는 비공식적인 경제활동을 연구해 왔다. 또 이런 활동과 관련된 성별 역학에도 관심을 기울였다. 예를 들어 페이 해리슨(Harrison 1988: 119)은 자메이카의 수도인 킹스턴에서 비공식 경제 영역이 어떻게 여성화되는가 그리고 이것이 "일시적이고 대체로 비숙련 노동력을 사용하는 업무에 자본이 필요로 하는 저렴하고 감추어진 일용직 노동력을 재생산하는 데 어떤 식으로 기여하는가/기여했는가"를 보여 준다. 별 볼 일 없는 소매업이나 가내 서비스를 통해 얻는 수입 덕분에 여성들은 어느 정도 독립성과 자율성을 누릴 수 있었다. 반면 이런 활동을 하는 낮은 지위의 여성들은 더 큰 경제적·정치적 영역에서 배제된 현실 때문에 자신들의 구조적 지위를 개선하는 데 어려움을 겪었다.

또 다른 인류학자들은 이주와 초국가주의transnationalism의 관점에서 규제받지 않는 노동과 그러한 사업활동entrepreneurship을 연구했다. 많은 경우에 농촌에서 도시로 이주하거나 국제적으로 이주한 사람들은 규제받지 않는 경제활동 부문에 많이 종사한다. 이것은 도시 노동시장에서 이들의 위치가 더 취약하다는 점을 반영한다. 다른 한편으로 이것은 경제적 실천의 문화적 차원이 새로운 도시적 맥락에서 어떻게 작동하고 재영토화되고 있는가를 보여 준다. 폴 스톨러(Stoller 1996)는 할렘의 비공식적 거리 시장에서 일하는 아프리카 출신 이민자들에 대한 연구에서 거리 행상들의 활동을 서아프리카 시장을 특징짓는 공간적·사회적·종교적 실천—가령 노점을 열 공간vending space을 종족이나 출신 국가에 따라 할당하는 행위—과의 연관성 속에서 검토한다. 또한 뉴욕시장과 지역의 기존 사업자들이 이런 시장을 규제하려고 애쓰는 행동에 "제1세계의 공간에 존재하는 너무나 어수선하고 비공식적인 제3세계의 공간"을 향한 반감이 얼마나 영향을 미쳤는가를 보여준다(Stoller 1996: 779).

많은 비공식적 경제활동이 법적 규제 밖에서 일어난다는 사실 때문에 때때로 비공식성과 불법성[illegality]이 혼동된다. 그러나 '불법경제[illegal economy]'라는 용어는 주로 불법적 재화와 서비스—예를 들어 밀수, 불법 마약 거래, 무기 판매 등—를 지칭하는 데 사용된다. 반면 비공식 경제에 관련된 재화와 서비스는 대체로 합법적이지만 생산 및 유통 조건이 불법적인 경우가 많다. 이티 에이브러햄과 빌럼 판 스헨덜(Abraham and van Schendel 2005)은 합법/불법[legal/illegal]과 적법/비적법[licit/illicit]이라는 개념 간의 차이를 유용하게 설명한다. 합법성은 국가의 법 제도하에서 정당하다고 간주되는 것을 뜻한다면 적법한 활동과 재화는 관련된 사람들에 의해 사회적으로 용인될 수 있다고 간주되는 것을 의미한다.

처음에는 공식 경제와 비공식 경제가 서로 분리된 영역이라고 간주되었으나 도시 연구자들은 곧 이 두 영역이 여러 유형의 연계를 통해 긴밀하게 연결되어 있다는 사실을 깨달았다. 이런 연계의 조건 중 어떤 것은 우호적이고 어떤 것은 좀 더 논쟁적이다. 공식 경제의 생산활동은 규제받지 않는 생산자에게 하청을 준다거나 공식적인 제품을 비공식 네트워크에 속한 거래상이나 행상을 통해 판매하는 식으로 비공식 활동에 의존하는 경우가 흔하다. 또한 공식적인 기업활동도 일상적으로 운영되는 과정에서 수많은 비공식적 실천을 포함한다. 앨런 스마트와 필리포 M. 체릴리(Smart and Zerilli 2014: 228)가 강조하듯이 "비공식 부문은 경제에서 독립된 부분이 아니라 다른 방식으로 일을 처리하는 어디에나 존재하는 방법일 뿐이다. 심지어 가장 공식적인 제도도 비공식적 실천을 포함한다." 더욱이 비공식적인 사업활동도 국가 관료제를 통해서는 아닐지라도 공식적이고 합법적인 것에 준하는 규칙과 합의를 통해 규제될 수 있다.

필리핀 바기오Baguio의 거리 행상에 대한 린 밀그램(Milgram 2014)의 연구는 도시노동과 공공 공간의 사용에서 공식/비공식, 합법/불법 사이의 모호한 관계를 잘 보여 준다. 이 연구에서 밀그램은 헌옷을 파는 거리 행상과 도시 관료가 서로에게 이익이 되는 쪽으로 비공식성과 합법성을 두고 벌이는 협상을 보여 주었다. 즉 행상에게는 더 나은 생계를 보장하면서 지자체는 임대료 수입을 올리는 식이다. 이 도시에서 헌옷 시장으로 유명한 해리슨 로드 야시장Harrison Road Night Market 같은 거리 시장(사진 5.3)은 일자리가 없는 도시 주민과 농촌 지역에서 올라온 저소득 이주자에게 일자리를 제공했다. 그러나 바기오의 중산층 주민과 엘리트 주민은 지자체가 거리를 깨끗하고 질서정연하게 유지하고 가판대 때문에 교통 흐름이 방해받지 않도록 보장해 도시를 '미화'하라고 지자체에 압력을 가했다.

바기오에서 공공장소의 행상은 공식적으로 금지되어 있었다. 그러나 지자체는 단속과 용인 사이를 왔다 갔다 했으며, 어떤 형태의 거리 행상을 어떤 장소나 하루 중 어떤 시간대에는 허용했다가 다른 때는 단속했다. 반면 행상들도 도시의 거리에 대한 권리를 주장하기 위해 합법적인 전략과 덜 합법적인 전략을 모두 동원했다. 자신들의 활동이 불법적이라는 사실에도 불구하고 거리 행상들은 시의원에게 로비를 벌이는 공식 협회를 결성했으며, 이 협회는 행상에 대한 새로운 조례와 규정을 수립하도록 지자체를 압박했다. 성공적인 입법 로비 활동 이후, 대체로 거리 행상 협회가 자율적으로 규제하는 합법적인 야시장이 바기오에서 사람들이 많이 모이는 지역에 설립되었다. 그러나 행상들은 계속해서 법적 규제를 피해 가며 경쟁적 이점을 얻고자 했다. 예를 들어 헌옷과 대량생산된 새 옷을 뒤섞어

사진 5.3 필리핀 바기오의 해리슨로드 야시장.
(사진 제공: B. Lynne Milgram)

놓고 판다거나 야시장을 공식적으로 여는 시간 이외에도 영업을 하는 식이
었다. 이런 예들은 비공식적인 것과 공식적인 것, 불법적인 것과 합법적인
것을 분리하기가 얼마나 어려운가를 보여 준다. 왜냐하면 국가 측 행위자
와 저소득 사업가 모두 각자의 경제적·정치적 이익을 위해 비공식과 공식,
불법과 합법의 모호함을 전략적으로 계속 활용했기 때문이다.

　기그 경제나 플랫폼 노동과 연관된 일은 법으로 규제되지만 매우 불안정
한 일의 한 유형이라는 점 때문에 또 다른 의미에서 공식/비공식을 구분하
기가 어려워졌다. 겉으로 보기에 '공식적'이지만 플랫폼 노동은 비공식적인
일과 많은 특징을 공유한다. 고젝에 등록된 운전사$^{GoJek\ drivers}$에 대한 연구
에서 브론윈 프라이는 이전에 규제되지 않던 일이 플랫폼 기업에 의해 규제
될 때 무슨 일이 발생하는가를 다룬다. 프라이는 이러한 변화를 '공식화된

비공식성formalized informality'이라는 말로 포착한다. 프라이는 이것을 "본래 국가와 기업의 통제 밖에 있던 일이 등록과 재조직을 통해 부분적으로 국가와 기업의 관할 아래 들어오게 됐지만, 흔히 공식 부문 고용의 특징인 노동권, 일에 대한 계약 보장과 같은 추가 보호 조치가 제공되지 않는 상황"이라고 정의한다. 이러한 조치를 통해서 기업과 정부는 "최소한의 위험과 비용으로 노동에서 가치를 뽑아내고 세금을 거둘 수 있다"(Frey 2020: 41).

도시경제적 장소

도시경제에 대한 인류학적 연구는 특정한 경제적 장소, 즉 생산 과정과 교환 과정이 특히 가시화되는 사회문화적 지점에 흔히 주의를 기울인다. 여기에서 우리는 이에 해당하는 많은 장소들, 즉 시장, 공장, 거리, 집에 대해 논의한다. 물론 이 외에도 경제적 거래활동과 사회문화적·정치적 과정 간의 상호 교차를 연구할 수 있는 도시경제적 장소—예를 들어 사무실, 도시농업을 하는 밭, 식당—가 많다. 그러나 이 네 가지 유형의 장소들이 인류학적 관심의 대부분을 차지해 왔다는 데에는 논쟁의 여지가 없다.

시장

도시의 시장은 여러 유형의 많은 사람들이 모여서 다양한 유형의 재화와 서비스를 교환하는 곳으로, 인류학적 연구에서 인기 있는 장소이다. 시장에 대한 민족지적 연구는 경제적 교환이 결코 경제와 연관된 것만이 아니라는 점을 강조하는 경향이 있다. 경제적 거래활동은 언제나 역사적으로 형성된 문화규범과 정치적 이해관계에 의해 좌우된다. 시장은 지역에서 경제적으로 특화되고 선호되는 부문에 깊이 관련되어 있다. 그러나 행상, 거래상, 도매업자, 브로커, 생산자를 잇는 네트워크를 통해 다른 장소들과도 언제나 연결되어 있다.

세계 전역의 도시에서 시장은 식량 공급은 물론 도시와 주변 농촌지역 간 재화 교환의 가장 중요한 출구였다. 많은 도시에서, 특히 유럽과 북미의 도시에서는 슈퍼마켓이 장보기의 핵심 장소가 되었다. 슈퍼마켓과 '창고형 대형 점포big-box stores'가 경제적 거래의 탈인격화를 초래했지만 시장은 여전히 공적 사회성을 보여 주는 중요한 장소이며, 시장에서 이루어지는 경제적 거래는 여전히 사회적 상호작용과 결합되어 있다(Black 2012: 4-8). 시장은 사회생활을 연구할 수 있는 흥미진진한 장이며, 다양한 배경을 가진 사람들이 만나서 상호작용하는 생동감 넘치는 사회적 장이다. 레이철 블랙(Black 2012: 2)은 이탈리아 도시 토리노의 노천시장인 포르타 팔라초Porta Palazzo에 대해 다음과 같이 적었다.

수천 킬로그램의 과일, 채소, 식료품이 매일 이곳에서 판매된다. 다른 한편으로 친구를 사귀고, 가족이 재회하며, 종족적·문화적 긴장을 협상하고, 지역적 정체성을 구성하는 일도 시장의 일상적 작동을 통해 이루어진다.

많은 도시들에서 지자체와 지역 엘리트는 노천시장과 가판대가 구식이며 현대적인 도시 생활과 맞지 않는다고 여긴다. 그들은 이런 공간이 비위생적이며 교통 흐름을 방해하고 공식적으로 상업활동을 하는 기업에 원치 않는 경쟁을 유발한다고 주장한다. 이런 관점은 시장을 도시 주변부로 이전하고 도시 중심부를 더 부유한 지역민과 관광객을 위해 '깨끗하게 정리하려는' 정책으로 귀결되기 쉽다(Evers and Seale 2014). 근대성이라는 이상에 의해 규정되고 더 부유한 상업적 이해당사자들이 지지하는 도시 재생 프로그램은 비공식적 거래를 단속하고, 쇼핑몰과 슈퍼마켓 같은 공식적 쇼핑 장소를 촉진하고자 노력한다. 이런 프로그램은 종종 억압적 성격을 띠어서, 지자체가 시장의 가판대를 파괴하고 행상들의 물건을 몰수하는 일이 벌어진다.

다른 맥락에서 거리 시장은 관광객을 끌 만한 장소이자 지자체의 수입원으로 간주된다. 이런 점은 앞에서 다룬 바기오의 야시장에 대한 린 밀그램의 연구에서 분명하게 드러난다. 바기오 시정부는 이런 유형의 거래가 지닌 경제적 이점을 인식했다. 북미와 유럽의 도시에서 거리 시장, 특히 지역에서 생산된 유기농 제품이나 장인이 만든 제품을 판매하는 곳은 시간이 갈수록 도시의 독특한 분위기를 형성하는 데 기여할 뿐 아니라 돈이 많은 특정 유형의 도시 소비자를 끌어들이는 요소로 인식되고 있다.

공장

20세기에 많은 도시경제에서는 제조업이 지배적이었으므로 공장은 도시경제의 핵심 장소였다. 유럽과 북미의 초창기 산업화 과정에서 공장은 주요한 사회문화적 변형—예를 들어 생계노동에서 임금노동으로의 변화, 농업적 주기성에서 시계에 맞춰 생활하는 시간관념으로의 변화 등—과 관련된 도시 공간적 맥락을 형성했다. 공장노동은 급격한 산업화, 농촌에서 도시로의 이주, 자본주의적 근대성으로의 이행에 따르는 많은 변화를 상징했다. 리사 로펠(Rofel 1997: 158)이 지적하듯이 "공장은 근대성의 탁월한 아이콘이다." 20세기 말, 제조업 일자리가 노동조합이 조직되지 않고 노동력이 저렴한 나라로 이동함에 따라 유럽과 북미의 많은 공장들이 문을 닫았다. 세계 전역의 도시에서 사회관계의 극적 재구조화는 작업장 차원에서 매우 두드러졌고, 인류학자들은 공장의 건축구조와 노동조합에서부터 작업장에서 장난치는 행동, 노동자들이 농촌과 맺는 관계가 지속되는 현상에 이르기까지 다양한 주제를 연구했다.

도미니카 산티아고시의 공장 노동에 대한 연구에서 로런 더비와 매리언 워너(Derby and Werner 2013)는 바카스bacás라는 정령에 관한 대중적 이야기에 초점을 맞춰 공장 노동자들이 노동체계의 변화와 세계경제에서 도미니카 공화국의 역할 변화를 어떻게 이해하고 있는지를 파악하고자 한다. 1980년대부터 산티아고의 수출 가공 지대에 있는 의류 하청 공장들은 아이티 국경 지대의 농촌 지역에서 수만 명의 이주자를 끌어들였다. 그러나 2010년대에 미국과의 무역협정이 종료되면서 이 공장들 중 상당수가 문을 닫았다. 2000년대 초 이 수출 가공 지대의 대형 공장 안팎에서 많은 노동자들이 사망하는 사건이 발생하자 소유주나 경영자가 악마와 계약을 맺어 노동자의 목숨과 빠르게 축적한 부를 교환하고 있다는 소문이 돌았다. 왜소한 흑인 남성의 모습을 한 정령을 목격했다거나 의복과 공장 화장실에 피가 뚝뚝 떨어져 있었다는 이야기가 돌며 공포가 광범위하게 확산되었다.

이런 이야기는 이농자가 도시의 자본주의적 노동관계에 편입될 때 느끼는 불안감을 보여 준다. 농촌에서 정령은 일반적으로 장난기 많은 동물 모습의 귀신으로 나타났다. 그러나 도시 공장의 맥락에서 정령은 피를 빨아 먹는 난쟁이로 바뀌었다. 이런 뱀파이어 같은 인물에 관한 반복된 소문은 도미니카 공화국의 경제가 점차 세계자본의 변덕에 취약해짐에 따라 도미니카 공화국의 생명력이 유출되고 있다는 두려움을 암시했다. 더비와 워너(Durby and Werner 2013: 296)가 제안하듯이, 우리는 정령에 관한 서사가 다음과 같은 점을 보여 준다고 해석할 수 있다.

이것은 신자유주의 아래의 공장노동 경험이 유발한 설명할 수 없는 분노와 두려움의 일단을 보여 준다. 이런 분노와 두려움은 공장노동이 신비스러울 정도로 갑자기 찾아왔다가 다시 갑자기 떠나버린 현실, 공장노동에 따른 기계의 사용, 성별 관계의 변형, 산업적 리듬에 따라 진행되는 작업장의 노동에서 비롯되었다.

진 코마로프와 존 코마로프의 연구(Comaroff and Comaroff 2000)에 따르면 신비스러운 정령 출몰 이야기는 전 세계적으로 확대된 자본주의의 본질을 보여 준다. 자본주의는 스스로를 구원의 복음으로 제시하며, 구제^{redemption}와 상상할 수 없을 정도의 부를 약속한다. 그러나 신비로운 어둠이 드리워진 자본주의의 부는 이상하게도 실제 경제활동과는 별개처럼 보인다.

거리

도시의 거리 역시 중요한 경제적 장소이다. 특히 규제되지 않거나 불법적인 유형의 경제활동에서는 더욱 그렇다. 1980년대와 1990년대 뉴욕시 이스트할렘의 푸에르토리코 출신 마약 거래상들 사이에서 민족지적 연구를 집중적으로 수행한 필립 부르고스(Bourgois 2003)는 거리와 다른 경제적 장소를 명확하게 비교한다. 그는 푸에르토리코 출신 젊은 남성들이 왜 합법적인 일자리를 구하지 않고 마약 거래상이 되는지를 이해하려고 노력했다. 그의 분석은 심리적 설명에 의존하기보다는 주로 미국의 도시경제에서 일어난 구조적 변화에 초점을 맞춘다. 즉 노동계급 남성들에게 지위가 낮은 일자리의 주된 공급원이던 제조업이 거의 사라져 버렸다는 점에 주목했다. 공장의 일자리가 노동력이 더 저렴한 아시아와 라틴 아메리카로 상당 부분 옮겨 가버림에 따라 미국의 도시에서 제한된 교육만 받은 노동자들이 이용할 수 있는 주된 유형의 일자리는 서비스 부문의 가장 낮은 층위에 집중되고 말았다. 부르고스(Bourgois 2003: 8)는 상이한 유형의 일자리와 그가 빈민가 거리 문화inner-city street culture — "주류사회의 배제에 대립하여 형성된 믿음, 상징, 상호작용의 양식, 가치관, 이데올로기의 복합적·대립적 총체"—라고 부른 것 사이의 연관관계를 설명한다. 거리 문화는 개인으로서 자율적 존엄성을 유지할 수 있는 대안적 장을 제공한다.

부르고스는 도시 제조업의 초창기에 공장이 남성적인 작업장 문화라는 특징을 보였다고 주장한다. 이 문화는 거칠고 남성우월적인 행동을 칭송하는 거리의 대립적인 문화와 대체로 양립했으며 공장 감독관들도 이 문화를 인정했다. 그러나 서비스 산업의 핵심인 사무실 기반 고용환경에서는 관리자들이 이런 유형의 사회적 상호작용과 스타일을 용납할 수 없는 것으로 간주한다. 부르고스가 함께 어울리며 연구한 이스트할렘의 젊은 남성들은 사무실 환경에 필요한 전문 기술과 사회 기술을 갖지 못했기 때문에 백인 중산층 감독자들에게 '디스당했다'고, 즉 무시당하고 모욕당했다고 느꼈다. 반대로 거친 성향을 내세우는 문화적 스타일 덕분에 그들은 어렵지 않게 마약 거래상 같은 거리의 경력을 쌓을 수 있었고, 이를 통해 합법적 노동시장에서 그들이 구할 수 있는 최저임금 일자리에 종사할 때보다 더 큰 위신과 존경을 누릴 수 있었다. 부르고스는 마약 거래상의 불법적 노동을 탈산업도시인 뉴욕에 새롭게 등장한 서비스 지향적 경제에서 젊은 남성들이 경험하는 종속에 대한 일종의 저항이라고 이해한다. 또한 이런 방식의 저항이 궁극적으로 마약 거래상 자신에게나 그들이 사는 이웃 공동체에 불러일으킨 파괴적 결과를 보여 준다.

집

중요하지만 종종 간과되는 경제적 장소가 바로 집이다. 가내 공간은 종종 경제적 영역과 분리된 곳으로, 생산의 공간이라기보다 사회적 재생산—가령 육아, 요리, 청소 등—을 위한 여성적 공간으로 간주된다(제2장의 가내 공간에 대한 논의를 참조). 그러나 여성주의 학자들은 이런 구분에 이의를 제기하면서 무보수 재생산 노동이 수행하는 중요한 경제적 역할을 지적했다. 가구는 무보수 노동뿐 아니라 유급노동의 중요한 장소이다. 소규모 제조업에서 가내 작업 및 다양한 형태의 플랫폼 노동에 이르는 수많은 경제활동이 개인 주택에서 이루어진다.

많은 인류학자들은 소위 가정에 기반을 둔 경제활동을 연구해 왔다. 집에서 재화와 서비스를 비공식적으로 생산하는 활동도 여기에 포함되는데, 예를 들면 집에서 구운 빵이나 집에서 만든 옷을 파는 일, 비공식적으로 아이를 돌봐 주거나 차를 수리해 주는 일 등이다. 남성과 여성 모두 이런 유형의 소득활동에 참여하지만 이런 활동은 특히 여성에게 더 매력적이다. 여성은 집에서 이런 일과 무보수 재생산 노동을 결합할 수 있기 때문이다.

산업화와 포드주의적 경제생산은 점진적으로 일터와 집을 분리했다. 그러나 후기포드주의의 맥락에서는 이런 구분이 갈수록 흐릿해지고 있다. 코로나19 팬데믹 기간 가속화된 기술 혁신 덕분에 피고용인은 사무실이나 공장이 아니라 집에서도 일할 수 있다. 반면 노동의 유연화 때문에 예전에 피고용인이었던 많은 사람들이 이제는 공식적인 일터가 없는 자영 하청업자가 되어 가고 있다. 재택 근무 이외에도, 많은 도시에서 커피숍과 유연한 작업공간이 크게 늘어났는데, 자영 노동자들은 이런 곳을 집에서 떨어진 사무실 삼아 일한다.

집은 단지 자영 노동자나 사업가만을 위한 장소가 아니다. 집은 보모, 요리사, 가사도우미, 정원사로 고용된 사람들에게는 가사 노동의 주된 장소이기도 하다. 가사 서비스는 계급적, 인종적, 성별에 따른 경계를 위반하기도 하고 재강화하기도 한다. 중산층과 상류층 고용주들은 집에 있는 하층계급 하인들이 자신들의 가장 사적인 필요까지 돌보도록 하면서 살아간다. 그러나 하인들의 공간적·감정적 근접성은 불안의 근원이기도 하다. (특히 여성) 고용주들은 가사 노동자의 움직임과 활동을 엄격하게 감독한다 (Dickey 2000). 점점 가사노동은 국제적 네트워크를 통해 구조화되고 있다. 동남아시아, 라틴 아메리카, 카리브해 지역 출신이면서 여성 비율이 압도적으로 높은 이주자들이 홍콩과 싱가포르에서 유럽과 미국에 이르는 부유한 지역의 가정에서 '돌봄노동'이나 '감정노동'을 제공하고 있다. 이주 가사 노동자 덕분에 고학력 중산층 여성들이 경력을 유지할 수 있다. 반면 이주 여성들의 자녀는 모국에 남겨져 확대가족의 보살핌을 받는 상황이 벌어진다(Rosenbaum 2017).

결론

경제적 과정을 연구하는 도시인류학자들은 여러 가지 산업과 여러 형태의 경제조직이 사회 분화 및 도시 공간의 정치에 어떤 식으로 연결되는가를 분석해 왔다. 이런 산업과 경제조직 중 일부는 특정한 경제적 장소와 연관되어 있다. 공장은 산업도시를 상징하는 장소였다. 반면 거리는 흔히 '비공식 경제'라고 간주되는 것을 위해 상징적으로나 물리적으로 중요한 공간이다. 이런 경제적 장소들 내에서의 갈등과 그런 장소들을 둘러싼 갈등은 종종 산업화나 탈산업화, 플랫폼 경제의 발달platformization과 같은 더 큰 경제적 변화에서 비롯된 긴장과 관련된다.

도시경제가 변함에 따라 새로운 유형의 사회관계와 새로운 의미 만들기 체계가 전개된다. 탄광촌이 플랜테이션 농업을 대체하고 제조업이 관광산업에 의해 잠식되며, 플랫폼 기업이 전통적인 기업을 대체할 때 기존의 위계는 불안정해지지만 새로운 사회적-공간적 불평등이 출현한다. 이런 변화는 지자체가 자기 도시를 '새롭게 규정'하고[rebrand] 좀 더 '현대적인' 혹은 '세계적인' 이미지를 창출하려는 시도를 통해서만 일어나는 것은 아니다. 도시 주민들은 일상적 서사를 통해 경제적 변화를 의미 있는 것으로 만든다. 예를 들어 자유무역 지대의 착취적 성격을 드러내는 뱀파이어 이야기를 통해서 또는 거리 행상이 공공의 골칫거리인지 아니면 도시의 소비주의적 매력의 일부를 구성하는지에 대한 논쟁을 통해서 지역 주민들은 경제적 변화에 의미를 부여한다.

토론거리

1. 포드주의에서 후기포드주의로의 변화가 도시 생활에 미친 영향은 무엇인가?
2. 지난 10년간 여러분이 살고 있는 사회에서 영향력 있는 도시경제 산업은 무엇인가? 이 산업은 계급이 형성되거나 성별 관계가 변화하는 데 분명한 역할을 했는가?
3. 공식 경제와 비공식 경제 사이의 구분이 유용하다고 생각하는가?
4. 당신은 당신이 잘 아는 도시의 중요한 경제적 장소를 인식할 수 있는가? 이런 장소 중 어떤 곳은 그 도시의 이미지와 관련해 갈등의 장소로 작동하진 않는가? 혹은 여러 집단의 도시 주민들 사이에 존재하는 더 큰 긴장을 반영하진 않는가?

더 읽을거리

Hansen, Karen T., Walter E. Litttle and B. Lynne Milgram, eds. (2013) *Street Economies in the Urban Global South*. Santa Fe, NM: SAR Press.

Millar, Kathleen M. (2018) *Reclaiming the Discarded: Lfie and Labor on Rio's Garbage Dump*. Durham, NC: Duke University Press.

Ravenelle, Alexandrea J. (2019) *Hustle and Gig: Struggling and Surviving in the Sharing Economy*. Berkeley: University of California.

Ringel, Felix (2018) *Back to the Postindustrial Future: An Ethnography of Germany's Fastest Shrinking CIty*. New York and Oxford: Berghahn Books.

더 볼거리

〈자동차 도시를 되살리기^{Rerooting the Motor City}〉(2013). 페이퍼 타이거 비디오 컬렉티브^{Paper Tiger Video Collective} 제작. '자동차 도시'였던 디트로이트에서 전개된 경제위기에 대한 대응을 보여 주는 다큐멘터리. 풀뿌리 도시농업 운동이 빈 땅과 무너져 내리는 건물을 농업의 공간으로 바꾸는 모습을 보여 준다.

〈로저와 나^{Roger and Me}〉(1989). 마이클 무어^{Michael Moore} 감독. 미시간주 플린트에 있는 제너럴모터스 공장이 폐쇄되면서 발생한 사회적·경제적 황폐화를 다룬 다큐멘터리.

〈미안해요, 리키^{Sorry We Missed You}〉(2019). 켄 로치^{Ken Loach} 감독. 영국 뉴캐슬에서 촬영된 영화로, 자영 기그 경제 노동자와 그의 가족이 고군분투하는 모습을 뒤쫓는다.

〈더 와이어^{The Wire}〉 Season 1·2 (2004~2006). 데이비드 사이먼^{David Simon} 각본, 제작. 탈산업도시 볼티모어를 배경으로 한 드라마 시리즈.

소비, 여가, 라이프스타일

이 장은 초기 인류학적 연구가 도시에서의 생산에 초점을 맞추던 것에서 근래 들어 도시에서의 소비에 점차 관심을 갖게 됨으로써 균형을 찾게 된 과정을 다룬다. 또한 소비가 도시에 기반을 둔 여가와 라이프스타일에서 중요해지게 된 과정을 보여 준다. 이 장은 사람들이 도시를 어떻게 즐기고 소비하는지를 검토하고, 이런 선택이 사회적 위계를 어떤 식으로 반영하며 또한 전복하는가라는 질문을 던진다. 많은 인류학자들은 소비의 역할을 특히 여가와의 관련성이나 소비가 도시의 라이프스타일과 하위문화에 미치는 영향과의 관련성 속에서 연구해 왔다. 예를 들어 자메이카 킹스턴의 댄스홀이나 시애틀부터 카이로에 이르기까지 퍼져 있는 중산층 커피숍 문화를 연구했다. 이 장에서는 소비 연구가 도시에서의 연대성 외에 차이와 불평등을 이해하는 데 어떤 도움을 줄 수 있는가를 논의한다. 또한 소비가 어떻게 정치 형태이자 상상력이 가득 담긴 자기표현의 장site일 수 있는가에 대해 논의한다.

부르디외와 문화자본

프랑스의 사회학자이자 인류학자 피에르 부르디외Pierre Bourdieu(1930~2002)의 저작은 우리가 취향taste의 사회적 역할을 이해하게 된 방식에 매우 큰 영향을 미쳤다. 부르디외는 취향에 대한 판단이 사실은 사회적 지위와 위계를 창출하는 데 중요하다고 주장했다. 그의 저작은 소비 연구와 여가 연구에 지속적으로 영향력을 발휘하고 있다.

부르디외는 자본capital의 개념을 과거에 계급 분석에 포함되지 않았던 영역까지 확대하자고 제안했다. 이를 위해 그는 계급 분석에 문화자본과 사회자본이라는 용어를 도입했다. 여러 형태의 자본은 사람들이 사회적 위치를 정하는 데 영향을 미치며, 사람들은 이런 자본을 전략적으로 활용해 자신의 사회적 위치를 향상하고자 한다. 부르디외는 세 가지 '모습guises'의 자본을 구분했다. '경제자본economic capital'은 즉시, 즉각적으로 화폐로 전환될 수 있으며, 재산권 형태로 제도화될 수 있는 자본을 뜻한다(Bourdieu 1986: 243). 이것이 가장 친숙한 형태의 자본인데, 예를 들어 부동산이나 기타 재산으로 구성되며, 화폐로 직접 전환될 수 있으므로 경제력을 표현한다. 계급에 관한 경제적 이해를 확장하여 부르디외는 한 사람에게 사회적 장에서 이점을 제공하는 여러 형태의 지식, 기술, 교육을 아우르는 문화자본cultural capital 개념을 제안한다. 부르디외에 따르면 "문화자본은 어떤 조건에서는 경제자본으로 전환될 수 있고, 학력educational qualifications의 형태로 제도화될 수도 있다." 문화자본은 학위증처럼 공식적 형식을 취할 수도, 취향이나 스타일처럼 비공식적 형식을 취할 수도 있다. 부르디외는 사회자본을 "사회적 의무(커넥션)로 구성되며, 어떤 조건에서는 경제자본으로 전환될 수 있고, 귀족이라는 작위title 형태로 제도화될 수도 있는" 자본이라고 정의한다(ibid.).

예를 들어 설명해 보자. 한 어머니가 자녀의 아이비리그 교육비를 지불할 정도의 경제자본을 갖고 있다고 가정하자. 그 덕분에 자녀는 학위라는 공식적 문화자본과 특정 계급에 국한된 신체언어와 스타일 감각 같은 특정한 종류의 지식과 기술로 구성된 비공식적 문화자본을 획득하게 된다. 또한 자녀는 아이비리그에서 교육받음으로써 사회자본, 즉 경력을 쌓는 데 필요한 네트워크를 획득한다. 심지어 아이비리그 대학의 졸업장은 공식적 유형의 사회자본, 즉 현대판 귀족 작위로 간주될 수 있다. 이처럼 덜 물질적인 형태의 자본은 가족의 계급적 지위를 재생산하는 데 핵심 역할을 한다는 것이 증명되었으며, 아마도 세대 간 사회적 상승이동을 가능하게 해줄지도 모른다.

　부르디외는 『구별 짓기*Distinction*』라는 유명한 저작에서 취향에 대한 판단과 사회계급 사이의 관계를 분석했다. 그는 '취향'이 어느 무엇보다도 명백한 계급적 구별 짓기의 형식이라고 주장했다. 그는 고급 예술을 평가할 수 있는 능력 같은 문화적 전문지식은 계급문화의 일부이며, 그 자체가 권력과 권위의 원천임을 보여 주었다. 최고급 요리를 음미하는 능력도 문화자본의 한 예이다. 이 능력을 통해 사람들은 대중적이고 소박한 음식 같은 저급한 취향과 구분되는 취향을 가진 특정 사회집단에 자신이 속한다고 주장할 수 있다. 이처럼 최고급 요리에 대한 식견은 자신이 상층계급에 속해 있다는 주장을 뒷받침하는 증거가 될 수 있다. 우리가 이미 지적한 바와 같이 문화자본은 경제자본으로 전환될 수 있다. 예를 들어 엘리트 가정에서 성장한 사람은 자라면서 전수받은 스타일 감각 덕분에 높이 평가받고 보수도 많이 받는 스타일리스트나 인플루언서로 활동할 수 있다.

　이 장의 첫 번째 절에서 논의하듯이, 소비는 **문화자본**cultural capital이라고 알려진 개념의 중요한 측면이다(상자 6.1 참조). 이처럼 소비는 더 넓은 정체성 정치identity politics뿐 아니라 계급적 위계라는 맥락에서도 사회적 구분을 초래하고 유지하는 데 핵심 요소이다. 소비는 사회적·공간적 분화를 재생산하는 데 중요한 역할을 하며, 많은 경우에 **시민권**citizenship은 민주적 참여라는 관점에서라기보다 점차 소비의 관점에서 정의된다. 두 번째 절은 소비와 도시 공간의 연관관계에 초점을 맞춘다. 소비의 변화는 도시경관이 변형되는 데 주요한 역할을 하며, 특정한 종류의 소비자를 위한 특별한 유형의 장소를 창출한다. 특히 도시에서의 소비는 **여가의 지리학**leisure geographies에 영향을 미칠 뿐 아니라 그것에 의해 좌우된다. 여가의 지리학이란 누가 무엇을 언제 어디에서 소비하는가에 대한 우리의 이해에 영향을 미치는 도시의 인지지도를 의미한다. 또한 근래에는 도시 공간 자체가 중요한 소비 대상이 되고 있다. 이런 현상은 도시 관광^{urban tourism}에서 특히 두드러진다. 마지막 절에서는 대중문화 신^{scenes}, **라이프스타일, 하위문화**에 대해 논의하면서 새로운 도시적 정체성을 창조하는 데 있어 젊은이들의 스타일과 대중문화의 역할을 검토한다. 이 절에서는 도시가 자기연출 self-fashioning에 제공하는 창조적이고 잠재적으로 전복적인 수많은 가능성을 강조할 것이다.

소비와 구별 짓기

소비에 대한 도시인류학적 관심이 늘어난 것은 도시경제가 특히 유럽과 북미에서 서비스 부문을 강조하게 된 현상으로 어느 정도 설명된다. 또한 좀 더 일반적으로 인류학 전반에서 소비에 대한 관심이 증가한 현상과도 관련된다. 1980년대에 물질문화와 '사물의 사회적 삶^{the social life of things}'을 연구한 연구자들은 사물이 사회관계—자본주의적 생산, 소비관계는 물론 선물교환 gift exchange 관계도 여기에 해당된다.— 속에 자리 잡으면서 어떻게 경제적·감정적 가치를 획득하게 되는가를 연구하기 시작했다(Appadurai 1986). 여러 문화적 맥락을 거치고 시간이 흐르면서 똑같은 물건이 다른 의미를 갖게 되고 다른 가치의 척도로 평가되기도 한다. 이로 인해 그것은 원재료에서 상품으로, 독특하고 매우 가치 있는 개인 소유물로, 다시 쓰레기로 변할 수 있다.

소비는 사적인 것과 공적인 것, 개인적인 것과 사회적인 것, 개별적인 것과 정치적인 것이 교차하는 사회적 실천으로서 인류학자들에게 흥미로운 연구 주제다. 무엇을 구입하고 사용하며 입을 것인가, 나아가 어디에서 이런 형태의 소비활동을 할 것인가를 결정하는 것은 매우 개인적인 일처럼 보인다. 우리는 이런 선택이 우리의 개별 선호도와 욕망에 의해 이루어지며, 우리의 개인적 정체성을 드러낸다고 생각한다. 그러나 이런 결정은 우리가 속한 혹은 우리가 속하고자 하는 사회적·문화적 집단에 의해, 나아가 어떤 물건이 소비에 이용될 수 있는가를 결정하는 더 커다란 정치적·경제적 구조에 의해 크게 좌우된다. 인류학에서는 문화자본과 소비자 시민권consumer citizenship이라는 개념을 통해서 소비, 귀속감, 정치 사이의 연관관계에 대한 연구가 이루어져 왔다.

문화자본

물론 소비능력은 구매력과 관련된다. 그러나 사람들이 구입하는 물건과 추구하는 여가 활동은 경제자본의 직접적 표시일 뿐 아니라 사회적 자기규정과 사회적 구별 짓기의 중요한 원천이다. 피에르 부르디외의 연구는 우리가 소비를 사회적 지위의 표시로서 이해하는 데 중요한 역할을 했다. 부르디외는 계급적 지위가 경제자본 혹은 경제자산—예를 들어 소비할 금융수단—의 소유하고만 관련된 것이 아니라는 점을 보여 주었다. 한 개인의 사회적 지위는 그(녀)가 소유한 문화자본, 즉 **무엇**을 소비할지, 무엇에 가치를 부여할지, 어디에서 눈에 띄는 것이 좋을지를 아는 것에 의해서도 규정된다(상자 6.1 참조).

특정한 계급적 지위를 유지하려면 다양한 문화적 능력을 능숙하게 구사할 수 있어야 한다. 세계의 여러 도시에서 국제적cosmopolitan 지식과 취향을 갖추는 것은 중상층upper-middle class에 속하는 데 필수 조건이다. 개발도상국의 여러 상황에서 세계적 유행을 알고 토착어와 영어를 편하게 섞어서 사용할 수 있는 능력은 고급 일자리에 대한 접근성을 높이며, 사회의 특권층에 속한다는 사실을 드러내는 중요한 방법으로 기능한다. 가령 최신 모델의 휴대전화나 명품 옷 같은 특정한 소비재를 과시하는 행위, 이제는 세계 전역의 도시에 있는 미국식 커피숍 같은 특정한 여가 공간을 이용하는 행위는 한 개인으로 하여금 자신이 특권층에 속한다고 주장하는 데 힘을 실어 준다(de Konning 2009). 그러나 이처럼 국제적 소비를 문화자본 형태로 활용하는 행동은 부유한 계급에만 한정되지 않는다. 이에 대해서는 이 장의 남은 부분에서 더 자세히 다루게 될 것이다.

세계적 혹은 국제적 취향에서 연유한 문화자본은 때때로 향토주의의 고양cultivation of localism에 부딪힌다. 많은 도시에서 세계적으로 생산된 제품의 소비가 점점 일반화되자 중상층 주민과 엘리트 주민들은 지역 제품에 더 높은 가치를 부여하기 시작했다. '지역적으로 행동하기acting local'는 오랫동안 환경운동의 슬로건이었지만 근래 들어 향토주의가 유행하게 되었고 사회적 구분을 드러내는 표시가 되었다. 예를 들어 종종 농산물 직거래장 혹은 홀푸드Whole Foods 같은 고급 슈퍼마켓에서 구입한 지역산 농산물만 먹겠다고 주장하는 로커보어locavore*나 월마트 같은 대형할인점보다 지역사회의 가게를 이용하겠다고 선택한 구매자들이 이에 해당한다. 향토주의 지지자들은 지역적 소비의 환경적·사회적 이익뿐 아니라 건강과 관련된 이득을 강조한다. 지역에서 구매하고 소비하는 것을 강조하는 일도 이제는 계급적 구별 짓기 과정의 중요한 요소가 되었다(Barendregt and Jaffe 2014).

---

* 지역을 뜻하는 local과 먹을거리를 뜻하는 vore를 합성한 신조어로 자신이 사는 지역에서 재배·사육한 음식을 소비하는 사람을 가리킨다.

소비자 시민권

소비는 계급적 귀속의식을 규정하는 데만 중요한 것이 아니다. 연구자들은 소비가 정치적 포섭에도 핵심적이라는 사실을 점차 이해하게 되었다. 소비와 시장이 국가와 공식적 정치를 부분적으로 대체함에 따라 정치적 표현과 공적 생활에의 참여에서 점점 더 중요한 지점이 되고 있다. '훌륭한 시민'으로 인식되는 것은 예를 들어 한 개인이 노동자, 군인 혹은 부모로서의 역할을 수행하는 것보다 소비자가 될 능력에 암묵적으로 좌우된다. 이처럼 '소비자 시민권'의 발전은 우리가 소비하는 능력, 즉 옷, 주택, 교통수단 같은 기본적인 상품이나 사치스러운 상품을 소유하고 전시하는 능력이 더 큰 정치 공동체의 완전한 일원으로서 우리의 (비공식적) 지위를 규정하고 있음을 의미한다(예를 들어 Daunton and Hilton 2001; Johnston 2008). 이것은 시민의 평등과 명백히 연관된다. 왜냐하면 내가 어디에 소속되어 있다는 주장이 경제자본 그리고/혹은 문화자본에 대한 접근 여부에 좌우된다는 것을 의미하기 때문이다. 소비와 시민권의 밀접한 연관관계에 내포된 배타적 의미는 공공 공간의 상업화가 진행되고 있는 도시 지역에서 명백하게 드러난다. 또한 경찰이 공공 공간에서 노숙인과 하층계급 젊은이들을 쫓아내려고 시도하는 데에서도 이런 관계를 이해할 수 있다.

그러나 소비자 시민권은 형식적인 선거 정치를 넘어 더 넓은 영역으로 민주주의의 범위를 확대하고 있다. 또한 시장의 정치화politicization of the market에서도 소비와 시민권의 연관관계를 볼 수 있다. 소비자 시민권이라는 생각은 '정치적 소비자 중심주의', 즉 보이콧에서 윤리적 소비에 이르는 소비자의 선택이 정치적 행위의 중요한 지점이라고 보는 현상과 연관되어 있다. 앞에서 언급한 '로커보어'가 그 예다. 도시경관에서 가시화되고 있는 또 다른 형태의 윤리적 소비로 생태친화적 건축 또는 빠르게 움직이는 도시환경에서 '느린^{slow}' 제품과 활동을 높게 평가하는 현상 등이 있다(Barendregt and Jaffe 2014). 많은 연구자들과 활동가들은 정치적 변화를 불러일으키는 데 있어서 비판적 소비자의 잠재력을 낙관적으로 보고 있다. 반면 소비자 시민권은 사람들이 선거정치와 논쟁적인 정치에서 한 걸음 뒤로 물러서는 상황을 수반한다. 사회 변화를 이루기 위해 정당이나 사회운동보다 오히려 소비자에게 의존하는 것은 집단적 행동을 개별화하고, 더 높은 수준의 가처분 소득을 가진 사람들에게 특권을 부여한다. 이것은 시장의 정치화뿐 아니라 정치의 시장화^{marketization of politics}를 초래한다.

에이미 포터(Porter 2008)는 [쿠바의 수도인] 아바나에서 실시한 연구에서 소비와 시민권 사이의 복잡한 관계를 다루고 있다. 쿠바가 점점 관광산업 경제에 의존해 감에 따라 정부는 관광객들이 이용할 수 있지만 쿠바 사람들은 접근할 수 없는 시설, 예를 들어 골프장이나 전동 스쿠터 대여점 같은 시설을 개발했다. 지역의 도시 주민과 관광객 사이에 소비자로서의 가능성에 이러한 차이가 존재하는 데 더해, 미국 달러나 달러로 환전 가능한 페소화에 접근할 수 있는 쿠바 사람들은 자국 화폐밖에 손에 넣을 수 없는 사람들보다 더 큰 소비력을 가지고 있었다. 외국 화폐에 접근할 수 있는 많은 쿠바 사람들은 아바나의 '양품점^{洋品店}'에서 수입 식료품과 사치품을 구입할 수 있었고, 이를 통해 과시적 소비를 받아들였다. 반면 외국 화폐를 손에 넣을 수 없는 사람들은 자신들을 이류 시민이라고 느꼈다.

포터는 소비능력에 따라 시민들 사이에서 벌어지고 있는 격차가 '시민권의 위기'를 야기했다고 주장한다. 쿠바혁명 당시 시민들에게 필수품을 제공하겠다고 강조했던 모토는 필요와 욕망을 창출하고 이에 부응하는 관광 경제로 대체되었다. 이러한 변화는 자유롭게 소비할 수 있는 사람과 그렇지 못한 사람 사이에 가파른 계층화를 초래했고, 예전에 아바나에서 영향력이 있었던 평등이라는 사회주의적 이상을 침식해 버렸다. 이런 맥락에서 포터는 쿠바 사람들이 다시 암시장에 의존하게 된 것, 즉 국가의 공식 판매점 바깥에서 불법적으로 제품을 구입하는 것이 단지 자신들의 필요와 욕망을 충족하는 방식일 뿐 아니라 정치적으로 전복적인 행위일 수 있음을 시사한다.

소비, 여가, 공간

소비, 여가, 도시 공간은 여러 가지 면에서 서로 연결되어 있다. 첫째, 소비 패턴과 도시경제의 상당 부분이 여가 활동 쪽으로 이동한 현상은 도시 경관을 변형했다. 소비자의 정체성이 변함에 따라 이런 집단에 부응하는 새로운 장소와 이들을 대상으로 한 광고가 공공 공간에서 가시화되고 있다. 둘째, 다른 모든 도시 활동과 마찬가지로 소비와 여가는 공간적 진공 상태에서 일어나지 않으며, 〔발생한다를 뜻하는 영어식 표현(take place)에서 드러나듯〕 문자 그대로 장소를 차지한다. 이런 활동이 펼쳐지는 구체적인 '장소'는 종종 도덕적 함의가 강한 여가의 지리학을 반영하는 동시에 그것을 재생산함으로써 누가, 무엇을, 언제, 어디서 소비하게 허용할 것인가에 대한 우리의 생각에 영향을 미친다. 셋째, 소비자들이 제품뿐 아니라 경험과 상징에 초점을 맞추게 되면서 도시 장소 자체가 상품화되고 있다. 이런 현상은 도시와 동네가 관광지로 변모되는 현상에서 명백하게 드러난다. 다음에서 우리는 이 세 가지 서로 다른 종류의 연관관계에 대한 예를 넓은 도시적 맥락 속에서 다룰 것이다.

새로운 여가 및 소비 공간을 창조하기

5장에서 우리는 도시가 어떻게 경제에 의해 규정되는가를 다루었고, 도시경제의 변화가 도시의 경관을 극적으로 바꿔 놓을 수 있다는 점을 지적했다. 변화하는 소비 패턴과 여가 라이프스타일은 이러한 경제적·공간적 변화가 드러나는 중요한 예다. 후기포드주의 경제(상자 5.1 참조)는 유연하고 불안정한 노동 형태의 등장을 동반했다. 이 새로운 경제에서는 많은 경우 노동력 구성 면에서 성별 균형의 변화가 야기되어 여성 전문직 종사자들이 서비스 부문에 과거보다 더 많이 취업하게 되었다. 노동자의 정체성이 변함에 따라 소비자의 정체성도 변한다. 노동력의 변화 및 이와 연관된 여성의 가처분 소득 증가는 소비자의 지형에도 영향을 미치고 있다. 여러 도시에서 일하는 여성들이 중요한 소비자 시장을 이루게 되었고, 이로 인해 시장의 이 부분을 활용하려는 새로운 전략이 등장했다.

전문직 여성 관리자들의 우정과 밤 시간대 일본의 도시 공간에 관한 민족지적 연구에서 스위-린 호(Ho 2015)는 술을 마시거나 클럽에 가는 것같이 늦은 밤에 하는 유흥 활동이 과거에는 중산층 남성들이 업무의 연장선 상에서 하는 중요한 일로 간주되었고 여성은 여기에서 제외되었으나, 이제는 여성 피고용인에게도 이런 활동이 어떤 과정을 거쳐 가능하게 되었는가를 기술한다. 1990년대 이후 일본의 서비스 부문에서 여성 전문직 종사자 수가 늘어나자 이들은 주류제조업자와 여가 공간 생산자에게 매력적인 시장이 되었다.

기업들은 특정한 음료를 일하는 여성들에게 적합한 상품으로 포장하는 마케팅 캠페인을 펼쳤다. 예를 들어 한 광고에서는 유명한 여배우를 독립적이고 위스키를 잘 아는 음주자로 묘사함으로써 하이볼highball이라고 불리는 위스키와 소다를 섞은 음료를 여성들에게 유행시키는 데 성공했다.

사진 6.1 일본 도쿄 가부키초의 호스트클럽 광고. (사진 제공: Swee-Lin Ho)

이 칵테일이 엄청난 인기를 끌자 일본의 도시들에 하이볼 바가 우후죽순처럼 늘어났다. 이렇게 재의미화된 술은 여성들에게 새로운 사회적 기회를 제공했다. 중산층 직장여성들은 자신들의 경제력과 여성의 음주가 용인되는 새로운 이미지를 활용해 예전에는 남성에게만 허용된다고 간주되던 야간 활동을 탐색할 수 있게 되었다. 그 장소들 중에는 호스트 클럽이나 남성이 '여성 고객에게 친밀하고 즐거운 서비스'를 제공하는 관능적인 장소들도 있었다(사진 6.1).

　고용 패턴과 소비와 관련된 상상에서 일어난 이러한 변화 덕분에 일하는 여성들은 화이트칼라 노동자로서의 지위—[일본 사회에서] 이 지위에는 늘 야간에 술을 마시며 느긋한 시간을 보낸다는 점이 중요한 요소로 포함됐다.*—를 완전

---

* 문화인류학자 앤 앨리슨Anne Allison이 남성 화이트칼라 노동자와 호스티스 클럽 여성 간

하게 누릴 수 있게 되었다. 이제 여성들도 시간에 상관없이 술을 마시고 야간에도 여가 활동을 할 수 있게 된 것이다. 또한 많은 여성들은 역사적으로 남성만 참여할 수 있었던 야간의 도시 공간에서 활동을 추구할 수 있도록 자신들의 경제력을 동원함으로써 야간 시간대 경제에 존재하는 성별 질서를 전복할 수 있다는 것이 자신들에게 힘을 가져다준다는 사실을 깨달았다.

식당에서 하이볼 바, 나아가 호스트 클럽과 와인 바에 이르기까지 다양한 장소들은 이제 중산층 직장여성들이 스스로를 전문직 중산층에 속한 세련된 구성원으로서 공개적으로 드러내고, 소비 선택을 통해 일본 사회에서 자신들의 위치를 협상하는 방법을 제공한다. 이런 장소들은 이들에게 힘든 하루 일과를 마치고 쉴 수 있는 재미있는 공간을 제공할 뿐 아니라 특정한 문화자본—세련된 여성 전문직 종사자로 간주되는 것—과 사회자본—동료들과 만나서 네트워크를 형성하는 공간을 점유하는 것—을 제공하는 셈이다.

여가의 지리학

미국식 커피숍—스타벅스가 가장 잘 알려진 예일 것이다.—이 전 세계적으로 확산된 현상은 여가와 관련된 세계적 유행 및 트렌드와 지역적 규범, 선호도, 욕망 사이의 상호작용에 관한 좋은 사례이다. 넓은 범위의 도시적 맥락에서 '여피 커피yuppie coffees'*를 판매하는 카페들은 여가의 지역적 지리학

의 상호작용을 분석한 민족지 『일본의 밤 문화Night Work: Sexuality, Pleasure and Corporate Masculinity in a Tokyo Hostess Club』(허창수 옮김, 문학세계사, 1998)를 보면 이들의 위상에서 이른바 밤 문화night-time leisure가 차지하는 의미가 잘 드러난다.

* 'young urban professionals'의 머리글자 'yup'와 '히피hippie'의 뒷부분을 합성하여 만든 말로, 도시에 사는 젊은 고소득 전문직 종사자를 가리킨다.

에서 새로운 지위를 차지해 왔다(Roseberry 1996). 우리는 누가 어디서, 무엇을, 언제 소비해야 하는가를 이해하는 데 영향을 미치는 도시의 인지지도라는 의미로 여가의 지리학이라는 용어를 사용한다. 이런 유형의 커피숍의 확산과 함께 다양한 스페셜티 커피ㅡ플랫화이트부터 펌프킨 스파이스 라떼*까지ㅡ가 전 세계의 소비자들에게 소개되었다. 여러 지역에서 커피숍 같은 공간과 이런 공간에서 배양된 소비자 습관은 중산층 교외 거주지로 이주하기보다 도시에 남아 있기를 선택한 젊은 도시 전문직 종사자들과 연관된다. 따라서 이런 공간은 젠트리피케이션의 이정표가 되었다(제2장 참조).

[이 같은 배경 아래] 카푸치노에 대한 취향은 세계 각지의 도시에서 고급화된 취향을 분명히 의미하는 전 지구적 증표가 되었다. [스타벅스 같은 미국식] 커피숍이 잠재적 위신과 구별 짓기의 공간으로 간주된다는 사실은 이곳이 전 세계적 흐름에 부응한다는 데 기인한다(Appadurai 1990 참고). 그러나 커피숍이 특정한 도시적 맥락 내에서 구성되는 사회적 공간이라는 사실과, 카페라테를 선호하는 취향에 의해 부여되는 차별성은 지역적 문제이기도 하다. 이런 공간과 취향은 훌륭한 소비장소 및 소비형태와 그렇지 못한 소비장소 및 소비형태ㅡ예를 들어 스페셜티 커피, 영화, 술, 마약, 성매매와 관련된 장소 및 소비형태ㅡ에 관한 도덕적 지도를 수반하는 지역적 여가의 지리학 내에서 이해되어야 한다. 이런 소비활동 중에는 도덕적으로 용납될 수 있는 것도 있고, 반대로 의심스럽거나 터부시되는 것도 있다.

일본의 사무직 노동자 사례에서 알 수 있듯이 이런 지도는 성별에 따라 강력하게 구분되어 있어서, 어떤 소비와 여가의 장소 및 형태는 남성에게

---

* 2003년부터 판매 중인 미국 스타벅스의 인기 계절 음료로, 미국에서는 가을에 마시는 음료로 유명하다.

는 적절한 것으로 간주되지만 여성에게는 그렇지 않으며, 정반대의 경우도 있다. 또한 이런 지도는 특정 계급과 연관된 경우가 매우 많아서, 특정한 종류의 여가 활동이 어떤 사람들에게는 허용되지만 다른 사람들에게는 그렇지 않을 수도 있다. 예를 들어 카이로에서 진행한 아나욱 더코닝의 연구는 고급 커피숍에서 남녀가 섞여 어울리는 행동이 특권적 계급 배경을 가진 젊은이들에게는 완벽하게 자연스러우며 훌륭한 행동이지만 그렇지 못한 젊은이들 사이에서는 성적 규범이 느슨하며 심지어 매매춘과 연관된다는 인상을 줄 수도 있다는 것을 보여 준다(de Koning 2009). 이처럼 계급화된 여가의 지리학은 지역적 장소와 스타일을 국제적인 것과 대립시키며, 각각을 하층계급의 소비형태 혹은 엘리트의 소비형태에 결부한다. 이런 맥락에서 여가의 선택은 계급과 윤리의 견지에서 자기 자신의 위치를 드러내는 중요한 방법이 된다. 또는 다음의 사례가 보여 주듯, 정치적 충성과 관련해 자신의 위치를 밝히는 방법이 될 수도 있다.

카페의 스타일, 메뉴, 이름이 겉보기에는 비슷하지만 이처럼 여가의 지리학이 지역적 성격을 띤다는 점은 남부 베이루트의 시아파 거주지에 생겨나고 있는 여가 활동 구역을 다룬 라라 딥과 모나 하브(Deeb and Harb 2013)의 논의에서 드러난다. 베이루트는 레바논의 수도로서 오랫동안 중동에서 가장 국제적이고 자유로운 도시였다. 그러나 시아파 인구가 압도적으로 많고 시아파의 정치-종교 조직인 헤즈볼라Hezbollah가 지배하는 지역인 남부 베이루트는 농촌 분위기가 나고 덜 세련되며 몹시 종교적인 곳이다. 1975년부터 1990년까지 계속된 레바논 내전으로 인해 베이루트의 도시경관이 파벌에 따라 파편화됨에 따라 도시의 특정 지역이 특정한 종족·종교 집단 및 그와 연관된 정치운동과 연결되었다. 내전 후 남부 베이루트에서는 여가에 대한 요구와 도덕성에 대한 요구 사이에서 균형을 맞춘 카페 문화가 출현했다. 예를 들어 이곳의 카페에서는 이성끼리 어울리거나 음악을 연주할 수 있었다. 이 특정한 카페 문화는 독실하며 중산층인 시아파 청년들에게 훌륭한 여가 활동의 선택지를 제공해 주었다. 더구나 종파적 갈등의 관점에서 보더라도 이 젊은이들은 지역에 있는 시아파 카페를 이용함으로써 시아파 지역 내에 있는 집 근처에 안전하게 머무는 동시에 정치적 충성심을 보여 줄 수 있었다. 베이루트에서 여가의 지리학은 레바논 사회의 단절을 반영하는 라이프스타일, 계급, 도덕성, 종족·종교적이고 정치적인 정체성의 복잡한 관계를 지도에 드러낸다.

도시 공간을 소비하기

도시 연구자들은 소비가 일어나는 장소를 연구할 뿐 아니라 도시 공간 자체가 소비대상이 되는 과정도 연구하기 시작했다. 가장 분명한 사례가 도시 관광이다. 도시 관광의 주된 매력은 도시 자체와 도시의 다양한 장소를 경험하는 것이다. 그러나 도시적 장소를 소비대상으로 변형하려면 '정상적인' 주거 공간과 일터를 관광지로 재의미화하도록 조정하는 노력이 필요하다. 그 과정 중 하나가 관광객을 한 장소로 끌어들여 돈을 쓰도록 유도하기 위해 그곳의 이미지나 이야기를 구성하는 도시 혹은 동네 브랜딩 캠페인(제7장 참조)이다. 이런 이미지와 이야기는 역사적 건축물, 형형색색의 (차이나타운같이 특정 종족 집단이 운영하는) 종족 시장, 멋진 해안가처럼 매력적이거나 멋진 장소에 주목하는 경향이 있다. 그러나 이미지와 이야기를 만드는 과정에서 도시경관cityscape에 영향을 미친 현대 도시의 불평등과 갈등의 역사가 무시되는 경향이 있다.

암스테르담과 샌프란시스코는 이 같은 탈정치화된 장소 마케팅의 좋은 예다. 두 도시는 모두 성소수자 퍼레이드같이 잘 알려진 행사를 통해 성소

수자들의 수도로서의 위상을 획득했다. 샌프란시스코의 카스트로the Castro
와 같은 특정한 지역은 무지개 깃발을 전시하고 성소수자 권리에 대한 투
쟁을 기념하는 기념물을 세움으로써 성소수자에게 친화적인 곳으로 표시
된다. 이런 진술들은 어떤 맥락에서는 해방적 기능을 수행하지만 점차 기
업가적 도시행정과 대기업의 재정 후원을 받으면서 그 도시를 선전하는 데
이바지한다. 이 도시들을 성소수자의 수도라고 재현하는 마케팅 전략은
이 도시들의 성소수자 공동체 거주자들에게 계속되고 있는 차별과 낙인을
얼버무리고 넘어간다.

 특정 종족 집단이 사는 동네의 마케팅도 탈정치화 효과를 유발할 수 있
다. 알린 다빌라(Davila 2004)는 뉴욕의 이스트할렘 지역이 소외된 저소득
층 푸에르토리코 출신자들이 살던 동네에서 고급스런 관광지로 변형된 과
정을 연구했다. 다빌라는 이곳에서 오랫동안 산 주민들이 역사 및 갈등과
종족성을 연관 지어 이해하는 모습과 경제적 개발업자들이 '판매할 만한
종족성marketable ethnicity'을 생산하는 모습을 대비한다. 후자의 담론에 의해
할렘은 여행할 때 가볼 만한 곳 또는 살기에 멋진 곳이라는 이미지를 갖게
되며, 이런 담론에서는 푸에르토리코인들이 자주 가는 바나 아프리카계
미국인들의 교회는 투쟁이나 공동체의 연대와 관련된 역사적·정치적 장
소라기보다 외부인들이 방문해서 즐길 만한 최신 유행의 관광지로 묘사된
다. 샤론 주킨(Zukin 2011)은 젠트리피케이션 과정을 겪고 있는 뉴욕의 많
은 동네들에 초점을 맞추면서 이와 유사한 점을 지적하는데, '진정한' 도시
적 장소를 찾는 행위가 어떤 식으로 도시문화의 상품화를 초래하는가를
보여 준다. 교육받은 도시 주민들은 더 오래되고 종족적으로 다양한 동네
를 밋밋하고 표준화된 교외 지역보다 점점 더 선호하게 되었다. 이처럼 부
유한 주민들이 추구하는 도시의 진정성은 일반적으로 이민자, 예술가, 노

동자 계급 주민의 활동 및 생활방식과 연관된다. 그러나 이들처럼 별 특권이 없는 주민들이 한 지역에 부여한 장소감sense of place은 동네의 '지역문화local culture'가 소비할 만한 대상이 됨에 따라 침식당하고 만다.

도시 공간 소비의 특별한 현상은 이른바 '슬럼 관광slum tourism'이다. 브라질 리우데자네이루의 빈민가인 호시냐Rocinha, 남아프리카공화국 요하네스버그의 소웨토Soweto 지역, 인도 뭄바이의 비공식적 주거지인 다라비Dharavi 등을 방문하는 슬럼 관광은 갈수록 인기가 높아지고 있는 관광 형태이다. 압도적 다수를 차지하는 유럽과 북미의 부유한 관광객들이 진짜 경험을 찾아 '친빈곤 관광pro-poor tourism'에 참여하려고 저소득층 동네를 여행한다. 그러나 이런 동네가 관광지나 일종의 도시적 장관으로 개발되는 것은 도시에 존재하는 빈곤과 박탈의 공간이 소비할 볼거리와 경험거리가 되어 버린다는 것을 의미한다. 슬럼 관광을 통한 만남은 도시에 존재하는 불행을 상품화하고 빈곤에 관한 고정관념 이미지를 재생산할 수 있지만, 다른 한편으로 매우 다른 배경을 가진 사람들을 연결하여 감정적인 방식으로 방문자들에게 영향을 끼쳐 해당 지역의 오명을 반박하는 잠재력을 갖고 있기도 하다(Vodopivec and Dürr 2019; Jaffe et al. 2020).

관광지가 되는 도시나 동네에서 일부 주민들은 관광객으로 인해 생기는 수입이나 이전에 저평가되었던 도시 유산urban heritage에 대한 감탄을 환영한다. 하지만 다른 주민들은 유적지와 대중교통이 과도하게 붐비고 기념품 가게가 지역 수요에 맞춘 기존 상점을 밀어내는 상황을 보면서 관광객이 일상을 방해하는 상황에 분개할 수 있다. 또 에어비엔비 임대와 관광객 증가로 인한 젠트리피케이션이 부동산 가격 상승을 야기하여 주민들이 더 이상 적정 가격으로 주택을 구하지 못한다는 사실을 발견하게 된다. 바르셀로나와 베니스처럼 매우 인기 있는 도시 관광지에서 관광에 대한 반감이 커지면서, 도시 관광 개발의 부정적 효과를 뜻하는 용어로 **'오버투어리 즘**overtourism'**이** 부상했다.

도시적 생활양식, 신, 대중문화

도시적 생활양식과 여가 활동은 패션, 음악, 쇼핑에 대한 선호에서부터 사람들이 어디서 어떻게 휴식을 취하고 어울리는가까지 포함한다. 그렇지 만 도시적 생활양식과 여가 활동이 단지 경제적 과정이거나 계급적 구별 짓기에 불과한 것만은 아니다. 그것은 문화적 정체성과 정치적 견해를 표 현하고 협상하는 방식일 뿐 아니라 더 중요하게는 그저 즐거움을 만끽하거 나 심지어 경제와 정치라는 일상적 걱정에서 벗어나기 위한 방법이기도 하 다. 따라서 라이프스타일은 소비재와 여가 활동에 대한 개별적 선호도에 따라 구성되는 경향이 있는 집합적 형태의 스타일 및 소비로 이해될 수 있 다. 라이프스타일은 강한 상징적 의미를 갖고 있으며, 언어, 음악, 외모 꾸 미기, 성향—패션, 헤어스타일, 화장, 몸의 움직임 등—은 상징적 차원에서 중요 한 요소이다. 광고와 영화에서부터 유튜브와 틱톡에 이르는 매체가 힙합 과 힙스터 문화를 아우르는 개별 라이프스타일을 대중화하는 데 주요한 역할을 한다.

이처럼 현대적 취향, 스타일, 사회성이 하나의 묶음으로 나타나는 현상 을 어떻게 개념화할 것인가를 주제로 많은 논쟁이 벌어졌다. 인류학자와 사회학자는 때때로 이런 현상을 '하위문화subcultures'나 '신scene'이라는 범주 로 분류해 연구했다. 하위문화 개념은 1960~1970년대에 인류학자와 사 회학자들 사이에서 인기를 끌었다(상자 6.2 참조). 그러나 이 개념은 정체성

헵디지와 하위문화

도시적 생활양식, 영역, 하위문화에 대한 연구 중 상당수는 문화연구cultural studies 라는 학제적 분야에서 수행되었다. 이 분야에서 영향력 있는 이론가는 영국 학자 딕 헵디지Dick Hebdige(1951~)다. 헵디지가 연관된 버밍엄학파는 버밍엄 대학 현대문화연 구소Centre for Contemporary Cultural Studies, CCCS와 연결된 연구자 집단이다. 현대문화연 구소는 자메이카 태생의 영향력 있는 학자인 스튜어트 홀Stuart Hall(1932~2014)이 주 도한 곳으로, 대중문화를 권력관계의 협상을 위한 핵심 지점으로 이해하는 접근법을 개척했다.

스튜어트 홀의 학생이었던 헵디지는 주요 저작인 『하위문화: 스타일의 의미 Subculture: The Meaning of Style』(1979)로 잘 알려져 있다. 1970년대 버밍엄의 청년문화 와 소비 연구를 바탕으로 하위문화와 저항에 관한 스튜어트 홀과 토니 제퍼슨(Hall and Jefferson 1975)의 초기 연구를 계승한 헵디지는 펑크 같은 하위문화는 계급적·인종적 권력관계에 대한 반응으로 이해되어야 한다고 주장한다. 그는 하위문화 스타일을 사회집단들 사이의 차이를 구성하고 전달하기 위해 사용된, 의미를 드러내는 실천signifying practice이라고 본다. 펑크는 영국 백인 노동계급 젊은이들이 부모 세대 그리고 자메이카 출신자같이 백인이 아닌 젊은이들과 대비해 스스로를 문화적으로 구분하는 방법이었다. 여러 학자들은 헵디지가 펑크 신에서 두드러진 성별에 따른 개별적 과정을 대체로 무시했기 때문에 이 책이 남성주의적 편견으로 가득하다고 비판했다(McRobbie 1980). 또한 하위문화라는 용어가 문화적 집합성을 지나치게 정태적인 것으로 재현한 점도 비판했다. 그러나 『하위문화』는 대중문화와 스타일 연구 분야의 중요한 시금석으로 남아 있다.

을 구성되고 역동적인 것으로 보기보다는 정태적인 것으로 이해하는 경향이 있어 곧 인기가 시들해졌다. 또한 하위문화라는 용어는 주로 하층계급의 스타일과 취향을 언급하는 데 사용되어 의도치 않게 중산층의 생활양식은 하위문화적이지 않고 정상적이라고 재현하는 결과를 초래했다. 신개념은 특히 음악적 집합체musical collectivities가 형성하는 역동적인 문화공간으로서 음악 현장을 언급하는 데 주로 사용된다. 이 집합체는 일군의 음악적 소비활동과 생산활동을 하며, 특정한 지역에 근거를 두고 다른 지역들과 연결될 수도 있고, 주로 인터넷을 기반으로 한 가상의 영역을 형성할 수도 있다(Bennett and Peterson 2004).

특히 도시의 젊은이들은 의미, 영감, 정체성의 원천인 여러 형태의 대중음악, 패션 언어를 창출하는 주된 행위자이다. 이런 형태의 대중문화는 종종 세계적인 것이 된다. 힙합과 헤비메탈에서 케이팝에 이르기까지 대중문화는 도시의 지점들 사이를 이동하는데, 이곳에서 새로운 청년 집단들은 대중문화를 즐기고 '현지화'한다. 예를 들어 레게 음악과 이와 연관된 라스타파리 운동Rastafari movement은 시골에서 자메이카 킹스턴의 가난한 동네로 상경한 이주자들 사이에서 생겨났다. 그러나 이 음악과 운동은 자메이카 사람들이 국제적으로 이주한 영국과 북미의 도시에서 인기를 끌었다. 또한 전 세계적으로 소외된 젊은이들, 특히 젊은 남성들 사이에서 인기가 있었다. 다음에서 우리는 공유하는 스타일, 취향, 대중문화를 중심으로 형성된 도시적 사회성의 두 가지 형태를 논의할 것이다. 먼저 우리는 도시에서의 소외urban marginalization를 이해하고 전하는 데 큰 영향력을 발휘하고 있는 대중문화의 초지역적translocal 형태 중 하나인 힙합에 초점을 맞춘다. 그다음으로 코트디부아르 아비장의 블뢰푀르bluffeurs의 사례에 초점을 맞춰 도시의 패션이 현대성을 구축하고 표현하는 데 있어서 수행하는 역할에 대해 논의할 것이다.

도시의 대중문화, 장소 만들기, 소외marginalization

힙합은 단언컨대 가장 '도시적'인 형태의 대중문화 중 하나다. 뉴욕시의 소외된 동네에서 시작된 힙합 문화는 랩 음악, 그래피티, 브레이크댄싱,

디제잉 등을 포함하며, 전 세계에서 지배적 형태의 도시 청년문화 중 하나가 되었다. 도시에서의 소외에 대응해 생겨난 힙합은 도시 생활에 대한 다양한 대안적 서사와 이미지를 통해 인종주의, 가난, 폭력의 경험을 번역하고 〔이런 문제에 대해〕 이의를 제기했다. 힙합은 인종적·계급적 불평등 문제에 집중되어 있지만 또한 언제나 장소 만들기와 관련된다(제2장 참조). 흔히 힙합 문화의 시각적 요소로 간주되는 그래피티도 장소 만들기 과정에서 중요한 역할을 한다. 그래피티 아티스트들은 스프레이 캔을 사용해 도시경관에 자신들의 흔적을 남긴다. 또한 래퍼의 가사는 지역성—'동네the hood'—과 사회공간적 소속감에 강한 관심을 드러내는 경향이 있다(Forman 2002).

힙합은 많은 다른 형태의 대중문화보다도 초지역적인 신scene을 구축했다. 미국에서는 개별적인 도시적 정체성을 강조하는 지역별 힙합 신이 출현했다. 1990년대 초 로스앤젤레스의 갱스터랩이나 1990년대 후반에서 2000년대 초반까지 애틀랜타와 뉴올리언스 같은 도시에서 유래한 '더티 사우스Dirty South' 스타일, 2010년대와 2020년대 런던과 시카고의 드릴 신 drill scene이 이에 해당한다. 힙합의 확산 범위는 미국을 훨씬 더 넘어선다. 인류학자들은 델리(Dattatreyan 2020)에서 멕시코의 와하카(Magaña 2020)까지 힙합이 전 지구화된 현상을 연구했다. 언어적 차이, 지역적 전유와 각색을 통해 다양한 도시에 있는 젊은이들은 인종, 계급, 성별, 공간에 관한 힙합적 주제를 자신들의 관심사에 맞게 변형하면서도 여전히 힙합이 미국 도시에 뿌리를 두고 있다는 사실을 언급하고 그 뿌리와 연결되고자 한다.

브라질의 힙합에 관한 연구에서 데렉 파르두에(Pardue 2008)는 이런 식의 변형을 다루면서 세계적 연결 관계를 통해 진화하는 스타일이 어떻게 각각의 지역성—예를 들어 동네—에 밀착되는가를 분석한다. 그는 상파울루의 인종화된 저소득층 거주지의 젊은이들에게 힙합이 어떻게 자신들의 소외된 위치를 재의미화하도록 도와주는 문화 운동cultural activism 형태일 수 있는가를 보여 준다. 힙합은 주변부―이 젊은이들이 공간적으로나 사회적으로 그 도시의 주변적 위치에 있다는 사실―라는 관념에 문화적으로 대응하는 방식을 제공한다. 파르두에는 브라질 힙합에 국내외적으로 흑인다움, 흑인중심주의Afrocentrism와 연결된 인종적 담론도 포함되어 있지만, 또한 공간적·사회경제적 차별과 배제가 점점 더 브라질 힙합의 지배적 주제가 되어 가고 있음을 발견했다. 힙합 행사를 위해 도시 공간을 요구하거나 '정복'하려는 젊은이들의 투쟁은 주변부 거주자들이 도시에서 자신들의 권리를 주장하는 더 넓은 차원의 투쟁과 연결되어 있다(상파울루의 저항적 시민권insurgent citizenship에 대해서는 제9장 참조).

도시 패션, 세계주의, 현대성

도시의 문화적 스타일은 도시에서 소외된 위치를 논박하는 데에만 사용되는 것은 아니다. 제임스 퍼거슨(Ferguson 1999)이 아프리카 구리 산출 지대의 도시적 스타일에 대한 연구에서 보여 주었듯이 그것은 개인이 현대성이나 변화와 자신을 관련지어 드러내는 중요한 방법이기도 하다. 퍼거슨은 도시 주민들이 '지역적localist' 스타일과 '세계주의적cosmopolitan' 스타일―의복, 음식, 언어, 음악 등의 영역에 나타나는 취향과 지향의 묶음―을 모두 이용한다는 사실을 발견했다(서아프리카의 사례에 관해서는 사진 6.2를 참고). 응답자들은 자신들의 선호도를 '전통'과 '현대성' 사이의 문화적 이원론을 표현하는 것이라고 개념화했다. 그러나 퍼거슨은 스타일을 상이한 정체성의 표현이라기보다 오히려 숙련된 연행performative competences 으로 이해해야 한다고 제안한다. 그는 문화적 스타일이란 전적으로 '자유로운' 개인의 선택도 아니

사진 6.2 1970년대 나이지리아 카판찬의 바에서 대화하는 사람들.
(사진 제공: Ulf Hannerz)

고, 사회구조에 의해 엄격하게 규정된 것을 그대로 받아들이는 것도 아니라고 주장한다. 우리는 스타일을 "정치경제적 맥락에 그리고 개인의 생애과정에 자리 잡은 배양된 능숙함$^{cultivated\ competence}$"이라고 이해할 수 있다(Ferguson 1999: 101).

사샤 뉴얼(Newell 2012a)은 이와 비교할 만한 사례로 코트디부아르의 수도 아비장에서 전개된 스타일과 자기표현 방식을 분석했다. 그가 연구한 블뢰피르^{bluffeurs}는 1980년대 콩고에서 활동한 사피르^{sapeurs}에서 영감을 받아 그들과 유사한 패션 스타일을 구사한 집단을 가리킨다(MacGaffey and Bazenguissa-Ganga 2000). 라 사페$^{La\ Sape,\ Société\ des\ Ambianceurs\ et\ des\ Personnes\ Élégantes}$(세련되고 우아한 신사 협회)라는 이름으로 세계적인 유명세를 얻은 콩고의 사피르는 고급 양복을 입고 대단히 섬세한 취향을 드러냄으로써 자

제6장 소비, 여가, 라이프스타일 **205**

신을 꾸민 이들이지만, 대부분 가난한 젊은이들이었다. 뉴얼이 다룬 코트 디부아르의 블뢰푀르 역시 일반적으로 비공식 경제를 통해 돈을 버는 실업 상태의 젊은이들이다.

블뢰푀르는 전통과 농촌의 반대 항으로서 매우 현대적이면서도 도시적인 정체성을 획득하기 위해 스타일을 활용했다. 하지만 그들의 연행은 이런 이분법(전통 대 현대, 농촌 대 도시)을 희화화하거나 전복하는 행위이기도 했다. 이들이 잘 차려입은 모습은 자신들의 사회경제적 지위를 반박하는 한 방법이었다. 일반적으로 매우 가난한 블뢰푀르는 부유한 젊은이들처럼 [패션의] 세세한 부분까지 연출했다. 이를 위해 유행하는 명품 의상을 확보하느라 결국 하룻밤 사이에 다 써버릴 돈을 구하려고 애썼다. 그렇다고 해서 사람들이 이런 허세를 진짜로 믿지는 않았다. 대부분의 사람들은 이 젊은이들이 저소득층이 사는 서민동네 출신임을 알았다. 뉴얼이 지적하듯이, 이들에 대한 공공연한 지식은 중요하지 않았다. "허세는 그런 식으로 계속 살 수단을 가진 어떤 사람의 취향, 즉 감식안을 보여 주는 것이었다. 허세는 사치품의 상징을 활용하는 능력을 보여 주므로 이 점에 있어서 블뢰푀르는 존경받았다"(Newell 2012b: 47). 코트디부아르계 프랑스인 뮤지션 두크 사가Douk Saga를 유명하게 만든 뮤직비디오는 과대포장의 의미와 도시적 패션 스타일에 대한 지식의 중심 요소가 된 유쾌한 상징경제의 의미를 시사한다.

사가는 첫 번째 싱글인 〈사가시테Saga Cité〉의 뮤직비디오에서 돌체앤가바나 의상을 입고 노래를 불렀고, 샹젤리제—고가의 옷가게가 밀집한 파리의 유명한 거리—의 디자이너 매장 밖에 서 있는 백인 여성에게 돈을 건네며 허세의 진수를 연출했다. (Newell 2012b: 48-49)

블뢰푀르는 경제자본과 전적으로 단절된 사회적 지위를 창조하는 데 문화자본이 어떻게 사용될 수 있는가를 보여 준다. 이들의 스타일은 명백히 소비를 통해 성공을 산출하고자 하는 열망을 보여 주었다. 그러나 아비장의 젊은이들(블뢰푀르)은 자국의 도시 엘리트를 모방하려는 것이 아니었다. 그들은 지역적이면서도 국제적인 패션 스타일을 자신들의 창조적이고 빠르게 변화하는 스타일과 결합함으로써 프랑스적인 것에 심취한 엘리트들의 위세에 도전했다. 소비와 라이프스타일, 지역의 패션을 그대로 따르기보다는 선도할 수 있도록 도와주는 문화자본 덕분에 블뢰푀르는 경제자본이 없음에도 불구하고 일정한 형태의 성공과 사회이동을 이루었고, 무엇보다 자신들이 국제적 패션을 완전히 습득하고 다시 만들어 내기까지 했음을 보여 주었다.

결론

소비는 인류학 연구의 중요한 주제가 되었는데, 이런 현상은 부분적으로는 후기포드주의 경제의 강조점이 생산에서 소비로 옮겨 간 변화에 대응하여 일어났다. 이런 맥락에서 시민권은 점차 소비할 권리와 소비할 수 있는 능력을 통해 규정되고 있다. 소비는 자기표현의 중요한 형식으로 간주되어, 사람들은 소비를 통해 자신을 다른 사람들과 구별 짓는다. 대규모의 인구가 밀집해 있어 상당한 정도의 익명성과 다양성이 존재하는 도시환경은 귀속감과 자기규정을 제공하는 다양한 하위문화 영역의 발상지이며, 도시의 주류와 상당히 다르거나 심지어 대립하는 공동체 의식을 낳기도 한다. 우리는 소비를 통해 우리의 경제자본과 문화자본을 드러내며 우리 자신을 사회적으로 규정한다. 인류학자들은 어떤 사람들이 사회이동을 암시하거나 그것을 실현하기 위하여 어떻게 문화자본의 한 형태인 자신들의 스타일 감각을 활용하는가를 기록해 왔다.

또한 도시인류학자들은 소비가 어떤 식으로 도시경관을 변형하는가를 분석해 왔다. 소비 선호도의 변화와 자본이 풍부한 새로운 집단이 소비자로 등장하는 현상은 도시경관을 극적으로 바꿀 수 있다. 예를 들어 두드러지게 늘어나고 있는 특정한 소비자들의 취향과 입맛에 부응하는 상점과 여가시설이 확산됨에 따라 도시경관이 변할 수 있다. 심지어 동네 전체가 소비와 여가 경관의 변화로 인해 변형될 수도 있다. 예를 들어 신중산층 전문직 종사자와 관광객들이 노동계급이 압도적으로 많이 거주하는 지역의 진정한 도시적 분위기에 매료되어 이 동네로 향하기 시작하면 고급 커피 전문점과 유기농 음식점이 곧 뒤따라 들어오는 식이다. 심지어 도시 자체가 소비할 제품이 될 수도 있다. 따라서 도시의 관광경제를 촉진하기 위해 고안된 도시 이미지 캠페인을 통해 도시는 교묘하게 소비 대상으로 생산된다.

토론거리

1. 당신은 소비 선택을 통해 자신의 사회적 지위를 드러내는 방법을 알고 있는가? 그렇다면 특정한 도시경관에서 자신을 드러내는 데 적합한 소비 선택을 설명할 수 있는가?
2. 소비가 개별적이면서도 정치적이고, 사적이면서도 공적인 이유를 설명할 수 있는가?

3. 익숙한 도시의 특정 지역이 소비 패턴의 변화에 의해 변형되는 방식을 설명할
수 있는가?
4. 취향이 자본의 한 형태로 간주될 수 있는 이유는 무엇인가?
5. 소비는 전복적일 수 있는가?

더 읽을거리

Azcárate, Matilde Córdoba (2020) *Stuck with Tourism: Space, Power, and Labor in
Contemporary Yucatán*. Berkeley: University of California Press.
Barendregt, Bart and Rivke Jaffe, eds. (2014) *Green Consumption: The Global Rise
of Eco-Chic*. London: Bloomsbury.
Magaña, Maurice Rafael (2020) *Cartographies of Youth Resistance: Hip-Hop,
Punk, and Urban Autonomy in Mexico*. Berkeley: University of California Press.

더 볼거리

〈잘 가요 바르셀로나Bye Bye Barcelona〉(2014). 에두아르도 치바스 페르난데스Eduardo
Chibas Fernandez 감독. 바르셀로나의 도시 일상생활에 영향을 준 대중관광의 발
달을 보여 주는 다큐멘터리.
〈스타일 워Style Wars〉(1983). 토니 실버Tony Silver 감독. 그래피티와 브레이크댄싱의
진화를 포착한 고전적인 힙합 다큐멘터리. 이런 표현방식들이 어떻게 뉴욕의
거리에서 막 싹트던 힙합 문화의 중요한 부분을 이루게 되었는가를 보여 준다.
〈최대행복의 공간: 오사카 사랑 도둑 이야기The Great Happiness Space: Tale of an Osaka
Love Thief〉(2006). 제이크 클레널Jake Clennell 감독. 랏쿄 카페Rakkyo Café라는 오사
카의 호스트 클럽에 대한 다큐멘터리. "몸짱인 호스트 남성들은 아름답고 젊
은 여성들을 웃게 만들고 여성들이 자신의 삶을 행복하다고 느끼게 해준다. 이
여성들이 즐거움을 누린 대가를 후하게 지불하는 것은 물론이다."

제7장

신자유주의와 그 불만

1970년대 이래, 제2차 세계대전 전후 시대를 특징짓는 정치·경제적 상식과 합의는 신자유주의 추종자들로부터 점점 더 많은 압박을 받게 되었다. 신자유주의 이데올로기는 경제와 사회 조직 내에서 배분과 규제의 힘으로서 시장의 우위를 선포했다. 이러한 신념은 지역과 국가, 글로벌 차원에서 국가 정책 및 비국가 행위자들에 영향을 미치면서 자기충족적 예언이 되었다. 전 세계 국가들은 시장의 효율성, 개인의 책임, 기업가 정신을 핵심 규범과 이상으로 채택하면서 신자유주의 경제(제5장 참조)의 글로벌 스탠다드에 부합하도록 법을 개정하고 국가 예산과 경제 정책을 재설계했다.

신자유주의 개혁은 국가 내부와 국가 간의 불평등을 심화했고, 세계 각지에서 중산층의 기대에 걸맞은 노동 계약 안정, 은퇴 보장 혹은 사회적 보호, 공공주택 등의 복지 제공과 같은 많은 안정성을 약화했다. 노동법이 재개정되고 복지국가가 개혁되면서 회사와 직원, 국가와 시민 사이의 기존 관계가 점차 뒤집혔다.

1980년대 라틴 아메리카의 부채 위기부터 1990년대 아시아의 금융위기, 미국에서 시작되어 전 세계적 경제 위기를 촉발한 2008~2010년 금융위기에 이르기까지 경제 위기는 새로운 경제 현실의 변동성을 드러냈다. 많은 경우 소위 **구조조정 프로그램**이나 **긴축 정책**을 동반한 이러한 위기는 경제 안전망과 복지 시스템을 해체하여 격렬한 시위를 촉발했다. 과거의 안정적인 중산층을 포함한 많은 도시 주민들이 처한 끔찍한 상황은 공공재나 복지를 제공하는 대안적 방식에 대한 실험으로 이어졌다. 이러한 형태의 도시 실험은 국가가 충족해 주지 못했거나 더 이상 충족해 주지 못하는 주택, 의료, 식량에 대한 긴급한 수요를 해결하곤 했다. 또한 이 실험들은 신자유주의를 넘어서는 사회적·경제적·정치적 모델을 개발하여 새로운 도시 공유지를 개척하는 과정도 수반했다.

이 장에서는 먼저 제2차 세계대전 이후 확립된 정치경제적 논리와 국가-시민 관계가 어떻게 **신자유주의 이데올로기**와 개혁의 대상이 되었는지 고찰한다. 다음으로 신자유주의 정책이 도시경관에 어떤 영향을 미쳤는지 살펴본다. 신자유주의(상자 7.1 참조)에 대한 인류학적 접근은 매우 다양하지만, 우리는 도시인류학에서 세 가지 주요 주제에 집중한다. **세계도시**global city의 불평등, **기업가 도시**entrepreneurial city, 공공주택을 향한 낙인찍기를 포함해 **신자유주의 정책이 저소득층에 미친 영향**이 그에 해당한다. 이어 21세기 초의 글로벌 금융위기로 인해 수많은 사람들이 집을 잃게 된 과정과 국가 재정 건전성을 회복하기 위한 엄격한 신자유주의 개혁이 도시의 삶을 어떻게 뒤흔들었는지에 대해 논의한다. 마지막으로 신자유주의 구조조정과 위기의 맥락에서 생겨난 새로운 커먼즈commons의 형태와 사회적 실험들을 살펴본다.

신자유주의

신자유주의는 21세기의 가장 중요한 변화를 분석하는 데 대표적인 비유로 자리 잡았다. 제프 마스코브스키와 줄리언 브래시(Maskovsky and Brash 2014: 255)가 요약했듯이, 신자유주의는 일반적으로 1970년대 이후 자본주의 경제의 세계화와 관련된 특정한 이념적이고 정치적인 정부 관행을 지칭하는 것으로 간주된다. 사유 재산권의 강화, 자유시장과 자유무역의 확대, 공공 및 공동 소유 재화의 사유화, 민간 부문의 관행과 개념의 확산 및 추앙이 그에 해당한다. 신자유주의는 전 지구적인 규제 완화와 소유권 박탈, 도시부터 조직과 개인에 이르기까지 모든 것에 있어서 기업가 모델의 인기, 새로운 형태의 도시 불평등과 그에 따른 징벌적 제도의 출현 등 광범위한 사회 변화를 분석하기 위해 사용되어 왔다.

신자유주의가 지닌 광범위한 의미와 용법은 이 용어가 설명력을 상실했다는 비판을 불러일으켰다. 이 용어의 사용에 대한 인류학자들의 논쟁에서 제임스 레이들로 James Laidlaw는 신자유주의가 "세계에서 일어나는 거의 무한한 범위의 나쁜 일들을 정의되지 않는 동일한 원인으로 돌리는 편리한 도구"(Venkatesan et al. 2015: 913)가 되었다고 주장했다. 이러한 의구심에도 불구하고, 때로 '후기 자본주의'라고도 불리는 신자유주의는 국가 발전이라는 프레임으로부터 시장 효율성과 개인의 책임을 중시하는 방향으로 사회가 어떻게 변화했는지를 이해하는 해석적 틀이 되어 왔다.

인류학자들은 크게 두 가지 방식으로 신자유주의를 연구해 왔다. 마르크스주의적 접근을 취한 일부 인류학자들은 거시경제 정책의 효과에 특히 주목한다. 이를테면 그들은 구조조정 프로그램, 복지국가 예산 삭감, 공공서비스의 사유화가 어떻게 사회적 불평등을 악화하고 경제적·사회적 불안정성을 증가시키는지 연구한다. 이들은 데이비드 하비(Harvey 2005)의 연구에서 영감을 받아 신자유주의를 주로 엘리트의 이익을 위한 프로젝트로 이해한다(Ganti 2014). 다른 인류학자들은 푸코의 영향 아래 신자유주의를 우리 자신과 사회 세계, 정치적 관계를 바라보는 방식을 변화시킨 일련의 사상으로 접근한다. 예를 들어, 이들은 자신의 삶과 경력에 대해 투자 논리를 바탕으로 이해하는 기업가적 자아의 발달을 강조한다(Gershon 2017; Pettit 2019). 이들은 또한 자기 규율적인 정치 주체가 생산되는 양상도 분석한다. 이 같은 '선량한 신자유주의 시민'은 자립적일 뿐 아니라 복지 제공에 큰 부담을 지우지 않는다. 또한 도움이 필요한 사람들을 돌보고, 여러 단계의 복지국가 축소로 인해 생긴 복지 제공의 공백을 메우기 위해 개입한다(Muehlebach 2012). 이처럼 푸코의 이론적 전통을 따르는 인류학자들은 특히 감사audit를 통해 조직을 관리하는 신자유주의적 기법의 부상을 연구하기도 했다(Wright and Shore 2015).

신자유주의 도시

제2차 세계대전 이후 1946년부터 1970년대 중반까지 30년 동안은 낙관적인 모더니즘 신념이 지배했던 예외적인 시기였다. 이 시기에 국가는 공기업 설립, 국민경제 규제, 사회보장 제도 및 복지 프로그램의 점진적 정교화 등을 통해 경제 및 사회생활에서 주도적인 역할을 맡았다(Alexander et al. 2018). 흔히 **포드주의** 또는 **케인스주의** 질서로 불리는 이 시스템은 대량생산과 대량 소비를 중심으로 한 국가, 자본, 노동 간의 합의, 경기 순환을 조정하는 국가의 적극적인 역할, 정교한 사회보장 제도 등이 특징이었다. 과거 식민지였다가 새로 독립한 많은 국가들을 비롯해 세계 각지에서 이 질서와 결부된 국가-사회 관계는 국가와 사회가 어떤 모습이어야 하는지에 대한 대중적·학문적 상상을 암묵적 혹은 명시적으로 지탱해 왔다.

이 시기에는 '요람에서 무덤까지' 아우르는 시민의 복지에 대한 국가의 책임을 강조하며 국가와 시민 간의 상호 관계와 의무에 관한 일련의 사상을 확립했다. 산업화된 서유럽, 북미, 아시아 및 기타 지역에서 이 질서는 적정 임금과 고정 계약을 기대할 수 있는 남성 생계부양자와, 남성 생계부양자의 잠재적 소득 상실을 보전해 주는 복지국가에 중점을 두었다. 사회주의 국가들은 국가·경제·사회·시민 간의 관계에 대해 다른 제도와 규범적 비전을 정교화했으며(이를테면 Rofel 1999), 노동자로서의 남성과 여성에 대한 생각도 달랐다(Haney 2002). 이렇게 30여 년에 걸쳐 국가, 기업, 사회, 시민 등 서로 다른 행위자 사이에 특정한 형태의 주체성, 젠더 관계, 호혜성과 책임의 관계가 발달했다. 이 수십 년 사이에 생산된 사회정치적 상상은 다양한 복지국가 제도로 구체화되었다.

1970년대 중반 이후 신자유주의 이데올로기의 영향력이 커지면서 서유럽의 복지국가부터 탈식민지 개발도상국, 소비에트 블록과 중국의 사회주의 국가에 이르기까지 제2차 세계대전 이후 국가 주도의 근대화 프로젝트에 큰 변화가 일어났다. 아시아, 아프리카, 라틴 아메리카에서는 일반적으로 구조조정 프로그램이라고 불리지만 유럽에서는 긴축 정책으로 더 잘 알려진 신자유주의적 구조조정은 비효율적이고 위압적인 '유모 국가[nanny state]'의 명시적 해결책으로 추진되었다.

신자유주의 개혁의 목표가 된 많은 도시에서 이 같은 사회·경제적 구조조정은 공공 부문의 고용 기회 축소, 실업과 일용직 형태 노동의 증가, 경제생활의 점증하는 정보화를 초래했다. 교육, 건강보험, 사회보장, 수도, 에너지, 쓰레기 수거 같은 기본적인 공공 서비스[utility service]가 사유화되었다. 반면 국가의 자금은 공영주택 같은 집합적 소비[collective consumption]가 아닌 사회 엘리트층에 최우선적으로 봉사하는 화려한 기반시설과 건축 개발에 투입되었다. 아세프 바야트(Bayat 2012: 111)는 이런 프로그램이 **'신자유주의 도시'**를 초래했다고 주장한다.

'신자유주의 도시'는 ······ 시장 주도적 도시를 뜻한다. 이것은 주민의 필요에 의해서가 아니라 시장의 논리에 더 좌우되는 도시다. 공공의 관심사보다 개인이나 기업의 이해관계에 더 반응하는 도시다. 신자유주의 도시에서는 생산, 집합적 소비, 도시 공간이 점점 더 사유화되고 이것들에 대한 규제가 완화되는 현상이 나타난다.

　바야트에 따르면 규제 완화와 사유화를 향한 급격한 변화drive는 '내부-추방inside-outing', 즉 공공 공간에서 비공식 경제활동이 증가하고 가난한 주민들이 대거 공공 공간에 의존하게 되는 현상을 초래한다. 이런 변화에 따라 신자유주의 도시에서는 점점 더 사회적 폐쇄와 자기 분리self-segregation라는 움직임이 늘어난다. 이런 움직임은 과밀하고 점점 낙후되는 공공 공간에서 탈출하려는 도시 엘리트 사이에서 특히 두드러진다(제10장 참조).

　신자유주의는 무엇이 좋은 도시 정책인지에 대한 일련의 아이디어가 유통되면서 세계 각지의 도시에 영향을 미쳤다. 제프 마스코브스키와 줄리언 브래시(Maskovsky and Brash 2014)가 주장한 것처럼, 이러한 도시 정책은 시장의 자유, 경쟁과 규제 완화를 전면에 내세우면서 기업가 정신을 장려했다. 이러한 정책은 지역 발전의 촉매제로 여겨지는 예술가와 창작자 등 이른바 '창조계급creative class'을 포함하는 경제적으로 생산적인 주민을 유치하고 유지해야 할 필요성을 강조했다. 이러한 생각이 우세해지면서 국가 및 지방 정부는 "공공 서비스 및 공간의 사유화, 민관 파트너십의 이용 증가, 노동력에 대한 애착을 높이기 위한 복지 제도의 재구조화, 젠트리피케이션을 유발하는 '[도심]활성화'와 상업기능 강화"(Maskovsky and Brash 2014: 257)에 나서게 되었다.

세계도시와 불평등

　1970년대 이후 신자유주의 개혁은 국가, 기업, 사회, 시민 간의 관계를 조직하는 데 시장 논리를 도입하거나 강화했다. 이러한 개혁을 추진한 이

사스키아 사센과 세계도시

세계도시global city에 대한 사스키아 사센(Sassen 2001)의 연구는 도시 연구에 큰
영향을 미쳤다. 1980년대 이후 생산 공정은 점점 더 다양한 단계로 분리되어 전 세계
여러 지역에서 서로 다른 활동이 이루어졌다. 특히 제조업은 저렴한 노동력을 지닌 국
가로 이전되었다(5장 참조). 이러한 전 지구적인 생산 체제는 경제생산의 공간적 확산
과 전 세계적인 경제 통합을 유발한다.

이 같은 20세기 후반의 경제적 변화는 도시에 새로운 전략적 역할을 부여했다. 뉴
욕, 런던, 도쿄 같은 도시들은 장기간 동안 누려 온 국제무역과 금융 중심지로서의 역
할에 더하여 세계경제라는 조직에서 명령을 내리는 지점이자, 금융과 기업 생산자 서
비스의 주요 지점이 되었다. 이 업종들은 경제 부문을 선도하는 분야로서 제조업을
대체하거나 축출했다. 세계도시들로 이루어진 점점 긴밀해지는 네트워크는 공간적으
로 분산된 생산과정을 관리하는 물질적 연결 지점이자 이런 관리를 가능하게 하는 전
문화된 기업 서비스의 생산기지가 되어 가고 있다.

이처럼 세계적 조정 기능에 관련된 도시 부문들은 점차 주변 경관(지역)과 단절되
고 있다. 런던시의 금융지구는 런던의 동네들보다 뉴욕의 월스트리트와 더 긴밀하게
연결되어 있다. 도시경제 내의 이러한 단절 현상은 지역의 계급 구성을 변형했다. 사
센과 그에게 동조하는 연구자들은 직업 구조와 소득 분배의 극심한 양극화가 일어나
고 있음을 지적한다. 세계도시에서는 금융업이나 관련 산업에 종사하는 전문직 같은
최첨단 부문high-end sector과, 전문직 엘리트에게 서비스를 제공하는 저임금이 만연
한 서비스 부문low-end service sector이 동시에 늘어나는 현상이 벌어진다. 반면 그동안
안전했던 중산층의 계약 및 고용조건이 점진적으로 해체되면서 중산층의 상황은 악
화된다. 결과적으로 세계도시는 도시의 거주공간이나 소비공간 면에서 점점 단절되
어 가는 도시 지리와 분절된 방식을 드러낸다.

들은 국경을 넘나들며 규제를 받지 않는 자본의 이동이 글로벌 경제 경쟁
에 참여하는 사람들에게 더 많은 풍요를 제공하는 반면, 그렇지 못하면
경제 침체를 피할 수 없을 것이라고 예견했다. 도시는 이 같은 신자유주의
적인 전 지구화 과정에서 중추 역할을 해 왔다.

사회학자 사스키아 사센(Sassen 2000, 2001)은 도시가 전 세계로 분산된 생산을 조정하고 관리하기 위한 교차점으로서 중요성을 획득하게 되었다고 주장한다(상자 7.2 참조). 사센의 관점에서 '세계도시global cities'는 전 지구적인 경제 네트워크의 작동에 깊이 연루되어 있고 핵심적 역할을 담당하는 지점들을 갖고 있다. 그러나 금융의 지휘-통제를 수행하는 이 지점들은 도시경관의 나머지 부분과 점차 단절되어 가고 있다. 〔그레이터〕런던의 런던시 지역이나 뉴욕시의 월스트리트가 그 명백한 사례이다. 전 지구적 네트워크에서 세계도시의 중심성은 사람들에게 그 자체의 동학을 만들어 냈다.

사센은 세계도시의 동학이 이런 도시들의 계급 구성을 변화시키는 데 기여했다고 주장한다. 그녀는 노동계급과 중산층의 생활수준 하락과 전 지구적인 승자 계급―즉 글로벌 엘리트와 전문직 중산층 중 일부―의 부상을 묘사한다. 이런 계급 구분은 최신 패션과 트렌드가 전시되는 화려한 장소의 형태로 도시경관에 드러난다. 이런 곳들은 대개 특권층만을 위한 장소여서 도시 인구의 대부분에게는 손이 닿지 않거나 문자 그대로 차단된 곳이다. 따라서 신자유주의적 전 지구화는 세계 전역의 도시에서 분리와 도시의 불평등을 증가시키는 역할을 한다.

사센의 연구가 런던과 뉴욕, 도쿄에 초점을 맞추었다면 인류학자들은 더 광범위한 지역, 특히 탈식민국가의 도시에서 신자유주의 정책이 야기한 불평등을 연구해 왔다. 5장에서 논의했듯이 식민 지배를 벗어나 독립한 많은 국가들은 대규모 국가 건설 프로젝트를 실시했다. 이 국가들은 1970년대 중반 이후 신자유주의적 개혁으로 돌아섰는데 이런 변화는 많은 경우 세계은행이나 국제통화기금IMF과 같은 국제금융기관들의 압력에 의한 것이었다. 이런 국가의 수도는 구조조정 프로그램이 힘을 발휘하는 주된 지점이었다. 인류학자들은 이 같은 신자유주의 개혁정책이 뭄바이, 자카르타, 부에노스아이레스, 카이로 등의 도시경관을 어떤 식으로 바꿔 놓았는가를 탐색했다.

아나욱 더코닝(De Koning 2009)은 21세기 초부터 아랍 세계를 휩쓴 대규모 시위가 일어난 최근까지의 카이로를 연구하면서, 신자유주의적 개혁이 이 도시에 미친 영향을 분석한다. 더코닝은 신자유주의적 개혁이 오랫동안 국가 지원의 주된 수혜자였던 카이로의 전문직 중산층에게 어떤 영향을 미쳤는가를 묻는다. 전문직 중산층은 이집트를 교육수준이 높고 현대적인 국가로 변형하는 것을 목적으로 1950년대와 1960년대에 걸쳐 진행된 국가 주도 개발 프로젝트의 핵심 존재였다. 1990년대 들어 세계은행, IMF와 약속한 구조조정 정책의 일환으로 이집트 정부는 세계 경제 네트워크로 통합된 자유경제시장을 창조하기 위한 경제정책을 실시했다. 이 새로운 개발 프로그램의 대부분은 수도인 카이로에 집중되었다.

21세기 초 카이로의 도시경관cityscape 곳곳에서 화려한 '제1세계'로의 변모가 진행되었다. 고급스러운 5성급 호텔, 사무용 고층건물, 흠 잡을 데 없이 깨끗한 새 쇼핑몰은 세계도시로서 카이로의 위상을 말해 주는 듯했다. 카이로 주변 사막에 최근 건설된 고급 게이티드 커뮤니티, 골프장, 외국계 교육기관은 부유한 카이로 시민들에게 초국가적 제품과 경험을 제공했다. 이들은 또한 높은 빈곤율, 인구 과밀, 환경오염을 겪고 있는 카이로 시가 제공할 수 없었던, 외관상으로 완벽하고 사회적으로 동질적인 풍요로운 세계에 관한 약속을 표현했다. 이처럼 화려한 카이로의 모습은 30년 간 진행된 경제 자유화의 극명한 표현이었다. 그것은 이집트의 새로운 국가 프로젝트가 지향하는 바를 사람들에게 각인했다. 즉 초국가적 기업의 수요와 부유한 카이로 시민들의 라이프스타일에 부응하는 세계도시를 창출하겠다는 것이었다.

 이러한 맥락에서 카이로의 대규모 전문직 중산층은 점차 양분되었다. 한편으로는 외국어 능력과 국제적인 학위 및 라이프스타일을 갖춘 특권적인 중상층 계급—사센이 논의한 고소득층에 해당하는 중상류층 전문직—이 등장하여 새로운 고급 업무공간에서 근무했다. 반면, 중산층 가운데 운이 별로 좋지 못했던 이들—노동계급 장인에게 요구되는 기술이나 생계용 장사에 필요한 사회적 네트워크가 부족한 경우—은 하향 이동을 하게 되었다. 이러한 〔계급〕 분화는 다양한 고급 소비, 여가와 주거 선택지의 등장이 보여 주듯 카이로의 도시경관 변화로 나타났다. 극명하게 양극화된 계급 구성을 반영하며 카이로의 공공장소는 점점 더 세분화되기에 이르렀다.

 유사한 사회적 변화들이 전 세계의 도시경관에 그 흔적을 남겼다. 많은 도시에서 역사적 중심지, 부둣가, 과거의 산업 부지가 중상류층 계급을 위한 주거지로 개조되면서 도심지역의 젠트리피케이션이 빠르게 진행되었다(제2장 참조). 이렇게 개조되어 젠트리피케이션이 진행된 지역이 새로운 중산층 거주자와 관광객을 끌어들이는 매력 중 일부는 도시적 느낌과 도시 고유의 경제적 유산이다. 하지만 이 과정에는 노점상 단속을 통해 노동계급이나 프레카리아트를 제거하여 중산층에게 '안전한' 공간을 만들거나(Martinéz 2016), 중상류층 가족의 코스모폴리탄 취향과 계급 지위를 보여 주는 요가, 자전거, 줌바 활동을 위해 거리에 출입통제를 실시(Srivasta 2020)하는 등의 움직임이 포함된다. 신자유주의적 도시성에 대한 중산층의 투자는 도시 공간을 현대적으로 혹은 '제1세계'로 보이고자 하는, 식민 지배에 뿌리를 둔 욕망을 대변하는 것일 수 있다. 이러한 상상과 개입은 종종 더럽고 상스럽거나 후진적인 하층민의 계급적이고 인종화된 위계를 재생산한다.

기업가 도시

세계 각지의 도시에서 고급 소비, 여가, 주택이 각광받는 것은 **기업가 도시**entrepreneurial city를 향한 신자유주의의 옹호와도 관련이 있다. 지방 정부들은 해외 투자자와 관광객에게 자신의 도시를 적극적으로 홍보하고 있다. 20세기 후반 많은 시 정부는 공공재와 서비스를 주민에게 제공하는 것을 넘어서 경제적 성장과 발전, 고용을 촉진하는 것으로 자신의 역할을 재정의하기 시작했다.

지리학자 데이비드 하비(Harvey 1989)는 이 같은 효율성과 경쟁력, 위험 부담을 점차 강조하는 시 정부의 변화를 관리주의에서 기업가주의로의 거버넌스 이동이라는 관점에서 논의한다. 도시 기업가주의는 시 정부들이 투자와 관광객 및 부유층 유치를 두고 국내와 국외에서 다른 도시들과 벌이는 경쟁과 관련된다. 기업가 도시에서 공공 부문은 점차 민간 부문처럼 행동한다. "도시는 이미지 구축 활동 및 생산물 판촉에 종사한다는 점에서 그리고 경쟁력을 유지하고 시장 점유율을 높이기를 원한다면 변화에 직면할 준비가 되어 있다는 점에서 더 이상 기업과 다르지 않다(Spirou 2011: 47)."

이러한 기업가주의와 경쟁은 점차 세계 각지에서 인기를 끌고 있는 **도시 브랜드** 전략에서 잘 드러난다. 도시계획은 장소 마케팅에 관한 사고를 수반하며, 그에 따라 도시 이미지나 기반시설에 대해 어떠한 개입과 투자가 경제성장에 도움이 될 것인가, 어떠한 전략이 '글로벌 도시'의 지위를 얻는 데 도움이 될 것인가 등의 문제가 대두된다. 지역 정부는 도시를 전 세계에 '판매'하는 데 도움이 될 독특한 이미지나 브랜드를 개발하고자 마케팅 컨설턴트를 고용한다. 자신들의 도시를 '세계 수준의 목적지'로 변모시킬 새로운 도시 정체성의 구축을 추구하는 지역 정부는 슬로건이나 독특한 건축물에 의존한다. 'I♥NY'나 'What Happens in Vegas, Stays in Vegas', 'Hong Kong. Live It, Love It!' 같은 슬로건이 잘 알려진 도시 마케팅 사례이다. 두바이의 부르즈 할리파, 파리의 퐁피두센터는 도시의 국제적 프로필을 높이는 장엄한 건축 프로젝트의 대표적 사례이다(장소 만들기에서 '**스타 건축가**'의 역할에 대해서는 제2장 참조).

도시 이미지가 중요해진 것은 탈산업사회의 도시가 '**상징경제**symbolic economy'로 변모해 오면서 도시경제의 성격이 달라진 것과 관련이 있다(제5장 참조). 국제적으로 경쟁력을 갖추라는 압박은 도시 거버넌스의 양식뿐 아니라 도시의 건조환경과 인구관리 형태를 변화시켰다. 도시화는 소비자가 되기에 충분한 수단을 갖춘 주민과 방문자에 맞추어 점차 소비 지향적으로 진행되었다. 이러한 과정은 현재 지배적 산업의 수요와 어울리지 않는 기술이나 자격의 가치를 깎아내리거나 대체하는 경향이 있다.

주민들의 실제 수요를 희생해 가며 도시 이미지를 만들어 내고자 한 두바이의 기업가주의적 도시 모델은 극단적인 형태를 취해 왔다. 막툼Maktoum 왕조의 지배자는 쿠웨이트와 제다 같은 이웃 나라 도시들을 따라 두바이를 글로벌 도시 현대성의 최첨단에 자리매김하기 위해 스타 건축가들을 초청했다. 스타 건축가들이 뿜어내는 고급스러움은 특출한 건축 천재의 신화로 뒷받침되었다. 아흐메드 칸나의 논의처럼 이러한 신화 때문에 정치적 질문은 논외로 밀려났다(Kanna 2011). 건축가의 권위는 지배 엘리트의 권위를 강화하는 한편, 그들이 함께 입안한 랜드마크 건물은 스타 건축가와 지배자의 지명도를 뒷받침하는 증거가 되었다. 지역 문화와 지속가능성이라는 언어에 의지하면서도, 지역의 지배 엘리트와 스타 건축가의 동맹은 기존 사회조직을 무시한 채 미학적 관심에만 배타적으로 초점을 맞추었다. 이로 인해 건축가들은 도시를 구속받지 않는 건축적 구현을 허용하는

사진 7.1 아랍에미리트 두바이의 공사 현장.
(사진 촬영: Matej Kastelic, Shutterstock)

사진 7.2 아랍에미리트 두바이 노동자 숙소에서 카드놀이를 하는 건설노동자들.
(사진 촬영: Rob Crandall, Shutterstock)

빈 석판이라고 상상했다(사진 7.1).

　랜드마크 건물이 과연 누구를 위해 존재하는가, 그 건물이 누구를 쫓아 내는가, 건설 과정에서 누가 착취되는가라는 질문은 제기되지조차 못했다. 그러나 이 질문은 주로 아시아에서 온 대규모의 이주노동자들이 법적 보호를 거의 받지 못한 채 시민권도 없이 노동하는 전제군주국 두바이의 맥락에서 매우 적절한 질문이다(사진 7.2).

　두바이의 사례는 이런 보여 주기식 투자가 기업활동을 둘러싼 경쟁과 관계되는 것만은 아님을 보여 준다. 아비딘 쿠스노(Kusno 2004)가 주장하듯이, 수도에 해당하는 도시에서의 생활은 종종 그 나라에서의 생활을 대표한다. 고층 빌딩 형태로든, 휘황찬란한 쇼핑몰이나 복고풍의 고급 아파트 형태로든 전 지구적 현대성의 최첨단 상징을 보여 주는 수도를 보유하는 것은 그 나라가 세계무대에서 중요하다는 것을 시사한다. 아마도 정반대의 경우가 더 사실에 가까울 텐데, 현대적인 수도가 없다는 것은 단절과 저개발을 의미한다. 그러한 **국가주의적 도시성**nationalist urbanism은 국가적 야망을 전달하기 위해 수도의 도시경관에 대한 대규모 투자로 이어진다. 이런 보여 주기식 프로젝트는 한 국가가 세계적 지위에 도달했음을 시사할 수 있다.

　이 같은 국가주의적 상상의 가장 좋은 예시는 초고층 건물이다. 세계에서 가장 높은 빌딩을 갖고 있다는 일시적이며 곧 잃어버릴 수밖에 없는 지위—더 높은 빌딩이 건설되기 전까지만 유효한 지위—는 오랫동안 세계무대에서 한 국가의 뛰어남을 전달하는 데 사용되어 왔다(King 2004). 최근 수십 년 동안 특히 아시아 국가들이 자국의 세계적 지위 상승을 드러내기 위해 더 높은 건물 짓기 경쟁에 참여했다.

　콩고의 킨샤사에 대한 논의에서 인류학자 필립 더북Filip de Boeck과 사진작가 새미 발로지^{Sammy Baloji}는 킨샤사의 현대성을 알리기 위해 계획된 다양한 대규모 프로젝트에서 배제된 사람들조차도 이런 건물들이 불러일으키는 현대 도시에 대한 꿈을 똑같이 공유했다는 점을 보여 준다(De Boeck and Baloji 2016). 이들은 자신들이 결코 이런 프로젝트에 포함될 수 없으며 심지어 이 프로젝트 때문에 쫓겨날 수도 있음을 이해했음에도 불구하고 새롭게 개선된 킨샤사의 장밋빛 미래를 기쁘게 받아들였다. 고층 빌딩과 쇼핑몰, 고급 부동산의 힘은 부의 세계와 현대성을 받아들이도록 하는 데 있다. 그러나 킨샤사 주민들은 동시에 유럽중심주의적인 도시의 이상을 재정의했다. 그들은 "과거의 식민지 주거 기반시설을 전유하여 지역사회의 생활에 더 적합한 방식으로 재조립하고 바꾸는 방식으로 식민지 근대성의 유산을 다시 만들어 내기도 했다"(de Boeck and Baloji 2016: 224).

신자유주의 도시 정책과 빈곤

신자유주의적 도시성의 일환으로 상상되고 건설된 더 화려한 도시경관을 연구하는 것 외에도 많은 인류학적 연구는 신자유주의 개혁이 도시빈민에게 미치는 영향에 초점을 맞춰 왔다. 이러한 개혁은 시장친화적인 정책의 채택과 복지 공급의 축소를 수반한다. 로익 바캉(Wacquant 2012)이 주장했듯이, 이러한 개혁은 종종 가난하고 소외된 계층에게 더욱 **징벌적인 정책**으로 이어진다. 바캉은 수혜자에게 노동 혹은 직업 훈련에 참여하도록 하는 조건부 복지 프로그램인 규율적인 '근로연계복지^{workfare}'와, 마찬가지로 소외되고 권리를 박탈당했거나 인종차별을 당하는 집단을 대상으로 한 더욱 징벌적인 형사 사법 프로그램인 '프리즌페어^{prisonfare}'가 융합되고 있다고 지적한다. 바캉은 점점 더 불안정해지는 인구 집단을 대상으로 한 규율적이고 징벌적인 접근이 신자유주의적 변화의 본질 중 하나라고 본다. 그는 신자유주의로 인해 사회적 위계의 상층부에 해당하는 사람들에게는 관용과 편의를, 하층부에는 통제와 징벌을 가하는 켄타우로스 국가*가 성장을 개시했다고 주장한다.

일반적인 신자유주의 정책이 그렇듯이 이러한 징벌적 정책이 취하는 형태는 지역마다 현저히 다르다. 예를 들어 미국에서는 수감률이 엄청나게 증가했으며, 특히 저소득층 유색인종 집단에서 그러했다(Alexander 2010). 영국에서는 복지 수급자에게 적용된 매우 엄격하고 융통성 없는 요건, 규정 위반에 부과된 무거운 벌금, 바람직하지 않은 행동에 대한 광범위한 법적 제재를 통해 복지 정책이 규율적이고 징벌적인 기술로 전환되었다(Koch 2018; Davey and Koch 2021; Wilde 2022). 이러한 영국의 제재 중 가장 악명 높은 것은 아마도 반사회적 행동 금지명령ASBO, Anti-Social Behavior Order일 것이다. 이는 특정 지역이나 상점 출입을 금지하거나, 욕설이나 음주 같은 행동을 공적으로 제한하는 등 개인의 사생활에 깊이 개입할 수 있는 조치다. 경찰뿐 아니라 의회나 주택 관계자도 ASBO를 적용할 수 있다.

인류학자들은 이렇게 사람들에게 해롭고, 의기소침하게 만들며, 종종 광기를 불러일으키는 적대적인 복지 제도의 영향—종종 국가와 시민 간의 깊은 적대적 관계로 이어지는—을 연구한다. 그러나 코흐(Koch 2018)의 연구가 보여주듯이, 영국에서 점차 낙인찍히는 공공주택 단지 주민들은 이런 권위주의적 개입을 막으려 시도할 뿐 아니라 자신들의 목표를 달성하기 위해 이

---

* 그리스 신화에 등장하는 반인반마半人半馬인 켄타우로스처럼 상층부와 하층부의 형태가 다른 국가.

를 선별적으로 취하여 이용하기도 한다. 옛 애인을 집에서 내보내기 위한 조치로, 혹은 말썽을 부리는 아들의 개과천선을 기대하며 당국에 정보를 제공하는 행태가 그 예이다.

신자유주의 개혁의 영향이 강하게 느껴지는 관련 분야가 바로 주거 영역이다. 제2차 세계대전 이후 세계 각국 정부는 공공주택 프로젝트에 막대한 예산을 투입했다. 주거는 핵심적인 사회적 권리이자 국가와 시민 간 관계의 중심적 차원으로 간주되어 왔다(Alexander et al. 2018: 125). 신자유주의 이데올로기가 대두하며 국가-시민 관계의 재조직에서 주거가 핵심 초점이 되었다는 사실은 그리 놀랍지 않다. 1970년대 이래 많은 정부는 사적인 주택 소유를 이상적인 거주 형태로 장려하기 시작했다. 반면 보조금을 지원하는 임대주택은 소유자 대열에 합류하지 못한 사람들을 위한 잔여 영역으로 인식되었다. 한때 국가와 시민 간의 사회 계약에서 핵심을 차지했고 노동계급이 가진 자부심의 원천이었던 공공주택 지역은 점차 매력적이지 않고 위험한 곳으로 낙인찍히며 '문제적인' 사람들이 거주하는 곳으로 묘사되었다.

이상적인 도시에 관한 상상은 이러한 도시경관의 변화에서 중요한 역할을 수행한다. 아나욱 더코닝은 이상적인 도시와 그곳에서 살아가는 주민에 대한 이미지가 암스테르담의 주요 변화와 어떻게 연결되는지 조사했다(de Koning 2015b). 그녀의 연구는 살기 좋은 동네와 바람직한 거주자를 규정하는 데 계급적이고 인종적인 관점이 작동하는 양상을 보여 준다. 사회주택으로 지어진 아파트에 다양한 종족집단의 노동계급이 살아가는 도심 지역인 디아만트뷔르트Diamantbuurt의 거버넌스에 관여하는 제도적 행위자들은 기존 거주자들 탓에 '사회 통합'이 낮은 수준으로 이뤄져 있다고 우려했다.

이들에게 〔공적인〕 사회주택을 〔사적인〕 소유주의 주택으로 전환하는 것은 '소셜 믹스'를 달성하는 주요 방법이자 지역 사회의 모든 문제를 해결하는 만병통치약으로 여겨졌다. 이 방식의 지지자들은 사회주택을 매각하면 고학력의 책임감 있는 시민이 유입되어 〔해당 지역에 쌓인〕 사회문제를 분산하고 올바른 형태의 사회 통합을 이룰 수 있다고 주장했다. 이들 바람직한 시민은 암묵적으로든 명시적으로든 젊은 백인 중산층을 가리켰다. 반면 사회주택에 살아가는 기존 주민들에게는 도덕적·경제적으로 적합하지 않은 존재라는 오명을 씌웠다. 저렴한 사회주택에 거주하는 이들의 존재는 젠트리피케이션이 급속히 진행 중인 이 지역에 위치한 특색 있는 암스테르담 학파* 스타일의 건물이 지닌 경제적 가치와 어울리지 않다고 여겨졌다. 요컨대 이 지역은 젠트리피케이션이 절실히 필요한 지역으로 보인 것이다. 한 주택공사 대변인의 말처럼 이곳은 "에스프레소 바가 들어설 만한 가치가 있는 곳"이었다.

제도적 행위자들이 제시한 도시의 비전은 이 지역에서 진행 중이던 계급화되고 인종화된 주민 변화를 정당화하고 규범화했다. 이런 변화는 세련된 에스프레소 바와 같은 힙스터 성지의 등장으로 상징되었다(사진 7.3 참조).

퇴거민Eevicted

전 세계 각지의 도시빈민을 낙인찍는 정책과 담론에 대한 관심 외에도

---

* 암스테르담 학파는 1910~1930년대 네덜란드에 등장한 건축 사조로, 벽돌을 정교하게 쌓아서 표면이 부드럽게 변화하는 유기적이고 조소적인 외관을 가진 건물을 추구했다(손세관, 『집의 시대: 시대를 빛낸 집합주택』, 집, 2019, 43~44쪽). 이 학파는 특히 노동계급을 위한 사회적 예술로서의 공공주택 건축을 추구했다.

사진 7.3 암스테르담의 카페 토키Toki Cafe.
(사진 촬영: Jussi Puikkonen, Alamy Stock Photo)

북미와 유럽에서 활동하는 도시인류학자들은 주택 위기와 그에 대응하여 형성된 사회운동에도 많은 관심을 가졌다. 2007년 미국의 서브프라임 모기지 위기는 세계적인 금융위기를 촉발했고, 미국의 대공황과 유럽의 부채 위기로 이어졌다. 이렇게 서로 연결된 위기는 미국 전역에 사는 수백만 명의 삶에 극적인 영향을 끼쳤다. 스타우트의 보고에 따르면 "미국 내에서 주택 1,400만 채 이상의 손실이 발생했다. 수십만 가구가 집을 잃고……"(Stout 2016a: 159).

특히 미국에서는 전통적으로 빚을 지는 것이 삶에 대한 합리적이고 기업가적인 삶의 접근 방식으로 장려되어 왔으며, 채무 불이행은 도덕적 실패 또는 일탈의 한 형태로 여겨졌다. 이와 관련해 노엘 스타우트(Stout 2016b: 84)는 캘리포니아 북부 새크라멘토 밸리에서 주택담보대출을 진 주택 소유자들이 온라인 게시판을 통해 부채에 대한 반론을 제기하며 '부채

미상환을 도덕적 입장으로 재구성'하는 방식을 소개했다.

온라인 게시판에서 사람들은 압류가 주는 수치심을 문제시하고, 모기지 대출 기관을 비판하며, 수중 대출underwater loan*을 포기한 사람들의 선택을 지지했다. 또한 이들은 미국 중산층의 예절에 대한 규범 모델에서 비윤리적이라 여겨졌던 집세를 내지 않고 집에 머무는 행위를 옹호했다. (Stout 2016b: 85)

미국 발 금융위기가 전 세계로 확산되면서 금융 규범 및 제도와 관련된 도덕적 가치에 대한 이 같은 논쟁은 세계 각지로 확산되었다. 2009년 그리스는 국채를 상환하거나 차환할 수 없다고 선언했다. 이런 상황은 스페인을 비롯한 여러 유럽 국가들로 이어졌다.

스페인은 경제 위기가 진정된 이후에도 심각한 주택담보대출 위기를 겪었다. 2007년 이전에는 금융 부문이 지속적인 경제 성장과 부동산 가치 상승에 기대고 있었기에 여유 자금이 없거나 유연한 [비정규직] 계약을 맺은 사람들을 포함한 많은 이들이 자유롭게 신용 대출을 이용할 수 있었다. 이레네 사바테(Sabaté 2016: 110)는 "빚을 지는 것은 합리적으로 미래의 안정을 확보하는 유일한 방법으로 당연시"되었고, "월세로 사는 것은 돈을 버리는 행위로 간주되었다"라고 설명한다.

미국의 금융위기 이후 스페인 경제가 침체되면서 소득을 잃고 더 이상 담보대출 상환을 감당할 수 없게 된 주택 소유주들이 늘어난 결과, 많은 주택이 은행에 압류되었다. 사바테(Sabaté 2016: 108)는 집에서 쫓겨난 사람들이 "수년간 이어진 금융 번영이 약속했던 미래를 잃어버린 것처럼 느끼

---

* 은행이 보유한 부실 대출.

는" 모습을 보여 준다. 경제 시스템의 작동 방식과 공정성에 대한 그들의 감각은 훼손당했고, 그들이 스스로 확보했다고 생각했던 삶은 증발해 버렸다.

미국과 마찬가지로 스페인의 모기지 위기도 피해자 비난 서사를 동반했다. 채무 불이행자들은 재정적으로 무모하고 무분별한 과소비자이며 모든 것이 자신의 책임인 사람으로 묘사되었다. 덧붙이자면, 북유럽 국가들도 남유럽 국가들의 경제 위기를 비난하기 위해 유사한 서사를 동원하기도 했다(Rakopoulos 2018: 3).

부동산 거품이 꺼진 여파로 가족들이 거리로 내몰리고 자살자가 늘어나는 등 사회적 파장을 몰고 온 사건은 대중의 분노를 불러일으켰고, PAH(Plataforma de Afectados por la Hipoteca, '모기지 피해자들의 연합')와 같은 사회운동이 형성되는 계기가 되었다. PAH는 매주 지역 모임을 통해 모기지 상환에 어려움을 겪는 사람들을 지원하고 은행과 협상하는 방법을 조언했다. 또한 지역 은행에 압력을 가하고 퇴거를 막기 위한 직접 행동을 조직했다. 국가적 차원에서 PAH는 여론을 결집하고 국가 정책 입안자와 사법부에 영향을 미치려고 노력했다. 또 개인 및 집단 차원에서 주택담보 부채에 대한 도덕적 이해를 재구성하여 부실 대출에 대한 책임을 개별 주택 소유자에서 약탈적 금융기관으로 그리고 그러한 약탈을 허용한 국가 행위자로 옮기는 데 기여했다.

2009년 바르셀로나에서 설립된 PAH는 스페인의 대규모 인디그나도스 Indignados('분노한 사람들'이라는 뜻) 운동에서 중요한 역할을 수행했다. 2011년 5월, 수백만 명의 사람들이 '그들은 우리를 대표하지 않는다', '위기가 아니라 시스템이 문제다'라고 외치며 전국의 광장을 점령했다(Palomera 2018: 79). 퇴거율이 여전히 높기 때문에 이러한 시위는 계속되고 있다. 2018년

사진 7.4 2018년 마드리드에서 열린 주거권 시위, 2018.
(사진 제공: Marcos del Mazo)

3월에는 마드리드에서 수천 명이 모여 저렴한 주택 공급을 보장하고 주택
소유주와 세입자 모두를 퇴거로부터 보호하는 법안을 지지하기 위해 행진
했다(사진 7.4 참조).

긴축^{austerity}과 연대^{solidarity}

유럽 부채 위기로 인해 유럽연합 집행위원회^{European Commission}, 유럽중앙
은행, IMF 등 이른바 '트로이카'가 남유럽 국가들에 엄격한 부채 감축 프
로그램을 부과했다. 그리스, 스페인, 포르투갈, 키프로스, 심지어 〔남유럽
에 속하지 않는〕 아일랜드와 같은 나라들이 국채를 상환하기 위해 공공 자산
을 매각하고 복지 시스템을 해체해야 했다. 유럽 국가와 도시에 엄격한 '긴
축'의 시대가 도래한 것이다. 나이트와 스튜어트(Knight and Stewart 2016)가
지적했듯이, **긴축**은 기존의 높은 생활 수준과 경제적 안정에 대한 기대와

단절된다는 점에서 저개발이나 빈곤과는 차이가 있다. 인류학자들은 금융위기와 그에 따른 긴축으로 인해 남유럽에서 사회적·경제적 불확실성이 커지면서 "모기지 상환, 따뜻한 가정 마련, 가족 먹여 살리기, 의료 서비스 확보, 사회적 지위 유지와 같은 활동에 대한 일상적인 불안감이 공유"(Knight and Stewart 2016: 2)되는 과정을 기록했다.

그러나 긴축 자체는 꼭 새로운 건 아니며 유럽에만 국한된 것도 아니다. 테오도로스 라코풀로스(Rakopoulos 2018: 7)는 1990년대 아시아, 아프리카, 라틴 아메리카의 구조조정 프로그램과의 유사점을 지적하며 긴축을 '기존에 금융기관의 손길이 미치지 못했던 영역'으로서 구조조정이 확장된 현상으로 보아야 한다고 주장한다. 노동시장 유연화를 비롯해 1990년대 이후 남유럽 국가들이 채택한 신자유주의 개혁은 노동계급의 불안정성 증가를 초래했다. 2010년대 들어 이러한 조치는 이전 수십 년 동안 상대적 안정과 번영을 계속 누렸던 중산층에게까지 도달했다(Rakopoulos 2018: 8).

그리스와 스페인의 심각한 위기와 긴축으로 인해 많은 주민들이 생계와 연금이 하루아침에 사라지는 것을 목격했고, 기존에 안전망을 제공하던 복지 및 의료 인프라는 점점 더 축소되고 제한적으로 변했다. 국가경제의 건전성 회복에 초점을 맞춘 조치로 인해 빚더미에 올라앉은 이 국가들의 많은 사람들이 박탈감에 시달리게 되었다. 시장의 '건전성'에 대한 우려는 의료 서비스를 더 이상 받을 수 없는 빈곤층에게 생사가 걸린 문제로 이어졌다.

그리스에서는 심각한 경제 위기 및 긴축 조치로 인해 기본적 욕구를 충족하기 어려운 사람들이 많아지면서 무단점유 주택 제공부터 진료소 및 식당에 이르기까지 다양한 '연대 이니셔티브'가 생겨났다(Cabot 2016; Rozakou 2016). **연대**라는 말은 곧 긴축과 위기의 이면, 즉 일련의 위기에 대한 집단적 대응—때로 즉흥적인 형태를 취한—을 포착하는 용어가 되었다.

  히스 캐벗(Cabot 2016)은 2011년 아테네에 의료 혜택을 받지 못하는 사람들에게 무료로 의료 서비스를 제공하기 위해 등장한 두 곳의 연대 진료소를 연구했다. 이곳에서는 자원봉사자들이 잉여 의약품이나 남은 의약품을 기부받아 진료소를 운영했다. 캐벗은 이 진료소의 일상에서 연대가 의미하는 바를 살펴본다. 연대는 공유된 인간성에 기반한 근본적으로 수평적이고 반위계적인 관계적 상상력을 제안하며, 자선이나 인도주의와는 구별되는 사회적 지원의 한 유형을 보여 준다. 진료소에서 실천된 연대는 "사람들을 고양하고 심지어 치유하는 잠재력을 지닌, 상호주체적인 호혜적 교환 양식"을 만들어 낸다고 느껴졌고, 많은 이들은 "연대가 '당신을 좋은 사람으로 만들고' 심지어 건강하게 만든다"라고 믿었다(Cabot 2016 : 162). 따라서 진료소는 의료적 도움을 제공할 뿐 아니라 부서지고 침체된 사회를 치유하는 사회적 행동의 한 형태를 구체화했다.

  이 같은 연대 이니셔티브는 위기에서 비롯되었지만, 새로운 정치적 관계 및 지평, 공유지와 공공재에 관한 새로운 아이디어를 정교화하기도 한다. 이러한 실험과 정치적 상상력은 신자유주의적 사고의 제약을 넘어 집단적 삶을 조직하는 새로운 방식을 상상하기 위한 움직임의 일환이다. 이러한 맥락에서 **커먼즈**commons는 "사회생활을 국가나 시장으로 환원하지 않는 재화, 자원, 서비스를 판단하는 수단이 존재한다는 것을 확인하는"(Casas-Cortés et al. 2014: 450) 중요한 틀로 다시 부상하고 있다. 아테네에서 '연대'라는 기치 아래 여러 가지 시도가 등장했듯이 긴축 정치에 반대하는 투쟁은 도시를 새로운 공유지의 공간으로 다시 상상해 내는 시도에 힘을 실어 주었다.

  이러한 연대 이니셔티브가 신자유주의 체제와의 단절을 표방하는 경우,

시민의 책임과 집단 행동에 대한 강조가 신자유주의의 이상과 공명하기도 한다. 실제로 1990년대에 신자유주의 개혁으로 인한 사회적 혼란이 점점 더 분명해지자 신자유주의 정책 레퍼토리는 '공동체', 사회자본 담론과 기술, 파트너십 기반의 복지 프로그램 등 비⁺⁺시장적 형태의 거버넌스를 통합하는 방향으로 확장되었다(Peck and Tickell 2002: 390). 이런 점에서 이웃이나 동료 시민을 위한 시민 행동과 자원봉사가 신자유주의 질서 바깥에 놓여 있다고만 볼 수는 없다. 안드레아 뮐레바흐(Muehlebach 2012)는 이탈리아 복지 개혁의 핵심 신조인 '마음에서 우러나오는' 자원봉사에 대한 강조가 신자유주의 개혁으로 노동력을 상실한 이들에게 퇴직 후 삶에 새로운 의미를 부여하는 동시에 복지 업무를 자원봉사 단체로 이양하는 계기를 마련했음을 보여 준다.

연대 진료소에서 드러나는 새로운 집단적 합의를 향한 모색은 니컬러스 로즈(Rose 1996)가 '공동체를 통한 통치governing through community'라고 부른 것과 잘 맞아떨어지는데, 여기서 공동체는 거버넌스의 주요 관심사가 되고 그 거버넌스가 수행되는 데 중요한 수단이 된다. 이웃 공동체를 비롯한 공동체들은 종종 국민국가보다 더 깊고 일차적인 정서적 유대가 존재하는 집단으로 제시된다. 공동체를 통한 신자유주의적 통치는 국가 서비스뿐 아니라 공동체 네트워크 및 행위자를 통해서도 복지를 제공하기 위해 지역 사회관계와 네트워크를 자본화할 것이다(Vollebergh et al. 2021).

따라서 연대 이니셔티브와 새로운 커먼즈가 시장 합리성 및 원자화된 기업가적 자아의 개념과는 상당히 다른 논리와 가치를 도입한다 해도 그것이 꼭 신자유주의를 넘어섰다고 볼 수는 없다. 공동체 또는 집단적 행동 및 책임에 대한 개념은 신자유주의적이든 그렇지 않든 다양한 정치적 의제에 복무할 수 있다.

결론

시장과 개인의 자유 및 책임을 중시하는 이데올로기인 신자유주의는 제 2차 세계대전 이후 발달한 도시경관과 생활 방식에 큰 영향을 미쳤다. 이 장에서는 인류학자들이 이러한 변화를 어떻게 분석했는지 살펴보았다. 한 가지 논의는 세계도시에 초점을 맞춘다. 자본이 국경을 넘어 자유롭게 이 동하는 전 지구적으로 분산된 생산의 세계에서 주요 도시는 지휘-통제 지점으로서 그 중요성이 커지고 있다. 이러한 세계도시의 특징은 갈수록 양극화하는 계급 구성이다. 글로벌 수준의 혹은 최소한 지역 내 거점도시 의 지위를 차지하기 위한 경쟁은 기업과 부유층이 정착하기 좋은 매력적인 장소가 되어 성장을 창출하겠다고 약속하는 기업가 도시에 관한 아이디 어와도 관련이 있다. 이에 따라 공공 투자는 매력적인 사업 환경과 화려한 도시 건축물을 만들어 내는 방향으로 재조정되었고, 많은 주민들이 꿈꾸 지만 실제로 누릴 수 있는 이들은 극소수에 불과한 전 지구적 현대성을 약 속하게 되었다.

이러한 투자는 종종 다른 영역의 국가 지출, 특히 공공 시설 및 복지 공 급 분야의 예산 삭감을 동반했다. 인류학자들은 노동시장 규제 완화로 인 한 불안정성 증가와 사회 안전망 축소, 복지 제도에 의존하는 사람들이 점 점 더 낙인찍히고 규율을 부과받는 현상을 기록해 왔다. 여러 맥락에서 주택의 사적 소유가 강조되었고, 한때 복지국가 제도의 중요한 차원이었던 공공주택은 상향식 사회이동을 이루지 못한 사람들을 위한 최후의 수단 으로 폄하되었다.

2008년 미국의 서브프라임 모기지 위기로 촉발된 글로벌 금융위기는 주택 소유 확대를 뒷받침해 온 금융 구조의 투기적 속성을 드러냈고, 그 결과 많은 가족이 집을 잃었다. 인류학자들은 위기에 처한 주택 소유자들이 개인적·집단적으로 부채를 둘러싼 도덕적 서사를 어떻게 다시 쓰고자 했는지 연구했다. 이후 경제 위기는 특히 남유럽에서 국가 부채를 줄이기 위한 재정적 '규제' 요구로 인해 더욱 악화되었으며, 이로 인해 사람들의 삶을 뒤흔드는 엄격한 긴축 조치가 시작되었다. 하지만 이 장의 마지막 부분에서 살펴보았듯이, 인류학적 연구들은 사회보장, 의료제도, 생계수단의 상실에 대처하기 위해 개발된 대안적 실천들 역시 강조했다. 이러한 이니셔티브는 도시 주민들의 긴급한 일상적 요구를 충족하는 데 기여했고, 신자유주의 안팎에서 새로운 정치적 지평을 개척하고 있다.

토론거리

1. '세계도시'에 관한 사스키아 사센의 이론이 도시인류학자에게 유용한 이유는 무엇인가?
2. 신자유주의가 도시경관에 가져온 변화로는 어떤 것들이 있는가? 여러분이 잘 아는 도시에서 이러한 영향을 알아볼 수 있는가?
3. 도시인류학자들은 보통 신자유주의 개혁에 대해 매우 비판적이지만, 도시 주민들은 종종 신자유주의적 도시성과 관련된 사업들을 지지한다. 그 이유는 무엇일까?
4. 경제 위기와 긴축의 맥락에서 발전한 연대 이니셔티브는 신자유주의 이데올로기와 완전히 단절하지 않는다. 왜 그러한가?

더 읽을거리

Alexander, Catherine, Maja Hojer Bruun and Insa Koch eds. (2018) Special issue 'Moral Economies of Housing'. *Critique of Anthropology* 38(2): 121−241.

Brash, Julian (2011) *Bloomberg's New York: Class and Governance in the Luxury City*. Athens, GA: University of Georgia Press.

de Koning, Anouk (2009) *Global Dreams: Class, Gender, and Public Space in Cosmopolitan Cairo*. Cairo and New York: American University in Cairo Press.

Koch, Insa Lee (2018) *Personalizing the State: An Anthropology of Law, Politics, and Welfare in Austerity Britain*. Oxford: Oxford University Press.

Rakopoulos, Theodoros, ed. (2016) Special section 'The other side of the crisis: Solidarity networks in Greece'. *Social Anthropology* 24(2): 142−210.

더 볼거리

〈디스포제션: 공공주거의 허와 실Dispossession: The Great Social Housing Swindle〉(2017), 폴 승Paul Sng 감독. 신자유주의적 매입권 정책이 영국의 사회주택에 미친 재앙적 영향을 다룬 장편 다큐멘터리.

〈글로벌 봉기Global Uprisings〉 비디오 시리즈(2011~), 브랜든 주르단Brandon Jourdan & 마리안 매켈버그Marianne Maeckelbergh 제작. 주택 문제를 둘러싼 투쟁에 초점을 맞춰 세계 각지의 경제 위기에 대한 대응을 보여 주는 단편 다큐멘터리 비디오.

〈나는 구르가온이다: 인도의 새로운 도시I Am Gurgaon: The New Urban India〉(2009). 마레이 메이르만Marije Meerman 감독. 인도의 경제성장을 상징하는 도시가 된 인구 140만 명의 뉴델리 위성도시 구르가온에 관한 다큐멘터리.

〈사라지는 도시The Vanishing City〉(2009), 젠 센코Jen Senko & 피오레 드로사Fiore DeRosa 감독 및 제작. 금융 부문의 지배로 인해 변화하는 뉴욕의 도시경관에 대한 다큐멘터리. 엘리트층을 위한 보조금 지원 고급 개발이 지역의 사회구조를 어떻게 위태롭게 만드는지 보여 준다.

제3부

도시에서의 정치,
도시의 정치

도시를 계획하기

이 장에서는 도시계획을 통해 사회적 삶을 하향식^{top-down}으로 구조화하려는 시도와 함께 도시를 형성하는 이러한 시도가 보통 사람들의 삶과 어떻게 맞물리는지 살펴본다. 도시계획은 도시 인구와 공간을 관리하는 중요한 양식이다. 식민지 시기부터 후기식민주의 시기까지 국가와 지방정부들은 계획을 통해 도시 공간에 개입하여 위생적이고 잘 정돈된 근대적 사회 혹은 평등주의적 사회 같은 비전을 실현하고자 노력해 왔다. 도시계획에 대한 인류학적 접근은 이러한 계획된 공간에서 구상된 유토피아와 실제 일상생활 간의 차이에 초점을 맞춘다. 그럼으로써 도시 설계^{urban design}를 특징짓는 사회문화적 처방 및 이데올로기와 도시 설계가 실행된 이후에 주민들이 새로운 환경을 전유하고 변형하는 방식을 대조한다.

역사인류학자들은 도시계획과 도시 설계가 **식민지 도시**들에서 지배기술로서 작동한 방식을 연구해 왔다. 이 장의 첫 번째 절에서는 근린지구의 인종적 분리와 여타의 계획적 개입^{planning interventions}이 공중위생과 위생개혁이라는 이름 아래 식민지 위계의 정당화와 재생산에 기여한 방식을 논의한다. 두 번째 절에서는 20세기와 21세기에 진행된 도시계획에 관한 연구에 집중한다. 인류학자들은 도시에 관한 더욱 진보적인 상상이 계획에 영감을 주는 방식과 그러한 청사진이 담긴 사회공학을 탐구해 왔다. 또한 지역 사람들이 이 같은 도시계획에 관여하며 그것을 고쳐 가는 방식을 기록하기도 했다. 이 연구들은 브라질 브라질리아와 인도 찬디가르의 후기식민주의적 **모더니즘 유토피아**에서부터 남수단 주바와 미국 뉴올리언스 같은 도시의 **전후 및 재해 이후의 재건**에 이르기까지, 진보적 상상에 기반을 둔 프로젝트들이 작동하는 방식을 이해하고자 해왔다. '슬럼 개량 프로젝트'는 도시계획을 통한 사회공학의 대표적인 형태로서, 비공식적 생활환경을 변화시켜 도시 중심부에서 빈민들을 제거하고 저소득층 주민들을 문명화하고자 한다. 이 장의 마지막 절에서는 도시 기반시설에 관한 최근의 인류학적 작업에 초점을 맞춘다. 이러한 연구들은 도시 **기반시설**—대략적으로 사회-기술적 시스템이라 이해되는—이 국가 권력을 강화하기 위해 구축되며 정치적 주체 형성에 중요한 역할을 수행할 수 있다는 사실을 강조한다.

식민지 도시, 도시계획, 위생개혁

앤서니 킹(King 2004: 82-83)이 논의한 것처럼 많은 도시경관들은 식민지화, 전쟁과 정복, 도시에 존재하는 인구학적·사회경제적·문화적·건축학적·공간적 요소들을 파괴하는 과정의 흔적을 품고 있다. 식민지 세력은 '오래된' 식민지 이전 도시를 파괴하기도 했지만, 그보다 더 자주 '근대적인'

새로운 중심부나 구역을 기존 도시의 옆에 건설하며 도시의 복제[duplication]
에 착수했다. 그 같은 개입은 도시구조를 변형해 도시경관의 새로운 의미
를 생산하며, 낡은 것과 새로운 것, 전통과 근대, 토착적인 것과 외래적인
것을 구분한다. 식민지 도시는 일반적으로 '이중도시[dual city]'라는 핵심 유형
으로 이해된다. 식민지 통치와 경제 활동의 중심지로 개발된 식민지 도시
는 인종적·사회적·공간적 분리의 강화로 특징지어지는 경향이 있었고, 권
력관계를 직접적으로 드러내는 공간 배치에 그 이중성이 선명히 드러났다.

도시인류학 연구의 고전인 폴 라비노의 『프렌치 모던[French Modern]』(1989)
은 식민 지배의 맥락에서 근대 도시계획을 탐구한 초기 사례이다. 라비노
는 푸코의 권력 개념(상자 8.1 참조)에 영감을 받았다. 그는 프랑스 식민주의
의 맥락에서 등장한 20세기 초 근대 도시계획에 대해 논의했다. 도시계획
은 식민지 프로젝트의 핵심을 차지했다. 도시계획으로 인해 정치적 감각과
미학적 감각 양 측면에서 군사적 통제, 인구의 규제와 분리, 식민지 질서의
설립이 가능했다.

식민지 도시 공간은 식민 지배뿐 아니라 낡고 '전통적인' 도시로 상상되
는 공간으로부터 분리된 새로운 도시 공간을 창출하고자 하는 근대적 열
망을 상징한다. 킹(King 2004)의 논의처럼 그러한 식민지 공간은 지배자와
피지배자, 지역문화와 유럽문화, '전통'과 '근대' 간의 만남이 이해되는 방
식을 구조화했다. 모더니즘 건축을 활용해 식민지 정부는 유럽식 경관을
도시 내 낡은 구역들의 전통적인 경관과 구별되는, 문명과 근대의 상징으
로 상정했다(제2장 참조). 그렇게 함으로써 그들은 식민지 엘리트 혹은 하수
인의 열망뿐 아니라 일반 지역민들, 특히 떠오르는 중산층의 열망까지도
만들어 냈다.

근대성을 향한 식민지 시대의 열망은 19세기와 20세기의 많은 정부들이

푸코의 공간과 권력 논의

철학자 미셸 푸코(1926~1984)의 권력 논의는 도시계획에 관한 인류학적 연구에 지대한 영향을 끼쳤다. 푸코는 권력을 진리의 특정한 영역, 즉 특정한 시간과 공간에서 옳다고 간주되는 사회에 대한 이해를 통해 작동하는 것으로 간주했다. 그러한 형태의 권력은 옳고 그름, 정상과 비정상을 규정하는 생각을 형성함으로써 사회를 구조화한다.

푸코는 권력 작동의 중요한 측면으로 공간을 이해했다. 지식과 권력에 대하여 푸코가 수행한 작업의 연장선상에서 식민지 도시의 배치는 식민지 권력의 체계를 규범화하는 도구로 볼 수 있다. 많은 장소들에서 근대적인 유럽식 도시와 전통적인 토착 구역 간의 구별은 식민과 피식민을 분명히 구별하는 효과를 발휘했다. 이들은 도시 내에서 각 집단의 장소를 규정하고 그들 간의 접촉을 규제했다. 또한 낙후되고 침체된 사회에 근대성과 발전을 가져다준다는 식의 유순한 온정주의 형태로 식민지의 존재를 그려내면서 식민지 관계를 설명하는 특정한 담론을 전파했다.

푸코는 역작 『감시와 처벌』에서 개인을 감시하고 통제하는 데 있어 공간의 중요성을 잘 그려냈다. 규율적 공간 디자인의 가장 유명한 사례는 철학자이자 개혁가인 벤담이 고안한 판옵티콘Panopticon이다. 판옵티콘은 창문이 있는 탑을 감방이 둥글게 둘러싼 공간이다. 이 탑에서 감시자는 자신의 모습을 드러내지 않은 상태에서 인접한 감방들을 감시할 수 있다. 수감자들은 영속적인 감시의 가능성을 인지하지만 자신들이 언제 관찰되는지는 알 수가 없다. 푸코(Foucault 1977: 201)는 이로 인해 "수감자는 권력의 자동적 기능을 보장해 주는 가시성의 지속적이고 의식적인 상태로 이끌려 들어간다"*라고 주장했다. 수감자들은 심지어 감시탑이 비어 있을 때에도 자신들이 감시당하는 것처럼 행동할 수밖에 없다.

규율적 디자인의 또 다른 사례로 도시의 노동계급을 탄압하기 위해 파리의 복잡한 중세식 거리가 대로boulevards로 교체된 것을 들 수 있다. 전 세계를 가로질러 많은 도시들이 오스만 남작의 디자인을 모방했다. 21세기에는 CCTV 카메라와 여러 감시 수단이 새로운 단계의 감시와 통제를 창조하며 도시 공간에서 확산되었다.

---

* 미셸 푸코, 『감시와 처벌: 감옥의 역사』, 오생근 옮김, 나남출판, 2003, 311쪽.

<mark>사진 8.1</mark> 이집트 카이로 시내. (사진 제공: Hossam Fadl)

새로운 상상과 근대성의 기술을 추구하며 수도와 주요 도시들을 과감히 재설계하도록 영감을 불어넣었다. 예를 들어 카이로 도심은 19세기 후반에 오스만 남작이 혁신한 파리 도시계획을 모델로 하여 건설되었다. 넓은 거리와 파리식 건축으로 대표되는 도시계획은 이집트의 지배자 이스마일 파샤의 야심을 자극해 근대적 도시의 건설로 이어졌다(사진 8.1). 이러한 유산은 현재까지도 이어지고 있다. 카사블랑카에서 식민지 모더니즘 건축물을 중요한 문화유산으로 중시하는 것은 모로코 국가권력이 이 도시의 소외된 도시 지역과 주민들을 '현대화'하려고 지속적으로 시도하는 움직임과 떼어서 볼 수 없다(Strava 2021).

더 최근의 연구들은 일상생활에서 이중성이라는 제국주의적 원리에 따라 식민지 도시가 실제로 작동했는가라는 의문을 제기해 왔다. 이러한 새

<mark>제8장 도시를 계획하기　245</mark>

로운 접근은 식민지 도시경관의 유동성과 혼종성, 모호성을 강조한다. 이를테면 윌리엄 비셀은 "이중도시 프로젝트의 불완전성 혹은 불가해성"과 "포괄적인 방식으로 광대한 영역에 걸친 공간을 재조직하고자 했던 식민주의적 열망이 식민정부를 이해할 수 없는 수수께끼에 빠뜨린 방식"을 지적한다(Bissell 2011a: 226). 식민주의적 관계와 범주는 항상 긴장과 불안, 취약성으로 특징지어졌다. 초창기 연구들은 토착인 행위자의 공간적 실천과 도시 내 경합을 간과한 채 특권적인 유럽인 행위자의 행위성과 관점을 통해 식민 지배를 매우 단순하고 일방적인 방식으로 이해하는 경향이 있었다. 최근의 연구들은 식민주의적 시도에 내재한 착취를 강조하면서도 사회-공간적 경계의 투과성permeability과 이를 넘어선 개인 또는 집단의 존재에도 관심을 기울여 왔다.

위생개혁

19세기 식민지 계획의 중요한 관심사는 위생개혁과 관련한 문제였다. 유럽과 북미의 대도시에서 처음 등장한 위생개혁 운동은 곧바로 식민지 도시에도 모습을 드러냈다. 파리와 맨체스터, 뉴욕 같은 도시에서는 급속한 도시화와 산업화로 인해 슬럼 지대가 확산되었고, 공장 노동자와 그 가족들은 불결하고 혼잡한 환경에 거주할 수밖에 없었다. 노동계급 거주지에서 콜레라와 장티푸스 등 다양한 전염병은 특히 위협적이었다. 질병 확산에 있어 환경의 역할을 강조한 의학의 발달과 함께 19세기 각국 정부와 부유층은 인구 밀집과 도시 오염을 단순히 불편하고 미학적으로 바람직하지 않은 요소가 아니라 공중보건을 위협하는 요인으로 여기기 시작했다. '접촉전파contagionist' 의학 이론은 대면접촉을 질병의 확산 원인으로 본 반면 '공기전파miasmatic' 이론은 '나쁜 공기foul air'로 특징지어지는 비위생적인 장소의 역할에 주목했다. 질병이 장소를 통해 전파된다고 이해하는 관점 덕분에 19세기 말 미생물학과 세균 이론이 우위에 서며 병원균이 주목받게 됐다. 접촉전파와 공기전파 이론 모두에 영향을 받은 위생개혁가들은 도시빈민의 생활 조건을 향상하고자 노력했다. 위생개혁 운동은 환경적 요인에 관심을 가졌지만 동시에 불결하고 비도덕적인 행동 역시 질병의 원인으로 보았다. 따라서 위생개혁가들의 개입은 도시 기반시설 개선과 법적·행정적 조치, 도덕적·교육적 전략의 결합을 수반했다(Jaffe and Dürr 2010; Dürr and Jaffe 2014).

이처럼 위생개혁을 통한 공중보건 향상을 노린 정책과 실천은 식민지 도시들에도 빠르게 확산되었다. 유럽과 북미에서처럼 이 조치들이 꼭 이타적 충동을 반영한 것만은 아니었고, 도시 노동력을 건강하게 유지하려는 경제적 요인에 의해 추동되었다. 게다가 식민지 도시계획은 인종적 분리를 정당화하기 위해 전염성 질환에 대한 두려움을 이용했다(Goldberg 1993: 48). 마드라스와 봄베이, 캘커타* 같은 인도의 식민지 도시는 식민지 엘리트들이 지배하는 '화이트타운White Town'과 토착적인 '블랙타운Black Town'이라는 이중적 방식으로 광범위하게 계획·개발되었다. 위생개선 작업이 콜레라 등의 질병으로부터 화이트타운을 보호하는 데 집중된 반면, '토착' 구역은 원래 지저분하고 감염된 공간으로 묘사되었다(Prashad 1994). 식민 지배 정권은 많은 아프리카 도시에서 유럽인을 '아프리카' 질병으로부터 보호하기 위해 토착민 거주구역과 유럽인 거주구역 사이에 **방역선**을 설정했다. 일반적으로 질병 발생을 줄이고 도시의 오물을 청소하기 위해 식민 지

---

* 마드라스, 봄베이, 캘커타는 각각 첸나이(1996년), 뭄바이(1995년), 콜카타(2001년)로 이름이 변경되었다.

배 시기에 이루어진 일들은 본질적으로 기존의 사회적·인종적·공간적 위계와 권력구조를 강화하는 차별적 시도였다. 앤서니 킹(King 1990a: 55)의 주장대로 "실제 건강 위험 그 자체를 넘어 계급특수적인 건강 위험에 대한 **인식**과 문화는 식민지의 도시계획 정책 결정 시 매우 중요하게 작용했다."

리브커 야퍼(Jaffe 2016)가 역사인류학적 분석에서 묘사한 것처럼 질병과 인종, 도덕을 둘러싼 식민지적 긴장은 20세기 초 퀴라소^{Curaçao}섬에 위치한 네덜란드령 카리브해 식민지의 수도인 빌렘스타트^{Willemstad}의 '위생 조건'과 관련하여 발생한 도덕적 패닉에서 명백히 드러났다. 빌렘스타트는 급속히 발전한 항구도시였지만 동시에 지역 매춘부들이 전파한 성병이 만연해 있다는 보고가 들어온 곳이었다. 식민 지배 정권과 지역 엘리트들은 이러한 상황이 항구의 경쟁력을 약화할까 봐 우려했다. 그들은 도시의 매춘부들이 병에 걸렸고 문란하다는 외부의 평판으로 인해 외국 선박들이 빌렘스타트 정박을 기피할까 봐 두려워했다. 1911년, 섬의 총독은 도시의 청결도를 비롯해 폭넓은 위생 조건과 매춘 및 성병의 관계를 조사하기 위해 위생위원회를 조직했다. 위원회의 결과보고서는 매춘과 쓰레기 처리, 주거 조건 등의 문제를 결합한 분석을 내놓았다. '위생'이라는 이름 아래 서로 관련 없어 보이는 요인들이 묶였다는 사실은 위생개혁가들이 물리적 오염과 도덕적 오염을 분리해서 고려하지 않았음을 보여 준다. 물리적 오염과 도덕적 오염을 구분하지 않는 시각은 특히 저소득층 주거지와 아프리카 출신 퀴라소 여성들의 신체에서 가장 뚜렷이 드러났다.

위생위원회의 보고서와 제안은 성 건강^{sexual health}을 둘러싼 통치가 식민지 위계와 교차하는 지점을 보여 준다. 성과 위생에 관한 위원회의 논의에서 식민지 관리들은 반복해서 특정한 신체와 장소를 질병이나 오물과 연관 지었다. 구조적 불평등을 무시한 채, 불결한 저소득층 주거지와 아프리카계 주민의 연관성을 설명하기 위해 악행과 문명화되지 않은 행위라는 서술을 내놓은 것이다. 감염된 여성의 거주지로 여겨지는 특정 구역에 선원들의 접근을 금한 조치는 장소가 병원균으로 작용한다는 믿음을 보여 주었다. 오물과 하수 관리를 둘러싼 문제를 언급할 때 위생위원회는 아프리카계 주민들이 만들어 낸 쓰레기에 특히 관심을 표명하면서 이들의 쓰레기가 유럽인의 쓰레기보다 더 오염되었다고 보았다. 식민지 관리들은 빌렘스타트의 열악한 주거지를 살펴볼 때 이곳을 매춘에서 폭력 범죄에 이르는 비도덕적 행위와 연결하며 어둡고 지저분한 주거지를 개선해야 한다고 강조했다. 그 같은 표적 개입과 담론은 빈곤한 아프리카계 주민들과 저소득층 주거지가 오물과 질병, 악행이라는 오명 아래 낙인찍힐 수밖에 없었음을 뜻했다. 그러나 식민지 문서를 자세히 들여다보면 매춘부 그리고 그들과 만난 선원들이 위생개혁 조치들을 피하거나 전복하는 데 성공했으며, 실제 시행 과정에서 식민 지배 시기의 계획들이 얼마나 모호했는지를 잘 알 수 있다.

모더니스트 유토피아와 도시 개선의 비전

도시계획은 사회와 공간의 진보라는 사상에 의해 추동되는 경향이 있으며, 무엇이 '좋은 도시' 혹은 '좋은 사회'인지에 대한 특정한 이데올로기적 구성물을 반영하곤 한다. 제임스 스콧(Scott 1998)은 합리적·과학적 계획을 통해 극적인 사회 진보를 이루어 내려는 시도들을 설명하기 위해 '하이모더니즘high modernism'이라는 용어를 이용한다(상자 8.2 참조). 이상적인 도시의 유토피아적 비전이 가장 명확히 드러나는, 브라질리아 또는 찬디가르 같

제임스 스콧과 하이모더니즘

『국가처럼 보기Seeing Like a State』(1998)에서 제임스 스콧은 사회와 자연 모두를 조직하고 규제하고 개선하기 위해 정부가 개발한 다수의 대규모 유토피아 계획들을 분석하고 묘사한다. 그는 이러한 사회공학적 계획을 자신이 하이모더니즘이라 명명한 이데올로기에서 파생되어 나온 것으로 설명한다. 이 이데올로기는 "과학적·기술적 진보, 생산 증대, 인간의 필요에 따른 만족의 증가, 자연에 대한(인간의 본성을 포함해) 정복 그리고 무엇보다 자연법칙에 대한 과학적 이해에 상응하는 사회질서의 합리적 설계"*에 맞춰져 있다(Scott 1998: 4). 하이모더니즘 지지자들은 도시에서 농업 생산에 이르는 복합적인 사회와 환경 현상에 관해 과학과 기술이 종합적 계획을 제공할 수 있다는 강력하고 무비판적인 신념을 갖고 있다.

　이런 이데올로기 속에서 근대성modernity은 이른바 보편적인 과학법칙에 기초한 합리적이고 의도적인 계획과 동일한 것으로 여겨진다. 하이모더니즘 추종자들은 사회와 자연환경의 합리적인 재배열에 진보가 놓여 있다고 믿었다. 이러한 "사회생활의 모든 측면에 대한 포괄적이고 합리적인 공학"**은 대칭과 일직선, 표준화된 형식으로 대표되는 시각적 배열과 결부된 과학적 조직과 함께 강력한 미학적 차원을 수반하는 경향이 있다(Scott 1998: 88). 이 같은 미학적 차원은 오스카르 니에메예르Oscar Niemeyer와 르코르뷔지에Le Corbusier 같은 유토피아 계획가와 건축가가 디자인한 도시 외관 및 주거 정책에서 명확히 드러난다.

　많은 하이모더니즘 계획들은 사회와 환경을 파멸시키는 효과와 함께 처참하게 실패하고 말았다. 스콧은 소비에트 집단농장과 탄자니아 촌락을 사례로 드는 동시에 브라질리아와 파리 도시계획의 문제를 지적한다. 그들이 가정한 보편적 법칙이 특정한 사회문화적·환경적 조건에는 적합하지 않았고, 스콧이 **메티스**metis***라 부른 실용적이며 지역적인 지식practical local knowledge을 무시했기 때문에 이러한 계획들이 궁극적으로 실패할 수밖에 없었다는 것이다. 덧붙여 그는 사회질서를 급진적으로 재배치하려는 계획이 권위주의 정부에 의해 기획되어 추진되거나 시민사회의 저항능력이 제한적일 때 특히 재앙적 결과를 야기했다고 지적한다.

은 **신도시**^{new town}의 개발이 하이모더니즘의 사례다. 이처럼 완전히 새로운 도시를 디자인한 계획가와 건축가 그리고 그들에게 권한을 부여한 정부는 자신의 결과물을 불평등 같은 사회문제를 해소하는 기회로 여기곤 한다. 하지만 이러한 시도들은 기안자와 계획가의 높은 기대치까지 도달하지 못하곤 한다.

완전히 새로운 도시에 관한 이상은 정부와 계획가들을 끊임없이 유인해 왔다. 2022년 인도네시아 의회는 홍수에 취약한 자카르타를 대신하기 위해 동부 칼리만탄^{Kalimantan}주에 새로운 수도 누산타라^{Nusantara}를 건설하는 법안을 승인했다. 한편 이집트 정부는 카이로에서 약 50킬로미터 떨어진 곳에 새로운 수도인 '뉴 카이로^{New Cairo}' 건설에 박차를 가해 왔다. 새로운 수도를 건설하는 계획보다는 규모가 작을지언정, 유토피아를 꿈꾸는 기술관료주의적^{technocratic} 계획은 분쟁 혹은 재난 이후의 도시 재건축 시도에 그리고 비공식 주거지의 근절과 개량을 추구한 도시 개발 프로젝트에 지속적으로 등장해 왔다. 게다가 하이모더니즘의 이상은 '합리적인' 기술관료주의적 개입을 통해 환경과 안전 문제를 해결하고자 하는 도시계획에서 아직까지도 눈에 띈다. 여러 정부들은 과학적으로 디자인된 '스마트 시

---

* 제임스 C. 스콧, 『국가처럼 보기: 왜 국가는 계획에 실패하는가』, 전상인 옮김, 에코리브르, 2010, 24쪽.

** 앞의 책, 145쪽.

*** 제임스 스콧(2010: 28)에 따르면 메티스는 그리스 고전에서 유래한 용어로, "오직 실용적 경험에서만 도출되는 지식", 즉 "실행지practical knowledge"를 의미한다. 예를 들어 오디세우스가 트로이 전쟁 이후 고향인 그리스로 돌아오는 길에 부딪힌 역경을 극복하기 위해 활용한 지식을 메티스라고 부른다. 따라서 "메티스는 영어로 흔히 '잔꾀cunning' 또는 '교활한 지식cunning intelligence'으로 번역"되지만 스콧(2010: 471-472)은 이 개념을 "항상 변화하는 자연과 인간 환경에 적응해 온 실용적 기술과 획득한 지혜의 포괄적 영역"이라고 정의해 사용하고 있다. 다시 말해 메티스는 "국가 및 국가의 기술 기관들에 의해 사용되는 좀 더 일반적이고 추상적인 지식의 형태"에 비해 "지역 토착적 경험에 착근된 지식의 형태"라고 할 수 있다(스콧 2010: 469).

티$smart cities$'와 '생태도시$eco-towns$'를 만들겠다는 의지를 밝혀 왔으며, 이 도시들은 기존 도시보다 더 안전하고 깨끗하고 친환경적이고 건강하며 더 에너지 효율적인 곳으로 그려진다(Zandbergen 2020). 하지만 급진적으로 사회를 변형하려 한 계획의 과거 사례들과 더불어 이러한 디자인의 실제 이행과 결과는 초기의 이상과 상당히 다른 형태로 나타날 수 있다.

신도시

계획된 유토피아로서의 신도시는 주로 20세기에 나타난 현상이었다. 영국의 도시계획가 에버니저 하워드$Ebenezer Howard$가 개발한 모델인 전원도시 운동$garden city movement$은 여러 신도시의 건설을 야기했고, 주민의 신체적·정신적 행복에 악영향을 미친다고 인식된 대도시 생활의 문제들을 제거하고자 했다. 20세기 초반부터 중반에 이르는 시기 동안 웰윈$Welwyn Garden City$과 레치워스$Letchworth Garden City$ 같은 전원도시가 런던과 그 밖의 대도시 근방에 작은 위성도시로 건설되었다. 하워드는 그린벨트에 의해 다른 도시 지역과 분리되어 자족적 커뮤니티로 계획된 전원도시가 도시와 시골의 장점을 결합할 수 있다고 주장했다. 도시 거주민들이 자연으로부터 소외되어 있다는 인식에 근거하여 이후의 생태도시를 예감케 하는 사회생태적 계획모델(사진 8.2)을 개발한 하워드는 인간과 자연 간의 균형을 회복할 수 있는 도시의 개발을 꿈꾸었다(Fishman 1982 참고).

호주와 브라질에서부터 나이지리아와 인도에 이르는 식민 지배에서 독립한 국가들이 국가나 주의 수도를 완전히 새로운 도시로 건설하면서 20세기 중반까지 더욱 야심찬 도시계획들이 실현되었다. 이 도시들은 기존에 존재하는 도시 주거지를 재개발하는 대신 미개발된 토지에 세워졌다. 새로운 수도들의 위치는 식민지 시기의 기존 도시 중심부가 가진 기능과

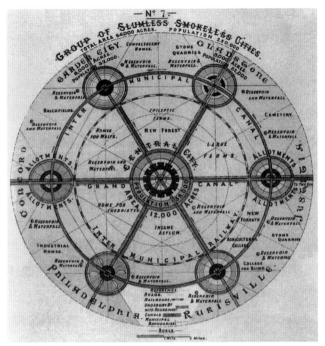

사진 8.2 에버니저 하워드의 전원도시 개념, 1902.

경합하려는 목표 아래 상징적으로 선택되었다. 이를테면 브라질의 새로운 수도 브라질리아Brasília는 국가의 정중앙에 위치한 텅 빈 고원지대에 계획되었고, 이는 새롭고 진보적인 브라질로 나아간다는 의미의 깨끗한 석판clean slate을 상징했다. 개별 건축가의 유토피아적 이상은 새로운 도시계획에 지대한 영향을 끼쳤다. 예를 들어 스위스 출신의 모더니스트 건축가 르코르뷔지에는 1953년 펀자브Punjab주가 인도와 파키스탄으로 분할되면서 새롭게 인도의 주로 탄생한 하리아나Haryana주의 수도 찬디가르Chandigarh의 건설 책임을 맡았다. 모더니즘 도시계획과 건축에 관한 르코르뷔지에의 비전은 파리의 방리유 건설에도 영향력을 발휘했다.

제임스 홀스턴(Holston 1989)은 도시계획가 루시우 코스타Lúcio Costa와 건축가 오스카르 니에메예르Oscar Niemeyer의 디자인으로 1950년대 말에 건설된 브라질리아의 사례를 연구했다. 코스타와 니에메예르는 르코르뷔지에 같은 유럽 건축가들의 모더니즘 도시성에 지대한 영향을 받은 브라질인이었다. 이들은 계급 분리, 자본주의의 착취, 오염된 파벨라 등 모든 면에서 식민지 시기 수도인 리우데자네이루와 정반대인 도시를 건설하고자 했다. 그들의 이상은 도시를 사회 변화를 위해 합리적이고 기술적으로 추동된 하나의 기계와도 같은 존재로 여기는 사상에 근거했다. 이러한 기계의 은유와 속도에 관한 모더니즘 미학은 상공에서 보았을 때 비행기 모습을 닮도록 설계된 브라질리아의 외관에서부터 명백히 드러났다. 모더니즘의 원리에 따라 도시는 주거 지구와 쇼핑 지역, 정부 지구 등 기능적으로 분할되었다. 주거 개발은 거리를 따라 집이 배치되는 대신 '슈퍼블록superblocks' 처럼 단일한 방식으로 디자인되었다. 니에메예르는 이러한 디자인이 공동체성을 증진하고 가난한 주민과 부유한 주민 간의 분리를 없애기를 기대했다. 건물들은 유리와 콘크리트 구조로 이루어졌고, 공적-사적 구분을 없애고자 취해진 건축 전략에 따라 보도 없이 고속도로들로 둘러싸여 지어졌다.

홀스턴은 이러한 낙관적 계획에 따라 만들어진 도시를 실제 주민들이 어떤 식으로 경험하는지를 보여 준다. 무계획적인 저소득 주거지를 없애려는 열망에도 불구하고 원래 계획에는 도시를 건설한 노동자들을 위한 주거지가 없었고, 결국 노동자들은 비행기 모양의 외곽 지대에 비공식 주거지를 만들어 살 수밖에 없었다. 공적-사적 구분을 없앰으로써 공동체적이고 계급 없는 사회를 만들려는 시도 역시 역효과를 낳았다. 광장과 보행자 친화적인 거리 및 공공 공간의 부재는 '거리의 죽음death of the street'으로 해석되었고, 이로 인해 주민들은 인간적인 따스함, 더 나아가 시민 생활의 결핍을 경험할 수밖에 없었다.

분쟁과 재해 이후의 재건

계획을 통해 도시를 급진적으로 개선하려는 유토피아적 충동은 계속해서 이어져 왔으며, 최근에도 분쟁 및 재해 이후에 대규모로 도시를 재건할 때 분명하게 드러나고 있다. 자연재해나 전쟁 등으로 입은 심각한 피해로 도시가 고통받을 때 시 정부와 국가는, 2004년 12월 인도양에서 발생한 쓰나미 이후 재건을 위해 처음 도입된 용어인 '이전보다 더 낫게 복구하기build back better'를 추구하곤 한다.

도시를 무대로 한 전쟁은 도시 내 기반시설과 주택을 광범위하게 파괴하며, 특히 종족 갈등의 맥락에서 도시 내부의 사회관계에 치명적인 악영향을 끼친다. 많은 경우에 전후의 도시 재건은 국가 건설과 밀접히 연관된다. 사라예보나 베이루트, 바그다드 같은 도시의 사례가 보여 주듯, 일반적으로 건축 구조의 재건은 도시의 사회조직을 회복하고 정치적 정당성을 세우는 복합적 과업을 택하는 것보다 더 단편적인 방식으로 진행된다. 그러나 기반시설 재건과 사회적·정치적 과정은 복잡하게 얽히는 경향이 있으며, 분쟁의 여파로 지배적 위치로 떠오른 집단은 자신들의 지위를 정당화하고 공고히 하는 수단으로 도시계획을 활용하곤 한다. 이로 인해 발생하는 긴장을 관찰한 연구자들은 '분쟁 이후post-conflict'라는 표현을 재고하게 되었다. 분쟁이라는 것이 정확히 언제 끝났다고 결정하기가 어려워졌기 때문이다.

내전 이후 남수단의 수도인 주바Juba에서 연구한 나심 바디에이(Badiey

2014)는 도시 개발과 토지 소유를 둘러싼 분쟁이 서로 다른 행위자 집단의 국가 만들기 전략을 드러내고 있음을 보여 준다. 새로운 국가의 시민권과 권리, 권한에 관한 서로 다른 비전은 도시 영역과 토지, 재산 등을 둘러싼 협상을 유발했다. 남수단은 수단 정부와 남부지역에 근거한 반군인 수단 인민해방운동Sudan People's Liberation Movement, SPLM 사이에 벌어진 수십 년에 걸친 내전 끝에 2011년 세워진 국가이다. 해외 원조를 기반으로 한 야심찬 계획에도 불구하고 주바의 재건은 토지와 주택을 둘러싼 분쟁으로 인해 지연되었다. 바디에이는 원조자들이 토착의 토지 정치local land politics의 이해관계와 의제, 복합적인 동학 등을 이해하지 못했고, 그로 인해 외부에서 추동한 도시계획이 성공하지 못했다고 주장한다. "재건축에 관여한 행위자들은 도시를 기술적 아이디어로 채워지길 기다리는 '빈 석판blank slate'으로 상상했던 것이다"(Badiey 2014: 126). 정치 엘리트와 주바의 장기 거주민, 퇴역 군인, 국내 실향민, 귀환 난민 등은 모두 도시의 토지와 주택에 대해 각자의 소유권을 주장했다. 이처럼 다양한 집단들은 관습적인 종족 토지권이나 독립운동에의 군사적 기여, 난민으로서 겪어낸 고통 등을 호소하며 각자 도시 자원에 대한 권리를 주장했다. 이 같은 분명한 종류의 주장들은 새로운 국가에서 시민권의 서로 다른 개념화를 보여 주는 것이었다.

지진과 허리케인, 쓰나미 같은 재해 이후에 도시를 재건하려는 시도에도 분쟁 이후의 재건에 내재한 갈등 요소들이 일부 존재한다. 국가나 지방정부, 엘리트들은 도시 기반시설과 주택의 상당수가 파괴된 상황을 그들의 이해관계를 강화하기 위한 도시 재건의 기회로 삼는다. 어떤 경우에는 도시를 보다 개선된 형태로 재건하려는 열망으로 인해 '바람직하지 않다고 간주되는' 주민들—주로 도시빈민과 종족적·인종적 소수자—이 집으로 돌아오지 못하게 된다. 게다가 재건 원조를 제공하는 외국 정부와 인도주의적 NGO들은 재해 희생자들의 실제 요구보다도 '집에 있는^{at home} 청중들*'의 의견에 더 귀를 기울이곤 한다. [왜냐하면 결국 그 사람들이 낸 세금과 성금이 재해를 당한 외국인들을 위해 사용되기 때문이다.] 결국 지역민들은 물리적 재건만으로는 달성될 수 없고 언제 끝날지도 모르는 재해 복구 과정에서 도시의 일상생활을 회복하는 데 주요 행위자가 되곤 한다(Samuels 2019).

2005년 허리케인 카트리나가 덮친 뉴올리언스의 재건 과정은 재해 이후의 도시계획이 기존의 불평등을 악화했음을 잘 보여 주는 사례이다. 사기업들이 진행한 재건 프로그램은 관광객과 고소득 건물주의 구미에 맞춰 도시의 주요 부분들을 재개발한 반면 집을 잃은 저소득층 아프리카계 주민들이 돌아오는 데에는 거의 도움이 되지 못했다. 두 건의 재건 계획이 공공 참여의 부재를 이유로 비판받은 후에야 '주민 참여 계획' 프로그램이 수립되었는데, 이는 허리케인으로 막대한 피해를 입은 저소득 주거지 주민들을 합류시켜 재건에 관한 견해를 듣는 공유 거버넌스 모델을 가정한 것이었다.

로베르토 바리오스(Barrios 2017)가 재난 이후의 재건을 다룬 민족지에서 보여 준 것처럼 뉴올리언스의 기존 주민들은 장례 행렬과 거리와 술집에서의 비공식적 사회화 같은 지역의 사회적 네트워크와 사회성을 재건하는 것이 도시 재생^{urban recovery}이라고 정의한다. 그들에게 허리케인 피해 이전의 지역 사회조직을 회복하려는 시도는, 쫓겨난 저소득층 세입자들이 돌아올 수 있도록 그들이 감당할 수 있는 임대주택을 다시 짓는 것을 뜻했다.

---

* '집에 있는 청중들'은 재해 지원금을 제공하는 외국 정부와 인도주의적 NGO가 위치한 국가의 사람들을 뜻한다.

하지만 이러한 과정에 참여한 전문 계획가들은 주민들에게 '진짜' 재생이 무엇인지 지도하기 위해 전문지식을 내세우며, 커뮤니티의 자본을 사유화하고 사적 자본의 투자를 통한 경제적 재생을 강조하는 도시 재생 모델을 옹호했다. 결과적으로 주민 참여 계획은 "계획 전문가들이 참여 주민들에게 도시 공간을 바라보고 정서적으로 경험하는 새로운 (신자유주의적인) 방식을 가르치는 교육 과정"(Barrios 2017: 154)으로서 주로 작용했다.

비공식 주거지의 '문제'

세계 많은 도시들은 가난하고 주변화된 주민들이 거주하는 '비공식적이고' '무계획적이거나' '자발적인' 주거지를 갖고 있다. 판자촌 혹은 슬럼, 빈민굴bidonvilles, 파벨라favelas, 게제콘두gecekondu, 깜풍kampung, 애쉬비야트'ashwiyyat 등으로 다양하게 불리는 이 지역들은 전기나 수도 같은 설비시설이 연결되지 않고, 공식 명칭이나 승인 없이 지어지곤 한다. 이들 급조된 주거지는 공식적이고 합법적인 주거지에 살 여유가 없는 도시 거주민들이 택할 수 있는 몇 안 되는 선택지 중 하나이다. 그러나 이 지역들을 공식적인 국가 계획의 바깥에 서 있는 것으로만 이해할 수는 없다. 조던 샌드의 지적처럼, "엄밀히 말해 무계획적인 도시는 정책의 결과, 즉 일부 집단을 주인이 없거나 달갑지 않은 장소로 강제로 옮겨 놓는 배제, 퇴거, 경계짓기 및 토지, 주택 및 인구를 관리하는 여러 정책적 시도들의 결과이다"(Sand 2020: 369).

많은 시 정부들은 비공식 주거지를 불결하고 위험한 지역, 간단히 말해 '문제'로 인식한다. 시 정부는 궁핍한 지역의 거주 환경을 개선하고 해당 거주민들에게 도시 자원을 더 공정하게 배분하기 위해 비공식 주거지를 없애거나 개량하고자 한다. 또한 그러한 시도는 글로벌 시장에서 비즈니스와 관광 도시로서 경쟁하기 위해 문명화되고 현대적인 시민들이 살아가는 깨끗하고 합리적인 도시라는 이미지의 연출을 목적으로 삼기도 한다(제7장 참조).

악명 높은 주거지로 알려진 프랑스의 방리유banlieues는 1960년대에 지어질 때만 하더라도 파리 노동자들의 열악한 주거 수준을 개선하기 위한 시도를 뜻했다. 방리유는 남유럽과 북아프리카에서 온 이주노동자들을 수용하기 위해 프랑스 도시 주변에 생겨난 빈민굴bidonvilles이나 판자촌 shantytown를 대체하기 위한 곳이었다(Epstein 2011: 36-38). 이 빈민가들은 열악한 주거환경으로 인해 건강과 안전에 위해를 가하는 곳으로 여겨졌고, '우리 도시의 수치'로 알려져 있었다. 이러한 상황을 해결하고자 녹지로 둘러싸인 고층건물들로 이루어진 도시라는 르코르뷔지에의 하이모더니즘 이상에 힘입은, 대규모 국가 주거 프로젝트인 그랑 앙상블grands ensembles 의 건설이 야심차게 추진되었다. 이 주거 단지는 노동계급과 중산층 거주자들을 혼합하여 수용하도록 지어졌다. 빈민가 거주자들은 정식 주거지로 이주하기 전에 시테 드 트랑짓cités de transit이라는 임시 주거지에 거처하며 '현대적 생활'이 요구하는 사항을 교육받아야 했다. 하지만 겨우 10년 만에 그랑 앙상블의 디자인은 폐기되었다. 그랑 앙상블은 비인간적인 규모로 인해 궁극적으로는 실패한 계획으로 점차 여겨지게 되었다(Epstein 2011: 38, 55).

최근의 슬럼 개량 프로젝트는 부유층과 글로벌 비즈니스를 위해 도시를 더 안전하고 더 매력적인 장소로 만들기 위한 신자유주의적 도시 개발 계획의 일환으로 진행되었다. 이 프로젝트들은 빈곤층이 가난을 탈출할 수 있도록 돕는 방식으로 비공식적 주거 배치의 공식화formalization를 주장한 신자유주의적 개발 견해에 기반을 두었다. 이러한 견해는 빈곤층에게 안전한 도시 거주권을 제공하면 그들이 금융대출 자격을 갖추게 되고, 마침내 기업가 정신을 계발하여 활동하게 되리라는 에르난도 데소토Hernando de Soto 의 주장에 의해 뒷받침되었다(De Soto 2000). 이 같은 프로그램은 개개인의 책임감과 역량 강화에 관한 신자유주의적 견해를 강조함으로써 (심지어 르 코르뷔지에나 니에메예르의 집단주의적 사상보다도 더욱) 도시계획의 모더니즘 형식 에 계속 의존했다.

슬럼 철거 프로그램은 거주민들에게 단기간에 퇴거하라고 통지한 후 기 존 주택을 불도저로 밀어 버리는 가혹하고 폭력적인 방식으로 집행된다. 대체 주택이 제공되더라도 재정착 지역은 대부분 도시의 변경 지대에 위 치하며, 이는 도시 중심부에서 경제활동을 해 생계를 이어 가는 주민들에 게 불리하게 작용한다. 최근에는 '슬럼 철거'가 '슬럼 개량'이라는 다소 자 애로운 형태를 취하는 경향이 있으며, 이는 모니크 나위턴 등(Nuijten et al. 2012)이 연구한 〔브라질 동북부의 항구도시〕 헤시피Recife의 경우처럼 주민 참여 방식을 포함하곤 한다.

헤시피에 들어선 좌파 정부는 슬럼 개량 프로그램에 주민들을 포함하기 위해 주민 참여 방식을 추진했다. 특히 이 프로그램은 도시의 강변에 지 어져 홍수와 건강상의 위험에 노출된 파벨라를 목표로 삼았다. 이 지역은 물속에 세워진 기둥이 지탱하는 판잣집인 팔라피타palafitas로 대표되었다. 팔라피타를 빈곤의 상징으로 보고 제거하기로 한 시 정부는 보다 현대적 인 이미지를 구축하고자 했다.

하지만 주민 참여 방식을 도입했다고 해서 슬럼 개량 프로그램의 적용대 상 집단의 요구와 열망에 맞춰 정부의 계획이 조정되지는 않았다. 정책의 기본 토대는 공개적인 논의 대상이 아니었던 것이다. 그 대신 앞서 살펴본 카트리나 이후 뉴올리언스에서 전개된 주민 참여 계획처럼 정책은 기본적으로 주민들이 기존 계획에 따라 움직이는 가운데 집행되었다. 파벨라 거주민들은 철거를 피할 수 없는 일로 믿고 제한적으로만 반대할 뿐이었다. 게다가 때가 되면 새 집을 제공받으리라는 사람들의 열망은 도시계획의 모더니즘 미학과 공명했다. 곧게 뻗은 도로와 운하, 부둣가, 깨끗한 콘크리트 주택이라는 이상으로 인해 슬럼 거주민들은 더 나은 미래와 시민으로서의 사회적 통합을 강하게 열망하게 된 것이다(Nuijten et al. 2011a: 164).

그러나 새로운 주택 계획은 많은 이들에게 실망감을 안겨주었다. 새로운 주택은 주민들이 남기고 떠나온 강변의 판잣집보다도 작았다. 가내 공간에서 중요한 확장물로 기능한 뒷마당이 사라지자 주민들은 생활환경이 오히려 더 후퇴했다고 느끼게 되었다. 새로운 공간 질서는 주민들의 생계에서 중요한 자리를 차지한 비공식적 경제활동을 위해 어떠한 공간도 남겨놓지 않았다. 손수레나 세탁물, 가축을 둘 만한 장소가 없었고, 많은 이들에게 수입의 주요 원천이었던 비공식적인 재활용품 관련 활동도 금지되었다. 또한 각종 설비시설의 합법화는 이전에 주민들이 불법적으로 이용하던 수도와 전기의 비용을 이제 지불해야 한다는 새로운 사실을 뜻했다.

일부 가구는 새로운 주택으로 이주하기를 거부하고 다른 지역에 위치한 비공식 주거지에 정착했다. 일부는 새로운 주택을 임대했고, 일부는 철제 계단에서 세면기까지 팔 수 있는 건 뭐든지 다 팔아 버렸다. 새로운 주택에 머무른 사람들은 주택을 개조하고 현관이나 높은 담장을 세움으로써 주택에 이웃한 공간을 전유하기 시작했다. 잘 정돈되고 열린 공간으로 설계된 공공 공간의 모더니즘 디자인은 금세 찾아보기 어려워졌다. 나위턴 등(Nuijten et al. 2012: 165)이 지적했듯이 (프로젝트) 대표들의 관점에서 볼 때 건축가들이 세심하게 디자인한 모델을 변형한 주민들의 DIY(do-it-yourself)식 구성과 해체(de)constructions는 주거지를 슬럼으로 바꾸는 행위였고, 그들은 주민들의 문화적 후진성과 낮은 도덕성을 비난했다.

　이처럼 모더니즘 공간 질서의 도입은 실업과 차별, 폭력 등의 긴급한 문제를 거의 다루지 못했기 때문에 실패할 수밖에 없었다. 나위턴 등은 슬럼 개량 프로젝트가 빈곤층의 생활환경을 변화시켜 그들을 문명화하고자 시도했으며, 근대적이고 건강하고 문명화된 환경을 제공함으로써 빈곤층을 좋은 시민으로 바꾸어 내기를 원했다고 지적했다. 하지만

　〔그러한 프로젝트는〕 빈곤층이 필요로 하는 것을 보는 대신 그들을 주류 사회에 통합하고 그들에게 공간 활용과 행위에 관한 중산층의 규범을 따르도록 요구했다. 하지만 그러한 라이프스타일을 유지할 수 있는 직업과 자본을 비롯한 다른 속성들은 그들에게 주어지지 않았다. (Nuijten et al. 2012: 166)

　이러한 부조화는 많은 '개량' 프로젝트에서 핵심을 이루었다. 계획가와 그들이 개선하고자 한 실제 주민 모두에게 슬럼 개량은 실패할 수밖에 없는 운명으로 보인다. 그러나 많은 인류학 연구가 강조하듯이, 이러한 프로젝트는 저소득층 주민들의 열망과 꿈 그리고 보다 품격 있는 도시의 미래를 만들기 위한 일상의 물질적 노력에 의해 추진되고 그 원동력으로 작용한다(이를테면 Rao 2018; Salmi 2019). 도시에 대한 권리(상자 9.1 참조)를 법에 명시하고 계획의 민주화를 의무화한 브라질의 도시 조례는 '부유층의 참여적 시민권'을 강화했을지 모르지만, 모든 시민의 더 정의로운 도시를 만들려는 노력에 중요한 법적 도구를 제공하기도 했다(Caldeira and Holston 2015: 2013). 유토피아적 꿈이나 신자유주의적 강령을 넘어, 도시계획은 서로 다른 입장의 행위자들이 도시의 미래를 정의하기 위해 고군분투하는 핵심적인 현장이라 할 수 있다.

도시 기반시설의 정치

도시의 미래가 물질적 형태를 띠는 또 다른 방법은 기반시설 개발이다. 도로와 전차에서부터 수도와 전기 공급망에 이르는 기반시설에 관한 최근의 인류학적 연구는 이러한 사회기술 시스템의 정치와 시학을 강조해 왔다. 이 분야의 연구자들은 기반시설을 "재화와 사람 또는 아이디어의 흐름을 촉진하고 공간에서 전개되는 교환을 가능케 하기 위해 구축된 네트워크"라 이해하고, "물리적 형태가 네트워크의 성격, 이동의 속도와 방향, 시간성, 고장에 취약한 성질을 어떻게 형성하는지"(Larkin 2013: 328) 파악하고자 노력했다.

기반시설은 도시 생활의 중요한 결정요인이며 도시계획의 핵심 요소이다. 도시 기반시설은 사람들이 서로 관계 맺는 방식과 도시에 연관되는 방식을 형성한다. 이를테면 통신 서비스나 교통수단에 대한 접근을 조절하고, 사람들이 자동차나 자전거, 버스 중 어떠한 통근 수단을 택하게 될지를 결정하는 것이 바로 기반시설이다(이동성mobility에 관해서는 제3장 참조). 소련 해체 이후 난방 체계에 관한 이후의 논의에서 보여 주겠지만, 기반시설 문제는 사람들이 개별 소비자로 간주되는가 아니면 집단의 일부로만 여겨지는가에도 영향을 미친다. 뚜렷한 가정과 이상은 기반시설 디자인에 영향을 미쳐 공간과 자원, 편의시설을 배분하는 구체적인 방식을 만들어 내고, 도시 내 불평등을 야기하거나 완화할 수 있다.

기반시설의 정치는 부분적으로는 이렇게 구축된 네트워크가 도시 공간에서 사람들을 연결하는 능력에 달려 있다. 각 가구와 지역이 공식적인 교통, 상하수도, 전기 네트워크에 연결되어 있으면 종종 경제적·생태적·건강상의 이점을 수반하며, 제대로 작동하는 통신 기반시설에 대한 접근은 (때로는) 삶과 죽음의 문제가 될 수 있다. 인류학자들은 이러한 기반시설의 특정한 물질적·기술적·지리적 특징이 어떻게 사회적·정치적 포용과 배제를 구조화할 수 있는지 보여 주었다(이를테면 Rodgers and O'Neill 2012; von Schnitzler 2016). 한나 아펠과 니킬 아난드, 아킬 굽타(Appel, Anand and Gupta 2018: 5)는 "기반시설은 현대 국가가 발전과 진보, 현대성을 보여 주기 위해 사용하는 기술일 뿐 아니라 인구를 구분하여 일부를 때이른 죽음에 이르게 하는 데도 사용하는 기술"이라고 주장한다.

　기반시설은 단순한 기술적 기능을 넘어 '시학적^{poetic}' 차원도 지니고 있다. 기반시설 구축 프로젝트와 이를 통해 가능해진 새로운 순환은 근대성과 진보, 새로운 미래와 가능성을 그리는 자유와 관련한 환상, 욕망과 결부되어 있다. 기반시설의 디자인은 종종 이러한 유토피아적 열망을 의식적으로 표현하며, 갈망과 희망, 경외감, 자부심과 같은 감정을 동원해 낸다(Larkin 2013; Knox 2017; Anand et al. 2018). 이러한 시학적 차원이 정치성과 무관한 건 아니다. 기반시설의 미적·상징적 특성은 사람들이 기반시설의 물질적 형태와 정서적이고 체화된 관계를 발전시키도록 이끌며, 이는 종종 사람들이 특정한 정치적 기획을 정상적이고 자연스러우며 바람직한 것으로 느끼게 만들기도 한다.

　기반시설은 예를 들어 복지국가에서 신자유주의 체제로의 이행 같은 정치 체제의 변화가 도시경관 디자인에 영향을 끼치는 방식을 분명하게 보여 주는 창구가 될 수 있다. **분열하는 도시성**$^{splintering\ urbanism}$에 관한 논의에서 지리학자 스티브 그레이엄과 사이먼 마빈(Graham & Marvin 2001)은 국가가 전체 인구에게 동등하게 저가의 기본 편의시설을 제공한 '기반시설 근대성 infrastructural modernity'의 초기 형태가 신자유주의적 개혁의 맥락에서 의문시되었음을 지적한다. 그들은 신자유주의가 기반시설의 분열을 이끌었고, 도

264　제3부 도시에서의 정치, 도시의 정치

시경관의 중요한 변화와 더불어 새로운 형태의 포섭과 배제를 야기했다고 주장한다.

스티븐 콜리어(Collier 2011)는 소련 해체 이후 러시아에서 시도된 집산주의적 난방 시스템 개혁을 연구했다. 소련의 기반시설 근대성은 특히 집산주의적 성격이 강했다. 가구 수요를 추산해 정해진 기준에 따라 대규모 보일러 시스템이 다수의 작업장과 수만 명의 주민들에게 난방을 제공했다. 수 킬로미터에 이르는 파이프라인을 따라 개별적 제어 없이 수만 개의 방열기로 난방열이 흘렀고, 표준화된 수요에 따라 모든 가구에 똑같이 난방이 제공되었다. 난방 시스템은 작업장을 가구에 연결했고, 가구들을 서로서로 연결했다. 콜리어(Collier 2011: 208)가 지적한 것처럼 난방장치는 소비에트 사회를 "무리 지었고bundle", 공통의 조정 체제에 난방의 생산과 분배, 소비를 연결할 뿐 아니라 산업 기업체와 사회복지 제도, 주거의 물질적 조건을 함께 연결했다.

수십 년에 걸쳐 사회생활의 전 영역에서 진행된 신자유주의적 개혁에도 불구하고 난방 기반시설의 설계와 작동체계는 거의 변하지 않았다. 소비에트식 난방 시스템이라는 독특한 특징 때문에 난방에 가격을 매기고 개별 소비로 이끄는 변화가 거의 불가능했다. 개혁 프로그램은 "가격 문제에 시달리거나 그들의 선택이 주는 혜택을 만끽하는 독립적인 소비자로 수요 주체를 변모시키기 위해 난방 시스템을 재설계할 수 있을까?"(Collier 2011: 236)라는 주요 이슈에 직면했다. 이에 대한 답은 대체로 '아니요'였다. 이 시스템은 재설계될 수 없었던 것이다. 미시경제적 장려책이 결합된 일부 시도에도 불구하고, 난방은 소비 능력보다 '수요'의 집산주의적 논리에 따라 계속 공급되었다.

기반시설은 도시 조직에 주목할 만한 변화를 야기하여 새로운 불평등의 개시를 알릴 수 있는 반면, 새로운 이데올로기적 이상과 권력관계에 적합하도록 바뀌기가 어려운 물질적 두터움^{thickness}의 한 형태를 보여 주기도 한다. 기반시설의 다양한 역사적 층위는 기반시설 계획을 통해 사회를 형성하려는 새로운 시도와 뒤엉키며 기존의 경제적·사회적·공간적 배치를 영속화한다.

동시에 주민들은 도시에서의 정치적 소속감을 주장하기 위해 도시 기반시설을 손질하여 이용하려 들기도 한다. 이는 뭄바이의 상수도 기반시설에 관한 니킬 아난드(Anand 2017)의 연구에서 명확하게 드러난다. 뭄바이에서 공식적인 수도 공급망과의 연결은 정치적 인정과 밀접하게 연관되어 있다. 국가가 공식적으로 인정하지 않는 한(예를 들어 '공인된 슬럼가'로 분류된다거나), 자체적으로 건설한 도시 정착촌은 상수도와 같은 도시 서비스를 받을 자격이 없다. 아난드는 "합법적인 수도 서비스를 통해 도시 기관으로부터 공인받을 수 있는 능력"(Anand 2017: 8)을 의미하는 '수력 시민권^{hydraulic citizenship}'이라는 용어를 사용하여, 기반시설 접근권과 정치적 소속감을 결합한 정착민들의 투쟁을 상세히 기술한다.

기반시설에 대한 권리를 주장하기 위해 수도요금 고지서부터 유권자 신분증까지 다양한 형태의 서류를 수집한 뭄바이 정착민들의 시도는 공식적인 인정을 받기 위한 과정의 일부였다. 그들은 정치인, 풀뿌리 정치 활동 및 NGO와 중요한 사회적·정치적 유대를 형성함으로써 권리의 언어뿐 아니라 도움, 우정, 후원의 언어도 활용했다. 또한 도시에 대한 그들의 주장은 물질적 형태를 취했다. 소외된 정착민들은 도시 수도관에 비공식적으로 연결하여 수압을 높이기 위한 자체 펌프를 부착하여 물을 공급받았고, 때로는 숙련된 배관공의 도움을 받아 합법적인 파이프와 비인가 파이프의 차이를 구분하기 어려울 정도의 설비를 활용하기도 했다(사진 8.3).

사진 8.3 인도 뭄바이의 수도 공급시설. (사진 제공: Nikhil Anand)

결론

예전에 유럽 제국주의가 지배한 많은 도시들의 식민지 구역 사례가 그러했듯이 도시계획은 정치적 주장이나 이상을 표현하는 데 사용되어 왔다. 식민지 구역은 문명의 우월감이나 근대성뿐 아니라 유럽의 통치와 지배를 표현하는 수단이었다. 또한 새로운 식민지 공간은 주민들이 '구시가지'를 인식하고 활용하는 방식을 바꾸었다. 20세기와 21세기의 모더니즘 도시계획은 진보적 이상의 영향을 받았다. 비록 식민지 구조를 원상태로 돌리고 불평등을 없애고자 한 대규모 계획이 좀처럼 완전히 성공하지 못했음에도 불구하고 말이다. 21세기의 첫 10년 동안에도 도시 디자인과 기반시설은 특정한 정치적 메시지를 담기 위해 만들어졌지만, 이제는 개인화된 신자유주의적 정치 주체의 형성과 세계적 명성을 얻기 위한 화려한 경쟁에 더 초점을 맞추게 되었다(제7장 참조).

도시계획은 도시 불평등을 드러내고 악화하지만 도시 불평등에 맞서 싸우는 잠재력도 갖고 있다. 도시계획의 원인과 결과를 이해하는 것은 누구의 이해관계가 고려되는지에 주목하는 것을 의미한다. 계획의 설계와 이행에 누가 영향을 미칠 수 있는가? 도시는 어떤 이미지에 따라 그리고 누구의 이익을 위해 재건설되는가? 도시계획은 사람들의 생계에 충격을 가하고, 공간적으로 매개된 포함과 배제라는 다른 양식을 수반하면서 각기 다른 집단의 사람들이 가진 도시에 대한 권리right to the city에 영향을 미친다.

도시계획에 관한 인류학적 연구는 고결하고 합리적인 모더니즘 계획과 일상을 살아가는 사람들(요구사항) 간의 부조화를 강조하곤 한다. 도시계획은 실제 주민들의 필요와 희망에 맞추어 진행되기보다는 공간의 이용자와 장래의 주민들을 변화시키려고 한다. 그러한 유토피아적 이상과 주변부 도시 생활의 현실 사이의 간극은 많은 슬럼 철거 및 개량 프로젝트가 어려움을 겪게 되는 원인 중 하나이다. 아마 도시계획 관련 논의에서 도시인류학이 가장 중요하게 기여한 바는 추상적인 도시계획이 변형하고자 했던 사람들이 역으로 이런 계획을 전유하고 전복해 내는 방식을 잘 보여 주었다는 점일 것이다.

1. 이를테면 식민지 도시 같은 곳에서 도시경관의 분화는 사람들이 자신을 바라
   보는 방식에 어떠한 영향을 미치는가?
2. 식민지 도시계획과 하이모더니즘 신도시, 신자유주의적 슬럼 개량의 차이점과
   유사점은 무엇인가?
3. 수많은 유토피아적 도시계획이 실패하는데도 왜 정부는 계속해서 새로운 계획
   을 추진하는가?
4. 몇몇 도시 재건 프로그램이 사회적 불평등을 재생산하고 악화하는 원인은 무
   엇인가?
5. 당신이 잘 아는 도시에서 기반시설 개발의 정치적 측면으로 무엇이 있을까?

더 읽을거리

Anand, Nikhil, Akhil Gupta and Hannah Appel, eds. (2018) *The Promise of Infra-structure*. Durham, NC: Duke University Press.

Holston, James (1989) *The Modernist City: An Anthropological Critique of Brasília*. Chicago, IL: University of Chicago Press.

Mack, Jennifer, and Michael Herzfeld, eds. (2020) *Life Among Urban Planners: Practice, Professionalism, and Expertise in the Making of the City*. Philadelphia, PA: University of Pennsylvania Press.

Rabinow, Paul (1989) *French Modern: Norms and Forms of the Social Environment*. Chicago, IL: University of Chicago Press.

Schwenkel, Christina (2020) *Building Socialism: The Afterlife of East German Architecture in Urban Vietnam*. Durham, NC: Duke University Press.

더 볼거리

〈신의 뜻이 함께하고 만이 넘치지 않는다면If God is Willing and da Creek Don't Rise〉 (2010).

스파이크 리$^{Spike Lee}$ 감독. 허리케인 카트리나 이후 뉴올리언스의 재건 노력을 담은 다큐멘터리.

〈액체 도시$^{Liquid City}$〉(2008). 매슈 갠디$^{Matthew Gandy}$ 감독. 뭄바이의 물 정책에 관한 단편 다큐멘터리.

〈프루이트 아이고의 신화$^{The Pruitt-Igoe Myth}$〉(2011). 채드 프리드리히$^{Chad Freidrichs}$ 감독. 악명 높은 프루이트-아이고 주거 단지를 통해 2차 세계대전 이후 미국 도시의 변모를 다룬 다큐멘터리. 프루이트-아이고는 쇠락한 근린지구를 근대적 공공 주거 단지로 대체하기 위해 1950년대에 〔미국 미주리주 세인트루이스에〕 지어진 대규모 공공 주거 단지였지만 완공된 지 불과 20년 후인 1972년에 철거되고 말았다.

제9장

도시, 시민권 그리고 정치

도시, 특히 수도는 시민권이 표현되고 경험되는 매우 중요한 정치적 무대와 장소이다. 시민권에 관한 최근의 인류학적 연구들은 정치 공동체를 형성하고 특히 시민권의 도시적 양식을 가능케 하는 도시의 역할을 강조해 왔다. 게다가 많은 민족지적 연구들은 정치 공동체의 구성원들 사이에서 행해지는 권리의 불균등한 분배를 다루어 왔다. **차별적 시민권** differentiated citizenship 은 이처럼 공식적으로는 동등한 시민들이 실제로는 매우 차별적으로 대우받는 현실을 뜻한다. 이러한 불평등을 둘러싼 경합은 **저항적 시민권** insurgent citizenship 이라는 이름으로 연구되어 왔다. 이 장에서는 먼저 차별적 시민권과 저항적 시민권이 도시의 맥락에서 스스로를 드러내는 방식에 관해 논의할 것이다.

다음으로는 인류학자들이 도시 정치를 연구해 온 방식을 살펴보고자 한다. **선거 정치** electoral politics 는 계급과 종족성에 기반을 둔 정당 정치나 후원 관계 clientelism 같은 기제를 통해 도시 거주민을 공식적인 정치 시스템에 포함하는 방법이다. 그러나 인류학자들은 선거 정치보다는 민주주의 체제와 권위주의 체제에 존재하는 정치적 교섭과 경합의 양식들에 관심이 있으며, 이는 정치 제도를 넘어 도시 정치^{urban politics}로 향한다. 그에 부응하여 이 장에서는 비공식적 정치의 중요한 형태 중 하나로 도시빈민의 **조용한 침범**^{quiet encroachment}에 관한 논의를 통해 공식적이지 않은 권력 투쟁에 대해 중점적으로 살펴볼 것이다. 나아가 도시의 주변부와 저소득 지역에서 발생하는 풀뿌리 운동에서부터 환경문제나 성 평등을 둘러싼 탈계급적 사회운동에 이르는 **정치운동**의 중요성에 초점을 맞출 것이다.

정치에 관한 이 모든 형태에서 **공공 공간**은 중요한 역할을 수행한다. 이 장의 마지막 부분에서는 공공 공간의 집단적 성격이 해당 공간에 정치적 성격을 부여하여 정치적 포럼으로서의 기능을 활성화하는 양상을 논의하고자 한다. 남유럽의 긴축 반대 시위, 아랍권의 대규모 봉기, 미국 안팎의 도시에서 일어난 '흑인의 생명도 소중하다^{Black Lives Matter}' 운동 등 도시를 기반으로 전개된 운동과 시위에 특히 주목하면서 다양한 형태의 정치적 동원과 관련한 공공 공간의 역할을 살펴본다.

도시와 시민권

역사적으로 시민권은 도시의 성원권^{membership}에 국한되었지만 19세기와 20세기 국민국가 만들기의 맥락에서 시민권은 국민국가의 정치적 성원권을 나타내는 것으로 변모하기에 이르렀다. 그러나 도시는 "국민국가의 시민권을 위한 무대로 보이든, 혹은 자체적 권리를 지닌 하나의 정치 공동체로 보이든 간에"(Lazar 2014: 67) 여전히 시민권과 관련해 중요한 장소이다.

사회학자 T. H. 마셜의 정의(Marshall 1950)는 시민권에 관한 다양한 논의의 고전적 출발 지점이 되어 왔다. 마셜은 시민권을 정치적 공동체의 성원권, 즉 구성원에게 특정한 권리와 의무를 부여하는 자격이라고 정의한다.

시민권에 관한 주요 질문 중 하나는 그 구성원에 누구를 포함하고 누구를 배제할 것인가이다. 이는 도시에서 특히 중요한 질문인데, 점차 많은 도시들이 초국가적 네트워크에 강하게 포섭되고 있기 때문이다. 도시가 상대적으로 대규모의 이민자들을 불러들이게 되면서 국민국가에 기반을 둔 정치 공동체라는 기존 사고가 허물어지는 동시에 도시경제는 초국가적 경제 네트워크에 의존하게 된다. 제임스 홀스턴과 아르준 아파두라이가 지적한 것처럼 이는 생산 활동에 종사하지만 시민권이 없는 도시 거주민에게 권리를 부여해야 하는지, 초국가적 네트워크를 수용하는 혼종적인 법률 체계를 새롭게 만들 필요가 있는지를 묻는다(Holston & Appadurai 1999: 10-13).

아파두라이와 홀스턴은 시민권을 형식적 시민권formal citizenship과 실질적 시민권substantive citizenship으로 구분한다. 그들에 따르면 형식적 시민권은 법적 구성원으로서의 지위로 정의되는 반면 실질적 시민권은 도시의 일상생활에서 "사람들이 소유하고 수행하는 시민적·정치적·사회경제적·문화적 권리의 배열"(Holston & Appadurai 1999: 4)에 따라 정의된다. 아파두라이와 홀스턴은 "비록 이론적으로는 권리에 온전히 접근할 수 있느냐 없느냐가 성원권에 달려 있지만, 현실에서 실질적으로 시민권을 구성하는 것은 형식적 지위와 종종 무관하다는 사실"(ibid.)을 지적한다. 이로 인해 형식적 평등에도 불구하고 실제로는 인종과 계급, 성, 종교적 위치에 따라 한 국가에서도 서로 다른 권리를 누리는 현실이 존재할 수 있다. 반대로 선거권 같은 예외를 제외하면 시민권이 없는 주민도 형식적 시민이 누리는 사회경제적·시민적 권리의 상당수를 누릴 수 있다. 따라서 실제로 시민권은 종종 불균등하게 분산된 권리의 묶음으로 해석되기도 한다.

차별적 시민권과 저항적 시민권

이렇게 불균등하게 분산된 권리들은 차별적 시민권differentiated citizenship이라 불리는데, 이는 하나의 정치 공동체 내에서 형식적으로는 평등하다고 여겨지는 구성원들 중 (국가와 다른 시민들이) 일부 집단을 차별적으로 대우하는 것을 뜻한다. 아이리스 매리언 영Iris Marion Young과 윌 킴리카Will Kymlicka 같은 정치철학자들은 시민권이 보편주의의 형태를 띠는 한편, 실질적으로 흔히 지배적 모델과 비전을 따른다는 측면에 초점을 맞추어 차별적 시민권을 논의한다. 이러한 모델들은 여성이나 종족적 소수자처럼 다른 신앙을 갖고 있거나 시민권에 대한 지배적 견해에 부합하지 않는 이들에 대한 차별을 내포한다(Leydet 2014). 영과 킴리카는 더 큰 정치 공동체의 일부 집단에 다른 이들과는 다른 권리를 부여하는 차별적 시민권을 역사적으로 형성된 잘못을 바로잡는 데 기여할 수 있는 접근법으로 이해한다.

반면에 제임스 홀스턴으로 대표되는 인류학자들은 엄밀히 보아 역사적으로 확립된 불평등의 해법이 아니라, 그 산물로서 차별적 시민권에 접근한다. 홀스턴(Holston 2008)은 다양한 범주의 시민들 사이에서 차별적으로 권리를 배분하는 시민권 체제의 존재와 그를 둘러싼 경합을 분석한다. 그러한 차별은 서로 다른 범주의 시민이라는 형식으로 법에 기입되거나, 일상생활에서 특정한 범주의 시민을 차별하는 비형식적이고 실질적인 시민권에 관한 상술elaboration로서 나타난다.

장리(Zhang 2002)는 1990년대 베이징에서 수행한 연구를 통해 차별적 시민권과 그를 둘러싼 경합의 두드러진 사례를 논의한다. 가구 등록에 관한 공간적 차별 제도인 중국의 호구户口 제도는 출생지에 따라 도시 주민과 촌락 주민을 구분하여 등록한다. 도시 호구와 농촌 호구라는 지위는 심지어 시골에서 도시 지역으로 이주하더라도 바뀌지 않는다. 도시 호구는 사람들에게 주택 보조와 자녀교육, 의료 서비스 등의 권리와 혜택을 부여한다. 차별적인 호구 제도는 촌락에서 도시로의 이주를 막고, 중국의 도시들이 지나치게 빨리 성장하지 못하도록 하는 것이 목적이었다.

경제 개혁이 진행되자 사람들의 이동에 대한 통제가 느슨해지기 시작했다. 도시 지역의 경제성장이 빨라지자 촌락 지역으로부터 더 많은 기회를 제공하는 도시 지역으로 대규모 이주가 이루어졌다. 이로 인해 농촌 호구를 가진 도시 거주민인 '유동인구floating population'가 대규모로 발생했다. 농촌 이주민은 도시에 거주하고 도시경제에 기여했지만 도시에서의 공식적 성원권과 주거권을 금지당했다. 공식 담론은 유동인구를 범죄 집단으로 여기고 이들에게 위험한 이주민이자 오염의 근원이라는 이미지를 투사했다.

일부 이주민들은 초국가적 연계를 활용하여 평균적인 도시 주민들보다 몇 배 더 많은 수입을 올리는 성공적인 상인으로 거듭났다. 농촌 이주민으로서 성공했음에도 불구하고 그들은 주택에 대한 권리가 없었고 자녀는 공교육을 금지당하는 한편, 당국의 판단하에 추방될 수 있었다. 장리는 이주민들이 도시 시스템 주변부에 자신들의 삶을 창조해 내는 다양한 방식을 묘사했는데, 이는 아세프 바야트가 조용한 침범이라고 묘사한 도시 공간에 대한 권리 주장과 닮은 것이었다(285쪽 참조). 예를 들어 상대적으로 많은 자원을 가진 이주민들은 베이징 혹은 광저우 같은 주요 도시 외곽에 주거지를 건설하기 위해 농민들에게 토지를 임대했다. 이 지역들은 비공식적으로 건설된, 수천 명의 이주노동자들이 거주하는 인구 밀집지역인 '도시 촌락urban village'으로 발달했다. 하지만 이 지역들은 도시의 일부로 인식되지 않았고 본래의 농촌 지위를 유지했다(사진 9.1).

사진 9.1　중국 광저우의 도시 마을. (사진 제공: Ivo Bol)

　장리가 묘사한 베이징의 사례에서 당국은 결국 약 4만 명의 이주민들이 살아가는 거주지로 발달한 도시 촌락을 제거하기로 결정하고 주택을 파괴한 뒤 사람들을 도시 바깥으로 추방했다. 도시 시민권의 부재는 결국 일부 이주민 집단이 가진 경제력, 농민과 도시 거주민 사이에 구축된 연합을 능가했다. 장리(Zhang 2002: 320-321)는 다음과 같은 결론을 내린다.

　도시 시민권에 의해 정당화된 사회적 배제는 개혁과 이동의 시대에도 사라지지 않았다. 변화한 것은 배제의 구체적 형태였다. 이전에는 〔농촌 호구 지위가 부여된 ─저자〕 이들이 물리적으로 도시에 접근하는 것이 금지되었다. 오늘날에는 심지어 이들이 마을을 떠나 도시에서 사업을 영위하는 것이 허용됨에도 불구하고, 단순히 그들의 존재만 용인하고 영구적인 주거와 도시 공간 활용의 기본 권리를 금지한 국가에 의해 이들은 공민권을 빼앗긴^{disfranchised} 집단으로 남았다.

이 사례에서 차별적 시민권은 도시와 농촌 거주민이라는 범주 간의 법적 구별에 기인하는 한편, 분명한 범주 구별 없이 존재하기도 한다. 저항적 시민권^{insurgent citizenship}에 관한 제임스 홀스턴의 논의는 "서로 다른 범주의 시민들을 다르게 처우하기 위해 국적^{national membership}의 근거가 되지 않는 사회적 차이, 주로 교육·재산·인종·성·직업의 차이를 활용해 서로 다른 범주의 시민들을 다르게 처우하는"(Holston 2008: 7) 브라질의 차별적 시민권 체제에 관한 논의에서 출발한다.

재산이 많거나 교육수준이 높은 시민에게만 투표권을 부여하는 역사적 사례는 그 같은 차별을 명백하게 보여 준다. 국적에의 포함과 배제는 브라질 공화국이 수립되는 과정에서 중요한 이슈가 아니었다. 기존에 존재하는 재산과 지위에 따른 식민지 시기의 분명한 불평등을 반영하여, 포함과 배제 그 자체보다는 시민권의 다양한 범주에 따른 차별이 조직원리가 되었다. 이러한 차별적 시민권은 브라질 인구의 다수가 지닌 권리를 박탈했고, 주변화된 시민들에게 기본 서비스를 제공하고 부를 재분배하는 국가가 져야 할 의무를 면제했다.

이러한 맥락에서 주변화된 브라질인들은 비공식적 주택 건설에 의존하고 기본 서비스를 스스로 충족하는 것 외에는 선택의 여지가 없었다. 홀스턴은 이처럼 권리가 박탈된 시민들이 상파울루 같은 도시 외곽에 스스로 지은 '저절로 건설된^{auto-constructed}' 지역들이 도시 시민권에 바탕을 둔 새로운 주장을 형성하는 토양을 제공한다고 주장한다. 홀스턴이 명명한 '저항적 시민권'은 도시에 대한 권리를 주장하는 시민들처럼 변경 지대 주민들이 자신들의 재산을 합법화하고 기본적인 도시 서비스를 제공하라고 요구하는 자발적 연합에 뿌리를 두고 있다(Holston 2009: 257).

이러한 권리 주장은 초기의 시도들을 넘어 사회적·경제적 시민권이라는 비전으로 확대되기에 이르렀다. 이 비전은 의료 서비스, 법적 지위, 교육권 같은 사회적·경제적 권리를 포함했고, 사회적 정의와 평등을 강조하는 민주주의적 상상을 뒷받침했다. 도시 외곽에서 등장한 저항적 시민권의 점진적 성장을 넘어 이러한 권리에 관한 새로운 개념들은 21세기 초 브라질 도시들에서 발생한 —때로는 폭력적 소요로까지 나아간— 집회와 시위들에서 명확하게 제기되었다.

모든 시민이 동등하게 대우받아야 한다고 규정한 형식적 기제가 존재하는 국가들에서도 차별적 시민권 형태는 지속될 수 있다. 인종적 소수자와 관련하여 유럽과 미국에서 등장한 사례(제10장 참조)에서 볼 수 있듯이 특히 경찰로 대표되는 기관의 정책과 실천은 특정한 범주의 시민들을 차별하여 차별적 시민권을 일상적 현실로 만들기도 한다. 지난 10년 동안 소셜 미디어 플랫폼의 '해시태그 운동hashtag activism'은 이러한 불의에 대하여 국내외적으로 관심을 불러일으켰다. 이 운동은 미국 미주리주 퍼거슨에서 백인 경찰이 18세 소년 마이클 브라운을 총으로 쏴 사망에 이르게 했지만 기소되지 않은 일을 비롯해 미국 도시 각지에서 경찰의 흑인 살해 사건이 잇따라 발생하면서 촉발되었다(Bonilla and Rosa 2015). 마이클 브라운의 피살 사건과 그 이후 발생한 다른 흑인 남성 및 여성의 피살 사건은 전 세계적으로 지지를 얻은 전국적인 #BlackLivesMatter 운동에 불을 지폈다(293쪽 참조).

공식적 정치와 비공식적 정치

비공식 경제에 관한 논의(제5장 참조)처럼 정치를 다룬 많은 인류학적 연구들은 국가와 직접적으로 관련되거나 국가에 의해 구제되는 형태의 정치 —예를 들어 선거 정치—와, 국가의 법률과 행위자들이 덜 중요한 역할을 수행하는 영역에서 발생하는 정치 형태 간의 관계에 초점을 맞추어 왔다. 도시경제에서의 공식성/비공식성에 관한 논의에서와 똑같이, 우리는 이러한 영역들이 도시 정치에서 분리되기 어렵다는 사실을 발견한다. 선거로 선출된 정치인들과 공식적인 국가 관료제는 개인적 연계와 도시를 운영하는 비공식 혹은 법외의 실천에 의존한다. 그와 유사하게 도시 거주민들은 다방면으로 공식적인 선거 정치를 '비공식화'하기 위한 활동을 활발히 펼치기도 한다. 이를테면 정치 후보자와의 사적 관계를 돈독히 한다거나 청탁을 목적으로 표를 매매한다. 게다가 비국가적 조직non-state organizations —노동조합, 교회, NGO, 사회운동가 혹은 마피아 등—은 종종 도시의 중요한 정치 행위자로서 활동하며, 제도화된 과정에 의존하는 준합법적인 권위 형태로서 국가와 유사한 방식으로 작동할 수 있다(de Koning et al. 2015).

도시 주민들이 지방정부 혹은 국가와 맺는 관계를 고찰하는 한 가지 방법은 시민과 국가 사이에서 중개인 역할을 수행하는 비국가적 행위자들에 관해 연구하는 것이다(Koster and van Leynseele 2018). 대개 정당과 노동조합, 종교조직, 지역 결사체, 심지어 범죄 집단 같은 조직들이 국가-시민 관계에서 중간매개 역할을 수행한다. 이 집단주의적인 비국가적 조직들은 시민 개개인과 국민국가 간의 직접적 관계로서 시민권을 바라보는 자유주의적 사고에 도전한다. 사람들은 지역이나 도시에서 이 같은 조직에 소속됨으로써 좀 더 집단적인 방식으로 국가와 관계를 맺는다(Lazar 2008;

Kivland 2020).

이러한 중간매개를 연구하는 인류학자들은 이러한 매개 조직^{mediating} associations 내에서 카리스마를 갖춘 특정 개인이 중개인 역할을 수행한다는 사실을 발견했다. 토마스 블롬 한센과 오스카르 페르카이크(Hansen and Verkaaik 2009: 16)는 이들을 도시 전문가로 묘사한다.

이 도시 전문가들은 평판과 기술, 자신들에게 부여된 연줄^{imputed connections}을 활용하여 슬럼과 대중적 근린지구^{popular neighborhoods}에 거주하는 보통 주민들에게 서비스와 인적 네트워크, 지식을 제공한다. …… 이들은 관련 사안에 정통하다고 가정되며, 보통 사람들에게 쉽게 허용되지 않는 자원과 지식에 접근권을 가지고 있다고 가정된다. 이러한 연계의 마법은 지역의 범위를 넘어서 권력 중심부에 닿아 있는 그들의 연줄에 기인한다.

이러한 권력 중개인들은 도시빈민들이 국가 서비스와 정치 시스템에 접근할 수 있도록 돕는 한편, 빈민들을 정치가들이 더 읽어 내기 쉽고 통제하기 쉬운 존재로 만들어 버린다. 한센과 페르카이크는 이러한 매개적 지위로 인해 지배 권력과 지배받는 이들의 뚜렷한 대조가 흐릿해진다고 주장한다.

국가와 시민의 연계를 형성하는 이 중개인들은 후기식민주의 이론가인 파르타 차터지가 명명한 '정치적 사회^{political society}'를 구성한다. 차터지 (Chatterjee 2004)에 따르면 '시민사회^{civil society}'는 후기식민주의 국가들에서 한 번도 지배적인 적이 없었던, 서구 부르주아 사회에 존재하는 영역이다. 그는 서유럽이나 북미에서는 다수의 시민들이 국민국가가 자신들을 대표한다고 느끼며 법률을 참조하여 자신들의 권리를 주장할 수 있다고 여기는 반면, 인도 같은 국가들에서는 오직 부유한 계급만이 시민사회에 참여할 수 있다고 주장한다. 세계 인구의 대부분은 권리를 가진 시민이 아니라 후원자와 중개인, 종교지도자, 국가에 대한 접근을 매개할 수 있는 존재들에 의해 운영되는 변칙과 일상의 정치가 지배하는 영역인 '정치적 사회'에만 참여 가능한 '지배받는 사람들'이라는 것이다. 이들은 권리를 주장할 수 없는 반면 인정과 서비스를 두고 교섭하는 과정에서 자신들의 정치적 행위력을 발휘한다. 다음에서는 도시 주민들이 그날그날 꾸려 가는 행위의 일부로서 정치의 비공식적 형태를 논하기에 앞서 선거 정치가 도시에서 작동하는 방식을 살펴본다.

선거 정치

공식적인 도시 정치에 관한 연구들은 국가와 지방자치제의 선거가 도시에서 어떻게 진행되는지에 초점을 맞추는 경향이 있다. 주민들은 정당정치를 통해 사회적 변화를 이루어낼 수 있다는 가능성을 거의 믿지 않으며, 부패하고 이기적인 국가나 도시의 정치가들에 대해 회의감을 갖고 있다. 그러나 도시는 정당정치에서 동원의 핵심 장소이다. 심지어 정당정치에 회의적인 시민들도 선거 캠페인의 흥분에 사로잡히거나 가족이나 지역공동체에 필요한 물질적 이익을 얻기 위해 정치가와 후원관계를 맺을 수 있다.

물론 선거는 공식적인 민주주의 시민권의 중요한 요소이자 핵심적인 정치적 권리임에 분명하다. 하지만 투표는 개인의 권리를 넘어서는 경험이며, 혼자만의 개인적 행위로만 이해될 수는 없다. 많은 시민들은 투표를 개인의 정치 성향을 표현하는 유일하고 주된 수단으로 여기지 않는다. 그들은 선거를 국가뿐 아니라 어떤 정치 공동체를 향한 집단적 소속감을 경험하고 협상하는 상징적 순간으로 이해한다. '선거 민족지'를 작성하는 인

투표 참여를 인증하기 위해 잉크로 표시한 손가락을 보여 주는
뭄바이의 젊은이들. (사진 촬영: CRS Photo, Shutterstock)

류학자들은 투표를 단지 정치적 권리로서가 아니라 시민권의 상징적 수행
performance의 핵심 부분으로 연구하기 시작했다. 선거는 국가-시민 관계의
경험이 반영되고 재생산되며 경합되는 장으로 여겨질 수 있다. 이처럼 민
주주의의 핵심 의례에 참여하는 행위인 투표를 통해 시민들은 특정 정치
공동체에 대한 결속감을 확인한다(사진 9.2 참조).

무쿨리카 바네르지(Banerjee 2017)는 인도의 저조한 시민권 기록에도 불
구하고 투표율이 높은 이유를 탐색한다. 그녀에 따르면, "인도 유권자들
은 선거 참여를 국가에 대한 참여의 기본으로 여긴다. 선거인 명부에 이름
이 올라간다는 것은 그들의 이익을 무시하는 체제로부터 자신의 존재를
공식적으로 인정받는, 드물지만 소중한 일이다"(Banerjee 2017: 411). 평소에
는 거의 무시당하는 평범한 사람들에게 일시적으로 권한을 부여하는 것이
바로 선거이다.

사람들은 갑자기 권력자들에게 평범한 유권자가 관심의 대상이 되는 역할의 반전을 즐긴다. 부유한 정치인들이 입은 깨끗하게 세탁된 옷은 광활한 선거구를 가로지르는 먼지투성이 유세, 가난한 사람들의 초라한 오두막에 들어가기 위해 고개 숙인 오만한 머리, 표를 달라고 호소하며 손을 접은 모습 등으로 더럽혀진다. (ibid.)

리브커 야퍼(2015)가 자메이카 킹스턴에서 발견한 것처럼 많은 저소득층 주민들은 그들이 '정치꾼politricks'이라 부르는 자들에게 대단히 냉소적이며, 정치인들은 모두 자기 자신 외에는 아무도 신경 쓰지 않는 부패한 사기꾼이라는 감정을 표현한다. 그러나 저소득층 주민들이 선거 캠페인에 열광적으로 참여하는 시기인 선거기간 동안에는 이러한 냉소가 일시적으로 유예된다. 그들이 선거 캠페인에 참여하는 이유를 공짜 음식 같은 물질적 이익으로 설명할 수도 있지만, 선거를 둘러싼 축제 등의 이벤트는 소속감이라는 감정을 북돋우는 에너지와 즐거움, 흥분 등의 강렬한 경험을 가리키는 사회학 용어인 '집합적 고양collective effervescence'을 낳는다. 심지어 대단히 회의적인 시민들조차도 일시적으로 의혹을 유예하고 이 공동체의 일부가 된다. 여기에서 정치적 소속감과 정치적 권리의 이행은 강렬하고 긍정적인 감정을 생성하는 집합적 퍼포먼스가 된다(Jaffe 2015).

많은 도시인류학자들은 집단적 후원관계corporate clientelism에 초점을 맞추어 왔다. 이는 많은 지역공동체의 사례에서 보듯이 정치적 후원자가 일군의 유권자들과의 관계를 추구하는, 비개인적 형태의 후원관계를 가리킨다. 이와 관련된 민족지적 연구에서 이 같은 투표의 집단적 본질이 명백히 드러난다. 시안 라자르(Lazar 2004)가 볼리비아의 도시 엘알토El Alto의 선거 캠페인을 다룬 연구에서 보여 준 것처럼 정치적 피후원자는 반드시 수동적이고 쉽게 조종되는 가난한 사람들이 아니라 선거를 둘러싼 흥정에 능동적으로 참여하는 집단적 행위자 형태를 취하기도 한다. 엘알토에서 이러한 흥정은 주변화된 토착 시민들에게 도구적 측면과 정서적 측면에서 국가와의 협상 수단이 된다. 흥정은 도시 지역의 저소득층 주민들이 지역 학교와 공공 기반시설에 대한 투자를 로비할 수 있는 수단이자, 적어도 선거 기간 동안만큼은 그동안 무시되어 온 시민들을 국가와 정치 엘리트들이 주목하고 인식하게 되는 공간을 제공한다.

라자르는 도시빈민들이 정치인-후원자와의 직접적 관계를 발전시키기 위해 의식적이고 집단적인 행위를 벌인다는 것을 발견했다. 선거에 의한 대의 민주주의의 비인격적이고 '합리적인' 작동방식이 실제로는 자신들을 대표하지도 않고 자신들에게 반응하지도 않는다는 것을 깨달았기 때문이다. 그러한 행위를 통해 도시 저소득층 주민들은 '인격주의적 정치personalist politics'를 영속화할 뿐 아니라 정치인들과 더 사적이고 감정적인 관계로 맺어지는 집단적 시민권을 수행한다.

파키스탄 카라치에서 연구한 타니아 아마드(Ahmad 2014)는 정당정치 거부와 의식적인 선거 포기가 정치적 행위의 한 형태로 이해될 수 있음을 보여 준다. 카라치에서 광범위하게 발생한 정치적 폭력의 시기 동안 선거 캠페인이 정치적 반대파 간의 무장 갈등으로 확대되면서 그에 대한 맹렬한 비난과 분개, 선거 불참 등이 발생했다. 주민들은 선거정치에 참여하지 않고 집 안으로 물러났다. "주민들은 표면상으로만 민주주의적인 제도의 쓰레기 같은 면과 구별되는, 도덕적 품위와 온정적 인간애를 단호히 주장하며 정당정치를 명백히 거부했다(Ahmad 2014: 412)." 주민들은 집 안에서 휴대전화로 소통하며 서로 접촉을 유지했고, 텔레비전 생중계와 시청자 참여 토크쇼를 통해 바깥에서 벌어지는 사건들에 계속 관심을 가졌다. 휴대전화와 텔레비전 같은 매체 덕분에 카라치에서는 흔치 않게 솔직하고 비판적인 담론이 유포되었고, 이로 인해 공중이 도시 전역에 잠정적으로 생겨났다.

아마드는 공공 공간이 주요한 정치적 무대로 특권화되는 도시에서(이 장 끝 부분의 '정치적 동원과 공공 공간' 절을 참조) 가정 또한 정치적 주장을 위해 기능할 수 있다는 의견을 제시했다. 그리고 이러한 담론을 통해 정치적 불참이 반드시 탈정치화를 가리키는 것은 아니며, 정치적 불참 자체가 정치적 입장이 될 수 있음을 보여 주었다.

비공식적 정치

인류학자들은 선거 민주주의의 일상적 작동과 경합을 연구하며, 민주주의 체제와 권위주의 체제 모두에서 선거 정치를 넘어선 도시 정치의 전체 영역을 다룬다. 즉 앞서 묘사한 저항적 시민권이나 주변화된 공동체에서 나타나는 자조적 조직에서부터 폭동과 혁명, 도시 담벼락에 휘갈긴 그래피티를 통해 반대 의견을 표명하는 행동을 모두 포괄해 다룬다.

이란의 도시 지역을 연구한 아세프 바야트(Bayat 2013)는 도시 공간과 생활 편의시설에서 '비공식적 사람들'의 조용한 침범silent encroachment이 그가 '거리의 정치'라고 부른 정치의 한 형태로 작용하는가에 관심을 기울인다. 빈 주택을 무단으로 점거하거나 빈 땅에 불법 건축물을 지어 집으로 삼는 이민자들과 쫓겨난 도시 주민들, 보도를 점유한 노점상, 수도와 전기의 불법 이용 등의 사례들, 즉 공공 공간이나 공공시설을 일반적이고 그다지 피해를 주지 않는 방식으로 이용하는 것은 도시빈민이 생존이나 성공을 위해 활용하는 전략이다. 하지만 바야트는 이런 사례들이 정치의 중요한 형태이지만, 항상 그렇게 인식되는 것은 아니라고 주장한다.

이러한 행동은 종종 상의하달식의 계획과 통제에 반대하는 실천이지만, 반드시 도시빈민이 더 힘 있는 행위자에게 종속된 상황에 저항하는 것이라고 볼 필요는 없다. 실제로 [별로 저항적으로 보이지 않는] 행동도 방어적이기보다는 은밀하게 공격적이기 때문이다. 하지만 조용한 침범이 사회운동을 수반하는 것은 아니다. 대부분의 사회운동과 달리 비공식적 정치는 대체로 지도자가 부재한 채 개인들의 자생적 행위로써 추동된다. 그러나 권리를 빼앗긴 이질적인 개인들의 이러한 행위는 느리고 점진적이지만 국가로부터 자율성을 획득하고 사회적 재화를 재분배한다는 점에서 도시 변화에 극적인 영향을 미칠 수 있다. 바야트는 공공연하고 눈에 띄는 정치적 동원이 민주주의 사회보다 더 위험한 이란 같은 권위주의 국가에서는 이처럼 조용한 형태로 불만을 주고받는 행위가 두드러진다고 주장한다. 바야트의 '거리의 정치'는 사회이론가 미셸 드세르토(de Certeau 1984)가 '전술tactics'이라 부른 개념과 닮았다. 드세르토에 따르면 정부의 계획가와 정치인들이 개발한 통제 '전략strategies'을 은밀하고 천천히 약화하는, 권력을 갖지 못한 도시 주민들의 일상생활의 실천이 바로 '전술'이다(제1장 참조).

거리의 정치—파편화된 비집단적non-collective 행위자들의 집단적 행위로 형성된 '사회적 비운동non-movement'—에 덧붙여, 바야트(Bayat 2013)는 그가 '정치적 거리political street'라 명명한 담론의 상징적 영역이 지닌 중요성을 지적한다. 이 영역은 "택시와 버스, 상점, 거리의 보도, 대중 집회 같은 공공 공간에서 광범위하게 표현되는 집단적 감정과 공유된 느낌, 일상의 발화와 실천에서 드러나는 보통 사람들의 공적 의견들"(Bayat 2013: 14)로 이루어진다. 거리의 정치와 정치적 거리는 상호 연계하면서 서로를 지탱한다. 특히 자유가 제한된 조건에서 정치적 거리는 이번 장 말미에서 논의할 '아랍의 봄'과 같은 대규모 봉기에 영향을 미칠 수 있는 비판적 반대 담론을 조성하고 유포

할 수 있다.

사회운동

사회운동은 최근 도시인류학 분야에서 특히 인기 있는 주제이다. 사회운동은 시위와 점거 등 제도화된 선거 정치 이외의 수단을 통해 사회 변화에 영향을 주고자 하는 여러 종류의 집단 행위를 아우른다. 사회운동은 19세기 노예제도 폐지와 노동자 권리 신장에서부터 20세기의 성적 권리와 환경보존 문제, 나아가 최근의 주거 문제와 경찰의 가혹행위, 인종차별에 이르는 광범위한 이슈에 걸쳐 사람들을 동원한다.

1960년대와 1970년대에 전개된 사회운동을 연구한 마누엘 카스텔 (Castells 1983) 같은 사회학자들은 많은 중요한 동원들이 도시라는 조건에서 성장하여, 국가 정부보다도 지방정부를 대상으로 한 도시 운동urban movements이었음을 강조한다. 카스텔(Castells 1983: 305)은 도시의 사회운동을 "지배계급의 논리와 이익, 가치에 대항하여 제도화된 도시의 의미(다시 말하면 도시를 이해하는 지배적 방식)를 변형하는 것을 목표로 한 집단의 의식적 행위"라고 정의한다. 이러한 정의는 도시의 사회운동이 지닌 계급적 본질을 강조하는 한편, 카스텔은 집합적 소비를 둘러싼 '전통적' 관심사와 지역 문화와 정체성, 도시의 의미를 둘러싼 '새로운' 갈등이 결합된 운동을 논의한다. 이들 중 다수는 '도시에 대한 권리right to the city'(상자 9.1 참조)를 둘러싼 투쟁의 일환으로 이해될 수 있다.

도시의 사회운동에서 한 가지 눈에 띄는 양상은 주거 문제와 관련한 것이다. 악덕 집주인, 부동산 개발업자 같은 기업 행위자나 정부를 상대로 질 좋고 적당한 가격의 주택을 제공하거나 보호하도록 압박하기 위해 다양한 방식의 운동이 동원된다. 1970~1980년대에 암스테르담에서는 건물

도시에 대한 권리

　1960년대에 프랑스의 철학자 앙리 르페브르(Lefebvre 1996)는 '도시에 대한 권리 right to the city'라는 개념을 발전시켰다. 이 개념은 훗날 배제적인 도시경관을 비판하고 사회적으로 공정한 도시를 상상한 데이비드 하비(Harvey 2003)를 필두로 한 도시 연구자들에게 채택되었다. 르페브르에 따르면 도시는 서로 다른 사람들이 뒤섞여 함께 살아가는 중요한 공공 공간이다. 그러나 도시가 이러한 기능을 유지하려면 다양한 사람들이 도시에 거주할 수 있고, 도시 공간과 도시 생활이 형성되는 방식을 두고 투쟁할 수 있어야 한다. 이러한 투쟁은 도시를 예술작품과 유사한, 하나의 작품oeuvre으로서 창조하며 새로운 생활방식의 발명을 가능케 한다. 르페브르가 지적한 것처럼 실제로 도시의 생산 중 다수는 엘리트에 의해 그리고 엘리트를 위해 행해진다. 반면에 르페브르의 도시에 대한 권리라는 개념은 우리가 살아가는 도시환경을 창조적으로 형성하고 거주하기 위해 도시를 전유하는 권리를 강조한다(Mitchell 2003: 17-20). 하비(Harvey 2003: 939)가 강조했듯이 "도시에 대한 권리는 단순히 이미 존재하는 대상에 대한 접근권이 아니라 우리의 마음이 열망하는 바에 따라 기존 대상을 변화시킬 수 있는 권리를 가리킨다."

　1960~1970년대에 부르주아 사회를 비판하며 더 창조적이고 개방적이며 공정한 사회를 실현하고자 한 항의운동은 도시에 대한 권리를 슬로건으로 채택했다. 최근에 이 개념은 미국의 '도시에 대한 권리 연대Right to the City Alliance'와 남아프리카의 판자촌 주민운동인 AbM(Abahlali baseMjondolo) 같은 도시에 기반한 활동가들에게 영감을 주고 있다. 브라질에서는 2001년 통과된 시 조례에 도시에 대한 권리가 명시되기도 했다.

　소유주가 낮은 임대 수익을 내느니 부동산 투기에 참여하기로 하면서 텅 비게 된 건물을 점거하고 불법적으로 거주하는 대규모 운동이 전개되었다. 1980~1990년대에 라틴 아메리카 도시들에서 흔히 펼쳐진 불법거주자 운동은 공한지를 점거하고 비공식적 거주지를 건설한 조직화된 무리들의 집단적 토지 침범활동이었다. 브라질의 저항적 시민권에 관한 홀스턴의 논의와 동일한 선상에서 다양한 종류의 불법거주자 운동은 정치적 커뮤니티의 새로운 이상과 문화적 개념에 관한 사고를 발전시킨다(Elinoff 2021).

지역의 주거 문제에 초점을 맞춘다 하여 그러한 운동들이 편협한 지역주의에만 기반을 둔 것은 결코 아니다. 예를 들어 기본 사회서비스와 정치적 포섭을 위한 투쟁 중 하나인 '슬럼/판잣집 거주자 인터내셔널Slum/Shack Dwellers International, SDI'이라는 초지역적 네트워크는 수백 개의 도시 커뮤니티들에 산개한 비공식적 거주민들을 연결한다(Mitlin and Patel 2014). 아르준 아파두라이(Appadurai 2001)는 이러한 종류의 경계를 넘나드는 활동가 연합을 아래로부터의 전 지구화의 한 형태로 이론화한다. 그는 초국가적 네트워크와 지역 기반 활동 모두에 의해 특징지어지는 정치 형태인 '깊은 민주주의deep democracy'의 가능성으로서 이를 바라본다. 이러한 운동의 강점은 활동가들 사이의 연대와 교환이라는 수평적 형태와, 조직된 도시 커뮤니티와 공식적인 빈곤 축소 단체가 함께 성장하는 수직적 동반자 관계를 동시에 창출한다는 데 의의가 있다.

또 다른 주거 운동에서 세입자들은 젠트리피케이션에 뒤따르는 퇴거나 이주 위협으로부터 자신들의 주택을 지키기 위해 결집한다. 2008년 글로벌 금융위기로 수많은 사람들이 집에서 쫓겨날 위기에 처하자 제7장에서 살펴본 스페인의 PAH('모기지 피해자들의 연합')나 뉴욕의 MJB(Movement for Justice in El Barrio)*(Maeckelbergh 2012)와 같은 운동은 더욱 탄력을 받게 되었다. 주거 같은 집합적 소비와 직접 연관된 문제보다 정체성 정치와 관련된 시민권에 더 집중하는 도시 사회운동도 있다. 그 대표적인 예가 토착운

---

* 엘바리오El Barrio는 미국 뉴욕 이스트할렘 서쪽에 있는 지역으로, 주로 푸에르토리코 이주민들이 거주하고 있다.

동이나 성소수자 인권운동이다. 이들은 도시 사회운동을 실현 가능한 도시 내 사회관계로서의 대안적 비전이나 도시 생활의 새로운 이상을 계발하는 행위로 보는 카스텔의 시각과 같은 선상에 놓여 있다.

많은 도시인류학자들은 진보적 운동, 특히 주변화된 저소득층 도시 주민들과 연관된 운동에 집중해 왔다. 미국에서 주류 환경보호주의 같은 일부 사회운동은 엘리트주의적 멤버십과 우선권으로 인해 비판받았다. 도시 오염에 대항하여 동원된 환경주의적 정의 운동은 계급을 넘나드는 다종족적 연합을 발전시킬 수 있다. 하지만 뉴욕의 환경 정치에 대한 멜리사 체커(Checker 2020)의 장기 연구가 보여 주듯이, 도시의 오염된 산업부지를 개선하기 위한 동원의 성공은 종종 '녹색 젠트리피케이션'으로 이어졌다. 유독물질로 오염된 환경을 정화하기 위해 조직을 꾸린 주민들이 부유한 신규 이주자들에 의해 쫓겨나고 만 것이다.

또한 좌파 성향의 운동을 연구하는 인류학의 경향은 모든 도시 사회운동이 진보적이지는 않다는 사실을 놓치게 할 수도 있다. 미국과 유럽에서부터 필리핀, 인도, 브라질에 이르기까지 극우 운동의 인기가 높아지고 극우 정치인과 정당이 선거에서 성공을 거두면서 도시의 우익 또는 보수적인 사회운동에 대한 연구가 더욱 절실해졌다. 이탈리아의 극우 운동에 대한 연구에서 파시에카(Pasieka 2022)는 덜 도덕적이고 더 흥미로운 인류학적 접근이 필요하다고 주장한다. 사람들이 어떻게 그런 잘못된 생각에 끌리는지를 설명하는 데 집중하는 대신, 그들이 그러한 운동에 참여하고 투자하는 다양한 이유를 조사해야 한다는 것이다. 그녀의 연구가 보여 주듯이, 이러한 운동은 소속감과 정체성, 목적의식을 제공하기 때문에 매우 다양한 배경의 젊은이들을 모으는 데 성공할 수 있었다.

정치적 동원과 공공 공간

이 장에서 논의한 다양한 형태의 도시 정치―공식적 정치와 비공식적 정치, 사회운동 등―는 주로 공공 공간에 집중한다(제4장 참조). 인구가 집중된 장소인 도시는 대규모 군중 동원이 가능한 공간이다. 게다가 도시는 전략적·경제적 중요도가 있는 곳으로, 특히 수도는 대통령궁이나 의회, 행정부 건물처럼 국가와 결부된 중요한 상징적 장소나 정치적 기관이 자리한 곳이다. 이러한 특징으로 인해 도시는 정치적 행사와 기념식, 군사 퍼레이드에 이르기까지 국가 권력을 드러내는 중요한 무대가 된다. 하지만 그로 인해 국가 권력을 놓고 경합이 벌어지기도 한다.

중앙광장과 대로, 국립묘지, 법원 등의 기념 공간이나 건물은 국가와 시민의 특정한 관계를 제시한다. 이 장소들이 권력 관계를 생산하고 전달하는 경향이 있는 한편으로, 국가와 지배계급의 상징적 연합은 이 장소들을 지배적인 정치적 재현이 경합하는 주요 무대로 만든다. 그러한 공간들 덕분에 공식적인 국가의 스펙터클을 방해하거나 그와 경합하는 대안적 행위가 가능하다. 축제 같은 분위기로, 때로는 진지하고 심각한 분위기로 벌어지는 대규모 시위에서는 재치 있거나 열정적인 슬로건이 등장하며, 이것은 권력자의 정당성에 문제를 제기하거나 풍자하는 반스펙터클counter-spectacles 이 될 수 있다.

유머와 축제 같은 분위기는 2013년 이스탄불의 게지Gezi 공원에서 전개된 시위에서 중요한 무기였다. 여기에는 종종 온라인과 오프라인을 넘나드는 대화와 표현이 포함되었다(Dağtaş 2016). 이를테면 시위대는 탁심Taksim 광장의 시위대가 최루탄을 맞고 있을 때 펭귄에 관한 다큐멘터리를 방송하기로 결정한 튀르키예 CNN 채널의 검열을 조롱하기 위해 거리에서 외친 반

튀르키예 소셜 미디어에서 확산된
'방독면을 쓴 저항하는 펭귄' 그래피티 이미지.

대 구호와 소셜 미디어를 함께 활용했다. 소셜 미디어에서는 거리의 폭력
사태와 펭귄의 이미지를 겹쳐 만든 이미지를 유통해 현실을 은폐하려는 언
론의 노력을 폭로하는 수단으로 활용했다. 결국 이스탄불 거리에 등장한
방독면을 쓴 '저항하는 펭귄' 그래피티(사진 9.3)는 검열의 대상이 된 도시 공
간에 검열에 대한 비판을 되돌려 주었다(Dağtaş 2016: 22).

공식적인 국가 기념물의 의미도 마찬가지로 경합의 대상이 되거나 재
구성될 수 있다. 피에르 노라가 명명한 '기억의 장소'(프랑스어로는 lieux de
memoire)는 힘이 약한 집단에 의해 전유되거나 재의미화될 수 있는 것이
다. 기념물과 그를 둘러싼 이야기들을 활동가들이 변형함으로써 국가 주
도의 서사가 훼손되기도 한다. 미국 경찰이 조지 플로이드와 다른 많은 사
람들을 잔인하게 살해한 사건은 인종차별적 폭력과 불의에 반대하는 전
세계적 시위로 이어졌고, 이는 '흑인의 생명도 소중하다'라는 구호와 해시

사진 9.4 2015년 워싱턴 DC에서 열린 Black Lives Matter 시위.
(사진 촬영: Johnny Silvercloud, Wikimedia Commons)

태그(#BLM)로 연결되었다(사진 9.4와 제10장 참조). 경찰 폭력에 대한 책임을 묻고 경찰의 예산 삭감 또는 개혁을 요구하는 많은 활동이 펼쳐지는 한편, #BLM은 인종차별 및 식민지 기념물에 반대하는 전 세계적인 시위에도 영감을 주었다(Fryer et al. 2021).

전 세계적인 #BLM 시위는 미국의 운동에 대한 연대를 표명하는 동시에 현지의 인종차별과 억압을 규탄하는 자리이기도 했다. 마찬가지로 미국의 남부연합 동상 철거 요구는 식민지 시대의 영웅을 기리는 동상을 철거하려는 세계 각지의 노력과 공명했다. 남아프리카공화국의 케이프타운 대학교에서 2015년 벌어진 #RhodesMustFall 시위에서 학생들은 제국주의 지배자의 동상 철거뿐 아니라 커리큘럼의 탈식민화, 교육에 대한 불평등한 접근의 종식을 요구했다. 이 슬로건과 요구는 세실 로즈^{Cecil Rhodes*}의 동

---

* 19세기 영국의 아프리카 식민지 정치가. 남아프리카 케이프 주의 식민지 총독으로 광산과 철도, 전신 사업을 경영했고 인근 지역을 대상으로 한 무력 정복을 꾀했다.

상을 세워 그의 공헌을 기념하고 있는 영국 옥스퍼드 대학교의 재학생들도 채택했다.

이처럼 동상을 둘러싼 시위가 보여 주듯이 가시성은 공공 공간의 정치적 가능성을 설명하는 핵심 요소이다. 공공 공간에 모인 사람 수만으로도 그 집단의 정치적 견해를 표명할 수 있으며, 그 집단은 더 큰 규모의 집단을 대표하는 존재로 자신을 위치 지을 수 있다. 자신들의 시각과 관심사를 더 큰 집단성의 시각과 관심사로 그려 냄으로써 시위 참여자들은 국가 권력의 정당성에 의문을 제기한다. 그리고 이는 '인민'의 의지나 복지를 표현하는 것으로 간주된다. 수도나 주요 도시에 위치한 공공 공간은 이러한 종류의 자기표현에 특히 효과적인 무대로 작용한다. 이 공간들은 대부분 국가와 직결되기 때문이다.

정치적 경합의 장으로서 도시 공간의 가능성은 주요 도시 봉기가 전 세계적으로—가장 극적으로는 아랍권에서— 등장한 해인 2011년에 특히 두드러지게 나타났다. 중앙광장의 정치적 의미는 2010년 12월 튀니지에서 시작된 봉기에서 매우 분명하게 드러났으며, 뒤이어 이집트와 리비아, 예멘, 시리아에서도 권위주의적이고 안정적인 체제로 여겨져 온 정권에 대항한 대규모 집회가 이어졌다. 집회를 진압하려는 폭력적 시도에도 불구하고 카이로 타흐리르Tahrir 광장에 계속해서 모인 수십만 명의 사람들은 대규모 동원과 항의의 무대로서 공공 공간의 중요성을 입증했다.

이러한 공공 항의집회가 조직되는 데에 다양한 종류의 미디어가 중요한 역할을 수행하기 시작했고, 효력 면에서도 중요성을 입증했다. TV나 신문 같은 대중매체는 집회를 보도할 수도 있고 무시할 수도 있으며, 그럼으로써 더 많은 군중에게 집회를 보이게 할지 말지를 결정한다. 대중매체의 영향력은 특정한 시위와 집회를 합법 혹은 불법으로 규정하는 능력이나 참가 규모를 실제와 달리 보도할 수 있는 능력에서도 감지된다. 반면에 소셜 미디어는 국가가 통제하는 미디어의 메시지에 반하여 대안적 공공 영역으로서의 가능성을 품고 있다. 인터넷과 소셜 미디어는 시위를 보도하는 채널을 제공함으로써 주류 미디어의 보도에 개의치 않는 공공의 가시성을 보장한다.

미국에서 경찰의 흑인 남성 사살에 반대하는 디지털 시위는 이러한 측면을 잘 보여 준다. 스마트폰과 소셜 미디어는 "소외되고 인종화된 사람들에게 국가가 승인한 폭력 사건을 기록하고, 인종화된 신체와 소외된 공동체를 다루는 미디어의 재현 방식에 이의를 제기하는 새로운 도구를 제공"(Bonilla and Rosa 2015: 5)했다. 그 결과 마이클 브라운이 경찰의 총에 맞아 사망한 소도시 퍼거슨은 "더 광범위하고 미디어화된 가상 공간으로 확대되었고, 소셜 미디어 사용자들은 '#퍼거슨은 어디에나 있다(#Ferguson is everywhere)'는 것을 보여 줄 수 있었다"(Bonilla and Rosa 2015: 12). 활동가들은 디지털 운동과 거리 운동을 매끄럽게 결합하여 서로를 강화했다.

트위터와 틱톡과 같은 소셜 미디어는 대표적인 주요 동원 수단이다. 소셜 미디어의 힘은 아랍권의 봉기들이 '페이스북 혁명'이나 '혁명 2.0Revolution 2.0'이라고 불릴 정도로 중요하게 다루어졌다. 하지만 이집트의 사례가 보여 주듯이 군중 동원은 기존에 존재해 온 사회적 네트워크와 하위 기술 수준의 커뮤니케이션 채널에 크게 의존했다(Ryzova 2020; Ismail 2014). 카이로의 가난한 비공식 주거지 출신의 젊은 남성들 그리고 국가 공권력과 다투어 온 역사를 자랑하는 잘 조직된 축구팬들—이른바 '울트라스ultras'(극성 축구팬)로 알려진—은 국가의 폭력적 개입에도 불구하고 시위대가 타흐리르 광장을 점거하는 데 중요한 역할을 수행했던 것이다. 동시에, 이들 봉기 이후 10년 동안 권위주의 정권은 소셜 미디어가 정권에 대한 반대를 조장하기도 하지만 반대파를 억압할 수도 있다는 점을 빠르게 파악해 나갔다. 국가가 후원하는 트롤troll(잘못되거나 선동적인 글과 댓글을 인터넷에 게재하는 사람)들은 소셜 미디어를 통해 허위 정보를 퍼뜨리고 활동가와 언론인, 연구자들을 온·오프라인으로 감시하며 괴롭히는 행동을 일삼았다.

2011년에 의식적인 공간 전략과 뉴미디어의 광범위한 활용을 결합해 일어난 또 다른 형태의 정치적 동원은 전 세계적인 '점거운동Occupy movement'이었다. 제프리 주리스(Juris 2012)는 2011년 9월 뉴욕의 월스트리트 점거운동에서 출발해 곧바로 확산되어 전 세계 여러 도시들에서 다수의 점거운동을 이끈 이 운동을 연구했다. 아랍권 봉기, 금융위기에 대한 반응으로서 이른바 인디그나도스indignados라 불린 2011년 스페인 중앙광장 점거에 영향을 받은 '점거운동'은 상징적으로 유의미한 공공장소의 점거를 핵심 정치전술로 활용한 항의운동의 또 다른 예이다. '점거운동'은 사람들에게 '99퍼센트'—숫자로써 '인민'을 대표하려는 그들의 목적을 표현하는 방식—의 삶을 지배하는 '1퍼센트'—월스트리트와 금융자본의 상징—의 과도한 영향력에 맞서라고 촉구했다.

아랍권의 시위대와 마찬가지로 점거운동 역시 활동을 조직하고 알리는 수단으로 소셜 미디어에 크게 의존했다. 소셜 미디어의 급진적 가능성을 칭송한 기술 낙관론자와 기존 사회 네트워크와 지역의 정치 투쟁이 지닌 핵심 역할을 지적한 회의론자 간의 논쟁을 논평한 주리스(Juris 2012: 260)는 다음과 같이 주장했다.

뉴미디어가 운동의 조직 방식에 영향을 주었다는 사실은 분명하다. 또한 물리적 점거 자체가 갖는 공명이 예시하듯 장소와 신체, 면대면 네트워크, 사회적 역사, 오프라인 정치의 혼란스러움이 여전히 중요하다는 사실 역시 분명하다. 그렇다면 정확히 뉴미디어가 어떤 차원에서 중요하며, 특정한 뉴미디어 도구가 조직의 구조와 유형, 형식을 형성해 내는 데 어떤 영향을 주었으며, 시위와 커뮤니케이션의 가상적 형식과 물리적 형식이 서로를 어떻게 구성했는가를 질문해야 할 것이다.

뉴미디어의 중요한 역할에도 불구하고 공간 점거는 '점거운동'의 핵심적인 항의 수단이었다. 도시의 중심 공간들은 자체적으로 조직된 소규모 사회mini-societies—계획과 예산 수립에서부터 요리와 미디어 봉사활동에 이르는 다양한 과제를 해결하고자 구성된 실무 집단이 함께하는—로 성장해 나간 캠프장들에 의해 점거되었다. 물리적 점거 장소는 운동의 존재를 가시화한다는 점에서 중요하게 여겨졌을 뿐 아니라 대안적 공동체와 열성적인 연대의 결속이 구축되는 공간으로서 그리고 원형의 정치politics of prefiguration라 불리는 가운데 평등주의와 직접 민주주의의 이상이 실천되는 공간으로서 중요하게 작용했다. 주리스(Juris 2012)가 지적하듯이 물리적 장소 점거는 도시 공간을 둘러싼 국가의 통제와 공간의 가치 및 사용을 정의하는 능력을 두고 경합했다. "점거 캠프, 특히 금융센터 주변에 위치한 캠프들은 유토피아적 운동 가치를 담아내고 대안적 연대의 형태를 낳음으로써 지배적인 사회경제 질서에 반하는 방식으로 도시 공간을 재정의"(Juris 2012: 269)하고자 한 것이다.

결론

이 장에서는 핵심적인 정치·경제적 활동이 일어나는 장소이자 많은 사람들에게 주거 공간이기도 한 도시가 지닌 정치적 장소로서의 의미를 고찰했다. 도시의 정치적 중요도는 국가와 관련한 상징적 기능으로부터 도출된다. 도시에는 국가 기관의 소재지와 더불어 공원과 광장 등 주요 공공 공간이나 기념물처럼 상징적인 방식으로 국가를 대표하는 중요한 건물들이 위치해 있다. 이러한 상징적 기능으로 인해 도시 공간은 기존 정치 세력과 현상 유지에 이의를 제기하는 운동의 중요한 정치적 무대가 된다. 소셜 미디어가 정치적 시위에서 점점 더 중요한 역할을 하고 있지만, 디지털 기술이 제공하는 정치적 기회에도 불구하고 물리적인 도시 공간은 여전히 많은 시위 운동의 핵심으로 남아 있다.

시민권은 국가 공동체의 공식적 성원권과 관련한 것으로 이해되는 한편, 덜 공식적이지만 실질적인 형태의 시민권은 도시 공간에서 형성되는 동시에 경합한다. 이는 선거 같은 공식적인 정치 영역에서 이루어질 수 있는데, 가난한 도시 주민들이 집단적 이익을 확보하는 방식으로 정치적 후원자에게 투표하는 경우가 그에 해당한다. 좀 더 저항적인 방식으로는 불공정하게 배제되었다고 느낀 사람들이 재화나 영역에 대한 권리를 주장하는 경우가 있다. 많은 사회운동이 도시에 기반을 두며, 도시에 대한 권리를 불평등하게 경험하는 데에서 촉발된다.

이 장에서 살펴본 것처럼 도시인류학자가 조직적 사회운동이나 도시 공간의 점거를 수반하는 극적인 대규모 집회만을 연구하는 것은 아니다. 도시인류학자는 도시빈민들이 행하는 조용한 침범—심지어 정치적이라고 취급되지 않을 수 있지만 결국 도시의 자원과 권력 배분을 이동시키고 도시경관을 극단적으로 바꿀 수 있는 운동— 같은 일상적 차원의 정치도 다룬다.

1. 당신이 사는 사회에서 차별적 시민권의 예를 발견할 수 있는가?
2. 당신이 잘 아는 도시에서 바야트의 '거리의 정치'와 '정치적 거리'의 사례를 발견할 수 있는가?
3. 공식적 정치와 비공식적 정치를 구분할 수 있는가?
4. 정치적 동원에서 공공 공간이 중요한 이유는 무엇인가? 소셜 미디어의 존재감이 커지면서 공공 공간의 중요성이 약화된다고 생각하는가?

Bayat, Asef (2013) *Life as Politics: How Ordinary People Change the Middle East*, second edition. Standford, CA: Stanford University Press.
Elinoff, Eli (2021) *Citizen Designs: City-Making and Democracy in Northeastern Thailand*. Honolulu, HI: University of Hawaii Press.
Kivland, Chelsey L. (2020) *Street Sovereigns: Young Men and the Makeshift State in Urban Haiti*. Ithaca, NY: Cornell University Press.

〈깨어 있으라: '흑인의 생명도 소중하다' 운동Stay Woke: The Black Lives Matter Movement〉 (2016), 로런스 그랜트Laurens Grant 감독. 2013년 시작된 Black Lives Matter 운동이 소셜 미디어에서 어떻게 추진력을 얻게 되었는지를 보여 주는 다큐멘터리.

〈슬럼, 에피소드 4: 나에게 투표하세요The Slum, Episode 4: Vote for me〉(2014). 폴 로이Paul Roy 제작(알자지라). 필리핀 마닐라의 해피랜드Happyland 지역에서 선거 기간 중에 벌어진 일들을 다룬 다큐멘터리.

〈더 스퀘어The Square〉(2013). 젠느 누잼Jehane Noujaim 감독. 이집트 카이로 타흐리르 광장의 혁명가들과 저항 활동에 관한 다큐멘터리.

제10장

폭력과 보안, 사회통제

폭력과 보안, 사회통제는 도시 질서의 교섭에서 중요한 역할을 수행하는 서로 연관된 개념이다. 현대의 많은 도시에서 폭력—무장강도, 성적 학대, 테러 공격, 시가전 등—에 대한 우려가 갈수록 증가하고 있다. 폭력은 도시의 사회질서를 교란하고 안전을 위협한다. 그러나 서로 다른 사회적 행위자들은 특정한 종류의 질서를 유지하고 특정 집단의 안전을 향상하기 위해 폭력을 활용하기도 한다. 인류학자들은 이 집단들 간의 경계가 항상 명백하지는 않다는 점을 강조하면서 폭력의 가해자와 피해자 모두를 연구해 왔다. 이들은 소외된 거주민, 엘리트, 범죄 집단, 경찰이나 군대처럼 국가가 운영하는 경비대, 민간 경비업체 간의 관계에 초점을 맞춘다. 이러한 작업은 도시 폭력의 파괴적 성격과 생명, 생계, 기반시설을 파괴하면서 발생하는 끔찍한 비용을 강조한다. 또한 인류학적 연구는 폭력이 파괴적인 힘으로 작용하는 것에 덧붙여 구체적 목표의 달성과 사회관계 형성을 위해 '생산적으로' 활용되는 양상까지도 다룬다.

이 장의 첫 번째 절에서는 이런 종류의 민족지적 연구에 관련된 딜레마를 고려하며 폭력에 대한 인류학적 접근을 소개한다. 구체적으로 도시의 범죄 폭력, 종족–종교적·정치적 폭력에 초점을 맞추어 폭력의 여러 유형들과 그것들이 도시의 맥락에 적용되는 방식을 논의한다. 두 번째 절에서는 폭력이 도시 생활에 영향을 끼치는 방식을 살펴본다. 인류학자들은 폭력, 구체적으로는 폭력에 대한 **공포**가 도시 공간에 관한 서사를 형성하고 도시를 통한 사람들의 궤적에 영향을 주는 방식을 연구해 왔다. 이러한 연구들은 도시 기반시설에서부터 건축 스타일에 이르기까지 도시의 물질적 형태가 변화하는 방식을 다루어 왔다. 세 번째 절에서는 경찰과 같은 국가 행위자들의 개입에 초점을 맞추어 도시 보안이라는 이름하에 통제의 다양한 전략들이 적용되는 방식을 논의한다. 여기서 우리는 다양한 보안 기술의 활용을 비롯해 경찰과 같은 국가 행위자들의 개입에 초점을 맞춘다. 마지막 절에서는 〔도시 생활의 안전을 공공 기관인〕 '경찰'이 담당하던 데에서 〔민간 업체도 참여하는〕 '치안 유지 활동policing'으로 바뀌는 현상을 다룬다. 경찰이나 군대 같은 공공 경비에 덧붙여, 보안업체나 자경단 같은 민간 경비 행위자들이 도시민들에게 안전을 제공하는 데 있어 점점 더 중요한 역할을 수행하고 있다. 많은 도시인류학자들은 이처럼 다양한 민간 폭력 행위자들이 국가를 넘어선 주권으로 이해되는 방식을 탐구해 왔다.

폭력의 인류학

폭력을 연구하는 인류학자들은 다양한 종류의 폭력과 이들이 하나의 연속체를 이루는 방식을 이해하려고 노력해 왔다(상자 10.1 참조). 다양한 형

폭력은 가해자의 종류와 동기에 따라 양적, 질적으로 구별되는 서로 다른 형태를 취할 수 있다. 이를테면 캐럴라인 모저와 캐시 매킬뢰인(Moser and McIlwaine 2004)은 폭력을 정치적·제도적·경제적·사회적으로 구별하는 유형 분류typology를 제안한다. 모저와 매킬뢰인은 정치적 암살에서부터 게릴라 조직이나 불법 무장단체에 의한 공격에 이르는 정치적 갈등 상황 속에서 국가나 비국가 행위자가 자행한 폭력을 **정치적 폭력**이라 정의한다. **제도적 폭력**은 특정한 형태의 지배와 도덕적 질서를 굳히거나 유지하고자 국가 행위자나 덜 공식적인 기관들이 행하는 폭력을 가리킨다. 경찰관이나 군중재판에 의한 초법적 살해도 여기에 포함된다. 모저와 매킬뢰인은 갈취 행위 같은 범죄 조직 활동, 강도, 갱단의 폭력 등을 포함하여 경제적 동기로 자행된 폭력을 **경제적 폭력**이라 정의한다. **사회적 폭력**은 집안에서 일어나는 성적이고 '일상화된' 폭력을 아우른다. 현실에서 이 같은 여러 형태의 폭력들은 가해자의 동기가 불명확하거나 겹치면서 경계가 흐려질 수 있다. 예를 들어 제도적 폭력이 가해자에게 경제적 이익을 가져오거나 강간이 정치적 갈등의 맥락에서 이용될 수 있다.

낸시 셰퍼-휴스와 필립 부르고스(Scheper-Hughes and Bourgois 2004)는 유형 분류보다는 '폭력의 연속체continuum of violence'라는 표현을 활용하여 폭력에 더 개념적으로 접근한다. 셰퍼-휴스와 부르고스는 "폭력은 물질성과 관련한 용어만으로는 이해될 수 없다. 폭력은 피해자의 인간성과 존엄, 자존감에 대한 공격을 포함"(2004: 1)한다고 지적한다. 이들은 물리적 폭력과 정치경제적 억압과 배제, 불평등같이 만성적 형태를 띠는 **구조적 폭력**이 연결되어 있음을 역설한다(Farmer 2004 참고). **상징적 폭력**은 구조적 폭력과 그로 인한 위계와 불평등, 모욕을 [피지배자들이] 당연하게 받아들일 때 발생한다. 피에르 부르디외가 발전시킨 이 개념은 구조적 폭력의 희생자들이 지배당하는 상황에 대해 스스로를 책망하고, 그럼으로써 지배구조에 정당성을 부여하는 기제로 이해될 수 있다(Bourdieu and Wacquant 2004 참고). **일상의 폭력**은 제도화된 과정과 담론을 통해 고통을 정상화normalization하고 '비가시화invisibilization'하는 것을 의미한다. 이로 인해 충격적이며 용인될 수 없었을 폭력에 대한 무관심이 초래된다. 마지막으로 **친밀한 폭력**intimate violence은 비행과 범죄라는 맥락에서 물리적 상처뿐 아니라 자해를 포함한 대인관계상의 상해를 가리킨다.

태의 폭력이 갖는 상호 연결적 성격을 인식하는 한편, 인류학적 연구들은 가정 영역이나 정치, 경제 영역의 폭력처럼 특정한 삶의 영역과 연결된 특정한 형태의 폭력에도 집중해 왔다. 다음 내용에서 살펴볼 수 있듯이 이 연구들은 도시의 맥락에서 범죄 폭력과 종족-종교적 폭력, 정치적 폭력에 많은 관심을 기울였다.

도시 폭력이라는 맥락에서 연구를 수행한 인류학자들은 이러한 종류의 현장연구에 내포된 윤리적·방법론적 딜레마를 성찰하기 시작했다. 이러한 환경에서 민족지적 연구를 수행한다는 것은 연구자뿐 아니라 지역에 거주하는 연구 참여자까지도 물리적 위험에 빠뜨릴 가능성을 높일 수 있다. 많은 경우 인류학자들은 연구계획을 철저히 세움으로써 연구 프로젝트 참여자들이 빠질 수 있는 위험을 최소화하고자 노력한다. 특히 꼬치꼬치 캐묻고 다니는 외부인을 스파이로 의심하는 지역에서 연구할 때는 지역민들에게 연구자에 대한 불신감이 생기지 않도록 애쓰고, 사람들에게 자신의 존재를 명확하게 설명함으로써 연구 프로젝트에 관련된 사람들이 빠질 수 있는 위험을 최소화하고자 한다(Sluka 2012). 더불어 그 지역에서 안전을 지킬 수 있는 기술을 이해하고 받아들임으로써 위기를 관리한다. "효과적이고 생산적으로 사회연구를 수행하는 동안 안전을 유지할 수 있도록 연구자 자신의 행동을 조직할 때 지역민들이 일상의 폭력을 관리하고 피하기 위해 발전시켜 온 전략들이 유용할 수 있다"(Goldstein 2014: 14).

또 다른 딜레마는 폭력에 관한 연구를 글로 표현하는 과정에서 발생한다. 연구 주제가 정치적 폭력 혹은 범죄 폭력을 다룰 때 응답자의 익명성 확보는 극도로 중요하다. 신체적 안전을 넘어, 도시 폭력에 관한 저술은 더 넓은 의미에서 재현representation과 연관된 윤리적 딜레마를 수반한다. 가난한 지역에 관한 인류학적 재현(상자 2.2 참조)에서처럼 도시 폭력에 관한 민족지는 의도치 않게 선정적인 서사의 먹잇감이 될 수 있다. 심지어 조심스러운 표현을 택한 연구들도 특정한 사람들이나 동네를 재현할 때 이 사람들과 지역을 일탈적이며 위험한 대상이라고 낙인찍는 데 일조할 수 있으며, 이런 연구들은 이른바 '폭력의 문화'가 존재한다는 증거로 오해될 위험성도 있다.

범죄, 종족-종교적 폭력과 정치적 폭력

여러 형태의 폭력은 중첩되는 경향이 있지만(상자 10.1 참조), 우리는 범죄적 폭력에 대한 도시인류학적 연구와 정치적 폭력 및 종족-종교적 폭력에 대한 연구를 대별할 수 있다. 첫 번째 유형의 연구는 범죄 폭력을 '범죄를 야기하는 공간' 또는 '일탈적인' 도시 하위문화에 뿌리를 둔 것으로 이해하고자 했던 초창기 민족지 사례로 거슬러 올라갈 수 있다. 예를 들어 오스카 루이스의 『인생: 가난의 문화 속 푸에르토리코인 가족』(1966)(제2장 참조)은 폭력에 대한 강조로 인해 문화적 일탈이라는 개념을 만들어 내는 데 기여했다는 비판을 받기도 했다.

도시 갱단과 범죄 집단에 대한 좀 더 최근의 인류학적 연구는 문화주의적 접근을 취하기보다는 범죄, 폭력, 도시의 불평등 사이의 관계에 주목한다. 이런 전통에 속한 고전적 연구로 필립 부르고스의 『존경을 찾아서 In Search of Respect』(2003)가 있다. 이 책은 마약 거래상의 실천을 뉴욕시의 정치경제에 일어난 더 커다란 변형과 연관 짓는다(제5장 참조). 다른 인류학자들도 갱단을 사회병리학의 한 형태로 보는 관점에서 벗어나고자 갱단 같은 사회조직social arrangements이 전 세계에 널리 존재한다는 점과 '갱단'이라는 범주 아래 뭉뚱그려진 다양한 집단들의 문화적 특수성을 강조한다(Hazen and Rodgers 2014). 최근의 인류학적 연구에서는 전 지구화와 연관 지어 범죄 조직들을 지역의 도덕경제(moral economies)뿐 아니라 다국적 범죄 네트워크와 불법 제품의 전 세계적 거래라는 측면에 놓고 본다(예를 들어 Vigh 2017; Arias and Grisaffi 2021). 특히 라틴 아메리카와 카리브해 일부 지역의 특정 도시들에서 살인율, 무장강도 비율, 강간율이 치솟음에 따라 도시인류학자들은 주민들이 도시의 범죄와 이에 대한 두려움을 일상에서 어떤 식으로 협상하는가를 탐구하기 시작했다. 이처럼 폭력적인 범죄가 도시 생활에 미치는 전반적인 영향에 초점을 맞춤으로써 갱단과 이에 비견될 만한 도시적 사회집단들뿐 아니라 광범위한 행위자들의 역할과 반응을 면밀히 연구하게 되었다.

한편 종족-종교적 폭력과 정치적 폭력에 초점을 맞춘 인류학적 연구도 있다. 벨파스트, 예루살렘, 베이루트, 뭄바이 같은 많은 도시들이 이런 인류학적 연구의 주된 연구대상으로 등장했다. 이런 도시들은 서로 다른 종족 집단, 종교 집단, 종파 집단 사이에 당장이라도 폭발할 것 같은 긴장뿐 아니라 테러 공격 그리고 아르준 아파두라이(Appadurai 2000)가 '도시 청소urban cleansing'라고 부른 사건을 수년 혹은 수십 년간 겪어 왔다. 이처럼 좀 더 집단적인 갈등을 연구하는 인류학자들은 공동체 간의 긴장을 야기하고 폭력을 정당화하는 정치적 동학의 복합성을 이해해야 한다고 강조해 왔다. 인류학자들은 원초적인 종족 간 증오라는 단순한 서사에서 벗어나 종족-종교적 폭력 및 정치적 폭력의 역사적 근원과 현재적 계기를 이해하고자 노력해 왔다. 예를 들어 다른 종족 공동체나 종교 공동체를 적대적이고 양립할 수 없는 존재라고 간주하는 서사방식이 공동체 간 폭력을 조장할 수 있다는 것이다.

예를 들어 아파두라이(Appadurai 2000)는 1992년과 1993년에 뭄바이에서 발생한 반무슬림 폭동을 분석하면서, 종족 간의 상업 활동과 세계주의라는 오랜 전통을 가진 도시에서 어떻게 종족적 폭력을 가능하게 하는 조건이 출현하는가를 보여 준다. 그는 여러 요소들이 복잡하게 뒤섞여 있다고 지적하며 도시경제의 탈산업화, 농촌에서 도시로의 끊임없는 이주, 극단적 빈곤, 주택 부문의 투기 때문에 비어 있는 공간 중에 가능한 모든 곳에서 비공식적 주거와 비공식적 기업 활동이 폭발적으로 늘어났다고 말한다. "주거 공간, 가판대를 설치할 공간, 잠잘 공간을 두고 투쟁이 점점 격화됨에 따라 봄베이(뭄바이의 이전 명칭)가 종족 간 경계를 가로지르는 교류처site for traffic라는 인식이 감퇴했다"(Appadurai 2000: 644). 공간 부족 문제는 힌두 민족주의 운동을 표방한 시브 세나Shiv Sena*에 의해 "무슬림 문제"로 변형되었다. 이 운동은 문화적 순수성이라는 개념을 정치적 주권에 대한 근심과 파키스탄 사람들의 군사적 위협에 관한 우려와 연결하며, 힌두교인의 뭄바이Hindu Mumbai라는 비전을 만들어 내고, "무슬림 교도들이 주택 부족 문제, 불법적 상업활동, 민족주의적 지리학의 도시적 현재화顯在化(국가 간 영토 분쟁이 도시 내에서 벌어진 것)를 잇는 연결고리"라고 묘사했다(Appadurai 2000: 649). 아파두라이의 분석은 나렌드라 모디 총리가 이끄는 인도에서 힌두 민족주의가 강화되면서 도시에서 반反무슬림 폭력이 빈번하게 발생하고 있는 상황에서 여전히 유효하다(이를테면 Bandyopadhyay 2022). 이런 종족 공동체 간의 갈등 사례가 보여 주듯이, 공간 관계는 도시적 폭

---

* 시브 세나는 '시바(힌두교의 주요 신 중 하나)의 군대'라는 뜻으로, 인도 서부 마하라슈트라주의 정치인 발 타커레Bal Thackeray(1926~2012)가 1966년에 만든 힌두 민족주의 정당이다. 이 정당은 1990년대부터 2000년대 초반까지 마하라슈트라주의 집권당이었고, 이 시기에 힌두교 여신의 이름(Mumbadevi)을 따서 주도主都의 이름을 봄베이에서 뭄바이로 바꿨다. 타커레는 1992년부터 1993년까지 발생한 반이슬람 폭동으로 1천 명 가까이 살해된 사건의 배후로 지목되어 두 차례 기소되었으나 법적 처벌을 받지 않았다. (https://www.britannica.com/biography/Bal-Thackeray#ref1077461 참고)

력을 정당화하는 데 중요한 역할을 하는 경향이 있다. 또한 우리가 다음 절에서 논의하는 바와 같이 폭력적 갈등의 결과로 공간 관계가 변화하기도 한다.

폭력, 두려움 그리고 도시 공간

폭력과 두려움은 도시 공간과 건조환경에 여러 가지 방식으로 영향을 미친다. 폭력과 두려움은 도시 공간에 대한 경험을 좌우하며, 건조환경에 물리적 변화를 야기한다. 폭력 사건의 비율이 높은 도시에서 주민들은 종종 무서운 환경을 이해하기 위한 사회공간적 서사방식을 개발하고 일상적인 이동 패턴을 바꿈으로써 폭력에 대응한다. 또한 주민과 정부는 종종 안전을 향상하기 위해 아니면 적어도 안전감을 높이기 위해 물리적 개입 material interventions을 시도한다. 이 절에서 우리는 폭력과 두려움이 도시 공간에 미치는 상이한 영향들을 검토할 것이다. 우리는 특정한 공간적 서사의 등장에 대한 논의부터 시작해, 폭력과 두려움이 도시에서의 이동에 미치는 영향을 검토하고, 도시 형태와 건조환경에서 일어난 변화를 개관하는 것으로 이 절을 마무리할 것이다. 많은 경우에 [도시 생활을] 위협하는 요인이 범죄적 폭력이냐, 종족-종교적 폭력이냐, 정치적 폭력이냐에 상관없이 비슷한 공간적 서사와 효과가 발생하는 것 같다.

공간적 서사spatial narratives

범죄적 혹은 정치적 폭력 그리고 그에 대한 두려움과 관련된 상황에서는 사회적 거리를 강조하고 도시적 장소와 인구 집단 사이의 담론적 경계를 창출하는 서사가 등장하곤 한다. 주민들이 '좋은' 동네와 '나쁜' 동네, '좋은' 사람들과 '나쁜' 사람들을 구분함으로써 무서운 도시를 이해하려고 함에 따라 두려움의 도시적 지리학(두려움이 도시 공간에 배치되는 양상)은 도시 내에서 공간적·종족적 '타자화othering'에 근거한 모습을 띠게 된다. 어떤 경우에는 '위협적인' 도시 장소와 '위협받는' 도시 장소 그리고 '위협적인' 사람들과 '위협당하는' 사람들이라는 새로운 사회적 범주가 만들어진다. 반면 기존의 범주화가 재차 강화되는 경우도 있다. 폭력적 갈등과 두려움에 대한 반응으로 출현하는 위험danger 담론은 앞에서 살펴본 반무슬림 폭동에서 명백하게 드러나듯이 결국 위협요인으로 간주되는 사람들에 대한 폭력을 유발하거나 정당화할 수 있다.

도시 갈등에 관해 잘 연구된 사례는 벨파스트이다. 북아일랜드 분쟁the Troubles이라고 알려진 기간 동안(1960년대 후반~1998년) 30여 년에 걸쳐 일어난 종족-종교적 폭력은 사회적으로나 공간적으로 분열된 도시를 초래했다. 아일랜드 민족주의자 혹은 공화주의자(북아일랜드와 아일랜드공화국의 재결합을 지지하는 가톨릭교도)와 왕당파Loyalists 혹은 연합주의자Unionists(북아일랜드의 영국 잔류를 지지하는 개신교도들) 사이의 종족-민족주의적 갈등은 가톨릭교도와 개신교도 사이의 상징적·공간적 경계를 강화했다. 갈등이 일어난 기간 동안 양쪽 집단의 주민들은 일련의 폭력적 행위자들—영국보안대 British Security Forces, 아일랜드공화국군Irish Republican Army, IRA, 얼스터의용대Ulster Volunteer Force, UVF 같은 무장단체—에 의한 폭탄 공격, 표적 암살targeted killings, 고문에 노출되었다.

1994년 종전이 이루어진 '갈등 이후'의 벨파스트에 대한 연구에서 피터 셜로와 브렌던 머터(Shirlow and Murtagh 2006)는 폭력의 지속적 영향과 차이 및 위험을 강조하는 서사에 주목한다. 이들은 주요 서사방식과 상징이 집단별 거주지 형성하기[territorial enclaving]와 종족-종파적 '우리[home]' 거주지 enclave가 도덕적으로 우월하다는 관념을 강화하는 데 어떤 식으로 작동하는가를 보여 준다. 벽화, 깃발, 거리 퍼레이드는 모두 개신교도와 가톨릭 교도 사이의 사회공간적 분할이 바람직하고 자연스럽게 보이도록 만드는 데 기여한다. 정치적 재현과 미디어에 의한 재현은 물론 일상적 서사에서도 두 종교 집단과 각각의 동네는 폭력이 종결된 후에도 여전히 양립할 수 없으며 적대적 관계로 묘사되었다. 북아일랜드 분쟁이 공식적으로 종결된 지 10년이 지난 후에도 셜로와 머터(Shirlow and Murtagh 2006: 100)는 가톨릭 지역에 위치한 동네 슈퍼마켓에서 장을 본 개신교도가 "다른 편"에서 돈을 쓴 것을 들키지 않으려고 애쓰는 모습을 발견했다. 주민들은 여전히 도시경관의 여러 부분들을 종파적 관점으로 구분했으며, 자신의 종교적 충성심에 따라 행동했다.

이제는 고전이 된 『벽의 도시[City of Walls]』(Caldeira 2000)에서 테레사 칼데이라[Teresa Caldeira]는 브라질 상파울루의 범죄와 격리를 다루며 지역의 '범죄 이야기[talk of crime]'에 주목한다. 범죄 이야기는 주민들이 두렵다고 느끼는 현실에 질서와 의미를 부여하면서 범죄와 폭력에 대한 논의가 만연하는 현상을 수반한다. 현실적으로 범죄 이야기는 도시의 특정 계급 집단과 인종 집단─예를 들어 '도시빈민', '이민자', '집시[Roma]'─을 비난함으로써 사회적 경계를 강화하고 두려움을 재생산하는 경향이 있다.

칼데이라의 논의를 확장하여 제니퍼 로스-고든(Roth-Gordon 2017)은 리우데자네이루에 대한 연구에서 중산층의 범죄에 대한 두려움이 인종과 도시 공간, 일상적 언어 사용과 어떻게 얽혀 있는지 보여 준다. 칼데이라와 마찬가지로 로스-고든은 중산층 주민들이 범죄를 브라질 흑인 및 저소득층 지역과 연관 짓는다는 사실을 발견했다. 이들은 인종을 명시적으로 언급하는 경우는 거의 없었지만, 완곡한 표현과 상관관계에 대한 추정으로 흑인을 암시적으로 자주 언급했다. 예를 들어, 주민 중 한 명은 흑인 남성 청소년 및 빈민가 주민들과 널리 연관된 프로축구팀을 언급하며 "모든 플라멩구Flamengo 팬이 강도는 아니지만 모든 강도는 플라멩구 팬"이라고 말했다(Roth-Gordon 2017: 99). 또한 로스-고든은 중산층 시민들이 위험이나 안전을 나타내는 다양한 언어 용법을 읽어 낸다는 사실을 발견했다. 구체적으로 그들은 비속어gíria의 발화와 발화자를 흑인다움 및 저소득층 지역과 연관 지었으며, 이러한 언어 용법을 도시 위험의 분명한 신호로 들었다. 또 다른 주민은 "비속어는 너무 무섭다. …… 속어를 사용하는 모든 사람이 강도는 아니지만 …… 강도는 확실히 비속어를 사용한다"(ibid.: 102)고 단언했다. 이러한 사례는 범죄에 대한 공포가 인종 및 계급적 불안과 떼어 놓을 수 없는 공간적 서사를 통해 작동하는 방식을 보여 준다.

도시에서의 이동urban mobilities

담론적 범주화와 이와 연관된 인지지도는 주민들이 공간을 어떻게 사용하는가를 변화시킬 수 있다. 대부분의 도시에서 주민들은 위험한 지역과 안전한 지역을 구분하고 자신들의 이동을 안내하는 인지지도를 개발하는데, 이는 높은 수준의 범죄나 정치적 갈등이 있는 도시에서 특히 두드러지게 나타난다. 인지지도는 도시의 건조환경에 존재하는 물리적 개입과 교차된다. 다시 말해 장벽, 검문소, 기타 장애물 같은 물리적 보안 기반시설은 어떤 유형의 움직임을 방해하는 반면 다른 유형의 움직임은 촉진한다.

모나 파와즈, 모나 하브, 아마드 가르비(Fawaz, Harb, and Gharbieh 2012)는 베이루트에 대한 연구에서 이 도시의 세속화가 주민들의 일상생활에 미친 영향을 보여 준다. 이들은 복잡하고 중첩된 두려움—정치적 암살과 폭동에서부터 종파적 공격과 경범죄에 이르는 위협에 관한 걱정—이 어떤 식으로 주민들의 움직임을 재조정하고 제한하는가를 기술한다. 도시에서의 이동에서 어떤 경우에는 이런 변화가 자발적이었다. 반면 또 다른 경우에는 공적 또는 사적 보안 관계자들이 누가 어디로 이동할 수 있는가를 결정하는 데 적극적으로 개입했다. 일반적인 도시에서의 이동처럼 모든 사람이 똑같은 방식으로 자유롭게 이동할 수는 없었다(제3장 참조). 파와즈 등은 다음과 같이 설명한다(Fawaz et al. 2012: 191).

보안security에 대한 실질적 경험과 그것이 개인의 행동에 어떤 영향을 미치는가는 사회적 위치에 따라 사람마다 크게 다르다. 사람들이 사회적 위계에서 차지하는 위치가 그들이 보안대에 의해 개연성 있는 위협요인으로 간주될지 아닐지를 결정하며, 어떤 집단을 다른 집단보다 더 피해를 입기 쉬운 처지에 빠뜨린다. 이런 힘은 결과적으로 사람들의 도시에 대한 지리학을 재구성한다. 도시 거주자들은 보안과 관련된 가시적 건축물과 또 다른 분절된 지리적 영역을 병치하면서, 자신들의 존재가 특정 동네에서 어떻게 이해될지에 따라 그곳에서 돌아다녀도 좋을지를 스스로 결정한다.

베이루트에서 도시 거주자들의 성별, 연령, 계급, 종교, 정치적 소속 등과 같은 범주의 관점에서 확인 가능한 사회적 위치는 그들의 결정을 통해 그리고 국가의 보안 관계자나 국가 이외의 보안 관계자의 결정을 통해 그들의 움직임에 영향을 미쳤다. 따라서 일상적 이동은 '안전한' 사람들과 장소, '위험한' 사람들과 장소에 관한 담론적 범주에 영향을 미치는 동시에 영향을 받는다.

도시의 형태와 건조환경

　도시적 서사, 인지지도와 이동 이외에도 폭력과 두려움의 영향은 종종 물질적 형태로 가시화되는데, 폭력과 두려움이 도시 공간과 건조환경에 여러 가지 방식으로 영향을 미치기 때문이다. 도시 내의 전쟁같이 오랜 기간에 걸친 폭력적인 정치 갈등은 도시 공간에 극적인 영향을 미친다. 이다 수세르와 제인 슈나이더(Susser and Schneider 2003)는 도시를 유기체로 보는 모델에 의거해 도시를 '정치체body politic'로 접근하며, 전쟁과 다른 극적 파괴의 힘이 어떤 식으로 '상처 입은 도시wounded cities'를 초래하는가를 이해하고자 한다. 알라나 오스본(Osbourne 2020)은 자메이카 킹스턴의 트렌치 타운 Trench Town에 관한 연구에서 지역사회가 어떻게 상처를 받을 수 있는지 주목한다. 레게 음악의 발상지로 세계적 명성을 얻은 트렌치 타운은 1970년대 자메이카의 정치적 폭력이 남긴 상처를 '노 맨스 랜드No Man's Land'라고 알려진 지역 형태로 고스란히 간직하고 있다. 텅 빈 거리와 불타버린 건물로 대표되는 이 버려진 땅은 정치적으로 대립하던 두 파벌의 경계 지대였다. 분쟁이 절정에 달한 지 수십 년이 지난 지금도 이곳은 도시 내 지속적인 반목을 일깨우는 역할을 하고 있다.

　폭력과 두려움에 대한 반응은 도시 형태에 영향을 미칠 수 있으며, 도시의 기반시설과 도시계획을 변형한다. 예를 들어 '분쟁 이후' 베이루트에 대한 히바 부 아카르(Akar 2018)의 연구는 평화로운 시기에도 레바논 내전의 여파로 도시 계획이 '아직 오지 않은 전쟁'이라는 공간적·시간적 논리에 의해 영향을 받고 있다고 주장한다. 아카르는 빠르게 성장하는 베이루트의 도시 외곽이 어떻게 전후 종파적 질서의 최전선이 되었는지 보여 준다. 이곳에서 시아파 헤즈볼라와 수니파 미래운동Future Movement 등 다양한 종교-정치 조직(그리고 예전 내전 당시의 민병대)은 자신들의 안전과 정치적 목표를 이루기 위해 건조환경을 활용한다. 이 조직들은 군사화된 종파적 지형을 만들어 내면서 공동체 간 갈등에 대한 집단적 기대를 활용하거나 악화하는 혼종적인 공적-사적 계획 행위자 역할을 수행한다.

이러한 갈등의 영향은 폭력에 대한 두려움이나 그에 대한 기억이 개별 건축물에 반영되는 경우처럼 더 작은 규모로 드러날 수도 있다. 이러한 물질적 영향은 흔히 분리와 격리 같은 물질적 형태를 취하지만 담론적 혹은 사회적 반응과 구분하기가 쉽지 않다. 폭력에 의해 유발된 적대적 차이에 대한 서사는 다음에서 살펴보듯이 도시의 요새화나 '이탈disembedding' 과정을 야기할 수 있다. 그 결과 도시의 '타자들'이 모두 매우 두려운 존재처럼 보이게 되는 이른바 격리된 도시segregated cities를 초래한다. 일반적으로 폭력에 대한 물질적·담론적·사회적 반응의 결합은 도시에서의 불평등을 악화하는 경향이 있다.

이와 관련해 매우 영향력 있는 접근이 브라질 상파울루에서 '요새화된 주거지fortified enclaves'의 등장을 다룬 테레사 칼데이라(Caldeira 2000)의 분석이다. 이곳은 거주, 일, 소비, 여가가 사유화된 공간이며, 벽이나 대문에서부터 철조망과 보안 카메라에 이르기까지 방어적 형태의 건축구조를 갖고 있다. 세계 각지의 부유한 도시 주민들은 불안정의 수위가 높아진 데 대응하여 앞서 논의한 '범죄 이야기talk of crime'에 자극받아 이 같은 주거지로 물러나기 시작했다. 부유한 계급의 사회적·경제적 생활은 점차 게이티드 커뮤니티와 폐쇄된 쇼핑몰에서 이루어진다. 나아가 도시의 공공 공간은 가치가 떨어진 '잔여적residual' 공간, 즉 다른 선택지가 없는 사람들만 사는 지대가 되고 만다.

니카라과의 수도인 마나과에 대한 연구에서 데니스 로저스(Rodgers 2004)는 칼데이라의 연구에 근거하여 장소와 이동의 보안화securitization에 초점을 맞춘다. 그는 요새화된 주거지 이외에도 요새화된 네트워크가 등장하고 있음을 확인한다. 이런 네트워크는 주거지와 경제활동 장소를 연결하는 배타적 운송 시스템을 통해 창조된다. 마나과에서 고속도로는 도시의 엘리트 주거지를 연결하지만 저소득층 동네는 작고 단절된 단위로 내버려두도록 건설되었다. 요새화된 주거지가 도시의 분절화 및 격리와 연관된다면, 로저스는 요새화된 네트워크가 엘리트의 공간 전체를 도시 기본구조에서 떼어내 버리는^{disembedding} 결과를 초래한다고 주장한다. 결과적으로 도시 엘리트의 운명은 도시 인구의 다른 부분들은 물론 그들이 거주하는 엘리트 주거지 이외의 공간과 점점 더 관계없는 것이 되어 가고 있다.

칼데이라와 로저스 모두 도시의 범죄와 폭력에 대한 엘리트의 반응에 관심을 기울여야 한다고 주장하며, 요새화와 이탈은 도시 빈민가에서 이미 잔여적이며 바람직하지 못한 존재로 살아가는 도시빈민을 더욱 소외시킬 뿐 아니라 이들이 범죄와 폭력의 근원이라는 견해를 강화한다는 점을 강조한다. 도시 빈민가, 게토, 슬럼가^{barrios bravos}의 주민들은 사회공간적 경계를 위반하는 순간 강제로 쫓겨나거나 처벌받는다.

엘리트의 실천과 그 결과를 연구하는 것 이외에도 인류학자들은 도시빈민들이 불안과 두려움에 대처하는 방식을 연구해 왔으며, 이런 대처방식이 도시 생활에 영향을 미친다는 점을 보여 주었다. 예를 들어 리우데자네이루의 빈민가인 자카레지뉴^{Jacarezinho}에서 동네 활동가들은 자신들의 공동체를 '빗장 걸린 빈민가 아파트^{gated favela-condominium}'로 전환하기 위해 문과 카메라를 설치했다. 실질적인 개입 조치 이외에도 이런 식의 빗장 치기는 정치적 의사소통의 상징적 형태로 기능해 어떤 동네가 능동성을 주장하고 보호를 요구할 수 있는가에 대한 브라질 사람들의 고정관념에 도전했다 (Vargas 2008).

동네와 거리 및 주택에서처럼 건축양식과 건축적 요소도 의사소통의 공적 형태로 읽힐 수 있으며, 이것은 폭력과 불안의 경험에 대응하거나 의미를 부여한다. 애비딘 쿠스노는 인도네시아 도시의 건축물 연구에서 물리적 폭력과 상징적 폭력이 건조환경에 드러난다고 주장한다. 그는 폭력이 "건물과 도시 장소의 생산을 통해 만들어지고 무시되며 재기입된다"라고 주장한다(Kusno 2010: 9).

도시 폭력에 대응하는 건축물의 형태는 다양하다. 잘 알려진 형태는 요새화된 주거지 같은 방어적 건축물이다. 이러한 방어적 건축은 환영받지 못할 외부인을 막기 위해 펜스와 '개 조심'을 알리는 표지판, CCTV 카메라를 통해 외곽 경계를 강화하는 등 내향적인 모습을 띤다. 예를 들어 자메이카 킹스턴의 보안과 불안의 물질적 기반시설에 대한 연구에서 킴벌리 매킨슨(McKinson 2021)은 중산층 주민들이 외부인과의 상호작용을 제한하는 방식으로 집과 마당을 건설함에 따라 범죄 폭력에 대한 두려움이 어떻게 이러한 내향적인 건축 기풍을 초래하는지에 대해 설명한다. 가내 공간 안팎의 보안 관행에 대한 상세한 분석을 통해 매킨슨은 금속 그릴과 창살, 심지어 [마당을 둘러싼] 나무와 수풀이 일상의 체화된 위험을 줄이고 주민들의 품위를 높이는 핵심적인 물질적·정서적 요소로 작용하는 방식을 보여준다.

건축의 방어적 측면을 넘어, 쿠스노는 건축물이 기억작용에서 중요한 역할을 한다는 사실을 지적한다. 폭격당한 건물, 총탄 흔적이 남은 벽은 도시에서 벌어진 전투를 즉각적으로 환기하며, 건축양식, 가시적 요소, 기념물은 과거에 벌어진 갈등을 더욱 미묘한 방식으로 환기할 수 있다. 이런 '환기 실천mnemonic practices'의 사례로 미국의 많은 도심 동네에서 발견되는, 갱단이나 경찰의 폭력으로 사망한 주민들을 기리는 기념벽화나 가톨릭과

사진 10.1 벨파스트의 '평화의 벽'. (사진 촬영: lensfield, Shutterstock)

개신교 지역 사이의 상징적·물리적 장벽 역할을 하는 북아일랜드 벨파스트의 '평화의 벽peace wall'(사진 10.1)을 들 수 있다. 폭력 사건을 기리는 작은 기억 성소나 표지는 지나다니는 사람들에게 폭력의 가능성을 알려 준다. 그러나 건축물은 폭력의 기억을 흐리게 만들 수도 있다. 1998년 5월 자카르타에서 발생한 폭동 당시 중국계 인도네시아인들의 회사와 집이 약탈과 파괴의 대상이 되었고, 수백 명의 중국계 사람들이 집단 강간을 당하거나 살해되었다. 1998년 이후에 재건된 중국계 사업지구인 글로독Glodok에서는 이런 고통스러운 역사를 찾아볼 수 없는데, 이는 건축물이 폭력적 과거를 '은폐할' 수 있음을 시사한다(Kusno 2010).

경찰, 공간적 통치성 그리고 사회통제

폭력과 그것이 도시 공간 및 인구에 미치는 영향을 연구하는 것 이외에도 인류학자들은 치안 유지 활동 및 다른 형태의 사회통제를 통해 도시의 안전을 생산하는 것을 목적으로 하는 국가 전략에 점점 더 관심을 기울여 왔다. 여러 민족지가 경찰이 불평등한 도시 질서를 재생산하는 데 수행하는 역할을 분석했다. 예를 들어 특정 인구 집단이 더 많이 감시당하고 경찰의 폭력에 노출된다는 것이다. 이런 연구는 경찰이 도시의 일상생활에서 특정 유형의 위협요인을 우선시하고 그런 요인을 '인식'함에 따라 도시 주민들과 경찰관 사이의 일상적 만남이나 극적인 부딪힘spectacular encounters 을 통해 차별적 시민권differentiated citizenship(제9장 참조)이 산출되는 양상을 보여준다.

치안 유지 활동이 더 안전하고 더 공정한 도시 및 사회를 만드는 데 기여할 수도 있지만 현실적으로 경찰의 활동은 종종 소외된 사람과 소외된 장소—저소득층 동네, 부정적으로 인종화된 집단—를 감시와 개입의 목표로 삼는다. 이를 통해 경찰의 활동은 이런 사람들과 장소들의 범죄화를 강화하며 불평등한 사회질서를 재생산한다. 이 같은 현상 유지식 치안활동은 보안대security forces가 노동운동가, 정치적 저항, 파업에 보인 처벌적 반응에서 오래전부터 명백하게 드러났다. 또한 이것은 신자유주의적 도시성(제7장 참조)의 맥락에서도 분명하게 드러난다. 즉 경찰이 상업적 공간과 이익을 보호하기 위해 행동하는 것이다. 종종 경찰은 이런 장소에서 일어나는 '무질서한' 행동을 하는 사람들을 예방하거나 처벌하는 데 집중하는데, 주로 소수집단의 젊은이나 노숙인을 대상으로 삼는다. 반면 엘리트가 일으키는 범죄, 가령 금융사기, 부패, 기타 화이트칼라 범죄는 경찰의 관심을 훨씬 덜 끄는 경향이 나타난다(Heyman 2014).

신자유주의적 형태의 치안 유지 활동은 리처드 페리(Perry 2000)의 논의에 의거해 샐리 엥글 메리(Merry 2001)가 '공간적 통치성spatial governmentality'이라고 부른 개념과 연관된다. 이것은 새로운 통치의 논리를 나타내는데, 이에 따르면 도시의 사회질서는 범죄를 처벌하거나 범법자를 규율하는 방식보다 공간적 방법을 통해서 관리된다. 이 개념은 통치성을 '행동에 대한 통솔conduct of conduct'이라고 이해한 푸코의 논의에 의거한다. 푸코는 주권적·규율적·생명정치적 통치합리성sovereign, disciplinary, and biopolitical rationalities of governance을 구분한다. 이 세 가지 다른 형태의 통치성은 개인의 정신을 개조하거나(규율), 인구를 관리함으로써(생체권력) 신체에 작용하는(주권) 메커니즘을 통해 작동한다. 공간적 통치성은 생명정치적 형태의 통치로서 공간적 구획 설정과 공간적 규정을 통해 사회질서를 형성한다. 공간적 통치성은 '공격적인' 사람과 행동을 처벌하거나 개조하기보다는 그런 사람과 행동을 배제하거나 감춤으로써 더 많은 인구가 처할 위험을 줄이고자 한다. 이런 공간적 메커니즘은 종종 인구 전체에 대한 위험을 최소화하거나 더 피해를 당하기 쉽거나 가치 있다고 간주되는 집단을 외부와 차단함으로써 안전을 향상하고자 한다. 그러나 이러한 새로운 공간적 질서 체계는 예를 들어 경찰, 감옥, 치료 같은 처벌적 형태 및 개조적 형태의 권력과 공존하며, 동시에 이런 형태의 권력이 야기하는 위험에 의해 지탱된다.

요새화된 주거지의 증가는 부유한 소비자와 도시빈민같이 '위험한' 사람들을 구분하는 공간적 통치성의 한 형태를 보여 준다. 이것은 "소동을 일으키는 사람들을 가두는 방식이 아니라" 이들을 쇼핑몰 같은 "특정한 장소에서 배제하는 방식으로 작동한다(Merry 2001: 20)." 그러나 메리는 공간적 통치성이 계급관계를 넘어서 작용한다는 점을 보여 준다. 메리는 힐로^{Hilo}라는 하와이의 한 도시에 대한 연구에서 젠더 폭력에 초점을 맞추었다. 메리는 폭력 행위자를 희생자의 물리적 공간—가령 일시적 접근금지 명령이나 여성을 위한 쉼터—에서 배제하는 공간적 조치가 늘고 있다는 사실을 발견했다. 처벌적이거나 개조적인 접근은 계속 존재했지만 보호명령을 동원하는 경우가 급격히 늘고 있다는 것은 위험에 근거한 새로운 형태의 공간적 사회질서화를 드러냈다. 아내를 구타한 사람을 처벌하거나 치료를 통해 개조하는 것을 넘어 힐로의 법정은 이 사건에 연루된 남성과 여성을 공간적으로 분리함으로써 희생자들이 처할 위험을 줄이는 공간적 조치를 취했다.

메리의 연구는 통제의 공간적 메커니즘이 퇴행적이거나 기존의 불평등을 강화할 필요는 없다는 점을 보여 준다. 또한 공간적 메커니즘은 저소득층 여성같이 피해를 입기 쉬운 사람들을 보호하는 데 도움을 줄 수 있다. 일시적 접근금지 명령은 페미니스트 활동가들의 오랜 투쟁을 통해 발전된 공간적 조치이며, 가정폭력 희생자들에게 매우 인기 있는 방법이다. 왜냐하면 이들은 "자신을 학대한 사람이 처벌받기를 원하지 않고, 바뀌거나 떠나 버리기를 바라기 때문이다"(Merry 2001: 25). 그러나 메리는 보호명령이라는 어느 정도 진보적인 성별 논리가 계급 논리와 연결되어 있음을 발견했다. 저소득층 가해자가 이런 공간적 통제 메커니즘의 대상이 될 가능성이 훨씬 높았던 것이다.

공간적으로 배제적인 메커니즘을 지탱하는 데 있어서 처벌적·형벌적 형태의 권력이 지속적으로 역할을 한다는 사실은 프랑스의 도시 치안 유지에 관한 디디에 파생(Fassin 2013)의 민족지에 명확하게 나타난다. 범죄방지대와 파리 주변 방리유에 대한 이 조직의 개입에 초점을 맞춘 파생은 이 소외 지역에서 범죄방지대가 벌이는 일상적 활동이 얼마나 지루하며, 끊임없이 이루어지는 단조로운 순찰로 이루어져 있는가를 보여 준다. 어느 정도 이런 지루함을 경감하기 위해 범죄방지대원들은 종종 일상적인 검문검색 활동을 하면서 종족적 소수집단 젊은이들을 자극하고 모욕한다. 이로써 과도한 대응을 정당화하는 한편 자신들의 힘을 가시적으로 보여 준다. 파생이 보여 주듯이, 범죄방지대원들이 젊은이들과 부딪히는 행동은 공공질서를 보장한다기보다는 암묵적인 인종적 범주화에 근거한 불평등한 사회질서 및 공간 질서를 강화한다.

'흑인의 생명도 소중하다Black Lives Matter' 운동이 힘을 얻으면서 치안, 특히 경찰의 잔혹함과 관련하여 인종적 차원의 문제가 더욱 주목받게 되었다. 여러 도시, 특히 미국과 브라질에서 활동하는 활동가와 인류학자 들은 경찰의 폭력이 흑인을 차별하는 인종주의에서 비롯되었음을 보여 주었다. 이들은 이러한 형태의 인종 정책을 최근의 현상이나 일시적인 일탈로 이해해서는 안 된다고 주장한다. 오히려 이들은 경찰의 잔혹함을 노예제도가 남긴 후유증의 일부로 이해해야 하며, 흑인 주민과 그들이 밀집한 지역을 대상으로 한 수 세기에 걸친 폭력, 감시, 대량 감금과 분리할 수 없다고 주장한다(이를테면 Alves 2018; Shange 2019; Jeursen 2023). 도시의 치안과 인종차별의 교차에 대한 이러한 연구는 경찰의 디지털 기술 사용이 어떻게 저소득층과 부정적으로 인종화된 집단을 범죄화하는 양상을 재생산하는지, 심지어 이 기술이 어떻게 데이터에 기초한 객관적인 치안으로의 전환으로 찬사받게 되었는지에 대해 탐색하기 시작했다(Benjamin 2019; Haynes 2021).

근래에 인류학자들은 '테러와의 전쟁'과 '보안화'라는 더 큰 폭의 변화가 도시 생활에 미치는 영향에도 관심을 기울이기 시작했다. 많은 도시들에서 경찰과 군대의 구별이 희미해지고 있다. 검문소와 무장 경비대에서부터 보안 카메라와 드론에 이르기까지 전쟁과 유사한 전략, 기술, 미학이

널리 퍼져 있어서 도시경관은 평화로운 시기에조차도 군사화된 성격을 띤다. 지리학자인 스티븐 그레이엄(Graham 2011: xiv)은 이러한 상황을 "새로운 군사적 도시성new military urbanism"이라는 개념으로 파악한다. 새로운 군사적 도시성에서는 "도시경관과 일상생활의 공간을 영속적으로 식민화하기 위해 트래킹과 타기팅이라는 군사화된 기술"을 사용한다. 식민지의 치안 유지를 포함해서 과거의 치안 유지 방식처럼 이러한 새로운 군사적 도시성은 특정한 형태의 공간적 통치성에 의존하며 불평등한 사회질서를 재생산하는 경향을 보인다.

그러나 모든 도시가 이렇게 새로운 군사적 논리를 채택하는 건 아니다. 덴마크의 수도 코펜하겐에 대한 스티네 일룸(Ilum 2020, 2022)의 연구는 도시 계획가들도 보안화에 반대할 수 있음을 보여 준다. 일룸은 여러 유럽 도시에서 발생한 테러 공격 이후 도시 계획가들이 차량을 활용한 공격을 예방하기 위해 코펜하겐의 건조환경에 보안 요소를 통합하도록 추진한 방식을 연구했다. 일룸은 군사 훈련을 받은 보안 전문가, 조경가, 보안에 회의적인 국가 계획가 등 공공 및 민간 주체들 간의 협상에서 대數테러 대책이 마련되었다고 강조한다. 하지만 실제 취해진 보안 조치 다수는 도시환경의 군사화에 일조하는 방식이 아니라 통합적인 위장 해법이었다. 공포와 적대감을 전달한다고 생각한 울타리와 콘크리트 블록 대신 계획가들이 설치한 건 화단이나 거리 가구의 형태를 띤 차량 차단벽이었다. 일룸은 이러한 도시 디자인의 결과물이 '좋은 도시'를 개방적이고 매력적이며 친환경적인 도시로 정의하는 현지의 가치를 반영하고 강화했다고 주장한다.

국가 너머의 보안과 주권

전통적으로 보안과 치안 유지에 대한 연구는 국가의 실천과 담론에 초점을 맞춰 왔다. 그러나 앞서 살펴본 일룸의 코펜하겐에 관한 연구가 보여 주듯이 사적 행위자 역시 중요한 역할을 수행한다. 신자유주의적 정책하에서는 국가 부문의 행위자가 어떤 사회적 영역과 도시 공간에서 물러나는 양상이 나타나며, 공적 서비스의 민영화를 권장한다(제7장 참조). 이런 현상은 특히 보안 분야에서 뚜렷하게 드러난다. 도시 주민들은 자신의 물리적 온전함과 물질적 소유물을 스스로 지키는 책임을 질 것을 점점 더 요구받고 있다. 역사적 관점에서 보안과 치안 유지를 바라보면 경찰이 도시 질서를 유지하는 데 중심 역할을 하는 것이 상대적으로 최근의 현상임을 알수 있다. 사적으로 돈을 받는 민병대부터 자발적인 자치 치안 유지대에 이르기까지 다양한 유형의 사적 보안 행위자들이 오랫동안 어떤 도시민들은 보호하는 한편 다른 사람들은 배제하는 역할을 수행해 왔다.

이런 통찰력을 바탕으로 인류학자들은 보안을 더 폭넓은 관점으로 보게 되었으며, 국가 너머의 보안 및 치안 유지 행위자에 대한 민족지적 연구를 발전시키게 되었다. 예를 들어 대니얼 골드스타인은 다음과 같이 주장한다.

국가와 권력을 위임받은 대변인뿐 아니라 공동체, 집단, 개인들이 다른 지역 행위자들 및 국가의 여러 기관들과 관계를 맺으며 치안을 구성하고 전개하는 다양한 방식을 탐색하는, 보안에 대한 비판적이고 비교적인 민족지가 필요하다. (Goldstein 2010: 492)

이런 맥락에서 중요한 현상은 사적이고 상업적인 보안 부문의 확대이다. 게다가 덜 부유한 주민들은 대개 더 비공식적이고 비국가적인 보안 방식에 의존하며, 동네 방범대나 자경대에 기댄다. '국가'의 전통적 정의가 폭력의 독점이라는 관념에 의존해 왔다는 점을 고려한다면 이와 상이한 유형의 비국가적 폭력 행위자들을 '국가 너머의 주권'이라고 이해할 수 있을 것이다. 아래 내용에서는 실제로 공적/사적 및 공식/비공식 보안의 범주가 거의 항상 모호하다는 사실(Diphoorn and Grassiani 2019)을 염두에 두고 민간 및 비공식 보안 제공업체에 관한 연구들을 살펴보고자 한다.

민간 보안

많은 도시에서 국가의 대응이 점점 억압적으로 변해 감에 따라 더 부유한 시민들은 게이티드 커뮤니티나 다른 유형의 요새화된 주거지로 후퇴한다. 게다가 이들은 대개 경찰처럼 자신들을 보호하는 공적 치안세력의 능력을 확신하지 못하고 민간 보안업체에 의존한다. 민간 보안대를 다룬 민족지들은 이런 상업적 행위자들이 흔히 고소득 도시 동네 및 주민과 저소득 동네 및 주민 사이의 불평등을 악화하는 현실을 보여 준다. 예전에 경찰과 연관되었던 다양한 의무를 민간 보안회사가 떠맡고 있기 때문에 도시 인류학자들도 비국가적 주권으로서 민간 보안대의 역할을 강조해 왔다.

예를 들어 아파르트헤이트가 종식된 남아프리카 더반에 있는 인도인 동네에 대한 연구에서 토마스 블롬 한센(Hansen 2006)은 공적 경찰력이 민주화되고 당연하게도 인권을 고려하게 되었을 때 민간 보안회사가 어떻게 '구식의' 폭력적이며 인종차별적인 식민지적 치안 유지 활동을 떠맡게 되는가를 기술한다. 많은 민간 보안관들은 가난한 아프리카인 동네의 잠재적 위협으로부터 인도인 동네를 보호하기 위해 폭력적 조치를 취한 전직 경찰관들이었다. 한센은 민주화된 남아프리카에서 "'올바른' 법 집행과 구류자의 권리에 대한 지침에서 자유로워진 전직 경찰관들이 집행하는 새로운 형태의 주권이 공동체에 등장하는 현실"을 목도하고 있다고 썼다(Hansen 2006: 291).

한센의 연구에 근거하여 더반의 무장대응관을 다룬 테사 디푼(Diphoorn 2015)의 민족지적 연구도 민간 보안업체의 성장과 함께 권력과 주권의 이동이 일어나고 있음을 강조한다. 디푼은 무장대응관의 일상적인 치안 유지 활동과 '진짜' 경찰관 및 시민들과 이들의 상호작용 양상을 연구했다(사진 10.2). 디푼은 민간 보안대원들이 더반의 부유한 동네에서 공적 역할을 담당해 가고 있다는 점을 발견했다. 민간 보안대원들과 무장대응관은 국가 경찰의 행동과 상징을 모방하고 전유했다. 예를 들어 유니폼과 순찰차의 디자인에 국내 경찰과 국제 경찰의 미학을 그대로 적용했다. 게다가 이들은 사적 공간을 넘어 공적 장소에서 질서를 보장하는 책임까지 떠맡았다. 시민들이 이들에게 이러한 '공적' 역할을 부과했다. 민간 보안업체의 고객이 아닌 주민들조차도 거리에서 무장대응관을 불러 세워 도둑을 쫓으라고 명령했고, 돈을 지불한 주민과 그렇지 않은 주민을 보호할 공적 의무를 지닌 경찰관처럼 이들을 취급했다.

디푼은 이러한 준(準)공적인 역할을 "중간지대의 치안 유지 활동twilight policing"—완전히 국가적이지도 비국가적이지도 않은 처벌적·규율적 치안 유지 활동—이라고 분석한다. 어떤 경우에 무장대응관의 활동은 경찰의 주권적 권력을 훼손했다. 그러나 다른 맥락에서 그들은 경찰의 권위를 지탱하는 방식으로 움직이며 경찰관과 협력했다. 또한 디푼은 민간 보안 사업과 그 행위자들이 어떻게 기존의 불평등을 강화하는지를 보여 준다. 무장대응관은 (가난한) '흑인 남성Black male'을 상징하는 '브라보 마이크Bravo Mike'라는 용어에 집

남아프리카 더반의 민간 보안요원들. (사진 제공: Tessa Diphoorn)

약된 '위험한 타자^{dangerous other}'라는 인종화되고 계급화된 구성 개념에 의존

약된 '위험한 타자$^{dangerous\ other}$'라는 인종화되고 계급화된 구성 개념에 의존
했다. 이런 배타적 형태의 범주화와 이에 근거한 처벌적 행동을 통해 무장
대응관들은 도덕적 질서를 수립하고 공적 형태의 권위를 주장하고자 노력
했다. 그러나 낮은 지위, 힘든 노동조건, 상대적으로 특권이 없는 배경은
무장대응관들도 착취, 감시, 배제에 종속되어 있음을 의미했다.

비공식적 민간 보안과 자경

민간 보안 서비스 비용을 지불할 여력이 없지만 경찰이 자신들을 보호
해 줄 것이라고 신뢰할 수도 없는 도시 주민들은 비공식적이고 때로는 불
법적 형태의 보안 서비스에 의존한다. 동네 방범대는 그리 위험하지 않은
형태의 비공식적 자립 보안조직이지만, 인류학자들은 치안 유지 역할을

떠맡은 폭력적인 자경 집단이 전 세계적으로 늘어나는 상황을 기록해 왔다(Pratten and Sen 2007).

볼리비아 도시에서 연구한 대니얼 골드스타인(Goldstein 2004)은 군중 폭력—도둑에게 린치를 가하거나 미수에 그친 사례—을 연행적 실천performative practice 이라고 분석한다. 그는 린치가 일어난 소외된 동네에서 군중 폭력은 정치적 기능을 수행하는 스펙터클한 공적 연행이었다고 주장한다. 부분적으로 이런 폭력적 연행은 동네에서 내부 연대를 강화하고 공유된 규범을 재확인하는 데 도움을 주었다. 게다가 폭력적 연행은 외부와의 의사소통 매개체로도 기능했는데, 그 동네와 그곳의 주민들에 대한 인식에 영향을 미치고, 그 동네가 도시 전체와 국가로부터 배제당했다는 생각을 외부에 전달했다. 이 연구는 폭력을 구체적 목표를 추구하고 사회관계에 영향을 미치기 위해 사용되는 연행 혹은 의사소통의 한 방식으로 이해할 필요가 있다고 역설한다.

리브커 야퍼(Jaffe 2012a)는 자메이카 킹스턴 빈민 동네의 조직화된 법외적 보안 서비스의 사례를 다룬다. 이곳 주민들도 경찰력이 효과적이지 못하고 잔혹하거나 부패하다는 사실을 경험했기 때문에 민간 보안장치에 의존했다. 그러나 이들은 소득이 부족해 공식적인 상업적 보안 서비스 제공자에게 접근할 수 없었다. 많은 경우에 빈민촌 주민들은 안전과 분쟁 해결을 위해 오로지 '두목'이나 종종 범죄 조직과 연결된 공동체 지도자에게만 기댈 수 있었다. 두목은 비공식적인 법정을 열어 가령 절도, 가정폭력, 강간, 경찰에 '밀고하기' 같은 여러 가지 범죄에 다소 제도화된 처벌체계로 대응했다. 경고를 하거나 동네에서 추방하고 더 나아가 죽도록 때리거나 심지어 살해했다. 비공식적이고 법외적인, 두목이 좌우하는 '자치self-help' 법 및 질서 체계는 일반적으로 폭력적인 보복에 의존했는데, 소외된 도시 주민들에게 상대적으로 인기가 있었다. 왜냐하면 이들은 공식적 사법제도가 왜곡되어 있으며 자신들은 그 제도에 접근할 수 없다고 느꼈기 때문이다. 게다가 이들은 두목이 수행하는 넓은 의미의 사회 서비스의 혜택을 받기도 했다. 영향력이 있고 부유한 두목은 주민들이 여러 가지 형태의 재정적·사회적 복지를 받거나 받을 수 있도록 도와줄 수 있었고, 자기 조직 내에서든 조직과 정치인 및 민간 영역과의 관계를 통해서든 주민들에게 일자리를 얻어 줄 수 있었다.

더반의 민간 보안대원들처럼 자메이카의 두목들은 국가와 고립되어 움직이지 않았다. 이들은 자메이카의 '주둔지 정치garrison politics', 즉 정치가들이 국가의 자원을 동원해 표를 확보하고, 충성하는 공동체에는 주택이나 일자리 같은 물질적 혜택을 제공하는 정치적 후원관계 형태에서 기원했기 때문이다. 정치인들은 두목들을 브로커로 활용하고자 그들에게 무기와 돈을 은밀하게 조달해 주었다. 그 대가로 두목들은 빈민가인 '주둔지' 동네에서 우호적인 득표 결과를 보장하고 도시 폭동을 진압했다. 이런 식으로 선거정치와 역사적으로 연계됨은 물론이고, 자메이카의 경찰이 두목들과 공모하는 경우도 비일비재했다. 경찰이 희생자와 범법자를 두목들의 비공식적인 보안대와 사법제도에 다 넘기는 경우도 있었다. 〔이런 관행이〕 도시의 사회질서에 미친 영향 또한 남아프리카 민간 보안업체의 경우와 유사하다. 두목들은 지역에서 상당한 정당성을 누리지만 그들의 폭력적·처벌적·권위주의적 리더십은 "안전의 비공식적 민영화가 빈민가 동네의 일상생활에 미친 영향, 나아가 공적이고 민주적인 도시경관을 실현할 가능성에 미친 영향이 깊은 근심의 원인"이라는 것을 의미한다(Jaffe 2012a: 195).

결론

　이 장에서는 폭력, 좀 더 일반적으로 안전을 제공하고 사회통제를 확립하려는 시도가 도시경관에 어떤 식으로 영향을 미치는가를 논의했다. 사람들은 위협적인 경험을 이해하기 위해 도시에 대한 서사를 창조하는데, 종종 특정 인종 집단과 계급 집단을 도시의 골칫거리라고 비난하고 이들을 위험한 존재라고 명명한다. 폭력의 경험도 안전한 장소 및 사람을 위험한 장소 및 사람과 구분하는, 도시에 관한 사람들의 인지지도에 영향을 미친다. 이런 인지지도는 차례로 도시에 대한 사람들의 지향성은 물론 그들이 도시에서 일상적으로 이동하는 길에 영향을 미친다. 도시경관은 방어적인 건축물 형태로든 가시적인 보안 기술 형태로든 아니면 폭력적 사건을 기념하는 기념물 형태로든 폭력의 흔적을 간직하고 있다. 도시 폭력에 대한 이처럼 다양한 반응은 예를 들어 특정 소외 집단을 범인으로 선별해 내거나 더 많은 특권을 가진 집단을 공공적 도시 공간에서 분리—엘리트들이 게이티드 커뮤니티에 스스로를 격리하는 관행에서 드러난다.—함으로써 기존의 불평등을 심화한다.

　국가적 행위자와 비국가적 행위자는 도시경관을 통제하기 위한 다양한 전략을 개발한다. 통치성governmentality의 공간적 형태는 범법자나 잠재적 위협요인을 규율하거나 개조하기보다는 그(것)들을 분리하는 조치를 취한다. 그러나 거리 레벨의 치안 유지 활동은 도시경관을 통제하는 데 여전히 주요한 기술이다. 인류학적 연구는 소외된 인구 집단과 소외된 지역에 특히 초점을 맞춤으로써 치안 유지 활동이 기존의 불평등을 재생산한다는 점을 보여 주었다. 또한 이런 연구는 경찰관, 민간 보안대원, 자경대원의 일상적 활동이 서로 닮아 있으며 겹치기도 해서, 보안 서비스 부문에서 국가 행위자와 비국가 행위자의 경계를 상당히 모호하게 만든다는 점도 보여 주었다. 이처럼 경계가 모호해짐으로써 사적 형태의 보안 서비스로서 자경 대에 의존하는 사람들과 국가 행위자나 민간 대원들에 의해 범법자로 찍히기 쉬운 사람들 같은 여러 시민들의 권리와 관련해 심각한 문제가 제기된다.

1. 폭력의 발생이나 그에 대한 두려움은 도시경관에 어떤 식으로 영향을 미치는가? 당신의 주변에서 이런 변화를 찾아낼 수 있는가?
2. 엘리트가 공간을 이탈하는 현상은 도시에 어떤 결과를 초래하는가?
3. 도시 폭력과 범죄에 대한 인류학적 접근은 사회학자나 범죄학자의 연구와 어떻게 다르다고 생각하는가?
4. 당신이 잘 아는 도시에서 여러 가지 유형의 공적 혹은 사적 치안 유지 조직을 찾아볼 수 있는가? 이처럼 상이한 조직과 기술들은 어떤 경우에 더 민주적인 사회를 만드는 데 기여하는가? 이 조직들이 제공하는 보안 서비스의 형태와 법집행방식은 어떤 경우에 차별적 시민권을 초래하는가?

더 읽을거리

Caldeira, Teresa (2000) *City of Walls: Crime, Segregation and Citizenship in Sãn Paulo.* Berkeley, CA: University of California Press.
Monroe, Kristin V. (2016) *The Insecure City: Space, Power and Mobility in Beirut.* New Brunswick, NJ: Rutgers University Press.
Ralph, Laurence (2020) *The Torture Letters: Reckoning with Police Violence.* Chicago, IL: University of Chicago Press.

Yonucu, Deniz (2022) *Police, Provocation, Politics: Counterinsurgency in Istanbul.* Ithaca, NY: Cornell University Press.

Zeiderman, Austin (2016) *Endangered City: The Politics of Security and Risk in Bogotá.* Durham, NC: Duke University Press.

더 볼거리

〈벨파스트Belfast〉(2021), 케네스 브래나Kenneth Branagh 감독. 아홉 살 개신교도 소년의 눈으로 바라본 아일랜드의 도시 종파 갈등과 함께 북아일랜드 분쟁의 시작을 다룬 장편 영화.

〈시티 오브 갓Cidade de Deus〉(2002). 페르난두 메이렐리스Fernando Meirelles, 카치아 룬드Kátia Lund 감독. 브라질 리우데자네이루의 빈민가에서 벌어지는 마약 범죄와 폭력을 다룬 장편 극영화.

〈빈민금지구역 라조나La Zona〉(2007). 로드리고 플라Rodrigo Plá 감독. 멕시코시티의 게이티드 커뮤니티에서 벌어지는 자경단 폭력을 묘사한 장편 극영화.

〈위 오운 디스 시티We Own This City〉(2022). 조지 펠레카노스George Pelecanos와 데이비드 사이먼David Simon 제작. 볼티모어 경찰서에서 드러나는 경찰의 잔혹성과 부패를 다룬 미니시리즈.

제11장

결론: 도시인류학의 미래

도시인류학에 대한 관심이 최고조에 달한 1970년대와 1980년대 이후, 도시인류학은 21세기 들어 도시 연구^{urban studies}라는 좀 더 광범위한 학제 간 영역에서 고유의 목소리를 내면서 인류학이라는 학문을 이루는 중요한 분야로 재등장했다. 도시인류학은 도시 생활의 공간성을 진지하게 포착하는 동시에 도시의 구체적 특성(도시의 밀도와 혼종성, 정치·경제적 중요성 등)이 일상의 사회생활을 서로 다른 문화적 맥락에서 형성하는 방식에 관한 질문을 던지며 도시 생활의 각기 다른 차원들이 상상되고 재현되는 방식을 탐구하는 하위 분야로 발전해 왔다.

이 책에서 우리는 이처럼 21세기 초반에 발달해 온 도시인류학에 초점을 맞춰 이 분야의 현재적 주제들을 개괄적으로 살펴보고자 했다. 장소만들기^{place-making}와 도시 내 불평등 같은 주제가 여전히 도시인류학의 핵심에 자리 잡은 한편, 도시인류학에서 추가로 부상한 연구 동향과 성과를 확인할 수 있었다. 이 책의 결론에서는 이 점을 살펴보고자 한다.

개정판의 결론을 작성하고 있는 2022년 여름 현재의 세계에서는 경제 위기와 긴축 정책의 영향이 지속되고 있을 뿐 아니라 여전히 코로나19 팬데믹에 직면해 있다. 또한 우크라이나 전쟁으로 인해 우크라이나 도시에 치명적인 폭력이 발생하고 새로운 난민 인구가 생겨났으며, 세계적인 식량 부족과 인플레이션이 발생하고 있다. 이러한 다양한 사건은 심화되는 기후위기를 배경으로 전개된다. 지금은 불확실한 시대이며, 이러한 불확실성은 도시인류학에서 점점 더 중요하게 여겨지는 세 가지 새로운 주제에 반영되었다. 디지털 기술은 도시경관과 삶에 큰 영향을 미치고 있으며, 도시인류학 연구는 이에 대해 점점 더 많이 다루고 있다. 또한 기후 변화의 영향에 대한 관심이 높아지면서 도시를 '인간 너머more-than-human'의 관점으로 생각하는 시각이 새롭게 부상하고 있다. 마지막으로, 도시의 미래와 그 미래가 어떻게 만들어지는가에 관한 관심이 급증하고 있다.

도시의 디지털화

도시를 연구하는 지리학자와 사회학자들은 디지털 기술이 도시 생활을 어떻게 형성하는지 탐구하는 데 앞장서 왔다. 한편 도시인류학자들은 도시 장소에서 오프라인과 온라인 차원이 상호작용하는 양상을 조사하거나(Dattatreyan 2020; Elul 2022), 청소년들이 휴대폰 사용을 통해 새로운 형태의 친밀감과 자기 표현을 개발하는 방식 등을 연구했다(Archambault 2017). 우리는 디지털 기술에 대한 관심이 〔도시인류학이라는〕 하위 분야 내에서 점점 더 중요해질 것으로 예상한다. 주요 질문은 다음과 같다. 온라인과 오프라인 경로와 공간의 교차점에서 도시의 사회생활은 어떻게 형성되며,

소셜 미디어는 우리가 도시의 장소와 현장을 인식하고 경험하는 방식에 어떤 영향을 미치는가?

도시인류학자들은 현재 진행 중인 기술 혁신이 도시 거버넌스와 정치, 노동에 미치는 영향을 더욱 면밀히 분석하게 될 것이다. 예를 들어 도시인류학은 더 깨끗하고 친환경적이며 안전한 도시를 약속하는 다양한 '스마트 시티' 정책 모델이 도시 거버넌스에 대한 기업 행위자들의 영향을 반영하는 한편 감시 기술의 강화와 어떻게 연관되는지 연구하기 시작했다 (Zandbergen 2020). 도시인류학이 사회운동과 밀접하게 연관되어 있는 만큼, 정치적 동원을 촉진하고 다양한 형태의 도시 네트워킹과 연대를 가능하게 하는 새로운 디지털 기술의 민주적 잠재력과 함정에 대해 더 많이 질문할 것으로 보인다. 또한 플랫폼 경제가 도시 소비자와 노동자의 삶을 어떻게 재편하고 있는지, 플랫폼이 도시경제에서 권력관계를 어떻게 재구성하는지를 다루는 연구도 기대할 수 있다. 이 글을 집필하는 중인 현재의 코로나19 팬데믹 상황에서 도시 생활의 디지털 매개에 대한 이러한 연구는 플랫폼과 같은 디지털 환경이 점점 더 중요해지고 많은 경제적·사회적 생활이 온라인에서 이루어지는 팬데믹 이후의 도시에 대한 연구와 만나게 될 것이다.

도시 생태, 기후위기 그리고 인간 너머의 도시

코로나19 팬데믹으로 도시의 디지털화 과정이 심화되는 가운데, 인수공통 감염병이라는 코로나19의 특징을 파악한 사람들은 도시 안팎에서 인간과 동물의 건강이 서로 얽혀 있다는 점에 주목했다. 전 지구적인 기후위기의 심각성이 커지고 도시 오염이 장기화됨에 따라 도시인류학자들은 도시의 생태적 측면에 점점 더 관심을 기울이게 되었다. 예를 들어 최근의 연구는 도시 거주자들이 기후 변화와 관련된 새로운 차원의 무더위, 가뭄, 홍수에 어떻게 대처하고 있는지(Pardue 2021; Zeiderman 2019), 더 넓게는 시 정부와 시민들이 도시 내 자연의 의미를 어떻게 재평가하고 있는지에 대해 논의하기 시작했다(Knox 2020; Rademacher and Sivaramakrishnan 2021).

도시환경의 미래에 관한 이러한 우려는 다양한 문화적·정치적 맥락에서 환경 정의에 대한 관심을 증가시킬 가능성이 높다(예: Resnick 2021, Randle 2022). 이를 연구하는 학자들은 환경파괴로 발생하는 가혹한 피해는 유색인종들이 견뎌야 하는 경우가 많지만, 인류세[Anthropocene]라 불리는 지금 시대의 '인류[anthropos]*'는 주로 암묵적으로 백인으로 인종화되어 등장한다는 사실을 강조한다. 이 같은 환경 위험과 자원의 불균등한 분배에 주목하며 등장한, 기후위기의 불균등한 영향에 항의하는 초국가적 운동부터 환경과 사회적 돌봄을 결합한 소규모 도시 이니셔티브에 이르기까지 도시 생태 문제를 둘러싼 정치적 동원을 둘러싸고 더 많은 연구가 이루어질 것으로 기대한다.

도시환경에 대한 이 같은 인류학적 접근은 낡은 자연-문화 이분법에 문제를 제기하며 인간 너머의[more-than-human] 관점으로 도시를 생각하는 새로운 시각을 포함한다. 이런 유형의 연구들은 도시경관의 형성에 관여하는 비인간[non-human] 종의 역할을 고려한다. 이를테면 도시에서의 건강 문제와 동물 간의 관계(Cousins et al. 2022)와 인간-식물의 사회성(Stoetzer 2018)에 대한 연구 등이 점차 늘어나고 있다. 인간을 넘어 다양한 생명체를 아우르

---

* '인류'를 뜻하는 그리스어.

는 '도시 생활'과 도시 사회성을 인식하게 되면서, 점차 발전하는 다종 민족지multispecies ethnography에 대한 도시인류학자들의 관심이 높아질 것으로 보인다.

도시의 미래

최근의 도시 인류학 연구는 도시경관과 삶의 형성에서 시간성temporality의 중요성에 주목하고 있다. 이것은 미래에 대한 관심이 급증하는 현상과 연관된다(Bryant and Knight 2019; Ringel 2021; Valentine and Hassoun 2019). 인류학자들은 미래에 대한 상상력과 그것이 현재 사람들의 행동 양식을 어떻게 형성하는지에 대해 점점 더 많이 연구할 뿐 아니라, 새로운 미래를 만드는 수단과 기술도 연구하고 있다. 유럽사회인류학회European Association of Social Anthropology, EASA 미래인류학 네트워크의 논의를 바탕으로 세라 핑크와 후안 프란시스코 살라사르는 인류학이 미래 만들기, 즉 "불확실하고 새롭게 떠오르는, 아직 알려지지 않은 세계의 정치적 경합"(Pink and Salazar 2017: 5)에 명시적으로 관여해야 한다고 주장한다. 이들은 디자이너, 정책 입안자, 도시 계획가, 예술가, 과학기술 연구, 기후 과학 등 미래 만들기와 관련된 사람 및 분야와의 협업을 통해 새로운 인류학이 탄생할 수 있다고 제안한다.

이는 실험과 시제품 제작(Corsín Jiménez and Estalella 2017)이 도시경관을 형성하거나 예시하는 방식에 주목하는 새로운 인류학적 관심과 연결된다. 또한 다방면의 전문가와의 협업을 포함한 연구 방식과 윤리에 대한 인류학적 관심도 이어지고 있다(Holmes and Marcus 2008; Estalella and Sánchez Criado 2018). 이러한 실험은 ─기존의 확고한 신자유주의자들과 현재의 많은 보수

정치인들조차도 실패한 정치적·경제적 프로그램이라고 인정하기 시작한— 신자유주의적 자본주의를 넘어서는 실행 가능한 대안을 만드는 것을 목표로 하기도 한다. 불안한 미래로 점철된 현재의 불확실한 시대에, 특히 도시를 포함한 다른 가능성의 세계에 대한 비전에서 영향을 받은 이러한 실험은 도시인류학적 실천에 영감과 희망의 길을 제시한다.

도시는 생태와 기술, 경제, 정치 영역의 변화를 용이하게 만들어 내면서 그것에 반응하는 사회·문화적으로 역동적인 공간이다. 도시의 사회성과 문화는 항상 유동적이면서 도시의 건조환경을 점진적으로 바꾸어 내는 유동체에 해당한다. 도시인류학자들이 역사적으로 지속되는 도시 기반시설에 관심을 가져온 가운데, 유동적인 도시 사회생활의 변화는 앞으로 도시인류학자에게 도전과 영감을 동시에 제공할 것이다. 도시 연구에 접근하는 인류학 전반과 다른 분과 학문의 관심에 덧붙여, 도시 생활 그 자체는 도시인류학의 새로운 개념 발달과 경험 연구를 계속해서 촉진할 것이다.

참고문헌

Abolafia, Mitchel Y. (2002) Fieldwork on Wall Street. In: George Gmelch and Walter P. Zenner (eds.), *Urban Life: Readings in the Anthropology of the City*, fourth edition, pp. 179–185. Long Grove, IL: Waveland Press.

Abraham, Itty and Willem van Schendel (2005) Introduction. In: Willem van Schendel and Itty Abraham (eds.), *Illicit Flows and Criminal Things: States, Borders, and the Other Side of Globalization*, pp. 1–37. Bloomington, IN and Indianapolis, IN: Indiana University Press.

Abulhawa, Dani (2020) *Skateboarding and Femininity: Gender, Space-Making and Expressive Movement*. London and New York: Routledge.

Ahmad, Tania (2014) Socialities of indignation: Denouncing party politics in Karachi. *Cultural Anthropology* 29(2): 411–432.

Alexander, Catherine, Maja Hojer Bruun and Insa Koch, eds. (2018) Special issue 'Moral Economies of Housing'. *Critique of Anthropology* 38(2): 121–241.

Alexander, Catherine, Maja Hojer Bruun and Insa Koch (2018) Political economy comes home: On the moral economies of housing. *Critique of Anthropology* 38(2): 121–139.

Alexander, Michelle (2010) *The New Jim Crow: Mass incarceation in the Age of Colorblindness*. New York: New Press.

Alves, Jamie Amparo (2018) *The Anti-Black City: Police Terro and Black Urban Life in Brazil*. Minneapolis: University of Minnesota Press.

Amit, Vered and Noel B. Salazar, eds. (2020) *Pacing Mobilities: Timing, Intensity,*

Tempo and Duration of Human Movements. Oxford: Berghahn.

Anand, Nikhil (2017) *Hydraulic City: Water and the Infrastructures of Citizenship in Mumbai*. Durham, NC: Duke University Press.

Anand, Nikhil, Akhil Gupta, and Hannah Appel, eds. (2018) *The Promise of Infrastructure*. Durham, NC: Duke University Press.

Anderson, Nels (1923) *The Hobo: The Sociology of Homeless Men*. Chicago, IL: University of Chicago Press.

Andrews–Swann, Jenna (2011) *Cafecitos y nostalgia*: Building transnational landscapes in the Cuban diaspora. *Anthropology News* 52(3): 12.

Anthias, Floya (2013) Intersectional what? Social divisions, intersectionality and levels of analysis. *Ethnicities* 13(1): 3–19.

Appadurai, Arjun, ed. (1986) *The Social Life of Things: Commodities in Cultural Perspective*. Cambridge: Cambridge University Press.

Appadurai, Arjun (1990) Disjuncture and difference in the global cultural economy. *Theory, Culture & Society* 7(2): 295–310.

Appadurai, Arjun (1996) *Modernity at Large: The Cultural Dimensions of Globalization*. Minneapolis, MN: University of Minnesota Press. (아르준 아파두라이, 2004, 『고삐 풀린 현대성』, 채호석·차원현·배개화 옮김, 현실문화)

Appadurai, Arjun (2000) Spectral housing and urban cleansing: notes on millennial Mumbai. *Public Culture* 12(3): 627–651.

Appadurai, Arjun (2001) Deep democracy: Urban governmentality and the horizon of politics. *Environment and Urbanization* 13(2): 23–43.

Appadurai, Arjun, ed. (1986) *The Social Life of Things: Commodities in Cultural Perspective*. Cambridge: Cambridge University Press.

Appel, Hannah, Nikhil Anand, and Akhil Gupta (2018) Introduction: Temporarlity, politics, and the promise of infrastructure. In: Nikhil Anand, Akhil Gupta, and Hannah Appel (eds.), *The Promise of Infrastructure*, pp. 1–38. Durham, NC: Duke University Press.

Arab, Pooyan Tamimi (2017) *Amplifying Islam in the European Soundscape: Religious Pluralism and Secularism in the Netherlands*. London: Bloomsbury.

Archambault, Julie Soleil (2017) *Mobile Secrets: Youth, Intimacy, and the Politics of Pretense in Mozambique*. Chicago, IL: University of Chicago Press.

Arias, Enrique Desmond and Thomas Grisaffi, eds. (2021) *Cocaine: From Coca Fields to the Streets*. Durham, NC: Duke University Press.

Asad, Talal, ed. (1973) *Anthropology and the Colonial Encounter*. London: Ithaca Press.

Augé, Marc (1995) *Non-places: Introduction to an Anthropology of Supermodernity*. New York: Verso. (마르크 오제, 2017, 『비장소: 초근대성의 인류학 입문』, 이윤영·이상길 옮김, 아카넷)

Azcárate, Matilde Córdoba (2020) *Stuck with Tourism: Space, Power, and Labor in Contemporary Yucatán*. Berkeley: University of California Press.

Badiey, Naseem (2014) *The State of Post-conflict Reconstruction: Land, Urban Development and State-Building in Juba, Southern Sudan*. Woodbridge: James Currey.

Bandyopadhyay, Ritajyoti (2022) The making of a majoritarian metropolis: Crowd action, public order and communal zoing in Calcutta. In: Thomas Blom Hansen and Srirupa Roy (eds.), *Saffron Republic: Hindu Nationalism and State Power in India*, pp.130-157. Cambridge: Cambridge University Press.

Banerjee, Mukulika (2017) Vote. *South Asia: Journal of South Asia Studies* 40(2): 410-412.

Barendregt, Bart and Rivke Jaffe, eds. (2014) *Green Consumption: The Global Rise of Eco-chic*. London: Bloomsbury.

Barrios, Roberto E. (2017) *Governing Affect: Neoliberalism and Disaster Reconstruction*. Omaha: University of Nebraska Press.

Bayat, Asef (2012) Politics in the city-inside-out. *City & Society* 24(2): 110-128.

Bayat, Asef (2013) *Life as Politics: How Ordinary People Change the Middle East*, second edition. Stanford, CA: Stanford University Press.

Becci, Irene, Marian Burchardt and José Casanova, eds. (2013) *Topographies of Faith: Religion in Urban Spaces*. Leiden and Boston, MA: Brill.

Benjamin, Ruha (2019) *Race after Technology: Abolitionist Tools for the New Jim Code*. Cambridge: Polity Press.

Benjamin, Walter (1983[1969]) *Charles Baulelaire: A Lyric Poet in the Era of High Capitalism*. London: Verso.

Bennett, Andy and Richard A. Peterson, eds. (2004) *Music Scenes: Local, Translocal and Virtual*. Nashville, TN: Vanderbilt University Press.

Ben-Ze'ev, Efrat (2012) Mental maps and spatial perceptions: The fragmentation of Israel-Palestine. In: Les Roberts (ed.), *Mapping Cultures: Place, Practice, Performance*, pp. 237-259. Basingstoke: Palgrave Macmillan.

Bissell, William Cunningham (2011a) Between fixity and fantasy: Assessing the spatial impact of colonial urban dualism. *Journal of Urban History* 37(2): 208-229.

Bissell, William Cunningham (2011b) *Urban Design, Chaos and Colonial Power in Zanzibar*. Bloomington, IN: Indiana University Press.

Black, Rachel E. (2012) *Porta Palazzo: The Anthropology of an Italian Market*. Philadelphia, PA: University of Pennsylvania Press.

Block, Pamela, Devva Kasnitz, Akemi Nishida, and Nick Polland, eds. (2016) *Occupying Disability: Critical Approaches to Community, Justice, and Decolonzing Disability*. Dordrecht: Springer.

Bondi, Liz, and Mona Domosh (1998) On the contours of public space: a tale of three women. *Antipode* 30(3): 270–289.

Bonilla, Yarimar, and Jonathan Rosa (2015) #Fergerson: Digital protest, hashtag ethnography, and the racial politics of social media in the United States. *American Ethnologist* 42(1): 4–17.

Booth, Charles (1902–1903) *Life and Labour of the People in London* (17 Volumes). London: Macmillan and Co.

Bou Akar, Hiba (2018) *For the War Yet to Come: Planning Beirut's Frontiers*. Standford: Stanford University Press.

Bourdieu, Pierre (1973) The Berber House. In: Mary Douglas (ed.), *Rules and Meanings*, pp. 98–110. Oxford: Routledge.

Bourdieu, Pierre (1984) *Distinction: A Social Critique of the Judgment of Taste. Translated by Richard Nice*. London: Routledge. (피에르 부르디외, 2005, 『구별짓기: 문화와 취향의 사회학』, 최종철 옮김, 새물결)

Bourdieu, Pierre (1986) The forms of capital. In: J.G. Richardson (ed.), *Handbook of Theory and Research for the Sociology of Education*, pp. 241–258. New York: Greenwood Press.

Bourdieu, Pierre and Loïc Wacquant (2004) Symbolic violence. In: Nancy Scheper-Hughes and Philippe Bourgois (eds.), *Violence in War and Peace*, pp. 272–274. Malden, MA: Blackwell.

Bourgois, Philippe (2003) *In Search of Respect: Dealing Crack in El Barrio*, second edition. Cambridge: Cambridge University Press.

Bourgois, Philippe (2015) Culture of poverty. *International Encyclopedia of the Social and Behavioral Sciences*, second edition: 719–721. Digital edition. www.sciencedirect.com/science/article/pii/B9780080970868120483

Bowen, John (2007) *Why the French Don't Like Headscarves: Islam, the State and Public Space*. Princeton, NJ: Princeton University Press.

Brash, Julian (2011) *Bloomberg's New York: Class and Governance in the Luxury City*. Athens: University of Georgia Press.

Brenner, Neil, David J. Madden, and David Wachsmuth (2011) Assemblage urbanism and the challenges of critical urban theory. *City* 15(2): 225–240.

Brewis, Alexandra, Sarah Trainer, SeungYoung Han and Amber Wutich (2017) Publically misfitting: Extreme wight and the everyday production and reinforcement of felt stigma. *Medical Anthropology Quarterly* 31(2): 257–276.

Briganti, Chiara and Kathy Mezei, eds. (2012) *The Domestic Space Reader*. Toronto: University of Toronto Press.

Bronsvoort, Irene and Justus L. Uitermark (2022) Seeing the street through Instagram: Digital platforms and the amplification of gentrification. *Urban Studies* 59(14): 2857–2874.

Bryant, Rebecca, and Daniel M. Knight (2019) *The Anthropolgy of the Future*. Cambridge: Cambridge University Press.

Bull, Michale (2014) Spaces of mediated sound. In: Paul C. Adams, Jim Craine and Jason Dittmer (eds.), *The Ashgate Research Companion to Media Geography*, pp. 277–290. Farnham: Ashgate.

Büscher, Monika, John Urry and Katian Witchger, eds. (2011) *Mobile Methods*. London and New York: Routledge.

Cabot, Heath (2016) 'Contagious' solidarity: Reconfiguring care and citizenship in Greece's social clinics. *Social Anthropology* 24(2): 152–166.

Caldeira, Teresa (2000) *City of Walls: Crime, Segregation and Citizenship in São Paulo*. Berkeley, CA: University of California Press.

Caldeira, Teresa (2012) Imprinting and moving around: New visibilities and configurations of public space in São Paulo. *Public Culture* 24(2): 385–419.

Caldeira, Teresa and James Holston (2015) Participatory urban planning in Brazil. *Urban Studies* 52(11): 2001–2017.

Casas–Cortés, Maribel, Sebastian Cobarrubias and John Pickles (2014) The commons. In: Donald Nonini (ed.), *A Companion to Urban Anthropology*, pp. 447–469. Malden, MA: Wiley Blackwell.

Castells, Manuel (1983) *The City and the Grassroots: A Cross–cultural Theory of Urban Social Movements*. Berkeley, CA: University of California Press.

Castells, Manuel (1996) *The Rise of the Network Society, The Information Age: Economy, Society and Culture*, Vol I. Malden, MA: Blackwell Publishers. (마누엘 카스텔, 2014, 「네트워크 사회의 도래: 정보시대 경제, 사회, 문화 1」, 김묵한·박행웅·오은주 옮김, 한울)

Castells, Manuel (2013) *Communication Power*. Oxford: Oxford University Press. (마누엘 카스텔, 2014, 「마누엘 카스텔의 커뮤니케이션 권력」, 박행웅 옮김, 한울)

Chappell, Ben (2012) *Lowrider Space: Aesthetics and Politics of Mexican American Custom Cars*. Austin, TX: University of Texas Press.

Chatterjee, Partha (2004) *The Politics of the Governed: Reflections on Popular Politics in Most of the World*. New York: Columbia University Press.

Checker, Melissa (2020) *The Sustainability Myth: Environmental Gentrification and the Politics of Justice*. New York: NYU Press.

Chigudu, Simukai (2020) Rhodes Must Fall in Oxford: A cirtical testimony. *Critical African Studies* 12(3): 302–312.

Clifford, James and George Marcus (1986) *Writing Culture: The Poetics and Politics of Ethnography*. Berkeley, CA: University of California Press. (제임스 클리퍼드·조지 E. 마커스, 2000, 「문화를 쓴다」, 이기우 옮김, 한국문화사)

Cohen, Phil and Michael Duggan (2021) *New Directions in Radical Cartography: Why the Map is Never the Territory*. London: Rowman & Littlefield.

Collier, Stephen J. (2011) *Post-Soviet Social: Neoliberalism, Social Modernity, Biopolitics*. Princeton: Princeton University Press.

Collins, Patricia H. (1993) Toward a new vision: Race, class, and gender as categories of analysis and connection. *Race, Sex & Class* 1(1): 25–45.

Comaroff, Jean and John L. Comaroff (2000) Millennial capitalism: First thoughts on a second coming. *Public Culture* 12(2): 291–343.

Cooper, Davina (2017) Prefiguring the state. *Antipode* 49(2): 335–356.

Cooper, Frederick (2005) *Colonialism in Question: Theory, Knowledge, History*. Berkeley and Los Angeles: University of California Press.

Corsín Jiménez, Alberto, and Adolfo Estalella (2017) Ethnography: A prototype. *Ethnos* 82(5): 846–866.

Cousins, Thomas, Michelle Pentecost, and Lesley Van Helden (2022) Containment and conversion: Urban livelihoods and the circulation of value amid South Africa's avian influenza outbreak. *American Ethnologist* 49(3): 413–426.

Crenshaw, Kimberley (1991) Mapping the margins: Intersectionality, identity politics, and violence against women of color. *Stanford Law Review* 43(6): 1241–1299.

Cresswell, Tim (2006) *On the Move: Mobility in the Modern Western World*. New York and Oxford: Routledge. (팀 크레스웰, 2021, 『온 더 무브: 모빌리티의 사회사』, 최영석 옮김, 앨피)

Cresswell, Tim (2010) Towards a politics of mobility. *Environment and Planning D* 28(1): 17–31.

Cresswell, Tim (2015) *Place: A Short Introduction*, second edition. Chichester: Wiley. (팀 크레스웰, 2012, 『짧은 지리학 개론 시리즈: 장소』, 심승희 옮김, 시그마프레스)

Cwerner, Saulo (2009) Helipads, heliports and urban air space: Governing the contested infrastructure of helicopter travel. In: Saulo Cwemer, Sven Kesselring and John Urry (eds.), *Aeromobilities*, pp. 225–246. London: Routledge.

Dağtaş, Mahiye Seçil (2016) 'Down with some things!' The politics of humour and humour as Politics in Turkey's Gezi protests. *Etnofoor* 28(1): 11–34.

Daniels, Inge (2010) *The Japanese House*. London: Berg.

Dattatreyan, Ethiraj Gabriel (2020) *The Globally Familiar: Digital Hip Hop, Masculinity, and Urban Space in Delhi*. Durham, NC: Duke University Press.

Daunton, Martin J. and Matthew Hilton, eds. (2001) *The Politics of Consumption: Material Culture and Citizenship in Europe and America*. Oxford: Berg.

Davey, Ryan, and Insa Lee Koch (2021) Everyday authoritarianism: Class and coercion on housing estates in neoliberal Britain. *Political and Legal Anthropology Review* 44(1): 43–59.

Davila, Arlene (2004) *Barrio Dreams: Puerto Ricans, Latinos and the Neoliberal City*.

Berkeley, CA: University of California Press.

de Boeck, Filip and Sammy Baloji (2016) *Suturing the City: Living Together in Congo's Urban Worlds*. London: Autograph ABP.

de Certeau, Michel (1984) *The Practice of Everyday Life*, translated by Steven Rendall. Berkeley, CA and Los Angeles, CA: University of California Press.

de Koning, Anouk (2009) *Global Dreams: Class, Gender, and Public Space in Cosmopolitan Cairo*. Cairo and New York: American University in Cairo Press.

de Koning, Anouk (2011a) Shadows of the plantation? A social history of Suriname's bauxite town Moengo. *New West Indian Guide* 85: 215–246.

de Koning, Anouk (2011b) Moengo on strike: The politics of labour in Suriname's bauxite industry. *European Review of Latin American and Caribbean Studies* 91: 31–47.

de Koning, Anouk (2015a) Citizenship agendas for the abject: Amsterdam's youth and security assemblage in action. *Citizenship Studies* 19(2): 155–168.

de Koning, Anouk (2015b) "This neighborhood deserves an espresso bar too": Neoliberalism, Racialization, and Urban Policy. *Antipode* 47(5): 1203–1223.

de Koning, Anouk, and Anick Vollebergh (2019) Ordinary icons: Public discourses and everyday lives in an anxious Europe. *American Anthropologist* 121(2): 390–402.

de Koning, Anouk, Rivke Jaffe and Martijn Koster (2015) Introduction: Citizenship agendas in and beyond the nation-state. *Citizenship Studies* 19(2): 121–127.

De Martini Ugolotti, Nicola, and Eileen Moyer (2016) 'If I climb a wall of ten meters': Capoeira, parkour and the politics of public space among (post)migrant youth in Turin, Italy. *Patterns of Prejudice* 50(2): 188–206.

de Soto, Hernando (2000) *The Mystery of Capital: Why Capitalism Triumphs in the West and Fails Everywhere Else*. London: Bantam. (에르난도 데 소토, 2003, 『자본의 미스터리』, 윤영호 옮김, 세종서적)

Deeb, Lara and Mona Harb (2013) *Leisurely Islam: Negotiating Geography and Morality in Shi'ite South Beirut*. Princeton, NJ: Princeton University Press.

Derby, Lauren and Marion Werner (2013) The devil wears Dockers: Devil pacts, trade zones and rural-urban ties in the Dominican Republic. *New West Indian Guide* 87: 294–321.

Dickey, Sarah (2000) Permeable homes: Domestic service, household space and the vulnerability of class boundaries in urban India. *American Ethnologist* 27(2): 462–489.

Diphoorn, Tessa (2015) *Twilight Policing: Private Security in South Africa*. Berkeley, CA: University of California Press.

Diphoorn, Tessa and Erella Grassiani, eds. (2019) *Security Blurs: The Politics of Plural Security Provision*. Oxford and New York: Routledge.

Dovey, Kim (2020) Place as assemblage. In: Tim Edensor, Ares Kalandides, Uma Kothari (eds.), *The Routledge Handbook of Place*, pp, 21–31. Oxford and New York:

Routledge.

Drake, St. Clair and Horace R. Cayton (1945) *Black Metropolis: A Study of Negro Life in a Northern City*. New York: Harcourt, Brace and Company.

Dürr, Eveline and Rivke Jaffe (2014) Pollution. In: Donald Nonini (ed.), *A Companion to Urban Anthropology*, pp. 414–427. Oxford: Wiley–Blackwell.

Elinoff, Eli (2021) *Citizen Designs: City–Making and Democracy in Northeaster Thailand*. Honolulu: University of Hawaii Press.

Elul, Elad Ben (2022) *Urban Ghana and Privacy in the Digital Age: An Ethnographic Exploration*. Abingdon and New York: Routldege.

Epstein, Beth S. (2011) *Collective Terms. Race, Culture, and Community in a State–Planned City in France*. New York and Oxford: Berghahn Books.

Evers, Clifton and Kirsten Seale, eds. (2014) *Informal Urban Street Markets: International Perspectives*. New York: Routledge.

Farias, Ignacio, and Thomas Bender, eds. (2012) *Urban Assemblages: How Actor–Network Theory Changes Urban Studies*. Abingdon and New York: Routledge.

Farmer, Paul (2004) An anthropology of structural violence. *Current Anthropology* 45(3): 305–325.

Fassin, Didier (2013) *Enforcing Order: An Ethnography of Urban Policing*. Cambridge: Polity.

Fassin, Didier (2017) *If Truth Be Told: The Politics of Public Ethnography*. Durham, NC: Duke University Press.

Fawaz, Mona, Mona Harb and Ahmad Gharbieh (2012) Living Beirut's security zones: An investigation of the modalities and practice of urban security. *City & Society* 24(2): 173–195.

Feld, Steven and Keith H. Basso, eds. (1996) *Senses of Place*. Santa Fe, NM: School of American Research Press.

Ferguson, James (1999) *Expectations of Modernity: Myths and Meanings of Urban Life on the Zambian Copperbelt*. Berkeley, CA and Los Angeles, CA: University of California Press.

Ferguson, James (2005) Seeing like an oil company: Space, security, and global capital in neoliberal Africa. *American Anthropologist* 107(3): 377–382.

Fernandes, Leela (2006) *India's New Middle Class: Democratic Politics in an Era of Economic Reform*. Minneapolis, MN: University of Minnesota Press.

Fesenmyer, Leslie (2019) Bringing the kingdom to the city: Mission as placemaking practice amongst Kenyan Pentecostals in London. *City & Society* 31(1): 34–54.

Fishman, Robert (1982) *Urban Utopias in the Twentieth Century: Ebenezer Howard, Frank Lloyd Wright, and Le Corbusier*. Cambridge, MA: MIT Press.

Florida, Richard (2002) *The Rise of the Creative Class, and How It's Transforming*

Work, Leisure, Community and Everyday Life. New York: Basic Books. (리처드 플로리다, 2011, 『신창조 계급』, 이길태·한세희 옮김, 북콘서트)

Forman, Murray (2002) *The 'Hood Comes First: Race, Space and Place in Rap and Hip-Hop*. Middletown, CT: Wesleyan University Press.

Foster, George McClelland, and Robert V. Kemper, eds. (1974) *Anthropologists in Cities*. Boston, MA: Little, Brown.

Foucault, Michel (1977) *Discipline and Punish: The Birth of the Prison*. New York: Vintage. (미셸 푸코, 2016, 『감시와 처벌: 감옥의 탄생』, 오생근 옮김, 나남출판)

Frey, Bronwyn (2020) Platform labor and in/formality: organization among motorcycle taxi drivers in Bandung, Indonesia. *Anthropology of Work Review* 41(1): 36-49.

Frossard, Carolina Maurity (2021) Policing Citizenship: Norms, Forms and Affects of Urban Security in Recife, Brazil. PhD thesis, Univresity of Amsterdam.

Fryer, Tiffany C., La Vaughn Belle, Nicholas Galanin, Dell Upton, and Tsione Wolde-Michael (2021) As the statues fall: An (abridged) conversation about monuments and the power of memory. *Current Anthropology* 62(3): 373-384.

Gandhi, Ajay (2015) The postcolonial street: Patterns, modes, and forms. In: Crispin Bates and Minoru Mio (eds.), *Cities in South Asia*, pp. 281-302. Oxford and New York: Routledge.

Ganti, Tejaswini (2014) Neoliberalism. *Annual Review of Anthropology* 43(1): 89-104.

Geismar, Haidy and Hannah Knox, eds. (2021) *Digital Anthropology*, second edition. London and New York: Routledge.

Gershon, Ilana (2017) *Down and Out in the New Economy: How People Find (Or Don't Find) Work Today*. Chicago, IL: University of Chicago Press.

Gilbert, Alan (2007) The return of the slum: Does language matter? *International Journal of Urban and Regional Research* 31(4): 697-713.

Gilroy, Paul (2001) Driving while Black. In: D. Miller (ed.), *Car Cultures*. Oxford: Berg.

Gluckman, Max (1940) Analysis of a social situation in modern Zululand. *Bantu Studies* 14: 1-30, 147-174.

Gmelch, George and Petra Kuppinger, eds. (2018) *Urban Life: Readings in the Anthropology of the City*, sixth edition. Long Grove, IL: Waveland Press.

Goffman, Erving (1963) *Behavior in Public Places: Notes on the Social Organization of Gatherings*. New York: The Free Press.

Goldberg, Daniel Theo (1993) 'Polluting the body politic': Racist discourse and urban location. In: Malcolm Cross and Michael Keith (eds.), *Racism, the City and the State*, pp. 45-60. Oxford and New York: Routledge.

Goldstein, Daniel (2004) *The Spectacular City: Violence and Performance in Urban Bolivia*. Durham, NC: Duke University Press.

Goldstein, Daniel M. (2010) Toward a critical anthropology of security. *Current Anthro-*

pology 51(4): 487–517.

Goldstein, Daniel M. (2014) Qualitative Research in Dangerous Places: Becoming an 'Ethnographer' of Violence and Personal Safety. DSD Working Papers on Research Security, No. 1. New York: SSRC.

Graham, Stephen (2011) *Cities under Siege: The New Military Urbanism*. London: Verso.

Graham, Steve and Simon Marvin (2001) *Splintering Urbanism: Networked Infrastructures, Technological Mobilities and the Urban Condition*. London and New York: Routledge.

Gray, Patty A. (2016) Memory, body, and the online researcher: Following Russian street demonstrations via social media. *American Ethnologist* 43(3): 500–510.

Gregory, Steven (1998) *Black Corona: Race and the Politics of Place in an Urban Community*. Princeton, NJ: Princeton University Press.

Gregory, Steven (2022) Race and the infrapolitics of public space in the time of COVID–19: The case of Harlem, New York. *American Ethnologist* 49(2): 163–177.

Gupta, Akhil and James Ferguson (1992) Beyond 'Culture' Space, identity, and the politics of difference. *Cultural Anthropology* 7(1): 6–23.

Gupta, Akhil and James Ferguson, eds. (1997) *Anthropological Locations: Boundaries and Grounds of a Field Science*. Berkeley, CA: University of California Press.

Gusterson, Hugh (1997) Studying up revisited. *PoLAR: Political and Legal Anthropology Review* 20(1): 114–119.

Haldrup, M. (2011) Choreographies of leisure mobilities. In: Monika Büscher, John Urry and Katian Witchger (eds.), *Mobile Methods*, pp. 54–71. London and New York: Routledge.

Hall, Stuart and Tony Jefferson, eds. (1975) *Resistance through Rituals: Youth Subcultures in Postwar Britain*. Working Papers in Cultural Studies, no. 7/8. Birmingham: CCCS.

Hancock, Mary and Smriti Srinivas (2008) Spaces of modernity: Religion and the urban in Asia and Africa. *International Journal of Urban and Regional Research* 32(3): 617–630.

Haney, Lynne A. (2002) *Inventing the Needy: Gender and the Politics of Welfare in Hungary*. Berkeley: University of California Press.

Hannam, Kevin, Mimi Sheller and John Urry (2006) Editorial: Mobilities, immobilities and moorings. *Mobilities* 1(1): 1–22.

Hannerz, Ulf (1969) *Soulside: An Inquiry into Ghetto Culture*. New York: Columbia University Press.

Hannerz, Ulf (1980) *Exploring the City: Inquiries toward an Urban Anthropology*. New York: Columbia University Press.

Hansen, Karen T., Walter E. Little and B. Lynne Milgram, eds. (2013) *Street Economies in the Urban Global South*. Santa Fe, NM: SAR Press.

Hansen, Thomas Blom (2006) Performers of sovereignty: On the privatization of security in urban South Africa. *Critique of Anthropology* 26(3): 279‒295.

Hansen, Thomas Blom and Oskar Verkaaik (2009) Introduction ‒ urban charisma: On everyday mythologies in the city. *Critique of Anthropology* 29(1): 5‒26.

Harrison, Faye (1988) Women in Jamaica? urban informal economy: Insights from a Kingston slum. *New West Indian Guide* 62 (3/4): 103‒128.

Hart, Keith (2010) The informal economy. In: Keith Hart, J.-L. Laville and A.D. Cattani (eds.), *The Human Economy*, pp.142‒153. Cambridge: Polity Press.

Harvey, David (1989) From managerialism to entrepreneurialism: The transformation in urban governance in late capitalism. *Geografiska Annaler Series B* 71(1): 3‒17.

Harvey, David (2003) The right to the city. *International Journal of Urban and Regional Research* 27(4): 939‒941.

Harvey, David (2005) *A Brief History of Neoliberalism*. Oxford: Oxford University Press. (데이비드 하비, 2014, 『신자유주의: 간략한 역사』, 최병두 옮김, 한울)

Harvey, David (2008) The right to the city. *New Left Review* 53: 23‒40.

Haynes, Marta-Laura (2021) Qualifying violence: Visible data, invisible lives in Recife, Brazil. *The Journal of Latin American and Caribbean Anthropology* 26(3‒4): 468‒487.

Hazen, Jennifer M. and Dennis Rodgers (2014) *Global Gangs: Street Violence across the World*. Minneapolis, MN: University of Minnesota Press.

Hebdige, Dick (1979) *Subculture: The Meaning of Style*. London: Routledge. (딕 헵디지, 1998, 『하위문화: 스타일의 의미』, 이동연 옮김, 현실문화연구)

Heiman, Rachel, Carla Freeman and Mark Liechty, eds. (2012) *The Global Middle Classes: Theorizing Through Ethnography*. Santa Fe, NM: SAR Press.

Heyman, Josiah McC. (2014) Policing and security. In: Donald Nonini (ed.), *The Blackwell Companion to Urban Anthropology*, pp. 271‒290. Oxford: Wiley-Blackwell.

Hine, Christine (2015) *Ethnography for the Internet: Embedded, Embodied and Everyday*. London: Berkeley.

Ho, Swee-Lin (2018) *Friendship and Work Culture of Women Managers in Japan: Tokyo after Ten*. New York and London: Routledge.

Holmes, Douglas R., and George E. Marcus (2008) Collaboration today and the re-imagination of the classic scene of fieldwork encounter. *Collaborative Anthropologies* 1(1): 81‒101.

Holston, James (1989) *The Modernist City: An Anthropological Critique of Brasília*. Chicago, IL: University of Chicago Press.

Holston, James, ed. (1999) *Cities and Citizenship*. Durham, NC: Duke University Press.

Holston, James (2008) *Insurgent Citizenship. Disjunctions of Democracy and Modernity in Brazil*. Princeton, NJ: Princeton University Press.

Holston, James (2009) Insurgent citizenship in an era of global urban peripheries. *City & Society* 21(2): 245–267.

Holston, James and Arjun Appadurai (1999) Cities and citizenship. In: James Holston (ed.), *Cities and Citizenship*, pp. 2–18. Durham, NC: Duke University Press.

Hooks, Bell (2003) The oppositional gaze: Black female spectators. *The Feminism and Visual Culture Reader*, pp. 94–104. London and New York: Routledge.

Horst, Heather and Daniel Miller (2005) From kinship to link–up: Cell phones and social networking in Jamaica. *Current Anthropology* 46(5): 755–778.

Hymes, Dell (1972) *Reinventing Anthropology*. New York: Pantheon Books.

Ilum, Stine (2020) The good city: counterterrorism and the ethical work of transformation in Copenhagen. *Journal of Extreme Anthropology* 4(1): 157–176.

Ilum, Stine. (2022) Concrete blocks, bollards, and ha–ha walls: How rationales of the security industry shape our cities. *City & Society* 34(1): 88–110.

Imrie, Rob (1996) *Disability and the City: International Perspectives*. London: Paul Chapman.

Ingold, Tim and Jo Lee Vergunst, eds. (2008) *Ways of Walking: Ethnography and Practice on Foot*. Aldershot: Ashgate Publishing.

Ismail, Salwa (2014) The politics of the urban everyday in Cairo: Infrastructures of oppositional action. In: Susan Parnell and Sophie Oldfield (eds.), *The Routledge Handbook on Cities of the Global South*, pp. 269–280. Abingdon and New York: Routledge.

Istomin, Kirill V. and Mark J. Dwyer (2009) Finding the way: a critical discussion of anthropological theories of human spatial orientation with reference to reindeer herders of northeastern Europe and Western Siberia. *Current Anthropology* 50(1): 29–49.

Jackson, Emma (2015) Young Homeless People and Urban Space: Fixed in Mobility. New York: Routledge. Jaffe, Rivke (2012a) Criminal dons and extralegal security privatization in downtown Kingston, Jamaica. *Singapore Journal of Tropical Geography* 33(2): 184–197.

Jaffe, Rivke (2012b) Talkin"bout the ghetto: Popular culture and urban imaginaries of immobility. *International Journal of Urban and Regional Research* 36(3): 674–688.

Jaffe, Rivke (2012c) The popular culture of illegality: Crime and the politics of aesthetics in urban Jamaica. *Anthropological Quarterly* 85(1): 79–102.

Jaffe, Rivke (2013) The hybrid state: Crime and citizenship in urban Jamaica. *American Ethnologist* 40(4): 734–748.

Jaffe, Rivke (2015) Between ballots and bullets: Elections and citizenship in and beyond the nation–state. *Citizenship Studies* 19(2): 128–140.

Jaffe, Rivke (2016) *Concrete Jungles: Urban Pollution and the Politics of Difference in the Caribbean*. New York and Oxford: Oxford University Press.

Jaffe, Rivke (2018) Cities and the political imagination. *The Sociological Review* 66(6): 1097–1110.

Jaffe, Rivke and Eveline Dürr (2010) Introduction: Cultural and material forms of urban pollution. In: Eveline Dürr and Rivke Jaffe (eds.), *Urban Pollution: Cultural Meanings, Social Practices*, pp. 1–29. Oxford and New York: Berghahn.

Jaffe, Rivke, Eveline Dürr, Gareth A. Jones, Alessandro Angelini, Alana Osbourne, and Barbara Vodopivec (2020). What does poverty feel like? Urban inequality and the politics of sensation. *Urban Studies* 57(5): 1015–1031.

Jeursen, Thijs (2023) *The Vigilant Citizen: Everyday Policing and Insecurity in Miami*. New York: NYU Press.

Jirón, Paola (2011) On becoming 'la sombra/the shadow'. In: Monika Büscher, John Urry and Katian Witchger (eds.), *Mobile Methods*, pp. 36–53. London and New York: Routledge.

Johnston, Josée (2008) The citizen–consumer hybrid: Ideological tensions and the case of whole foods market. *Theory and Society* 37(3): 229–270.

Juris, Jeffrey (2012) Reflections on #Occupy everywhere: Social media, public space, and emerging logics of aggregation. *American Ethnologist* 39(2): 259–279.

Kanna, Ahmed (2011) *Dubai: The City as Corporation*. Minneapolis, MN: University of Minnesota Press.

Kaviraj, S. (1997) Filth and the public sphere: Concepts and practices about space in Calcutta. *Public Culture* 10(1): 83–113.

King, Anthony D. (1990) *Urbanism, Colonialism, and the World–Economy: Cultural and Spatial Foundations of the World Urban System*. New York: Routledge.

King, Anthony D. (2004) *Spaces of Global Cultures: Architecture, Urbanism, Identity*. Abingdon and New York: Routledge.

Kivland, Chelsey L. (2020) *Street Sovereigns: Young Men and the Makeshift State in Urban Haiti*. Ithaca, NY: Cornell University Press.

Klaufus, Christien (2012) The symbolic dimension of mobility: Architecture and social status in Ecuadorian informal settlements. *International Journal of Urban and Regional Research* 36(4): 689–705.

Kleinman, Julie (2019) *Adventure Capital: Migration and the Making of an African Hub in Paris*. Berkeley: University of California Press.

Knight, Daniel M. and Charles Stewart (2016) Ethnographies of austerity: Temporality, crisis and affect in Southern Europe. *History and Anthropology* 27(1): 1–18.

Knox, Hannah (2017). Affective infrastructures and the political imagination. *Public Culture* 29(2): 363–384.

Knox, Hannah (2020) *Thinking Like a Climate: Governing a City in Times of Environmental Change*. Durham, NC: Duke University Press.

Koch, Insa Lee (2018) *Personalizing the State: An Anthropology of Law, Politics, and Welfare in Austerity Britain*. Oxford: Oxford University Press.

Koster, Martijn and Yves van Leynseele (2018). Brokers as assemblers: Studying development through the lens of brokerage. *Ethnos* 83(5): 803–813.

Kuppinger, Petra (2019) Introduction: Urban religions. *City & Society* 31(1): 8–16.

Kusenbach, Margarethe (2003) Street phenomenology: The go-along as ethnographic research tool. *Ethnography* 4(3): 455–485.

Kusno, Abidin (2004) Whither nationalist urbanism? Public life in Governor Sutiyoso's Jakarta. *Urban Studies* 41(12): 2377–2394.

Kusno, Abidin (2010) *The Appearances of Memory. Mnemonic Practices of Architecture and Urban Form in Indonesia*. Durham, NC: Duke University Press.

Lane, Jeffrey (2019) *The Digital Street*. New York: Oxford University Press.

Larkin, Brian (2013) The politics and poetics of infrastructure. *Annual Review of Anthropology* 42: 327–343.

Lazar, Sian (2004) Personalist politics, clientelism and citizenship: Local elections in El Alto, Bolivia. *Bulletin of Latin American Research* 23(2): 228–243.

Lazar, Sian (2008) *El Alto, Rebel City: Self and Citizenship in Andean Bolivia*. Durham, NC: Duke University Press.

Lazar, Sian (2014) Citizenship. In: Donald Nonini (ed.), *The Blackwell Companion to Urban Anthropology*, pp. 65–82. Oxford: Wiley–Blackwell.

Lefebvre, Henri (1991) *The Production of Space*. Oxford: Blackwell. (앙리 르페브르, 2011, 『공간의 생산』, 양영란 옮김, 에코리브르)

Lefebvre, Henri (1996) *Writings on Cities*. Oxford: Blackwell.

Leszczynski, Agnieszka (2020) Glitchy vignettes of platform urbanism. *Environment and Planning D: Society and Space* 38(2): 189–208.

Levitt, Peggy, and Nina Glick Schiller (2004) Conceptualizing simultaneity: A transnational social field perspective on society. *International Migration Review* 38(3): 1002–1039.

Lewis, Oscar (1966) *La Vida: A Puerto Rican Family in the Culture of Poverty: San Juan and New York*. New York: Random House.

Leydet, Dominique (2014) Citizenship. In: Edward N. Zalta (ed.), *The Stanford Encyclopedia of Philosophy* (Spring 2014 Edition). Accessible online at http://plato.Stanford.edu/archives/spr2014/entries/citizenship/

Lindley, Anna (2010) *The Early Morning Phone Call: Somali Refugees, Remittances*. New York: Berghahn Books.

Löfgren, Orvar (1984) The sweetness of home: Class, culture and family life in Sweden.

Ethnologica Europea 14: 44–64.

Lofland, Lyn H. (1989) Social life in the public realm: 'A review'. *Journal of Contemporary Ethnography* 17(4): 453–482.

Low, Kelvin E.Y. (2015) The sensuous city: Sensory methodologies in urban ethnographic research. *Ethnography* 16(3): 295–312.

Low, Setha M. (1996) The anthropology of cities: Imagining and theorizing the city. *Annual Review of Anthropology* 25: 383–409.

Low, Setha M. (2000) *On the Plaza: The Politics of Public Space and Culture*. Austin, TX: University of Texas Press.

Low, Setha M. (2003) *Behind the Gates: Life, Security and the Pursuit of Happiness in Fortress America*. New York: Routledge.

Low, Setha M. (2011) Claiming space for an engaged anthropology: Spatial inequality and social exclusion. *American Anthropologist* 113(3): 389–407.

Low, Setha M. (2014) Spatialities. In: Donald Nonini (ed.), *The Blackwell Companion to Urban Anthropology*, pp. 15–27. Oxford: Wiley–Blackwell.

Low, Setha M. (2017) *Spatializing Culture: The Ethnography of Space and Place*. London and New York: Routledge.

Low, Setha M., ed. (1999) *Theorizing the City: The New Urban Anthropology Reader*. New Brunswick, NJ: Rutgers University Press.

Low, Setha M., ed. (2019) *The Routledge Handbook of Anthropology and the City*. New York: Routledge.

Lutz, Catherine (2014) Cars and transport: The car–made city. In: Donald Nonini (ed.), *The Blackwell Companion to Urban Anthropology*, pp. 142–153. Oxford: Wiley–Blackwell.

Lynch, Kevin (1960) *The Image of the City*. Cambridge, MA: MIT Press. (케빈 린치, 2003, 『도시환경디자인』, 한영호·정진우 옮김, 광문각)

MacGaffey, Janet and Remy Bazenguissa–Ganga (2000) *Congo–Paris: Transnational Traders on the Margins of the Law*. Bloomington: Indiana University Press, and Oxford: James Currey, in association with the International African Institute.

Mack, Jennifer, and Michael Herzfeld, eds. (2020) *Life Among Urban Planners: Practice, Professionalism, and Expertise in the Making of the City*. Philadelphia: University of Pennsylvania Press.

Maeckelbergh, Marianne (2012) Mobilizing to stay put: Housing struggles in New York City. *International Journal of Urban and Regional Research* 36(4): 655–673.

Magaña, Maurice Rafael (2020) *Cartographies of Youth Resistance: Hip–Hop, Punk, and Urban Autonomy in Mexico*. Berkeley: University of California Press.

Marshall, T. H. (1950) *Citizenship and Social Class and Other Essays*. Cambridge: Cambridge University Press.

Martínez, Alejandra Leal (2016) 'You cannot be here': The urban poor and the specter of the Indian in neoliberal Mexico City. *The Journal of Latin American and Caribbean Anthropology* 21(3): 539–559.

Maskovsky, Jeff and Julian Brash (2014) Governance: Beyond the neoliberal city. In: Don Nonini (ed.), *A Companion to Urban Anthropology*, pp. 255–270. Malden, MA: Wiley Blackwell.

Maxwell, Andrew H. (1998) Motorcyclists and community in post–industrial urban America. *Urban Anthropology and Studies of Cultural Systems and World Economic Development* 27(3/4): 263–299.

McCallum, Cecilia (2005) Racialized bodies, naturalized classes: Moving through the city of Salvador da Bahia. *American Ethnologist* 32(1): 100–117.

McKinson, Kimberley D. (2021) Fortifying home and yard: Metal, vegetation, and the embodied practice of middle–class in/security in Jamaica. *The Journal of Latin American and Caribbean Anthropology* 26(2): 297–323.

McRobbie, Angela (1980) Settling accounts with subcultures: A feminist critique. *Screen Education* 34(1):37–49.

Merry, Sally Engle (2001) Spatial governmentality and the new urban social order: Controlling gender violence through law. *American Anthropologist* 103(1): 16–29.

Milgram, B. Lynne (2014) Remapping the edge: Informality and legality in the Harrison Road Night Market, Baguio City, Philippines. *City and Society* 26(2): 153–174.

Millar, Kathleen M. (2018) *Reclaiming the Discarded: Life and Labor on Rio's Garbage Dump*. Durham, NC: Duke University Press.

Miller, Daniel. (2018) Digital anthropology. In: Felix Stein (ed.), *The Cambridge Encyclopedia of Anthropology*. Online: http://doi.org/10.29164/18digital

Miller, D., ed. (2001) *Car Cultures*. Oxford: Berg.

Mitchell, Don (2003) *The Right to the City: Social Justice and the Fight for Public Space*. New York: Guilford Press.

Mitchell, J. Clyde (1956) *The Kalela Dance*. Manchester: Manchester University Press.

Mitlin, Diana and Sheela Patel (2014) The urban poor and strategies for a pro–poor politics: Reflections on slum/shack dwellers international. In: Susan Parnell and Sophie Oldfield (eds.), *The Routledge Handbook on Cities of the Global South*, pp. 296–308. Abingdon and New York: Routledge.

Monroe, Kristin V. (2016) *The Insecure City: Space, Power and Mobility in Beirut*. New Brunswick, NJ: Rutgers University Press.

Morgen, Sandra and Jeff Maskovsky (2003) The anthropology of welfare 'reform' New perspectives on US urban poverty in the post–welfare era. *Annual Review of Anthropology* 32: 315–338.

Moser, Caroline and Cathy McIlwaine (2004) *Encounters with Violence in Latin Ameri-*

ca: *Urban Poor Perspectives from Colombia and Guatemala*. London: Routledge.

Muehlebach, Andrea (2012) *The Moral Neoliberal: Welfare and Citizenship in Italy*. Chicago, IL: University of Chicago Press.

Mullings, Leith (1987) *Cities of the United States: Studies in Urban Anthropology*. New York: Columbia University Press.

Mususa, Patience (2021) *There Used to Be Order: Life on the Copperbelt After the Privatisation of the Zambia Cosolidated Copper Mines*. Ann Arbor: University of Michigan Press.

Nader, Laura (1972) Up the anthropologist: Perspectives gained from studying up. In: Dell Hymes (ed.), *Reinventing Anthropology*, pp. 284–311. New York: Pantheon Books.

Nas, Peter J.M. and Reint Sluis (2002) In search of meaning: Urban orientation principles in Indonesia. In: Peter J.M. Nas (ed.), *The Indonesian Town Revisited*, pp. 130–146. Münster: Lit.

Newell, Sasha (2012a) *The Modernity Bluff: Crime, Consumption, and Citizenship in Côte D'Ivoire*. Chicago, IL: University of Chicago Press.

Newell, Sasha (2012b) *Le Goût des Autres*: Ivoirian fashion and alterity. *Etnofoor* 24(2): 41–57.

Noble, Greg (2005) The discomfort of strangers: Racism, incivility and ontological security in a relaxed and comfortable nation. *Journal of Intercultural Studies* 26(1): 107–120.

Nonini, Donald M., ed. (2014) *The Blackwell Companion to Urban Anthropology*. Oxford: Wiley– Blackwell.

Nuijten, Monique, Martijn Koster and Pieter de Vries (2012) Regimes of spatial ordering in Brazil: Neoliberalism, leftist populism and modernist aesthetics in slum upgrading in Recife. *Singapore Journal of Tropical Geography* 33(2): 157–170.

O'Neill, Bruce (2017) *The Space of Boredom: Homelessness in the Slowing Global Order*. Durham, NC: Duke University Press.

Oosterbaan, Martijn (2017) *Transmitting the Spirit: Religious Conversion, Media, and Urban Violence in Brazil*. University Park, PA: Penn State Press.

Orne, Jason (2020) *Boystown: Sex and Community in Chicago*. Chicago, IL: University of Chicago Press.

Ortner, Sherry B. (2010) Access: Reflections on studying up in Hollywood. *Ethnography* 11: 211–233.

Osbourne, Alana (2020) On a walking tour to no man's land: Brokering and shifting narratives of violence in Trench Town, Jamaica. *Space and Culture* 23(1): 48–60.

Palomera, Jaime (2018) Austerity wars: The crisis of financialization and the struggle for democracy. In: Theodoros Rakopoulos (ed.), The *Global Life of Austerity: Comparing beyond Europe*, pp. 74–90. New York and London: Berghahn.

Pardo, Italo and Giuliana B. Prato, eds. (2012) *Anthropology in the City: Methodology and Theory*. Farnham and Burlington, VT: Ashgate.

Pardue, Derek (2008) *Ideologies of Marginality in Brazilian Hip Hop*. New York: Palgrave Macmillan.

Pardue, Derek (2021) City & Society Forum: Best Paper of 2019 Award Winner, Camille Frazier's 'Urban Heat: Rising Temperatures as Critique in India's Air–Conditioned City'. *City & Society* virtual issue, https://doi.org/10.1111/ciso.12378.

Pasieka, Agnieszka (2022) 'Tomorrow belongs to us': Pathways to activism in Italian far–right youth communities. *Comparative Studies in Society and History* 64(1): 150–178.

Peck, Jamie and Adam Tickell (2002) Neoliberalizing space. Antipode 34(3): 380–404.

Pellow, Deborah and Denise Lawrence–Zúñiga (2014) Built structure and planning. In: Donald M. Nonini (ed.), *A Companion to Urban Anthropology*, pp. 85–102. Malden, MA: Wiley–Blackwell.

Perlman, Janice (1976) *The Myth of Marginality: Urban Poverty and Politics in Rio de Janeiro*. Berkeley, CA and Los Angeles, CA: University of California Press.

Perlman, Janice (2010) *Favela: Four Decades of Living on the Edge in Rio de Janeiro*. Oxford: Oxford University Press.

Perry, Richard W. (2000) Governmentalities in city–scapes: Introduction to the symposium. *PoLAR: Political and Legal Anthropology Review* 23(1): 65–72.

Peterson, Marina (2012) *Sound, Space, and the City: Civic Performance in Downtown Los Angeles*. Philadelphia, PA: University of Pennsylvania Press.

Pettit, Harry (2019). The cruelty of hope: Emotional cultures of precarity in neoliberal Cairo. *Environment and Planning D: Society and Space* 37(4): 722–739.

Phadke, Shilpa (2013). Unfriendly bodies, hostile cities: Reflections on loitering and gendered public space. *Economic and Political Weekly* 48(39): 50–59.

Pink, Sarah (2015) *Doing Sensory Ethnography*, second edition, London: SAGE.

Pink, Sarah, and Juan Francisco Salazar (2020) Anthropologies and futures: Setting the agenda. In: Juan Fancisco Salazar, Sarah Pink, Andrew Irving and Johnnes Sjöberg (eds.), *Anthropologies and Futures: Researching Emerging and Uncertain Worlds*, pp. 3–22. Routledge.

Porter, Amy L. (2008) Fleeting dreams and flowing goods: Citizenship and consumption in Havana, Cuba. *Political and Legal Anthropology Review* 31(1): 134–149.

Prashad, Vijay (1994) Native dirt/imperial ordure: The cholera of 1832 and the morbid resolutions of modernity. *Journal of Historical Sociology* 7(3): 243–260.

Pratten, David and Atreyee Sen (2007) *Global Vigilantes: Perspectives on Justice and Violence*. London: Hurst.

Pype, Katrien (2021). (Not) in sync–digital time and forms of (dis−)connecting: ethnographic notes from Kinshasa (DR Congo). *Media, Culture & Society* 43(7): 1197−1212.

Rabinow, Paul (1989) *French Modern: Norms and Forms of the Social Environment.* Chicago, IL: University of Chicago Press.

Rademacher, Anne and K. Sivaramakrishnan, eds. (2021) *Death and Life of Nature in Asian Cities.* Hong Kong: Hong Kong Universitiy Press.

Rakopoulos, Theodoros (2018) Introduction. In: Theodoros Rakopoulos (ed.), *The Global Life of Austerity: Comparing Beyond Europe*, pp. 1−16. New York and London: Berghhn.

Rakopoulos, Theodoros, ed. (2016) Special section 'The other side of the crisis: Solidarity networks in Greece'. *Social Anthropology* 24(2): 142−210.

Ralph, Laurence (2020) *The Torture Letters: Reckoning with Police Violence.* Chicago, IL: University of Chicago Press.

Randle, Sayd (2022). Ecosystem duties, green infrastructure, and environmental injustice in Los Angeles. *American Anthropologist* 124(1): 77−89.

Rao, Ursula (2018). Incremental gentrification: Upgrading and the predicaments of making (India) slum−free. In: Setha Low (ed.), *The Anthropology of the City: Engaging the Urban and the Future*, pp. 190−203. New York: Routledge.

Rattray, Nicholas A. (2013) Contesting urban space and disability in highland Ecuador. *City and Society* 25(1): 25−46.

Ravenelle, Alexandrea J. (2019) *Hustle and Gig: Struggling and Surviving in the Sharing Economy.* Berkeley: University of California Press.

Redfield, Robert (1941) *The Folk Culture of Yucatan.* Chicago, IL: University of Chicago Press.

Resnick, Elana (2021). The limits of resilience: Managing waste in the racialized Anthropocene. *American Anthropologist* 123(2): 222−236.

Riis, Jacob A. (1890) *How the Other Half Lives: Studies among the Tenements of New York.* New York: Charles Scribner's Sons. (제이컵 A. 리스, 2017, 『세상의 절반은 어떻게 사는가: 포토저널리즘의 선구자 제이컵 리스, 130년 전 뉴욕을 바꾸다』, 정탄 옮김, 교유서가)

Ringel, Felix (2018). *Back to the Postindustrial Future: An Ethnography of Germany's Fastest−Shrinking City.* New York and Oxford: Berghahn Books.

Ringel, Felex (2021). Hope and the future: Temporal agency and the politics of hope in late capitalism. *Environment and Planning D: Society and Space* 39(5): 880−886.

Rodgers, Dennis (2004) 'Disembedding' the city: Crime, insecurity and spatial organization in Managua, Nicaragua. *Environment and Urbanization* 16(2): 113−123.

Rodgers, Dennis and Bruce O'Neill (2012) Infrastructural violence: Introduction to the special issue. *Ethnography* 13(4): 401–412.

Rofel, Lisa (1997) Rethinking modernity: Space and factory discipline in China. In: Akhil Gupta and James Ferguson (eds.), *Culture, Power, Place: Explorations in Critical Anthropology*, pp. 155–178. Durham, NC: Duke University Press.

Rofel, Lisa (1999). *Other Modernities: Gendered Yearnings in China after Socialism*. Berkeley: University of California Press.

Rogers, Susan Carol (2001) Anthropology in France. *Annual Review of Anthropology* 30: 481–504.

Rose, Gillian (1993) *Feminism and Geography: The Limits of Geographical Knowledge*. Cambridge: Polity Press. (질리언 로즈, 2011, 『페미니즘과 지리학』, 정현주 옮김, 한길사)

Roseberry, William (1996) The rise of yuppie coffees and the reimagination of class in the United States. *American Anthropologist* 98(4): 762–775.

Rosenbaum, Susanna (2017). *Domestic Economies: Women, Work, and the American Dream in Los Angeles*. Durham, NC: Duke University Press.

Rotenberg, Robert L. and Gary V. McDonogh (1993) *The Cultural Meaning of Urban Place*. Westport, CT: Greenwood.

Roth-Gordon, Jennifer (2017). *Race and the Brazilian body: Blackness, Whiteness, and Everyday Language in Rio de Janeiro*. Berkeley: University of California Press.

Rozakou, Katerina (2016) Socialities of solidarity: Revisiting the gift taboo in times of crises. *Social Anthropology* 24(2): 185–199.

Ryzova, Lucie (2020). The battle of Muhammad Mahmoud Street in Cairo: The politics and poetics of urban violence in revolutionary time. *Past & Present* 247(1), 273–317.

Sabaté, Irene (2016) The Spanish mortgage crisis and the re-emergence of moral economies in uncertain times. *History and Anthropology* 27(1): 107–120.

Salmi, Jelena (2019). From third-class to world-class citizens: Claiming belonging, countering betrayal in the margins of Ahmedabad. *City & Society* 31(3): 392–412.

Samuels, Annemarie (2019). *After the Tsunami: Disaster Narratives and the Remaking of Everyday Life in Aceh*. Honolulu: University of Hawaii Press.

Sand, Jordan (2020) Introduction: Asian cities and urban settlers. *City & Society* 32(2): 368–374.

Sanjek, Roger (1990) Urban anthropology in the 1980s: A world view. *Annual Review of Anthropology* 19: 151–186.

Sassen, Saskia (2000) Spatialities and temporalities of the global: Elements for a theorization. *Public Culture* 12(1): 215–232. NJ: Princeton University Press.

Sassen, Saskia (2001) *Global City: New York, London, Tokyo*. 2nd revised ed. Princeton, NJ: Princeton University Press.

Scheper-Hughes, Nancy and Philippe Bourgois (2004) Introduction: Making sense of violence. In: Nancy Scheper-Hughes and Philippe Bourgois (eds.), *Violence in War and Peace*, pp. 1–31. Malden, MA: Blackwell.

Schwenkel, Christina (2020) *Building Socialism: The Afterlife of East German Architecture in Urban Vietnam*. Durham, NC: Duke University Press.

Scott, James (1998) *Seeing Like a State: How Certain Schemes to Improve the Human Condition Have Failed*. New Haven, CT: Yale University Press. (제임스 스콧, 2010, 『국가처럼 보기: 왜 국가는 계획에 실패하는가』, 전상인 옮김, 에코리브르)

Secor, Ann J. (2002) The veil and urban space in Istanbul: Women? dress, mobility and Islamic knowledge. *Gender, Place and Culture* 9(1): 5–22.

Sennett, Richard (2010) The Public Realm. In: Gary Bridge and Sophie Watson (eds.), *The Blackwell City Reader*, second edition, pp. 261–272. Oxford: Blackwell.

Sheller, Mimi. (2018) *Mobility Justice: The Politics of Movement in an Age of Extremes*. London: Verso Books.

Sheller, Mimi, and John Urry (2000) The city and the car. *International Journal of Urban and Regional Research* 24(4): 737–757.

Sheller, Mimi and John Urry (2006) The new mobilities paradigm. *Environment and Planning A* 38: 207–226.

Shirlow, Peter and Brendan Murtagh (2006) *Belfast: Segregation, Violence and the City*. London: Pluto Press.

Shore, Cris, and Susan Wright (2015) Audit culture revisited: Rankings, ratings, and the reassembling of society. *Current Anthropology* 56(3): 421–444.

Shore, Cris, Susan Wright, and Davide Però eds. (2011) *Policy Worlds: Anthropology and the Analysis of Contemporary Power*. Oxford: Berghahn Books.

Sieber, Tim, Graça Índias Cordeiro, and Lígia Ferro (2012) The neighborhood strikes back: Community murals by youth in Boston's communities of color. *City & Society* 24(3): 263–280.

Sletto, Bjørn (2020) Introduction: Radical social cartographies. In: Bjørn Sletto, Joe Bryan, Alfredo Wagner and Charles Hale (eds.), *Radical Cartographies: Participatory Mapmaking From Latin America*, pp. 1–16. Austin: University of Texas Press.

Sletto, Bjørn Ingmunn (2009) 'We drew what we imagined': Participatory mapping, performance, and the arts of landscape making. *Current Anthropology* 50(4): 443–476.

Sluka, Jeffrey A. (2012[1995]) Reflections on managing danger in fieldwork: Dangerous anthropology in Belfast. In: Antonius C.G.M. Robben and Jeffrey A. Sluka (eds.), *Ethnographic Fieldwork: A Reader*, second edition, pp. 283–295. Malden, MA: Wiley–Blackwell.

Smart, Alan and Filippo M. Zerilli (2014) Extralegality: In: Donald Nonini (ed.), *The Blackwell Companion to Urban Anthropology*, pp. 222–238. Oxford: Wiley–Blackwell.

Sopranzetti, Claudio (2018) *Owners of the Map: Motorcycle Taxi Drivers, Mobility, and Politics in Bangkok*. Berkeley: University of California.

Spirou, Costas (2011) *Urban Tourism and Urban Change: Cities in a Global Economy*. New York and Oxford: Routledge.

Srivastava, Sanjay (2020). Hindu majoritarianism, forms of capital, and urban politics: The making of a new ordinary citizen in India. *HAU: Journal of Ethnographic Theory* 10(3): 742–749.

Stafford, Lisa, Leonor Vanik, and Lisa K. Bates, eds. (2022) Special issue: Disability justice and urban planning. *Planning Theory & Practice* 23(1): 101–142.

Standing, Guy (2021) *The Precariat: The New Dangerous Class, special Covid–19 edition*. London: Bloomsbury.

Stoetzer, Bettina (2018) Ruderal ecologies: Rethinking nature, migration, and the urban landscape in Berlin. *Cultural Anthropology* 33(2): 295–323.

Stoller, Paul (1996) Spaces, places, and fields: The politics of West African trading in New York City? informal economy. *American Anthropologist* 98(4): 776–788.

Stout, Noelle (2016a). Petitioning a giant: Debt, reciprocity, and mortgage modification in the Sacramento Valley. *American Ethnologist* 43(1): 158–171.

Stout, Noelle (2016b). #Indebted: Disciplining the moral valence of mortgage debt online. *Cultural Anthropology* 31(1): 82–106.

Strava, Cristiana (2021) *Precarious Modernities: Assembling State, Space and Society on the Urban Margins in Morocco*. London: Zed Books.

Summers, Brandi Thompson (2021) Reclaiming the chocolate city: Soundscapes of gentrification and resistance in Washington, DC. *Environment and Planning D: Society and Space* 39(1): 30–46.

Susser, Ida (1982) *Norman Street*. New York: Oxford University Press.

Susser, Ida (1996) The construction of poverty and homelessness in US cities. *Annual Review of Anthropology* 25: 411–435.

Susser, Ida and Jane Schneider, eds. (2003) *Wounded Cities: Destruction and Reconstruction in a Globalized World*. New York: Berg.

Swyngedouw, Erik (1996) The city as a hybrid: On nature, society and cyborg urbanization. *Capitalism Nature Socialism* 7(2): 65–80.

Thomas, William I. and Florian Znaniecki (1918–1920) *The Polish Peasant in Europe and America: Monograph of an Immigrant Group*, five volumes. Chicago, IL: University of Chicago Press.

Truitt, Allison (2008) On the back of a motorbike: Middle–class mobility in Ho Chi Minh City, Vietnam. *American Ethnologist* 35(1): 3–19.

Tuan, Yi–Fu (1974) *Topophila: A Study of Environmental Perception, Attitudes and Values*. Englewood Cliffs, NJ: Prentice Hall. (이-푸 투안, 2011, 『토포필리아: 환경 지

각, 태도, 가치의 연구』, 이옥진 옮김, 에코리브르)

Uitermark, Justus and John Boy (2023) *On Display: Instagram, the Self, and the City*. Oxford: Oxford University Press.

Ulysse, Gina A. (2007) *Downtown Ladies: Informal Commercial Importers, a Haitian Anthropologist and Self-Making in Jamaica*. Chicago, IL: University of Chicago Press.

Valentine, David, and Amelia Hassoun (2019) Uncommon futures. *Annual Review of Anthropology* 48: 243–260.

Vallas, Steven, and Juliet B. Schor. (2020) What do platforms do? Understanding the gig economy. *Annual Review of Sociology* 46: 273–294.

Vargas, João H. Costa (2008) *Never Meant to Survive: Genocide and Utopias in Black Diaspora Communities*. Lanham, MD: Rowman & Littlefield.

Venkatesan, Soumhya, James Laidlaw, Thomas Hylland Eriksen, Keir Mairtin, and Jonathan Mair (2015). The concept of neoliberalism has become an obstacle to the anthropological understanding of the twenty-first century. *Journal of the Royal Anthropological Institute* 21(4): 911–923.

Verkaaik, Oskar, ed. (2013) *Religious Architecture*: Anthropological Perspectives. Amsterdam: Amsterdam University Press.

Vigh, Henrik (2017) Caring through crime: Ethical ambivalence and the cocaine trade in Bissau. *Africa* 87(3): 479–495.

Vivanco, Luis A. (2013) *Reconsidering the Bicycle: An Anthropological Perspective on a New (Old) Thing*. New York and Oxford: Routledge.

Vodopivec, Barbara, and Eveline Dürr (2019) Barrio bravo transformed: Tourism, cultural politics, and image making in Mexico City. *The Journal of Latin American and Caribbean Anthropology* 24(2): 313–330.

Vollebergh, Anick (2022) Contested multiplicities and mobile monologues: The poetics and politics of conviviality in the plural. *Journal of Intercultural Studies* 43(2): 210–227.

Vollebergh, Anick, Anouk de Koning, and Milena Marchesi (2021) Intimate states: Techniques and entanglements of governing through community in Europe. *Current Anthropology* 62(6): 741–770.

von Schnitzler, Antina (2016) *Democracy's Infrastructure: Techno-politics and Protest after Apartheid*. Princeton, NJ: Princeton University Press.

Wacquant, Loïc (2012) Three steps to a historical anthropology of actually existing neoliberalism. *Social Anthropology* 20(1): 66–79.

Wedel, Janine R., Cris Shore, Gregory Feldman and Stacy Lathrop (2005) Toward an anthropology of public policy. *Annals of the American Academy of Political and Social Science* 600: 30–51.

Whyte, William Foote (1943) *Street Corner Society: The Social Structure of an Italian Slum*. Chicago, IL: University of Chicago Press.

Whyte, William H. (2001[1980]) *The Social Life of Small Urban Spaces*. New York: Project for Public Spaces.

Wilde, Matt (2022) Eviction, gatekeeping and militant care: Moral economies of housing in austerity London. *Ethnos* 87(1): 22–41.

Wilson, Elizabeth (2001) *The Contradictions of Culture: Cities, Culture, Women*. London: Sage.

Wirth, Louis (1928) *The Ghetto*. Chicago, IL: University of Chicago Press.

Wirth, Louis (1938) Urbanism as a way of life. *American Journal of Sociology* 44(1): 1–24.

Yazici, Berna (2013) Towards an anthropology of traffic: A ride through class hierarchies on Istanbul? roadways. *Ethnos* 78(4): 515–542.

Yonucu, Deniz (2022) *Police, Provocation, Politics: Counterinsurgency in Istanbul*. Ithaca, NY: Cornell University Press.

Young, Iris Marion (1990) *City Life and Difference*. Princeton, NJ: Princeton University Press.

Zandbergen, Dorien (2020) The unfinished lampposts: The (anti–)politics of the Amsterdam smart lighting project. *City & Society* 32(1): 135–156.

Zeiderman, Austin (2016) *Endangered City: The Politics of Security and Risk in Bogotá*. Durham, NC: Duke University Press.

Zeiderman, Austin (2019) Low tide: Submerged humanism in a Colombian port. In: Kregg Hetherington (ed.), *Infrastructure, Environment, and Life in the Anthropocene*, pp. 171–192. Durham, NC: Duke University Press.

Zhang, Li (2002) Spatiality and urban citizenship in late socialist China. *Public Culture* 14(2): 311– 334.

Zukin, Sharon (1995) *The Cultures of Cities*. Oxford: Blackwell.

Zukin, Sharon (2011) *Naked City: The Death and Life of Authentic Urban Places*. Oxford: Oxford University Press. (샤론 주킨, 2015, 「무방비 도시: 정통적 도시공간들의 죽음과 삶」, 민유기 옮김, 국토연구원)

옮긴이의 말

유엔 경제사회국^{DESA}은 『2018 세계 도시화 전망』 보고서에서 2018년 현재 전 세계 인구의 55.3퍼센트가 도시에 거주하고 있고, 2050년에는 68.4퍼센트가 도시에 살게 될 것이라고 전망했다. 1950년에는 세계의 도시인구가 751만 명에 불과했지만 2018년에는 42억 명까지 늘어났으며, 2050년에는 25억 명이 추가로 도시에 살게 될 것이라고 예상했다. 같은 기간 (2018~2050년) 한국의 도시인구 비율은 81.5퍼센트에서 86.2퍼센트로 늘어날 것으로 추산됐다. 즉, 이미 세계 인구의 절반 이상이 도시에 거주하고 있으며, 한국의 경우에는 10명 중 8명이 도시에 살고 있는 셈이다.

그런데 이 보고서에서 무엇을 기준으로 도시에 산다고 정의했는지 확인하기가 쉽지 않다. 각 국가마다 도시를 정의하는 기준이 다를 텐데 말이다. 예를 들어 한국의 통계청은 용도지역상 주거, 상업, 공업, 녹지로 분류된 지역을 도시지역이라고 보며, 행정구역상 읍 이상의 지역을 그렇게 분류하기도 한다. 즉, 용도지역상 인구나 행정구역 기준 읍 이상의 인구를 전국

인구로 나눈 뒤 100을 곱해서 구한 수치가 도시화율이다. 유엔의 도시화율 추정치 계산의 근거가 무엇인지는 차치하더라도, 한국인 중 읍 소재지에 거주한다고 도시에 산다고 생각하는 사람이 얼마나 될지 의심스럽다.

정부가 광역시와 그에 준하는 특례시를 지정하는 기준으로 인구 100만명을 상정한 것을 참고하면, 한국에서는 인구가 이 정도는 되어야 도시라고 간주되는 것일지도 모르겠다. 그러나 인구가 100만이 안 된다고 해서 도시가 아니라고 할 수도 없다. 예를 들어 광역시가 없는 일부 지역에서는 도청 소재지가 위치한 도시라면 인구 50만 명 이상인 곳을 특례시로 지정해 줄 것을 요구하고 있다. 이런 도시들은 행정 및 경제 활동의 중심지로서 하루 유동인구가 100만 명 이상이라는 점을 근거로 내세운다. 한편, 똑같이 인구 50만 명의 도시에 산다고 할지라도 수도권 지역의 주민은 스스로 도시에 산다고 생각하는 반면, 수도권 이외는 모두 지방으로 간주되는 우리의 현실에서 같은 규모의 지방 도시에 사는 주민은 소외감을 느낄지도 모른다.

이처럼 도시란 무엇인가부터 도시에 산다는 것은 무엇을 의미하는가까지 쉽게 답할 수 있는 질문은 하나도 없다. 이런 질문은 도시의 규모를 정의하는 기술적 문제뿐만 아니라 정치경제적 이해관계, 나아가 여러 가지 감정의 문제와도 관련되기 때문이다. 단적으로 같은 규모의 도시에 사는 지방 주민이 느끼는 소외감을 들 수 있다. 또한 서울에 살더라도 어느 동네에 사느냐에 따라 서울시민으로서 느끼는 정체성이 다를 수 있다. 나아가 우리는 도시에서 살 집을 구할 때 주거의 유형—아파트, 빌라, 단독주택, 다세대주택, 다가구주택 등—뿐만 아니라 주변 환경—학군이 좋은지, 일자리가 풍부하고 통근하기가 수월한지, 앞으로 집값이 오를지, 소비나 여가를 즐길 곳이 충분한지, 주변에 유해시설이나 위험한 곳이 없는지, 어떤 사람들이 사는지 등—을 고려해서 결정한다. 이런 여러 조건들을 고려할 때 우리는 우리 자신과 타자에 대해 가진 희망, 욕망, 시기, 편견, 두려움 등을 깨닫는다.

역자와 편집자가 *Introducing Urban Anthropology*(Jaffe and de Koning, 2016, Routledge)의 제목과 부제를 『도시인류학: 우리가 사는 세상을 해석하는 방법』이라고 거창하게 붙인 이유는 대다수 사람들이 도시에서 살고 있고 살아가게 될 세상에서 도시란 무엇이며 도시에 산다는 것은 어떤 것인지를 탐구하는 것은 감히 '우리가 사는 세상을 해석하는' 작업에 해당한다고 생각했기 때문이다. 또한 네덜란드의 대학에서 도시인류학을 가르치고 있는 저자들이 이에 걸맞게 도시인류학의 주요 주제들—장소 만들기, 도시에서의 이동, 공공 공간의 역할과 의미, 도시에서의 생산 활동과 소비 행위, 전 지구화의 영향, 도시 계획, 도시에서의 정치, 폭력과 보안—을 생생한 민족지적 사례를 들어가며 포괄적으로 소개하고 있기 때문이기도 하다.

저자들이 도시인류학을 정의하는 방식은 다소 독특하다. 저자들은 도시를 배경으로 한 문화인류학적 연구the anthropology in the city와 도시에 관한 문화인류학적 연구the anthropology of the city를 구분한다. 전자가 도시에서 실시한 모든 연구를 포함한다면, 후자는 도시라는 공간과 그 속에서 살아가는 인간 사이의 상호작용—즉 도시의 공간적 특성이 사람의 행동과 사고방식에 어떤 영향을 미치는지, 역으로 사람의 행동과 사고방식이 도시의 공간적 특성을 어떻게 변형하는지—을 명시적으로 분석한 연구를 의미한다. 예를 들어 중산층의 소비 행위가 도시 속 특정 장소와 어떤 식으로 관련을 맺는지를 분석한다면 도시인류학적 연구라고 할 수 있지만, 단지 연구 참여자가 도시 주민이고 그들의 소비 취향을 설명하는 연구라면 그렇게 부를 수 없다. 역자들도 도시인류학에 대한 이러한 정의가 문화인류학 내에서 이 하위 분야의 특성을 명확하게 한다고 생각한다.

책의 내용에 대해서 더 자세히 소개할 수도 있지만, 저자들이 도시인류학의 각 주제와 관련된 개념에서부터 민족지적 사례까지 워낙 상세하게 소개하고 있어, 책에 대한 설명으로 한 가지만 덧붙이고자 한다. 이 책은 문화인류학의 한 분야인 도시인류학을 소개한 입문서이지만 다른 한편으로 문화인류학 자체를 이해하는 데 도움이 되는 책이기도 하다. 도시인류학의 역사를 정리한 서론은 문화인류학의 변화 과정을 보여 주는 글로서도 손색이 없다. 특히 도시 연구에서 문화인류학적 연구방법을 적용할 때 겪을 수 있는 어려움과 이를 극복하기 위한 대안적 방법에 대한 설명은 현대 사회를 문화인류학적으로 연구할 때 염두에 두어야 할 사항을 알려 준다. 게다가 저자들은 이 책의 각 장에서 개별 주제와 관련된 문화인류학적 혹은 사회과학적 개념들을 글상자 안에 넣어 친절하게 설명하고 있다. 따라서 이 책은 도시를 출발점으로 삼아 문화인류학을 이해하려는 독자에게도 충분히 유익할 것이다.

사실 문화인류학 자체가 '우리가 사는 세상을 해석'하려는 학문이라고 할 수 있다. 더구나 문화인류학자는 우리가 사는 세상을 이해하기 위해 사람들을 직접 만나서 그들의 이야기를 듣고 그들이 하는 행동을 보며 기록하고 분석한다. 따라서 문화인류학자가 세상에 대해 내놓는 해석은 구체적인 삶의 모습을 담고 있어, 이를 접하는 독자에게 문화인류학은 매우 흥미진진한 학문으로 비춰진다.

그러나 '우리가 사는 세상'에 대한 문화인류학자의 '해석'을 수업에서 가르치기는 쉽지 않다. 이것은 문화인류학이 흥미로운 학문인 것과 같은 이유에서 비롯되는데, 문화인류학적 연구도 물론 이론을 중시하지만 다른 학문에 비해 현장 중심적인 특성을 갖고 있기 때문이다. 수업을 할 때 현장연구에서 경험한 사례만 이야기할 수도 없지만, 그렇다고 그것을 빼놓고 개념과 수치만으로 우리가 사는 세상에 대해 설명할 수도 없다. 도시에 대한 학위논문을 쓰고 그 이후에도 한국과 일본의 도시에 대한 연구를 계속해 오고 있는 역자들도 도시인류학을 강의실에서 가르치는 일의 어려움에서 예외일 수 없었다.

역자 중 한 명(박지환)이 2016년 7월, 학부생을 상대로 한 '도시와 문화'라는 수업을 준비하던 중에 온라인 서점에서 이 책을 발견했다. 책이 출판된 지 얼마 되지 않은 데다 책 두께가 채 200페이지가 안 된다는 것을 확인하고 책을 주문해 받자마자 번역을 시작했다. 여름방학 중에 초벌 번역이라도 마쳐야 2학기 수업에 활용할 수 있겠다는 생각에 서둘러 번역을 시작했다. 그러나 이것이 쉬운 일이 아님을 깨닫는 데는 별로 시간이 걸리지 않았다. 번역을 처음 해본 자의 무모함 때문이었을 것이다. 그래서 또 다른 역자(정헌목)에게 급히 구원등판을 요청했고, 그로부터 흔쾌히 구원투수 역할을 맡겠다는 답을 들었다. 결국 책의 서론과 1부, 2부는 박지환, 3부와 결론은 정헌목이 나눠 2016년 여름 초벌 번역을 마쳤다. 이후 총 네 차례의 교정 작업을 거치며 각자 번역했던 부분을 바꿔 보며 문장을 대폭 수정했으니, 결과적으로 책 전체를 함께 번역한 셈이 됐다.

공동으로 작업해 번역에 걸리는 시간은 대폭 단축할 수 있었지만, 몇몇 개념을 일관성 있게 번역하는 데 어려움도 있었다. 독자들의 이해를 돕기 위해 그중 몇 가지를 소개하고자 한다. 먼저 'globalization'은 '전지구화'라고 옮겼다. 일상생활에서는 세계화라는 말을 자주 사용하지만 세계화라는 번역어가 내포한 정치성과 이 책이 도시인류학이라는 학문을 소개하는 서적이라는 점을 고려해, 학술 번역에서 더 자주 사용하는 '전 지구화'라는 표현을 선택했다. 또한 몇몇 단어는 문맥에 맞춰 다양한 방식으로 옮겼다. 예를 들어 'urbanism'은 '도시성'이나 '도시의 성격', 'neighborhood'는 '동네', '근린지역', '근린지구'로 옮겼다. 'post'가 붙은 여러 단어들은 '후기'나 '탈'로 번역(후기식민주의, 탈식민주의)하거나 아예 '~이후'(식민지배가 끝난 이후)라고 풀어 옮겼다. 끝으로, 하위문화가 연행되는 장場을 뜻하는 단어인 'scene'은 여러 대안을 검토하다가 우리말에서 이미 '힙합 신'이라는 표현을 사용하고 있어서 '신'이라고 번역했다.

번역어를 선택할 때만 아니라 번역 작업의 전 과정을 통해 역자들은 이 책이 대학에서 교재로 사용되거나 인류학에 관심 있는 독자에게 소개되기를 바라는 마음에 한 문장 한 문장을 최대한 어색하지 않게 옮기려고 노력했다. 그럼에도 불구하고 여전히 남아 있을 수 있는 번역투 문장이나 번역상의 오류는 전적으로 역자들의 책임이다. 이 책을 교재로 사용하거나 개인적 관심 때문에 접한 독자들께서 번역이 어색하거나 잘못된 부분을 알려 주신다면 다음 기회에 반영하도록 노력하겠다.

끝으로, 이 책을 번역하는 데 도움을 준 여러분께 감사의 말씀을 전하고자 한다. 우선 생면부지의 역자들이 이 책을 번역하겠다고 했을 때 흔쾌히 허락해 준 두 저자, 리브커 야퍼와 아나욱 더코닝에게 진심으로 감사드린다. 또한 이 책에 수록된 여러 사진을 기꺼이 사용하도록 허락해 준 저작권자들인 에이제이 간디Ajay Gandhi, B. 린 밀그램B. Lynne Milgram, 아일린 모이어Eileen Moyer, 프리크 콜롬빈Freek Colombijn, 호삼 파들Hossam Fadl, 이보 볼Ivo Bol, 조엘 레프코위츠Joel Lefkowitz, 호세 카를로스 G. 아기아르José Carlos G. Aguiar, 마르틴 코스터르Martijn Koster, 마르틴 오스테르반Martijn Oosterbaan, 모니크 나위턴^{Monique Nuijten}, 스위린 호^{Swee-Lin Ho}, 테사 디푼^{Tessa Diphoorn}, 울프 하네르스 ^{Ulf Hannerz}에게도 깊이 감사드린다. 전북대학교 고고문화인류학과와 한국학 중앙연구원에서 도시인류학 수업을 수강했던 학부생과 대학원생들에게 도 고마운 마음을 전한다. 이들 덕분에 도시인류학을 처음 접하는 독자들 이 어려워하는 부분을 파악하고 문장을 수정할 수 있었다.

초벌 번역을 진작 끝내고도 여러 가지 핑계를 대며 일을 마무리하지 못 한 역자들을 이해해 준 일조각의 안경순 편집장께 죄송한 마음과 감사의 인사를 동시에 전한다. 그리고 놀라울 정도로 꼼꼼하게 교정 작업을 해 준 오지은 편집자께 진심으로 감사드린다. 편집자의 노력이 없었더라면 이 책은 지금과 같은 모습으로 출판되지 못했을 것이다. 특히 이 번역서의 근 사한 부제에 대한 아이디어를 낸 이가 오지은 편집자라는 점도 밝혀 둔다. 번역서를 처음 내는 역자(박지환)와 일조각을 연결해 주신 전북대학교 고고 문화인류학과의 임경택 선생님께도 깊이 감사드린다. 번역 작업이 지지부 진하던 중, 역자와 출판사 사이에서 또 다른 의미의 '번역자' 역할을 해 주 신 임경택 선생님이 없었더라면 이 책은 세상에 나오지 못했을지도 모른 다. 마지막으로 두 역자가 도시인류학에 관심을 갖도록 격려해 주신 황익 주 선생님께 감사드린다.

한국에서 처음 출판되는 도시인류학 입문서인 만큼, 아무쪼록 여러 독자 들이 이 분야를 이해하는 데 이 책이 도움이 되기를 바란다. 그래서 한국 사회에서 문화인류학이 '우리가 사는 세상을 해석하는 방법' 중 하나로 인 정받을 수 있게 된다면 역자들에게 그보다 더 보람 있는 일은 없을 것이다.

2020년 3월
박지환·정헌목

옮긴이의 말

국내 최초의 도시인류학 입문서인 『도시인류학: 우리가 사는 세상을 해석하는 방법』 초판(2020)이 나온 지도 어느덧 4년이 흘렀다. 2016년 출간된 *Introducing Urban Anthropology* (Jaffe and de Koning, 2016, Routledge)의 한국어 번역서인 이 책을 그동안 각 대학의 인류학 강의에서 많이 사용해 주셨고, 2020년 세종도서 교양부문 도서로 선정되는 등 여러 측면에서 좋은 반응을 얻었다. 번역 과정이 쉽지만은 않았지만, 그런 소식을 접할 때마다 작지 않은 보람을 느낄 수 있었다.

2023년 초, 이 책의 원서 개정판이 2022년 12월 말에 출간되었다는 소식을 접했다. 개정판을 검토해 보니 생각보다 많은 부분이 수정 및 보완되었다는 사실을 확인했다. 무엇보다 최신 개정판에 걸맞게 2010년대 중반 이후 새로 발표된 도시인류학 관련 민족지 사례들을 풍부하게 다루었고, 주제 면에서도 추가된 내용이 많았다. 이를테면 기존에 "도시와 전 지구화"라는 제목이 붙어 있던 제7장은 "신자유주의와 그 불만"이라는 제목

아래 전면적으로 수정되었다. 특히 눈에 띄는 변화는 "도시인류학의 미래"라는 부제를 단 채 도시인류학 분야의 향후 과제와 전망을 다룬 결론이 거의 다시 쓰이다시피 했다는 점이었다. 역자 입장에서 기존 결론의 내용이 도시인류학의 '미래'를 논하기에는 다소 시의성과 현실성이 떨어진다고 생각했기에, 도시의 디지털화나 기후위기, 인간 너머의 관점 등을 새롭게 제시한 개정판의 결론이 훨씬 더 적합해 보였다.

결국 개정판이 지엽적인 수정에 그치지 않고 변화하는 최근의 현실을 적실성 있게 반영했다는 판단 아래, 2023년 여름부터 개정판 번역에 착수했다. 역자들의 사정 탓에 번역 과정이 예정보다 지연되었지만 그래도 새 학기가 시작하는 2024년 9월 이전에는 출간 과정을 마무리할 수 있도록 작업을 진행했다. 『도시인류학: 우리가 사는 세상을 해석하는 방법』 개정판은 앞서 언급했듯이 초판 발간 이후 소개된 최신 연구 성과를 사례로 풍부하게 다루면서, 아무래도 변화에 민감할 수밖에 없는 도시인류학 분야의 최근 동향을 담았다는 장점이 있는 책이다. 이번 개정판을 통해 독자들께서도 도시인류학, 아니 문화인류학 전반의 최신 조류를 한국어로 접하는 기회를 함께 누리기를 기대한다.

끝으로 개정판 번역을 반겨 준 두 저자와 사진 사용을 허락해 준 저작권자들에게 감사드린다. 초판과 개정판을 꼼꼼히 대조하며 바뀐 내용을 표시해 준 서울대 국제대학원 박사과정의 장인화 학생, 그리고 초판에 이어 개정판 편집을 맡아 준 오지은 편집자에게도 감사를 전한다.

2024년 8월
정헌목·박지환

이 책과 함께 읽으면 좋은 글

역자들이 대학에서 도시인류학 수업을 하며 학생들과 함께 읽은 문헌들 중 이 책의 내용을 이해하는 데 도움이 될 만한 글들을 소개한다. 단행본에 실린 글 외에 학술지에 실린 논문은 인터넷에서 검색하면 pdf 파일로 읽을 수 있다.

제1장   서론

이정덕. 1997. 「미국에서의 현지조사: 뉴욕시 할렘의 경우」. 최협 편. 『인류학과 지역연구』. 나남. 235-259쪽.

매튜 데스몬드. 황성원 옮김. 2016. 「이 프로젝트에 관하여」. 『쫓겨난 사람들: 도시의 빈곤에 관한 생생한 기록』. 동녘. 424-452쪽.

제2장   도시적 장소

박지환. 2020. 「슬럼에서 요세바로: 현대 일본에서의 주변적 남성성의 공간적 생산과 구성」. 『일본연구논총』 52: 124-155.

조문영. 2001. 「빈민지역에서 '가난'과 '복지'의 관계에 대한 연구: '난곡'을 중심으로」. 『도시연구』 7: 227-261.

조은. 2012. 『사당동 더하기 25: 가난에 대한 스물다섯 해의 기록』. 또하나의문화.

신현준·이기웅. 2016. 「서장: 서울의 젠트리피케이션, 그리고 개발주의 이후의 도시」. 『서울, 젠트리피케이션을 말하다』. 푸른숲. 24-59쪽.

제임스 C. 스콧. 전상인 옮김. 2010. 「4. 하이 모더니즘 도시: 실험과 비평」. 『국가처럼 보기: 왜 국가는 계획에 실패하는가』. 에코리브르. 167-230쪽.

김영진. 2015. 「거리공간 연구를 위한 조사방법으로서의 걷기에 대한 고찰」. 『한국문화인류학』 48(2): 125-151.

황익주. 2005. 「골목길과 광장 및 공원: 도시에서의 '우리 동네' 형성에 관한 인류학적 에세이」. 『建築』 49(1): 69-76.

이강원. 2013. 「공공 공간의 전유와 배제 논리: 1990년대 후반부터 2000년대 초반까지 탑골공원의 사례」. 『대한지리학회지』 48(6): 944-966.

김주영. 2014. 「주변화된 사람들의 '남성의 공간'으로서 도시공원 만들기: 청주 중앙공원의 사례를 중심으로」. 『지역사회연구』 22(3): 67-87.

스티븐 레빗·스티븐 더브너. 안진환 옮김. 2007. 「마약 판매상은 왜 어머니와 함께 사는 걸까?」. 『괴짜 경제학』. 웅진지식하우스. 116-149쪽.

수디르 벤카테시. 김영선 옮김. 2008. 「6. 너도 부정 수익자야!」. 『괴짜 사회학』. 김영사. 253-297쪽.

캐런 호. 유강은 옮김. 2013. 「2장 월스트리트의 오리엔테이션: 착취, 권한 부여, 고된 노동의 정치학」. 『호모 인베스투스: 투자하는 인간, 신자유주의와 월스트리트의 인류학』.

이매진. 118-188쪽.

제6장 소비, 여가, 라이프스타일

송도영. 2000. 「문화산업의 속도성과 도시적 일상문화 성격의 형성: '방 문화'를 중심으로」. 『한국문화인류학』 33(2): 49-78.
모리카와 카이치로. 2006. 「아키하바라: '오타쿠'의 성지는 예언한다」. 요시미 순야·와카바야시 미키오 엮음. 오석철 옮김. 『도쿄 스터디즈』. 커뮤니케이션북스. 265-275쪽.
타나카 켄노스케. 2006. 「신주쿠 거리 스케이트보딩」. 요시미 순야·와카바야시 미키오 엮음. 오석철 옮김. 『도쿄 스터디즈』. 커뮤니케이션북스. 114-124쪽.

제7장 신자유주의와 그 불만

이승철. 2020. 「마을 기업가처럼 보기: 도시개발의 공동체적 전환과 공동체의 자본화」. 『한국문화인류학』 53(1): 99-148.
조문영. 2023. 「생성 중인 공공: 서울역 쪽방촌 공공주택사업의 배치」. 『비교문화연구』 29(2): 279-332.

제8장 도시를 계획하기

박지환. 2005. 「분당신도시의 사회적 생산과 구성: 계급-공간의 사회적 형성에 관한 연구」. 『한국문화인류학』 38(1): 83-123.
이응철. 2016. 「도시재개발(都市更新)과 지역공동체: 대만 타이베이 국제 예술촌 바오짱옌(寶藏巖) 사례」. 『중국학연구』 75: 253-274.

제9장 도시, 시민권 그리고 정치

박지환. 2012. 「동일본대지진 이후 일본의 사회운동: '아마추어의 반란'의 탈원전데모를 중심으로」. 『일본연구논총』 36: 31-55.
박지환. 2014. 「일본 도시하층지역 마을 만들기의 성립과 그 의의: 참여민주적 시민공간의

372

형성」.『국제·지역연구』23(3): 131-159.

장정아. 2019.「모든 것이 정치다: 2019년 홍콩 시위의 기억과 유산」.『황해문화』105: 235-253.

제10장 **폭력과 보안, 사회통제**

정헌목. 2012.「게이티드 커뮤니티의 공간적 특성과 사회문화적 함의: 한국의 수용 양상에 서의 보편성과 특수성」.『서울도시연구』3(1): 37-56.

정헌목. 2016.「가치 있는 아파트 만들기: 수도권 브랜드 단지에서의 공동체 형성의 조건과 실천」.『비교문화연구』22(1): 485-540.

데이비드 라이언. 이광조 옮김. 2014.「4장. 도시에서의 분류와 감시」.『감시사회로의 유 혹』. 후마니타스. 93-127쪽.

찾아보기

개정판

도시인류학

우리가 사는 세상을 해석하는 방법

1판 1쇄 펴낸날 2020년 3월 30일
개정판 1쇄 펴낸날 2024년 8월 30일

지은이 ㅣ 리브커 야퍼·아나욱 더코닝
옮긴이 ㅣ 박지환·정헌목
펴낸이 ㅣ 김시연

편집 ㅣ 오지은
디자인 ㅣ 본문 이미애, 표지 최정희

펴낸곳 ㅣ (주)일조각
등록 ㅣ 1953년 9월 3일 제300-1953-1호(구 : 제1-298호)
주소 ㅣ 03176 서울시 종로구 경희궁길 39
전화 ㅣ 02-734-3545 / 02-733-8811(편집부)
02-733-5430 / 02-733-5431(영업부)
팩스 ㅣ 02-735-9994(편집부) / 02-738-5857(영업부)
이메일 ㅣ ilchokak@hanmail.net
홈페이지 ㅣ www.ilchokak.co.kr

ISBN 978-89-337-0840-8 03330
값 25,000원

* 옮긴이와 협의하여 인지를 생략합니다.